"十四五"国家重点出版物出版规划项目

中国区域协调发展研究丛书

范恒山 主编

四大区域板块高质量发展

周建平

辽宁人民出版社

© 周建平　2023

图书在版编目（CIP）数据

四大区域板块高质量发展 / 周建平著. —沈阳：辽宁人民出版社，2023.11

（中国区域协调发展研究丛书 / 范恒山主编）

ISBN 978-7-205-10957-8

Ⅰ.①四… Ⅱ.①周… Ⅲ.①区域经济发展—协调发展—研究—中国 Ⅳ.①F127.

中国国家版本馆 CIP 数据核字（2023）第 218799 号

出版发行：	辽宁人民出版社
地　址：	沈阳市和平区十一纬路 25 号　邮编：110003
电　话：	024-23284321（邮　购）　024-23284324（发行部）
传　真：	024-23284191（发行部）　024-23284304（办公室）
	http://www.lnpph.com.cn
印　　　刷：	辽宁新华印务有限公司
幅面尺寸：	170mm×240mm
印　　张：	23.75
字　　数：	320 千字
出版时间：	2023 年 11 月第 1 版
印刷时间：	2023 年 11 月第 1 次印刷
策划编辑：	郭　健
责任编辑：	张婷婷　郭　健
封面设计：	胡小蝶
版式设计：	留白文化
责任校对：	吴艳杰
书　　号：	ISBN 978-7-205-10957-8
定　　价：	98.00 元

中国区域协调发展研究丛书编委会

主 任

范恒山

成 员

(按姓氏笔画排序)

史育龙　许　欣　孙久文　肖金成　迟福林

陈文玲　金凤君　周建平　周毅仁　高国力

总　序

区域发展不平衡是世界许多国家尤其是大国共同面对的棘手难题，事关国家发展质量、民族繁荣富强、社会和谐安定。鉴此，各国都把促进区域协调发展作为治理国家的一项重大任务，从实际出发采取措施缩小地区发展差距、化解突出矛盾。

我国幅员辽阔、人口众多，各地区自然资源禀赋与经济社会发展条件差别之大世界上少有，区域发展不平衡是基本国情。新中国成立以来，党和国家始终把缩小地区发展差距、实现区域协调发展摆在重要位置，因应不同时期的发展环境，采取适宜而有力的战略与政策加以推动，取得了积极的成效。新中国成立初期，将统筹沿海和内地工业平衡发展作为指导方针，为内地经济加快发展从而促进区域协调发展奠定了坚实基础；中共十一届三中全会以后，实施东部沿海率先发展战略，为快速提升我国综合实力和国际竞争力提供了强劲驱动力。"九五"时期开始，全面实施区域协调发展战略，以分类指导为方针解决各大区域板块面临的突出问题，遏制了地区差距在一个时期不断拉大的势头。党的十八大以来，协调发展成为治国理政的核心理念，以区域重大战略为引领、以重大区域问题为抓手，多管齐下促进区域协调发展，区域经济布局和国土空间体系呈现崭新面貌。在新中国七十多年发展的辉煌史册中，促进区域协调发展成为最亮丽、最动人的篇章之一。围绕发挥地区比较优势、缩小城乡区域发展和收入分配差距，促进人的全面发展并最终实现全体人民共同富裕这个核心任务，中国从自身实际出发开拓进取，推出了一系列创新性举措，形成了一大批独特的成果，也积累了众多的富有价值的宝贵经验，成为大国解决区域发展不平衡问题的一个典范，为推动全人类更加公平、更可持续的发展做出了重要贡献。中国的探索，不仅造就了波澜壮阔、撼人肺腑的伟大实践，也形成了具有自身特色的区域协调发展的理论体系。

我国已经开启全面建设社会主义现代化国家的新征程。促进区域协调发展既是推进中国式现代化的重要内容，也是实现中国式现代化的重要支撑。缩小不合理的两极差距，实现区域间发展的动态平衡，有利于推动经济高质量发展，有利于增进全体人民幸福美好生活，有利于实现国家的长治久安。我国促进区域协调发展取得了长足的进步，但面临的任务依然繁重，一些积存的症疾需要进一步化解，一些新生的难题需要积极应对。我们需要认真总结以往的成功做法，适应新的形势要求，坚持目标导向和问题导向的有机统一，继续开拓创新，把促进区域协调发展推向一个新高度，努力构建优势互补、高质量发展的区域经济布局和国土空间体系。

顺应新时代推进现代化建设、促进区域协调发展的要求，中国区域协调发展研究丛书出版面世。本套丛书共10册，分别是《中国促进区域协调发展的理论与实践》《四大区域板块高质量发展》《区域发展重大战略功能平台建设》《京津冀协同发展》《长江经济带发展》《粤港澳大湾区高质量发展》《长江三角洲区域一体化发展》《黄河流域生态保护和高质量发展》《成渝地区双城经济圈建设》《高水平开放的海南自由贸易港》，既有关于区域协调发展的整体分析，又有对于重大战略实施、重点领域推进的具体研究，各具特色，又浑然一体，共同形成了一幅全景式展示中国促进区域协调发展理论、政策与操作的图画。从目前看，可以说是我国第一套较为系统全面论述促进区域协调发展的丛书。担纲撰写的均是经济、区域领域的著名或资深专家，这一定程度地保障了本丛书的权威性。

本丛书付梓面世凝聚了各方面的心血。中央财办副主任、国家发展改革委原副主任杨荫凯同志首倡丛书的撰写，并全程给予了积极有力的推动和指导；国家发展改革委地区振兴司、地区经济司、国土地区所等提供了重要的支撑保障条件，各位作者凝心聚力进行了高水平的创作，在此谨致谢忱。

期待本丛书能为加快中国式现代化建设，特别是为促进新时代区域协调发展提供有益的帮助，同时也能为从事区域经济工作的理论研究者、政策制定者和实践探索者提供良好的借鉴。让我们共同努力，各尽所能，一道开创现代化进程中区域经济发展的新辉煌。

2023 年 10 月

前　言

区域板块划分是实施区域政策的重要基础，国家在不同发展阶段对区域板块有着不同划分。新中国成立初期，毛泽东同志在《论十大关系》中提出了沿海与内地的划分，这一划分方式在"一五"至"六五"时期基本上被采用。"七五"计划将全国划分成东部沿海、中部、西部三个经济地带，提出要加速东部沿海地带的发展，同时把能源、原材料建设的重点放到中部，并积极做好进一步开发西部地带的准备。20 世纪 90 年代中期，中共十四届五中全会提出把逐步缩小地区发展差距作为重要方针，明确要更加重视支持中西部地区的发展，1999 年中央做出了实施西部大开发战略的决策，2003 年中央决定实施振兴东北地区等老工业基地的战略，2006 年中央决定实施促进中部地区崛起战略，至此，在此前沿海率先发展战略的基础上，区域发展总体战略体系初步形成，将全国划分成东部、中部、西部、东北四大板块，这一划分方式也构成了新世纪以来中国区域政策的基础。

党的十八大以来，以习近平同志为核心的党中央立足区域发展新形势，着眼全国"一盘棋"，推动西部大开发形成新格局，推动东北全面振兴取得新突破，促进中部地区加快崛起，鼓励东部地区加快推进现代化。960 多万平方公里的中华大地，东西互济，南北协同，发展"差距"转变为追赶"势能"。深入分析区域板块发展的演变历程和政策效果，对研究中国式现代化下的区域协调发展，具有重要的理论价值和现实意义。

本书的选题立意、章节结构是在周建平主持下，由许欣与张超、曹原共同讨论确定的。本书作为中国区域协调发展研究丛书的分册之一，共分为六章：第一章以国家区域发展战略的调整为主线，梳理了新中国成立以来全国区域板块划分的演进脉络；第二章对西部大开发、东北振兴、中部崛起、东部率先发展等战略进行了系统回顾，总结了不同历史时期四大区域板块的政策导向和举措；第三章通过定量分析的方式，呈现了四大区域板块在缩小地区差距、推动协调发展方面取得的瞩目成就；第四章采取点面结合的方法，在全面分析党中央领导下四大板块战略进展成效的基础上，剖析了部分地区和城市促进协调发展的典型案例；第五章在总结四大区域板块发展基本经验后，分析了在加快构建新发展格局、着力推动高质量发展背景下，促进四大区域板块发展面临的新形势、新要求、新机遇；第六章明确了新时代促进四大区域板块高质量发展的目标定位，提出了四大区域板块高质量发展的总体思路和重点任务。本书写作过程中，罗平、李超等承担了资料搜集和初稿撰写，徐唯燊、郭巍等参与了相关章节内容的修改完善，欧思佳、霍威等参与了各类图表、数据的校对。许欣负责全书统稿工作，周建平负责全书修改定稿。

  本书写作中还参考了国家发展改革委振兴司近年来委托研究的重点课题，以及各省（区、市）近年来开展的规划研究和课题研究，在此一并表示感谢。

作者
2023 年 10 月

目 录

总　序 / 001

前　言 / 001

绪　论 / 001

第一章　我国区域经济板块划分的历史演进 / 008

第一节　改革开放以前向中西部地区倾斜发展阶段 ············· 008

第二节　改革开放以后优先支持东部地区发展阶段 ············· 018

第三节　新世纪以来四大区域板块形成和发展阶段 ············· 023

第四节　党的十八大以来四大区域板块发展新阶段 ············· 025

第二章　四大区域板块的主要政策导向 / 033

第一节　西部大开发 ············· 033

第二节　东北等老工业基地振兴 ············· 045

第三节　中部地区崛起 ············· 059

第四节　东部地区重点区域发展 ············· 066

第五节　特殊类型区域振兴发展 ············· 081

第三章　四大区域板块发展的进展成就 / 106

第一节　四大区域板块发展指标变动情况 …………………… 107

第二节　区域协调发展战略实施取得成效 …………………… 122

第四章　党的十八大以来四大区域板块发展的典型案例 / 126

第一节　西部开发的进展和典型案例 ………………………… 126

第二节　东北振兴的进展和典型案例 ………………………… 130

第三节　中部崛起的进展和典型案例 ………………………… 134

第四节　东部率先的进展和典型案例 ………………………… 144

第五节　区域合作的进展和典型案例 ………………………… 154

第五章　面向社会主义现代化的四大区域板块发展 / 156

第一节　促进四大区域板块发展的基本经验总结 …………… 156

第二节　新发展阶段四大区域板块发展的新形势 …………… 162

第三节　完整准确全面贯彻新发展理念的新要求 …………… 166

第四节　构建新发展格局对各区域板块的新机遇 …………… 170

第五节　各区域板块城镇化和人口流动的新趋势 …………… 174

第六章　面向社会主义现代化的四大区域板块高质量发展 / 185

第一节　新时代促进四大区域板块高质量发展的目标定位 … 185

第二节　推进西部大开发形成新格局 ………………………… 194

第三节　推动东北振兴取得新突破 …………………………… 200

第四节　开创中部地区崛起新局面 …………………………… 212

第五节　鼓励东部地区加快推进现代化 ……………………… 221

第六节　推进四大板块协调联动发展 ………………………… 230

**附　录　中共中央、国务院出台的支持四大区域板块发展的
　　　　重要文件** / 235

　　附录1　西部大开发 ································· 235
　　附录2　东北等老工业基地振兴 ······················· 265
　　附录3　中部地区崛起 ······························· 319
　　附录4　东部地区发展 ······························· 353

参考文献 / 364

绪　论

我国是一个拥有五千年文明史、14亿人口，56个民族、960万平方千米国土面积的大国。国内不同区域自然环境、资源禀赋、人口密度、经济发展差异较大。如何在一个统一国家的内部，平衡不同区域发展水平，搞好区域布局与区域协调，保障不同区域居民都享有基本的国民待遇，增加国家的整体凝聚力，提高国家的整体竞争力，是国家治理现代化的重要内容。

为缩小区域发展差距，促进区域协调发展，中国逐步形成"东部率先、西部开发、东北振兴、中部崛起"的四大区域板块，构成了我国近二十年来的区域发展总体战略。"四大板块"战略是一个逐步形成的过程。新中国成立后近30年，中央实施向内陆倾斜，优先发展中西部地区的区域发展战略，1981年实施的"六五"规划，优先发展沿海地区得到国家大力支持，1988年邓小平同志关于"两个大局"的战略思想进一步明确了沿海地区优先发展战略。1999年中央提出实施"西部大开发"战略，2003年中央决定实施"振兴东北"地区等老工业基地战略，2006年中央提出实施促进"中部地区崛起"战略。此时，涵盖中国大陆全部省份的"四大板块"区域发展总体战略全面形成。

1949年新中国成立，面对的是一个极其不均衡的区域发展格局。1948年，全国工业总产值77%以上集中在占国土面积不到12%的东部沿海地区和东北地区，而占国土面积68%的西北、西南广大地区仅占全国的9%[①]。这一局面是殖民地半殖民地经济的遗留问题。1840年鸦片战争打开清政府的封闭国门后，世界各列强主要从海上进入中国，东南沿海一带较先建立现代的外资工商业基础，并激发了相对独立的或半依附于外商的民族工商业。为了改变这一殖民地半殖民地形成的扭曲区域格局，新中国成立之后至改革开放前，国家总体上实行的是向内陆倾斜、优先发展中西部的区域发展战略。

新中国成立后近30年，中央坚持实施向内陆倾斜、优先发展中西部地区的区域发展战略，重要的原因是基于那个时代对国际形势的严峻评估。了解那个时代的国际国内形势，就能理解"备战备荒"思想指导下的区域战略布局，也能理解当年为什么那么多企业"进山、进洞"，徒然成倍增加了生产成本。

"一五""二五"时期新建的工业企业，特别是国防工业企业，绝大多数布局在后方地区，"一五"时期，国家启动了以苏联援建的156项重大项目为核心，以900多个限额以上大中型项目为重点的工业建设。156项中，4/5在中西部地区，东部地区仅有1/5；限额以上工程（投资在1000万元以上），内地占68%。在全国基本建设投资总额中，沿海和内地分别占36.9%和46.8%。"二五"时期，国家投资的重点仍然在中西部地区。正如毛泽东主席1956年发表的《论十大关系》中明确指出的："沿海的工业基地必须充分利用，但是，为了平衡工业发展的布局，内地工业必须大力发展。"[②]面对严峻的国际形势，1965年中共中央发出《关于加强备战工作的指示》，确定了"三线建设"的总目标，即采取多快好省的方法，在纵深地区建立起一个工农业结合、为国防和农业服务的比较完整的战略后方基地，做出了"集中力量，抓紧时间，建设三线"的重大战略决策[③]。"三线建设"自1964年9月起，至1980年大规模建设基本结束，历时15年，集中体现在"三五""四五""五五"

[①] 陈栋生：《区域经济学》，河南人民出版社1993年版。
[②] 《毛泽东选集》第五卷，人民出版社1977年版。
[③] 张可云：《区域经济政策（第一版）》，商务印书馆2005年版。

时期国民经济计划中。

应当看到，从新中国成立至20世纪70年代末期这30年间，向内陆地区倾斜，优先发展中西部地区的区域战略布局，有力地推进了内地的工业化、城镇化进程，但由于偏重行政力量主导，这一时期的区域发展也存在一些不容忽视的问题：如内陆地区部分项目投资效益不高；沿海的工业基础没有得到充分的发挥；一批项目布局不当。

"文化大革命"结束不久，党中央对国内外形势做出了新的分析判断。中共十一届三中全会决定将全党的工作重点从以阶级斗争为纲转移到以经济建设为中心的社会主义现代化建设上来。在这一大背景下，中国的区域发展战略发生了方向性的转变，从向内陆倾斜转为向沿海倾斜，优先发展东部地区。

根据邓小平同志"让一部分地区、一部分人先富起来，逐步实现共同富裕"和"两个大局"的战略构想，1979年中共中央、国务院提出了积极支持沿海地区率先发展的区域发展战略。"六五""七五"两个五年计划都明确指出，要积极利用沿海地区的现有基础，充分发挥它们的特长，加速东部沿海地带的发展，并带动内地经济进一步发展。中共中央、国务院先后明确，对广东、福建两省实行特殊政策、灵活措施；设立深圳、珠海、汕头、厦门等经济特区；开放大连、秦皇岛、天津等14个沿海港口城市；开辟长江三角洲、珠江三角洲和闽南厦漳泉三角地区以及辽东半岛、胶东半岛及沈阳、南京等地作为沿海经济开放区；设立浦东新区，实行经济特区的优惠政策；在沿海地区设立上海外高桥等11个保税区。

这些政策极大地促进了东部沿海地区的发展。至20世纪90年代中期，东南沿海地区不仅吸收了近90%外资，还吸引了全国各地的人才。当时"孔雀东南飞"一说盛行于西部、东北及"三线地区"，就是因为那里多年培养的熟练工人、技术人员、管理人员大量来到东南沿海。沿海地区的率先发展，使我国综合实力迅速上升，缩小了与发达国家之间的差距，为20世纪末实现国内生产总值翻两番的战略目标做出了巨大贡献。同时，在国民经济和社会发展五年规划中，按照东、中、西部地区划分区域经济板块初步形成。

但是也应当正视，东部地区发展速度持续20年领先于中西部和东北地区，导致区域发展不平衡问题日益突出。1978—2000年，东部、中部、西部和东北地区的地区生产总值年均增长速度分别为12.01%、9.99%、9.74%和8.58%，东部地区比其他地区快2个百分点以上。区域差距持续20年扩大带来的不平衡等一系列负面影响，已经逐渐成为影响国民经济发展全局的重大问题。

针对区域发展新出现的不平衡现象，《中华人民共和国国民经济和社会发展"九五"计划和2010年远景目标纲要》首次将地区之间协调发展作为国民经济和社会发展的指导方针之一，指出要"坚持区域经济协调发展，逐步缩小地区发展差距""东部地区要充分利用有利条件，多利用国外资金、资源和市场，进一步增强经济活力，发展外向型经济。依靠高新技术、集约经营，重点发展资源消耗少、附加价值高、技术含量高的产业和产品，同时建立比较发达的农业。在深化改革、转变经济增长方式、提高经济素质和效益方面迈出更大的步伐，促进经济又好又快地发展，为全国提供新的经验，中西部地区要积极适应发展市场经济的要求，加快改革开放步伐，加强水利、交通、通信建设，充分利用现有的经济技术基础，发挥资源优势，大力发展农林牧业及其加工业、开发能源和矿产资源，积极发展优势产业和产品，提高加工深度，使资源优势逐步变为经济优势"。经历了近30年的向内陆倾斜和其后近20年的向沿海倾斜政策之后，我国步入了东中西部区域协调发展的阶段。

20世纪末至今，中共中央、国务院为区域协调发展做出了一系列部署。1999年启动实施西部大开发战略，2003年实施东北地区等老工业基地振兴战略，2006年启动实施促进中部地区崛起战略，同时加大对贫困地区、革命老区、边境地区、资源枯竭地区、产业衰退地区等特殊类型地区的扶持力度，并鼓励东部地区率先发展。这一系列重大区域协调发展政策的实施，形成了四大区域板块的格局，扭转了前阶段区域差距不断扩大的趋势，初步形成了各大区域板块趋向协调发展的格局。

党的十六大以来的2002年至2012年，10年间中部、西部地区占全国经济的比重显著提高。西部大开发政策将基础设施、生态环境和特色产业作为重点方向，取得显著成就。东北振兴重点支持国有企业等领域的改革，着力打造能源原材料基地、装备制造业基地、国家商品粮基地和国家生态屏障，有力地促进了老工业基地的转型发展。中部崛起重点支持综合交通运输枢纽建设，加快推进现代装备制造及高技术产业基地、能源原材料基地、粮食生产基地建设，焕发了中原大地的活力。在区域协调发展战略的指导下，与京津冀、长三角、珠三角地区相媲美，又涌现了长江中游、成渝、中原、辽中南、山东半岛、哈长等一大批新的区域经济增长极。同时，东部地区作为我国经济最发达的区域，不断提高经济发展的质量和效益，顺势调整产业结构，在转变经济发展方式上走在全国的前列。此外，在四大区域板块差别化政策的基础上，国家针对困难地区也实施了特殊扶助政策，初步建立了通过类型区和功能区，解决跨行政区域的特定困难区域的政策体系。

在充分肯定新世纪以来区域协调战略取得进展的同时，我们也要清醒认识到，真正实现区域协调发展还任重道远。一是区域间基本公共服务水平差距没有明显缩小，特别是义务教育、医疗卫生、社会保障等基本公共服务水平方面差距仍然很大。二是区域间人均地区生产总值的差异偏大。三是区域协调发展战略同样面临发展方式转型的深层次问题。

党的十八大以来，习近平总书记对区域协调发展工作，高度重视、亲自谋划、高位推动，多次作出重要指示批示，多次发表重要讲话。总书记的足迹遍布全国各大板块、各个区域，主持召开一系列重要会议，提出一系列重大战略，做出一系列重大部署，推动形成了以区域重大战略为引领、以区域协调发展战略为基础、以区域协调发展体制机制为保障的政策体系，逐步构建优势互补、高质量发展的区域经济布局。中共十九届五中全会明确，"十四五"时期经济社会发展，要以推动高质量发展为主题，贯彻新发展理念，加快构建新发展格局，并对推进区域协调发展作出明确部署。总的要求是，要坚持发挥各地区比较优势，宜工则工、宜商则商、宜农则农、宜粮则粮、宜山则山、宜水则水，促进各类生产要素合理流动和高效集聚，增强创新发展动力，加快构建高质量发展的动力系统，助力形成以国内大循环为主体、国内国际双循环相互促进的新发展格局。

"十三五"以来，各地区各部门认真贯彻落实中共中央、国务院关于区域协调发展的决策部署，充分发挥比较优势和基础潜力，完善创新区域经济政策，建立健全区域协调机制，推动区域发展格局不断优化、协调性进一步增强。

区域发展协调性稳步增强。中西部地区经济增速持续领先东部地区，经济发展的相对差距不断缩小。2020年，中部和西部地区生产总值分别实现22.2万亿元、21.3万亿元，较2015年增加7.5万亿元、6.8万亿元，占全国比重分别由2015年的20.3%、20.1%增加到2020年的22%、21.1%，分别提高1.7个和1个百分点。2015—2019年，东部与中部地区生产总值占全国比重差距从33.3个百分点缩小到29.5个百分点；东部与西部地区生产总值占全国比重差距从33.6个百分点缩小到30.9个百分点。2019年，西部、中部和东部地区生产总值分别为20.52万亿元、21.87万亿元、51.12万亿元，地区生产总值超3万亿元的省份数量从6个增至13个，其中广东省地区生产总值达10.77万亿元。人均生产总值超7万元的省份从6个增至10个，其中北京、上海突破15万元。高质量发展的动力源不断开拓。京津冀、粤港澳大湾区、长三角等东部地区引领作用不断凸显，地区发展动能持续增强，规模经济效应进一步显现，创新要素快速集聚，辐射带动周边地区加快发展，在国家现代化建设大局中发挥着龙头带动作用。2019年，京津冀、粤港澳大湾区和长三角地区生产总值分别达到8.5万亿元、11.6万亿元、23.6万亿元，占全国比重达43%。新型城镇化加快推进，人口和经济要素越来越向城市群及其中心城市集聚。京津冀、长三角、珠三角、成渝、长江中游五大城市群以10.4%的国土面积集聚40%的人口、创造55%的国内生产总值。北京、上海、广州、深圳、重庆、成都、武汉、郑州、西安9个中心城市以1.6%的国土面积集聚10.6%的人口、创造21.7%的国内生产总值，其他省会城市和重要节点城市经济人口集聚程度也在提高。欠发达地区发展和困难地区转型取得重要进展。2015—2019 年，农村贫困人口数量从 5575 万减少到 545 万，减少了 5030 万，贫困发生率从 5.7% 降到 0.3%，下降 5.4 个百分点。到 2020 年底，脱贫攻坚工作全面完成，绝对贫困问题得到历史性解决。69 个资源枯竭城市历史遗留问题基本解决，120 个老工业城市新旧动能加快转换，城区老工业区搬迁改造全面实施，20 个产业转型升级示范区建设取得积极成效。

"十四五"时期，我国将开启社会主义现代化国家建设新征程，开启向第二个百年奋斗目标进军的新发展阶段。我国经济由高速增长阶段转向高质量发展阶段，对区域协调发展提出了新要求。新形势下促进区域协调发展，要以习近平新时代中国特色社会主义思想为指导，按照客观经济规律调整完善区域政策体系，发挥各地区比较优势，促进各类要素合理流动和高效集聚，增强创新发展动力，加快构建高质量发展的动力系统，形成优势互补、高质量发展的区域经济布局。

第一章
我国区域经济板块划分的历史演进

新中国成立以来,党中央总揽全局,统筹推动区域协调发展,有力保障和改善了民生,有力提升了国家整体竞争力和凝聚力,充分彰显了社会主义制度优越性。在推进区域协调发展的过程中,依托不同的自然地理和经济地理条件以及不同的区域经济政策,逐步形成了西部地区、东北地区、中部地区、东部地区的四大区域经济板块划分。

第一节 改革开放以前向中西部地区倾斜发展阶段

新中国成立之后至改革开放以前,国家总体上施行向内陆地区倾斜,优先发展中西部地区的区域发展战略,这一时期又可细分为两个阶段,分别是"一五""二五"时期和"三线建设"时期。需要说明的是,由于当时实行计划经济,中央政府统一进行地区间的财力再分配,这一时期国家区域战略主要通过中央基本建设投资计划来实现。

"一五"时期,国家启动了以苏联援建的156项重大项目为核心,以900多个限额以上大中型项目为重点的经济建设,涉及内陆地区17个省区市(表1-1-1)。1953—1959年,共安排限额以上(投资在1000万元以上)大中型建设项目921个,包括苏联援建的156项重大项目(实际施工150项)。其中冶金工业企业20个，化学工业企业7个，机械工业企业24个，能源工业企业52个，轻工业和医药加工企业3个，军事工业企业44个，这些企业4/5在中西部和东北地区，921个项目内地占68%[1]。在全国基本建设投资总额中，沿海和内地分别占36.9%和46.8%[2]。"二五"时期，国家投资的重点仍然在中西部内陆地区。经过两个五年计划的建设，极大地改变了中西部和东北内陆地区的经济面貌，全国的生产力布局有了重大的改变。

表1-1-1 "一五"时期156项重大建设项目涉及城市

所在省份	156项重点建设项目布局城市
黑龙江省	哈尔滨市、鹤岗市、鸡西市、双鸭山、齐齐哈尔市、佳木斯市
吉林省	长春市、吉林市、辽源市
辽宁省	沈阳市、大连市、鞍山市、抚顺市、本溪市、阜新市、葫芦岛
陕西省	西安市、宝鸡市、铜川市、
甘肃省	兰州市、白银市
河北省	石家庄市、承德市
云南省	个旧市
内蒙古自治区	包头市
四川省	成都市
北京市	北京市
河南省	郑州市、洛阳市、焦作市、平顶山、
湖北省	武汉市
湖南省	株洲市、湘潭市
山西省	太原市、大同市、侯马市
安徽省	淮南市
重庆市	重庆市
新疆维吾尔自治区	乌鲁木齐市
江西省	南昌市、赣州市

资料来源：根据《中华人民共和国发展国民经济的第一个五年计划》统计。

---

[1] 刘俊林：《论毛泽东关于中国工业化道路的探索》，《中山大学研究生学刊》2000年第3期。
[2] 郑志国：《中国区域经济政策历史演变与制度变迁》，重庆工商大学，2006年。

专栏 1-1-1 "一五"时期 156 项重大项目 [①]

项目名称		建设性质	建设地点	建设期限	建设规模
一、煤炭（25项）	鹤岗东山 1 号立井	续建	鹤岗	1950—1955	采煤 90 万吨
	鹤岗兴安台 10 号立井	续建	鹤岗	1952—1956	采煤 150 万吨
	辽源中央立井	续建	辽源	1950—1955	采煤 90 万吨
	阜新平安立井	续建	阜新	1952—1957	采煤 150 万吨
	阜新新邱 1 号立井	新建	阜新	1954—1958	采煤 60 万吨
	阜新海州露天矿	续建	阜新	1950—1957	采煤 300 万吨
	兴安台洗煤厂	新建	鹤岗	1957—1959	洗煤 150 万吨
	城子河洗煤厂	新建	鸡西	1957—1959	洗煤 150 万吨
	城子河 9 号立井	新建	鸡西	1955—1959	采煤 75 万吨
	山西潞安洗煤厂	新建	潞南	1956—1958	洗煤 200 万吨
	焦作中马村立井	新建	焦作	1955—1959	采煤 60 万吨
	兴安台 2 号立井	新建	鹤岗	1956—1961	采煤 150 万吨
	大同鹅毛口立井	新建	大同	1957—1961	采煤 120 万吨
	淮南谢家集中央洗煤厂	新建	淮南	1957—1959	洗煤 100 万吨
	兴化湾沟立井	新建	兴化	1956—1958	洗煤 60 万吨
	峰峰中央洗煤厂	新建	峰峰	1957—1959	洗煤 200 万吨
	抚顺西露天矿	改建	抚顺	1953—1959	采煤 300 万吨
	抚顺龙凤矿	改建	抚顺	1953—1958	洗煤 90 万吨
	抚顺老虎台矿	改建	抚顺	1953—1957	洗煤 80 万吨
	抚顺胜利矿	改建	抚顺	1953—1957	洗煤 90 万吨
	双鸭山洗煤厂	新建	双鸭山	1954—1958	洗煤 150 万吨
	铜川王石凹立井	新建	铜川	1957—1961	采煤 120 万吨

① 注：156 项重点工程中，由于赣南电站改为成都电站，航空部陕西 422 厂分成两项，因此实为 154 项。在 154 项中，第二汽车制造厂、第二拖拉机厂因厂址未定，山西潞安一号立井、山西大同白土窑立井因地质问题未建，实际上正式施工的项目为 150 个。

续表

项目名称		建设性质	建设地点	建设期限	建设规模
一、煤炭（25项）	峰峰通顺三号立井	新建	峰峰	1957—1961	采煤120万吨
	平顶山2号立井	新建	平顶山	1957—1960	采煤90万吨
	抚顺东露天矿	新建	抚顺	1956—1961	油母页岩700万立方米
二、石油（2项）	兰州炼油厂	新建	兰州	1956—1959	炼油100万吨
	抚顺第二制油厂	改建	抚顺	1956—1959	页岩原油70万吨
三、电力（25项）	阜新热电站	扩建	阜新	1951—1958	15万千瓦
	抚顺电站	扩建	抚顺	1952—1957	15万千瓦
	重庆电站	新建	重庆	1953—1954	2.4万千瓦
	丰满水电站	扩建	丰满	1951—1959	42.25万千瓦
	大连热电站	扩建	大连	1954—1958	2.5万千瓦
	太原第1热电站	新建	太原	1953—1957	7.4万千瓦
	西安热电站	新建	西安	1952—1957	4.8万千瓦
	郑州第2热电站	新建	郑州	1952—1953	1.2万千瓦
	富拉尔基热电站	新建	齐齐哈尔	1952—1955	5万千瓦
	乌鲁木齐热电站	新建	乌鲁木齐	1952—1959	1.9万千瓦
	吉林热电站	扩建	吉林	1956—1958	10万千瓦
	太原第二热电站	新建	太原	1956—1958	5万千瓦
	石家庄热电站	新建	石家庄	1956—1959	4.9万千瓦
	户县热电站	新建	户县	1956—1960	10万千瓦
	兰州热电站	新建	兰州	1956—1958	10万千瓦
	青山热电站	扩建	武汉	1956—1959	11.2万千瓦
	个旧电站	新建	个旧	1954—1958	2.8万千瓦
	包头四道沙河热电站	新建	包头	1956—1958	5万千瓦
	包头宁家壕热电站	新建	包头	1957—1960	6.2万千瓦
	佳木斯纸厂热电站	新建	佳木斯	1955—1957	2.4万千瓦

续表

项目名称		建设性质	建设地点	建设期限	建设规模
三、电力（25项）	株洲热电站	新建	株洲	1955—1957	1.2万千瓦
	成都热电站	新建	成都	1956—1958	5万千瓦
	洛阳热电站	新建	洛阳	1956—1958	7.5万千瓦
	三门峡水利枢纽	新建	陕县	1956—1969	110万千瓦
	北京热电站	新建	北京	1958—1959	10万千瓦
四、钢铁（7项）	鞍山钢铁公司	改建	鞍山	1952—1960	铁250万吨，钢320万吨，钢材250万吨
	本溪钢铁公司	改建	本溪	1953—1957	铁110万吨
	富拉尔基特钢厂	新建	齐齐哈尔	1953—1958	特钢16.6万吨
	吉林铁合金公司	新建	吉林	1953—1956	铁合金4.30万吨
	武汉钢铁公司	新建	武汉	1955—1962	生铁150万吨，钢150万吨，钢材100万吨
	包头钢铁公司	新建	包头	1956—1962	生铁160万吨，钢150万吨
	热河钒铁矿	新建	承德	1956—1958	钛镁7000吨，钒铁1000吨
五、有色（13项）	抚顺铝厂	改建	抚顺	1952—1957	铝锭3.9万吨
	哈尔滨铝厂	新建	哈尔滨	1952—1958	铝材3万吨
	吉林电缆厂	新建	吉林	1953—1955	石墨制品2.23万吨
	株洲硬质合金厂	新建	株洲	1955—1957	硬质合金500吨
	杨家杖子钼矿	新建	葫芦岛	1956—1958	钼矿4700吨
	云南锡业公司	新建	个旧	1954—1958	锡3万吨
	江西大吉山钨矿	新建	赣南	1955—1959	1600吨/日
	江西西华山钨矿	新建	赣州	1956—1959	1856吨/日
	江西归美山钨矿	新建	赣州定南	1956—1959	1570吨
	白银有色金属公司	新建	白银	1956—1962	电铜3万吨
	洛阳有色金属加工厂	新建	洛阳	1957—1962	铜材6万吨

续表

项目名称		建设性质	建设地点	建设期限	建设规模
五、有色（13项）	东川矿务局	新建	东川	1958—1961	2万吨/日
	会泽铅锌矿	新建	会泽	1958—1962	铅1.5万吨，锌3万吨
六、化工（7项）	吉林染料厂	新建	吉林	1955—1958	合成燃料及中间体7385万吨
	吉林氨肥厂	新建	吉林	1954—1957	合成氨5万吨，硝酸铵9万吨
	吉林电石厂	新建	吉林	1955—1957	电石6万吨
	太原化工厂	新建	太原	1954—1958	硫酸4万吨
	兰州合成橡胶厂	新建	兰州	1956—1960	合成橡胶1.5万吨
	太原氮肥厂	新建	太原	1957—1960	合成氨5.2万吨，硝酸铵9.8万吨
	兰州氮肥厂	新建	兰州	1956—1959	合成氨5万吨，硝酸铵10万吨
七、机械（24项）	哈尔滨锅炉厂	新建	哈尔滨	1954—1960	高中压锅炉4080吨/年
	长春第一汽车厂	新建	长春	1953—1956	解放牌汽车3万辆
	沈阳第一机床厂	新建	沈阳	1953—1955	车床4000台
	哈尔滨量具刃具厂	新建	哈尔滨	1953—1954	量刃具512万付
	沈阳风动工具厂	改建	沈阳	1952—1954	各种风动工具2万台
	沈阳电缆厂	改建	沈阳	1952—1954	各种电缆3万吨
	哈尔滨仪表厂	新建	哈尔滨	1953—1956	电气仪表10万只
	哈尔滨汽轮机厂	新建	哈尔滨	1954—1960	汽轮机60万千瓦
	沈阳第二机床厂	改建	沈阳	1955—1958	各种机床4497台
	武汉重型机床厂	新建	武汉	1955—1959	机床380台
	洛阳拖拉机厂	新建	洛阳	1956—1959	拖拉机1.5万台
	洛阳滚珠轴承厂	新建	洛阳	1954—1958	滚珠轴承1000万套

续表

项目名称		建设性质	建设地点	建设期限	建设规模
七、机械（24项）	兰州石油机械厂	新建	兰州	1956—1959	石油设备1.5万吨
	西安高压电瓷厂	新建	西安	1958—1961	各种电瓷1.5万吨
	西安开关整流器厂	新建	西安	1958—1961	高压开关1.3万套
	西安绝缘材料厂	新建	西安	1956—1960	各种绝缘材料6000吨
	西安电力电容器厂	新建	西安	1956—1958	电力电容器100千伏安6.1万只
	洛阳矿山机械厂	新建	洛阳	1956—1958	矿山机械设备2万吨
	哈尔滨电机厂汽轮发电机车间	新建	哈尔滨	1954—1960	汽轮发电机60万千瓦
	富拉尔基重机厂	新建	齐齐哈尔	1954—1960	轧机炼钢炼铁设备6万吨
	哈尔滨碳刷厂	新建	哈尔滨	1956—1958	电刷及碳素制品厂
	哈尔滨滚珠轴承厂	新建	哈尔滨	1957—1959	滚珠轴承655万套
	湘潭船用电机厂	新建	湘潭	1957—1959	电机11万千瓦
	兰州炼油化工机械厂	新建	兰州	1956—1959	化工设备2.5万吨
八、轻工（1项）	佳木斯造纸厂	新建	佳木斯	1953—1957	水泥纸袋5万吨
九、医药（2项）	华北制药厂	新建	石家庄	1954—1958	青霉素链霉素等115吨、淀粉1.5万吨
	太原制药厂	新建	太原	1954—1958	磺胺1200吨
十、军工（44项）			具体项目略		

资料来源：董志凯、吴江：《新中国工业的奠基石：156项建设研究》（1950—2000），广东经济出版社2004年版。

1965年10月30日，中共中央批准下发《一九六五年计划纲要（草案）》，确定了"三线建设"的总目标，即采取多快好省的方法，在纵深地区建立起一个工农业结合、为国防和农业服务的比较完整的战略后方基地[1]。"三线建

---

[1] 中共中央党史研究室：《中国共产党历史（第二卷）(1949—1978)》，中共党史出版社2011年版。

设"自1964年9月起,至1980年大规模建设基本结束,重点集中在西南的云、贵、川和西北的陕、甘、宁、青等省以及三西(湘西、鄂西和豫西)地区。当时国家划定的"三线地区"范围包括:甘肃省乌鞘岭以东,山西省雁门关以南,京广铁路以西和广东省韶关以北的广大地区。包括四川、贵州、云南、山西、陕西、甘肃、青海、宁夏全省,河南、湖北、湖南、山西的西部,广西的西北部,共计13个省、自治区的全部或部分地区(表1-1-2)。在第三个五年计划期间,内地基本建设投资占全国的64.7%,其中"三线地区"占52.7%。从1964年到1980年,"三线建设"累计完成投资2052亿元,其中工业投资占70%以上。建设了1100多个大中型(限额以上)工矿企业、科研单位和大专院校,集聚了50多万训练有素的科技人才,配置了数十万台(套)当时国内最先进的技术装备。这是国家对中西部地区发展援助力度最强的时期,使中西部地区经济得到迅速发展,基本上建成了以国防工业为重点,交通、电子、化工、钢铁等产业为基础的工业体系[①]。

表1-1-2 "三线建设"重点建设项目涉及的主要城市

所在省份	布局工业城市
四川省	成都市、攀枝花市、德阳市、自贡市、乐山市、绵阳市、泸州市、广元市
贵州省	贵阳市、六盘水市、遵义市、安顺市
云南省	昆明市、曲靖市
陕西省	西安市、宝鸡市、汉中市、铜川市
甘肃省	金昌市、兰州市、天水市
青海省	西宁市
宁夏回族自治区	银川市
河南省	洛阳市、平顶山市、南阳市
湖北省	襄阳市、宜昌市、十堰市

---

① 张可云:《区域经济政策(第一版)》,商务印书馆2005年版。

续表

所在省份	布局工业城市
山西省	太原市、侯马市
重庆市	重庆市

资料来源：根据"三五""四五""五五"时期国民经济计划整理。

专栏1-1-2 "三线建设"时期重点工程

交通建设：新建了川黔铁路、贵昆铁路、成昆铁路、湘黔铁路、襄渝铁路、阳安铁路、焦枝铁路、枝柳铁路、太焦铁路、青藏铁路（西格段）等铁路；内陆地区新建公路22.78千米，占同期全国公路新增里程的55.7%。

能源工业建设：建成了贵州六盘水、陕西渭北和宁夏石炭井大型煤炭基地，在豫西地区建设了平顶山、焦作、鹤壁、义马、新密等大中型矿区。

电力工业建设：水电建设了宜昌葛洲坝水电站（271万千瓦）、丹江口水电站（90万千瓦）、甘肃刘家峡（116万千瓦）、青海龙羊峡（128万千瓦）、四川乐山龚嘴水电站（70万千瓦）、贵州遵义乌江渡水电站（63万千瓦）、湖南沅陵凤滩水电站（40万千瓦）等。火电建设了平顶山姚孟电厂（90万千瓦）、西安秦岭发电站（105万千瓦）和山西朔州神头发电站（92万千瓦）。并建设了330千伏刘家峡—天水—关中输变电工程和500千伏平顶山—荆门—武汉输变电工程。

石油工业建设：建设了河南油田、长庆油田、江汉油田、川南天然气田和川西北中坝天然气田。形成了中原、南阳、江汉、四川、青海、玉门、长庆、延长等8个石油和天然气生产基地。

钢铁工业建设：新建了攀枝花钢铁公司、贵州水城钢厂、四川江油长城钢厂、西宁钢厂、西宁特殊钢厂、陕西钢厂、舞阳钢厂、重庆钢铁公司刘家坝中板厂、西北碳素厂、宁夏石嘴山金属制品厂、西安金属制品厂等。续建和改扩建了武汉钢铁公司、大冶钢铁公司、太原钢铁公司、湘潭钢铁公司、成都无缝钢管厂、重庆特殊钢厂、贵阳钢铁厂、陕西钢铁厂等。

有色金属工业建设：在铝工业方面，新建了贵州铝厂、郑州铝厂等氧化铝厂，新建了贵州、兰州、青铜峡、连城等电解铝厂，新建了西北、西南（重庆）等铝加工厂。在铜工业方面，新建了白银、大冶、云南等大型铜冶炼厂和西北、洛阳两个铜加工厂。在铅锌工业方面，新建白银和株洲冶炼厂。在其他有色金属工业方面，新建了宝鸡有色金属加工厂、宁夏有色金属冶炼厂、遵义钛厂、峨眉半导体材料厂、华山半导体材料厂和金川有色金属工业公司等。

化学工业建设：医药工业新建了西南合成药厂、四川长征制药厂、西北合成药厂、西北第二合成药厂、中南制药厂、湖北（襄樊）制药厂。油漆工业在长沙、襄樊、开封、贵阳、遵义、昆明等地新建了油漆厂。橡胶工业在银川、贵阳建成了年产30万条轮胎的工厂。化肥工业在四川（泸州）、云南、贵州、湖北、湖南、陕西、宁夏等地区建设了8套大型现代合成氨装置，还重点建设了自贡晨光化工研究院和昆明三聚磷酸钠厂。酸碱工业建成了株洲、白银、开封等大型硫酸厂，兰州大型硝酸厂，自贡、孝感（应城）大型纯碱厂。

建材工业建设：建设了峨眉、攀枝花（渡口）、水城、湘乡、开源、襄樊（光化）、新化、贵州、荆门、大通、武山等水泥厂，株洲、洛阳、兰州、昆明、四川等玻璃厂以及昆明、四川玻璃纤维厂和贵阳大理石厂。

汽车制造工业：重点建设了第二汽车制造厂、陕西汽车制造厂、四川汽车制造厂等三个骨干企业。

机械制造工业：重型机械制造工业重点建设了德阳的第二重型机器厂，电机电器制造工业重点建设了德阳的东方电站成套设备公司，机床工具制造工业重点建设了贵阳磨料磨具生产基地，仪器仪表制造工业重点建设了四川（重庆）仪表总厂、甘肃光学仪器厂和贵阳新天精密光学仪器公司。

轻工机械工业建设：造纸工业新建和扩建了岳阳造纸厂、西安造纸网厂、乐山造纸厂、湖南第一纸板厂、四川青城造纸厂、陕西宝鸡造纸厂、山西介休造纸厂和河南开封纸厂等一批大中型企业。制盐工业重点新建了自贡和湖北孝感（应城、云梦）制盐基地。制糖工业在四川、云南、甘肃建设了制糖企业。皮革工业新建了平顶山、兰州、贵阳制革厂，在西安、武汉、重庆、成都、贵阳、兰州、太原、郑州、长沙、昆明建设了大型皮革制品厂。轻工机械工业新建了西安、宜宾造纸机械厂、西安钟表机械厂以及安阳、许昌、昆明、重庆、贵阳等地的轻工机械厂。

纺织工业建设：棉纺织工业基本形成了湘鄂、河南、关中、四川和山西五大棉纺织基地。麻纺织工业形成湖南、湖北、河南、四川等麻纺织工业基地。毛纺织工业形成了兰州、太原、武汉、重庆、西安、西宁等毛纺织工业基地。丝绸纺织工业建成绵阳、遂宁、三台、盐亭、资中等丝绸厂。改造了重庆、成都、南充、乐山等老丝织基地。化学纤维工业在襄樊新建了大型化纤厂，在岳阳建设大型棉纶厂。

资料来源：根据"三五""四五""五五"时期国民经济计划整理。

总体来看，新中国成立以后至20世纪70年代末期这30年间，由于国家区域战略布局向内陆地区倾斜，有力地推进了内地的工业化、城镇化进程，使旧中国遗留下来的区域经济发展极不平衡的格局得到改观。直到现在，内地的发展都有赖于这个基础。但是，由于偏重行政力量主导，这一时期的区域发展战略也存在一些不容忽视的问题：一是内陆地区部分项目投资效益不高，1978年，"三线地区"的百元固定资产（原值）实现的产值只有沿海地区的一半，利润率只有9.2%，而沿海地区为23.4%；二是由于向内陆倾斜，沿海的工业基础没有得到充分的发挥，对国民经济的整体发展造成了消极的影响；三是使部分地区不管有无资源条件和实际可能，都追求本地区工业自成体系，大中小项目遍地开花，造成了一大批项目布局不当。

第二节　改革开放以后优先支持东部地区发展阶段

中共十一届三中全会做出了将全党的工作重点转移到以经济建设为中心的社会主义现代化建设上来的重大决策。根据邓小平同志关于"让一部分地区、一部分人先富起来,逐步实现共同富裕"和"两个大局"的战略思想,1979年中共中央、国务院提出了"扬长避短、发挥优势"的方针,确立了积极支持沿海地区率先发展的区域发展战略。"六五"计划明确指出,要积极利用东部沿海地区的现有基础,充分发挥它们的特长,带动内地经济进一步发展。"七五"计划进一步提出,要加速东部沿海地带的发展。按照中共中央、国务院决策部署,国家区域经济政策实行了向沿海地区倾斜。

专栏1-2-1　邓小平关于"两个大局"的战略思想

在经济政策上,我认为要允许一部分地区、一部分企业、一部分工人农民,由于辛勤努力成绩大而收入先多一些,生活先好起来。一部分人生活先好起来,就必然产生极大的示范力量,影响左邻右舍,带动其他地区、其他单位的人们向他们学习。这样,就会使整个国民经济不断地波浪式地前进发展,使全国各族人民都能比较快地富裕起来。

沿海地区要加快对外开放,使这个拥有两亿人口的广大地带较快地先发展起来,从而带动内地更好地发展,这是一个事关大局的问题。内地要顾全这个大局。反过来,发展到一定的时候,又要求沿海拿出更多力量来帮助内地发展,这也是一个大局。那时沿海也要服从这个大局。

资料来源:摘自《邓小平文选》中的《解放思想,实事求是,团结一致向前看》,1978年12月13日[1];《中央要有权威》,1988年9月12日[2]。

这一时期(1979—1992)的区域战略,在通过中央投资项目布局的基础上,"给政策"成为重要的区域政策工具,主要包括:

(1)对广东、福建两省实行特殊政策、灵活措施。1979年7月,中央决

---

[1]《邓小平文选》第二卷,人民出版社1993年版。
[2]《邓小平文选》第三卷,人民出版社1993年版。

定对广东、福建两省实行特殊政策、灵活措施。即两省的财政和外汇实行定额包干；物资、商业在国家计划指导下适当利用市场调节；在计划、物价、劳动工资、企业管理和对外经济活动等方面扩大地方权限。

（2）设立经济特区。1980年8月，中央正式批准设置深圳经济特区，又相继设立了珠海、汕头、厦门经济特区。1983年4月，决定加快海南的开发建设，实行了类似经济特区的政策，1988年4月，七届人大一次会议决定设置海南经济特区，同时批准设立海南省。

专栏1-2-2 关于建立经济特区的决策

1981年7月19日，《中共中央、国务院批转〈广东、福建两省和经济特区工作会议纪要〉的通知》指出：广东、福建两省是我国的南大门和主要侨乡，战略地位重要，发展经济的有利条件很多；两省在经济调整、体制改革、扩大对外经济技术交流以及建设经济特区等方面，打开局面，创造经验，不仅对两省经济的繁荣，而且对全国经济的发展，都具有重要的意义，在政治上也有利于稳定港澳人心，争取台湾回归祖国。

关于在社会主义条件下利用外资试办经济特区的问题。在自力更生的基础上，实现对外开放，积极扩大对外经济合作和交流，是党的一项重大政策。目前，我国生产力还比较落后，建设资金短缺，在人民民主专政日益巩固、社会主义经济占绝对优势的条件下，采取多种形式利用侨资、外资，加快发展社会化大生产，提高技术和管理水平，促进社会主义现代化建设，这是十分必要的。

试办经济特区，是两省实行特殊政策的一项重要内容，是执行开放政策，吸收外资的一种特殊方式。有些同志有疑问：特区会不会变成租界？是不是殖民地？会议认为，这些疑问是没有根据的。我国特区是经济特区，不是政治特区。特区内全面行使我国家主权，这和由不平等条约产生的租界、殖民地在性质上根本不同。世界上许多国家的经验证明，特区是扩大出口贸易、利用外资、引进技术、发展经济的比较成功的好形式。对我国来说，特区是我们学习与外国资本竞争、学习按经济规律办事、学习现代化经济管理的学校，是为两省甚至是全国训练和造就人才的基地。

1983年4月，中共中央、国务院批准《关于加速海南岛开发建设问题讨论纪要》，并决定于同年7月加速开发海南岛。1988年4月，第七届全国人民代表大会第一次会议决定设置海南省，并设为海南经济特区。

资料来源：摘自《广东、福建两省和经济特区工作会议纪要》，1981年7月12日。

（3）开放沿海港口城市。1984年4月，为加快对外开放的步伐，国务院决定进一步开放大连、秦皇岛、天津等14个沿海港口城市。主要政策包括：放宽地方管理权限、扩大对外开放经济活动的权利等对外开放方面。

专栏 1-2-3　开放 14 个国家级经济技术开发区

1984 年，中共中央、国务院批准转发《沿海部分城市座谈会纪要》指出：这几个城市（指天津、上海、大连、秦皇岛、烟台、青岛、连云港、南通、宁波、温州、福州、广州、湛江和北海），有些可以划定一个有明确地域界限的区域，兴办新的经济技术开发区。经济技术开发区要大力引进我国急需的先进技术、集中兴办中外合资、合作、外商独资企业和中外合作的科研机构，发展合作生产、合作研究设计，开发新技术、研制高档产品，增加出口收汇，向内地提供新型材料和关键零部件，传播新工艺、新技术和科学的管理经验。有的经济技术开发区，还要发展为国际转口贸易的基地。经济技术开发区内，利用外资项目的审批权限可以进一步放宽，大体上比照经济特区的规定执行。国家对经济技术开发区实行必要的监管措施，经济技术开发区要在规划和建设中提供必要的监管条件。

资料来源：摘自《沿海地区部分城市座谈纪要》，1984 年。

（4）开辟沿海经济开放区。1985 年 2 月，中共中央、国务院决定把长江三角洲、珠江三角洲和闽南厦漳泉三角地区等 59 个市县开辟为沿海经济开放区。1988 年 3 月，国务院进一步扩大了沿海经济开放区的范围，开放辽东半岛、胶东半岛及沈阳、南京等地的 140 个市县。

专栏 1-2-4　沿海经济开放区市、县名单

江苏省：苏州市及其所辖的常熟市、吴县、沙洲县、太仓县、昆山县、吴江县张家港区，无锡市及其所辖的无锡县、江阴县、宜兴县，常州市及其所辖的武进县、金坛县、溧阳县。

浙江省：嘉兴市及其所辖的嘉善县、桐乡县、海宁县，湖州市及其所辖的德清县。

广东省：佛山市及其所辖的中山市、南海县、顺德县、高明县，江门市及其所辖的开平县、新会县、台山县、鹤山县、恩平县，广州市的番禺县、增城县，深圳市的宝安县，珠海市的斗门县，惠阳地区的东莞县。

福建省：厦门市的同安县，龙溪地区的漳州市、龙海县、漳浦县、东山县，晋江地区的泉州市、惠安县、南安县、晋江县、安溪县、永春县。

上海市：上海县、嘉定县、宝山县、川沙县、南汇县、奉贤县、松江县、金山县、青浦县、崇明县。

辽宁省：丹东市、大连市、营口市、盘锦市、锦州市、沈阳市、鞍山市和辽阳市及其部分县区。

（5）设立浦东新区。1990 年 6 月，中共中央、国务院正式批准上海市开发和开放浦东新区，实行经济特区的某些优惠政策。

专栏 1-2-5　浦东新区开发开放

1990年6月2日，国务院发布《关于开发和开放浦东问题的批复》，决定开发开放浦东新区。批复指出，开发和开放浦东是深化改革、进一步实行对外开放的重大部署，也是一件关系全局的大事。上海有良好的政治经济基础，有一批素质较高的科技和管理人才，有一支强大的产业工人队伍，有优越的地理环境和便利的交通运输条件，又同海外各地有广泛的联系，充分利用这些优势，有计划、有步骤、积极稳妥地开发和开放浦东，必将对上海和全国的政治稳定与经济发展产生极其重要的影响。

资料来源：摘自《国务院关于开发和开放浦东问题的批复》，1990年。

（6）在沿海地区设立保税区。1990年6月，国务院批准建立中国第一个保税区——上海外高桥保税区。1991年国务院批准建立了天津港、深圳福田和沙头角保税区，随后又设立了深圳盐田港、大连、张家港等11个保税区。

这些政策极大地促进了东部沿海地区发展，"六五"至"八五"时期，沿海地区基本建设投资超过全国的一半，1978—1995年，沿海地区吸引外资占全国吸引外资总额的84.7%，东部沿海省份地区生产总值年均增长11.7%，比全国平均水平高1.8个百分点，比中西部地区高2.1个百分点[1]，逐渐形成了一条从南到北沿海岸线延伸的沿海对外开放地带。

总体来看，这一时期沿海地区的率先发展，加快了我国改革开放进程，使我国的经济实力迅速上升，缩小了与发达国家之间的差距，为20世纪末实现国内生产总值比1980年翻两番的战略目标以及人民生活达到小康水平做出了巨大贡献。

但是，东部地区发展速度持续领先于中西部地区，也使东部地区与中西部地区发展速度的差距逐步扩大，导致区域发展不平衡问题日益突出。1978—2000年，东部、中部、西部和东北地区的地区生产总值年均增长速度分别为12.01%、9.99%、9.74%和8.58%，东部地区比其他地区高出2个百分点以上。差幅最大的"八五"时期，东部地区比其他地区增速高出5个百分点。从绝对差距看，1978年，东部地区与中部、西部地区之间人均地区生产

---

[1] 陆大道：《中国区域发展的理论与实践》，科学出版社2003年版。

总值的绝对差距分别为153.6元和212.9元，到1990年分别扩大到700.1元和885.8元，2000年又分别扩大到4790.2元和6162.0元。从相对差距来看，20世纪90年代初，东部与中西部之间经济发展水平的相对差距不仅在逐年扩大，而且幅度在2个百分点以上。其中，1990—1994年，东部与中部地区间的相对差距系数由35.6%迅速上升到46.7%。东部与西部地区间的相对差距系数在1990—1999年间，均为逐年增加的态势，由45.1%迅速增加到58.7%。总体上，在1990—2000年间，东部与中部、西部地区之间的相对差距系数，分别扩大了8.9个和12.1个百分点。区域差距的扩大已经逐渐成为一个影响国民经济发展全局的问题。详见表1-2-1。

表1-2-1　1978—2000年东部与中西部地区人均地区生产总值差距

年份	绝对差距（元）		相对差距系数（%）	
	东中部之间	东西部之间	东中部之间	东西部之间
1978	153.6	212.9	33.1	45.9
1989	685.7	897.1	36.8	48.1
1990	700.1	885.9	35.6	45.1
1991	977.2	1133.5	40.0	46.4
1992	1320.5	1514.7	43.5	49.9
1993	1874.6	2194.7	45.9	53.8
1994	2532.7	3032.8	46.7	55.9
1995	3086.8	3835.5	45.5	56.6
1996	3520.5	4510.9	44.3	56.8
1997	3892.9	5033.8	44.0	56.9
1998	4233.6	5430.8	44.6	57.3
1999	4643.1	5930.6	46.0	58.7
2000	4790.2	6162.0	44.5	57.2

资料来源：根据1978—2001年《中国统计年鉴》中有关数据计算。

第三节 新世纪以来四大区域板块形成和发展阶段

1997年9月，党的十五大报告指出，要"从多方面努力，逐步缩小地区发展差距""促进地区经济合理布局和协调发展"。《中华人民共和国国民经济和社会发展"九五"计划和2010年远景目标纲要》首次将地区之间协调发展作为国民经济和社会发展的指导方针之一，指出要"坚持区域经济协调发展，逐步缩小地区发展差距"。

《中华人民共和国国民经济和社会发展第十一个五年规划纲要》（简称《"十一五"规划纲要》）对促进区域协调发展作了全面阐述，明确要实施推进西部大开发、振兴东北地区等老工业基地、促进中部地区崛起、鼓励东部地区率先发展，表明我国已经进入区域协调发展战略全面实施的新阶段。

专栏 1-3-1 《"十一五"规划纲要》关于区域发展的部署

1. 推进西部大开发

西部地区要加快改革开放步伐，通过国家支持、自身努力和区域合作，增强自我发展能力。坚持以线串点，以点带面，依托中心城市和交通干线，实行重点开发。加强基础设施建设，建设出境、跨区铁路和西煤东运新通道，建成"五纵七横"西部路段和八条省际公路，建设电源基地和西电东送工程。巩固和发展退耕还林成果，继续推进退牧还草、天然林保护等生态工程，加强植被保护，加大荒漠化和石漠化治理力度，加强重点区域水污染防治。加强青藏高原生态安全屏障保护和建设。支持资源优势转化为产业优势，大力发展特色产业，加强清洁能源、优势矿产资源开发及加工，支持发展先进制造业、高技术产业及其他有优势的产业。加强和改善公共服务，优先发展义务教育和职业教育，改善农村医疗卫生条件，推进人才开发和科技创新。建设和完善边境口岸设施，加强与毗邻国家的经济技术合作，发展边境贸易。落实和深化西部大开发政策，加大政策扶持和财政转移支付力度，推动建立长期稳定的西部开发资金渠道。

2. 振兴东北地区等老工业基地

东北地区要加快产业结构调整和国有企业改革改组改造，在改革开放中实现振兴。发展现代农业，强化粮食基地建设，推进农业规模化、标准化、机械化和产业化经营，提高商品率和附加值。建设先进装备、精品钢材、石化、汽车、船舶和农副产品深加工基地，发展高技术产业。建立资源开发补偿机制和衰退产业援助机制，抓好阜新、大庆、伊春和辽源等资源枯竭型城市经济转型试点，搞好棚户区改造和采煤沉陷区治理。加强东北东部铁路通道和跨省区公路运输通道等基础设施建设，加快市场体系建设，促进区域经济一体化。扩大与毗邻国家的经济技术合作。加强黑土地水土流失和东北西部荒漠化综合治理。支持其他地区老工业基地的振兴。

3. 促进中部地区崛起

中部地区要依托现有基础，提升产业层次，推进工业化和城镇化，在发挥承东启西和产业发展优势中崛起。加强现代农业特别是粮食主产区建设，加大农业基础设施建设投入，增强粮食等大宗农产品生产能力，促进农产品加工转化增值。支持山西、河南、安徽加强大型煤炭基地建设，发展坑口电站和煤电联营。加快钢铁、化工、有色、建材等优势产业的结构调整，形成精品原材料基地。支持发展矿山机械、汽车、农业机械、机车车辆、输变电设备等装备制造业以及软件、光电子、新材料、生物工程等高技术产业。构建综合交通运输体系，重点建设干线铁路和公路、内河港口、区域性机场。加强物流中心等基础设施建设，完善市场体系。

4. 鼓励东部地区率先发展

东部地区要率先提高自主创新能力，率先实现经济结构优化升级和增长方式转变，率先完善社会主义市场经济体制，在率先发展和改革中带动帮助中西部地区发展。加快形成一批自主知识产权、核心技术和知名品牌，提高产业素质和竞争力。优先发展先进制造业、高技术产业和服务业，着力发展精加工和高端产品。促进加工贸易升级，积极承接高技术产业和现代服务业转移，提高外向型经济水平，增强国际竞争力。加强耕地保护，发展现代农业。提高资源特别是土地、能源利用效率，加强生态环境保护，增强可持续发展能力。继续发挥经济特区、上海浦东新区的作用，推进天津滨海新区开发开放，支持海峡西岸和其他台商投资相对集中地区的经济发展，带动区域经济发展。

5. 支持革命老区、民族地区和边疆地区发展

加大财政转移支付力度和财政性投资力度，支持革命老区、民族地区和边疆地区加快发展。保护自然生态，改善基础设施条件。发展学前教育，加快普及义务教育，办好中心城市的民族初中班和高中班，加强民族大学建设和民族地区高等教育。建设少数民族民间传统文化社区，扶持少数民族出版事业，建立双语教学示范区。加强少数民族人才队伍建设，稳定民族地区人才队伍。支持发展民族特色产业、民族特需商品、民族医药产业和其他有优势的产业。优先解决特困少数民族贫困问题，扶持人口较少民族的经济社会发展，推进兴边富民行动。继续实行支持西藏、新疆及新疆生产建设兵团发展的政策。

资料来源：摘自《中华人民共和国国民经济和社会发展第十一个五年规划纲要》（2006年3月14日第十届全国人民代表大会第四次会议批准）。

"十二五"时期，国家围绕"四大板块"战略主要采取了三类举措和行动：（1）研究制定区域性规划和指导意见，解决未来一段时期区域发展共同面对的核心问题，如重点区域和特色优势产业培育、重大基础设施建设、重

点生态工程建设、深化重点领域和关键环节的改革举措等。（2）针对不同板块存在的突出问题以及在推动国家战略中扮演的角色和定位，选择重点地区实现引领示范，拓展发展新空间，特别是密集批复了一系列区域规划和实施方案。（3）推进基础设施、生态治理、公共服务均等化等重大工程和项目投资，提升区域发展的支撑能力。

2002—2012年，中西部地区占全国经济的比重显著提高。西部大开发将基础设施、生态环境和特色产业作为重点方向，取得显著成就。东北振兴重点支持国有企业改革，着力打造能源原材料基地、装备制造业基地、国家商品粮基地和国家生态屏障，有力促进了老工业基地转型。中部崛起重点支持综合交通运输枢纽建设，加快推进现代装备制造及高技术产业基地、能源原材料基地、粮食生产基地建设，焕发了新的活力。东部地区不断提高经济发展的质量和效益，调整产业结构，在转变经济发展方式上走在全国前列。此外，在四大区域板块的基础上，国家针对老少边贫等困难地区实施了特殊扶助政策，组织开展了援疆援藏等一系列工作，初步建立了支持困难地区发展的政策体系。

应当看到，21世纪以来10年的实践，不仅践行了邓小平同志关于"两个大局"第二步的战略构想，加快了内陆地区的发展，而且有效应对了1998年亚洲金融危机和2008年世界金融危机，实现了扩大国内市场的现实需要，不仅有效缩小了区域发展差距，而且对国家整体竞争力和凝聚力的提升发挥了重要作用，2010年我国已成为世界第二大经济体。

第四节　党的十八大以来四大区域板块发展新阶段

党的十八大以来，以习近平同志为核心的党中央高度重视区域协调发展，习近平总书记先后主持召开一系列重要会议，提出一系列重大战略，作出一系列重大部署。在党中央坚强领导下，各地区各部门深入实施西部大开发、东北振兴、中部崛起、东部率先等战略，推进实施京津冀协同发展、长江经济带发展、粤港澳大湾区建设、海南全面深化改革开放、长三角区域一体化发展、黄河流域生态保护和高质量发展等重大区域战略，明确了基本公共服务均等化、基础设施通达程度比较均衡、人民基本生活保障水平大体相当的区域协调发展新目标，加大对困难地区支持力度，推动区域协调发展取得新的重大进展。不断丰富完善区域发展的理念、战略、规划和政策体系，建立更加有效的区域协调发展新机制，构建了顺应时代要求、符合我国实情的区域协调发展政策框架体系，有力促进了各区域协调发展。

一、党的十八大以来，我国对四大区域板块高质量发展的总体谋划

《中华人民共和国国民经济和社会发展第十三个五年规划纲要》（简称《"十三五"规划纲要》）指出，深入实施西部开发、东北振兴、中部崛起和东部率先的区域发展总体战略，创新区域发展政策，完善区域发展机制，促进区域协调、协同、共同发展，努力缩小区域发展差距。"十三五"时期，我国区域发展协调性持续增强，人民生活质量普遍改善，老百姓得到了实实在在的好处，获得感、幸福感、安全感显著增强，向基本公共服务均等化、基础设施通达程度比较均衡、人民基本生活保障水平大体相当的区域协调发展目标迈出了坚实步伐。

专栏1-4-1 《"十三五"规划纲要》关于区域发展的部署

第一节 深入推进西部大开发

把深入实施西部大开发战略放在优先位置，更好发挥"一带一路"建设对西部大开发的带动作用。加快内外联通通道和区域性枢纽建设，进一步提高基础设施水平，明显改善落后边远地区对外通行条件。大力发展绿色农产品加工、文化旅游等特色优势产业。设立一批国家级产业转移示范区，发展产业集群。依托资源环境承载力较强地区，提高资源就地加工转化比重。加强水资源科学开发和高效利用。强化生态环境保护，提升生态安全屏障功能。健全长期稳定资金渠道，继续加大转移支付和政府投资力度。加快基本公共服务均等化。加大门户城市开放力度，提升开放型经济水平。

第二节 大力推动东北地区等老工业基地振兴

加快市场取向的体制机制改革，积极推动结构调整，加大支持力度，提升东北地区等老工业基地发展活力、内生动力和整体竞争力。加快服务型政府建设，改善营商环境，加快发展民营经济。大力开展和积极鼓励创业创新，支持建设技术和产业创新中心，吸引人才等各类创新要素集聚，使创新真正成为东北地区发展的强大动力。加快发展现代化大农业，促进传统优势产业提质增效，建设产业转型升级示范区，推进先进装备制造业基地和重大技术装备战略基地建设。支持资源型城市转型发展，组织实施好老旧城区改造、沉陷区治理等重大民生工程。加快建设快速铁路网和电力外送通道。深入推进国资国企改革，加快解决厂办大集体等问题。支持建设面向俄日韩等国家的合作平台。

第三节 促进中部地区崛起

制定实施新时期促进中部地区崛起规划，完善支持政策体系，推动城镇化与产业支撑、人口集聚有机结合，形成重要战略支撑区。支持中部地区加快建设贯通南北、连接东西的现代立体交通体系和现代物流体系，培育壮大沿江沿线城市群和都市圈增长极。有序承接产业转移，加快发展现代农业和先进制造业，支持能源产业转型发展，建设一批战略性新兴产业和高技术产业基地，培育一批产业集群。加强水环境治理和保护，推进鄱阳湖、洞庭湖生态经济区和汉江、淮河生态经济带建设。加快郑州航空港经济综合实验区建设。支持发展内陆开放型经济。

第四节 支持东部地区率先发展

支持东部地区更好发挥对全国发展的支撑引领作用，增强辐射带动能力。加快实现创新驱动发展转型，打造具有国际影响力的创新高地。加快推动产业升级，引领新兴产业和现代服务业发展，打造全球先进制造业基地。加快建立全方位开放型经济体系，更高层次参与国际合作与竞争。在公共服务均等化、社会文明程度提高、生态环境质量改善等方面走在前列。推进环渤海地区合作协调发展。支持珠三角地区建设开放创新转型升级新高地，加快深圳科技、产业创新中心建设。深化泛珠三角区域合作，促进珠江—西江经济带加快发展。

第五节 健全区域协调发展机制

创新区域合作机制，加强区域间、全流域的协调协作。完善对口支援制度和措施，通过发展"飞地经济"、共建园区等合作平台，建立互利共赢、共同发展的互助机制。建立健全生态保护补偿、资源开发补偿等区际利益平衡机制。鼓励国家级新区、国家级综合配套改革试验区、重点开发开放试验区等平台体制机制和运营模式创新。

二、党的十八大以来，我国区域发展取得的主要成就

党的十八大以来，党中央高度重视区域发展，不断丰富完善区域发展的理念、战略和政策体系，建立更加有效的区域协调发展新机制，构建了顺应时代要求、符合我国实情的区域协调发展政策框架体系，有力促进了区域协调发展。"十三五"时期，各地区各部门认真贯彻落实中共中央、国务院决策部署，建立健全区域协调机制，推动区域发展格局不断优化、协调性进一步增强。

第一，高质量发展的动力源不断开拓。京津冀、粤港澳大湾区、长三角等地区引领作用不断凸显，地区发展动能持续增强，规模经济效应进一步显现，创新要素快速集聚，辐射带动周边地区加快发展，在国家现代化建设大局中发挥着龙头带动作用。2021年，东部地区生产总值增长8.1%，规模以上工业增长10.9%，京津冀、粤港澳大湾区和长三角地区生产总值占全国比重达44%，对全国经济增长发挥了"稳定器"作用，广东省地区生产总值达12万亿元，江苏省超过11万亿元，北京、上海人均地区生产总值突破15万元。

第二，城市群和中心城市集聚效应凸显。新型城镇化加快推进，人口和经济要素向城市群及其中心城市集聚。2020年，京津冀、长三角、珠三角、成渝、长江中游五大城市群以10.4%的国土面积集聚42%的人口、创造55%的国内生产总值，北京、上海、广州、深圳、重庆、成都、武汉、郑州、西安9个中心城市以1.6%的国土面积集聚11%的人口、创造22%的国内生产总值，其他省会城市和重要节点城市经济人口集聚程度也在提高。

第三，中西部地区发展速度加快。2020年，中部和西部地区生产总值分别实现22.2万亿元、21.3万亿元，较2015年增加7.5万亿元、6.8万亿元，占全国比重分别由2015年的20.3%、20.1%增加到2020年的22%、21.1%，提高1.7个和1个百分点。西部地区有7个省份增速居全国前十，中部地区经济增速连续多年领跑四大板块。人均地区生产总值差距不断缩小，东部与中、西部人均地区生产总值比分别由2015年的1.76%、1.82%降至2021年的1.53%、1.68%。

第四，欠发达地区发展和困难地区转型取得重要进展。脱贫攻坚取得历史性成就。2020年，脱贫攻坚工作全面完成，832个贫困县全部摘帽，9899万农村贫困人口全部脱贫，绝对贫困问题得到历史性解决。赣闽粤等12个革命老区593个县实现地区生产总值超过13万亿元，140个边境县地区生产总值第一次超过1万亿元。69个资源枯竭城市历史遗留问题基本解决，120个老工业城市新旧动能加快转换，城区老工业区、独立工矿区改造全面实施，20个产业转型升级示范区建设取得积极成效。

第五，区域间基本公共服务均等化水平不断提高。各地义务教育资源基本均衡，特别是贫困地区义务教育得到有效保障，控辍保学实现动态清零，2020年贫困县义务教育巩固率达到95%，东、中、西部地区9年义务教育师生比基本持平，中西部地区与东部地区生均用房面积差距明显缩小。基本医疗保障实现全覆盖，中、西部地区每千人基层医疗卫生机构床位数分别达到东部地区的1.5倍、1.6倍，贫困人口医疗费用实际报销比例从50%多提高到80%左右。全国广播节目综合人口覆盖率、电视节目综合人口覆盖率分别达到99.1%、99.4%。

第六，区域间基础设施通达均衡程度明显改善。"十三五"期间，东、中、西部和东北地区高铁网络密度分别提高13.1%、13.1%、74.4%、34.6%，基础较差的西部和东北地区显著高于东中部。西部地区公路密度从1999年的7.8千米/百平方千米增加到2019年的33.8千米/百平方千米，可达性与东部差距逐步缩小，高速公路总里程占全国的38%，在建高速公路、国省干线公路规模超过东中部总和，贵州等省份已经实现了县县通高速。"十三五"时期新建成投运运输机场34个，大部分集中在中西部偏远地区，2020年，航空运输服务已覆盖全国92%的地级行政单元、88%的人口。

第七，区域间人民生活水平普遍提高。2019年，东、中、东北与西部地区居民人均可支配收入比分别为1.65%、1.08%、1.16%，较2015年缩小2.9个、0.8个、10.4个百分点，东中西部和东北地区人均可支配收入差距明显缩小。东部产业持续向中西部转移，中西部地区就业机会和吸引力不断增加，在中西部地区就近就业的农民工占比，从2016年的40%上升至2019年的43%。东部和中部、西部地区人均社会消费品零售总额之比，分别从2015年的1.54%、1.78%下降至2021年的1.33%、1.64%。

"十三五"时期，区域发展协调性持续增强，人民生活质量普遍改善，群众获得感幸福感安全感显著增强，区域协调发展目标迈出了坚实步伐。

我国区域发展在取得重大成就的同时，也出现了一些值得关注的新情况新问题。例如，区域经济发展有所分化，一些地区特别是东北、西北省份经济增速出现放缓；区域间行政壁垒仍然存在，地区分割、行业壁垒等问题仍待解决，地区间设置不合理市场准入条件的现象还时有发生，统一开放、竞争有序的全国性商品和要素市场亟待完善。

三、我国区域发展出现新的特点

党的十九大报告提出，要实施区域协调发展战略，加大力度支持革命老区、民族地区、边疆地区、贫困地区加快发展，强化举措推进西部大开发形成新格局，深化改革加快东北等老工业基地振兴，发挥优势推动中部地区崛起，创新引领率先实现东部地区优化发展，建立更加有效的区域协调发展新机制。2018年，中共中央、国务院印发《关于建立更加有效的区域协调发展新机制的意见》，明确提出推动国家重大区域战略融合发展，以"一带一路"建设、京津冀协同发展、长江经济带发展、粤港澳大湾区建设等重大战略为引领，以西部、东北、中部、东部四大板块为基础，促进区域间相互融通补充。2019年以来，中共中央、国务院先后印发了《关于新时代推动西部大开发形成新格局的指导意见》《关于支持东北地区深化改革创新推动高质量发展的意见》《关于新时代推动中部地区高质量发展的指导意见》，对四大区域板块的比较优势和新时代目标定位作出了明确部署。2021年全国人大审议通过的《中华人民共和国国民经济和社会发展第十四个五年规划和2035年远景目标纲要》（简称《"十四五"规划纲要》）提出，深入实施区域协调发展战略，推动西部大开发形成新格局，推动东北振兴取得新突破，促进中部地区加快崛起，鼓励东部地区加快推进现代化，支持特殊类型地区加快发展，在发展中促进相对平衡，对"十四五"时期四大区域板块发展提出了新的要求。党的二十大报告提出，要深入实施区域协调发展战略、区域重大战略、主体功能区战略、新型城镇化战略，优化重大生产力布局，构建优势互补、高质量发展的区域经济布局和国土空间体系。推动西部大开发形成新格局，推动东北全面振兴取得新突破，促进中部地区加快崛起，鼓励东部地区加快推进现代化。支持革命老区、民族地区加快发展，加强边疆地区建设，推进兴边富民、稳边固边。

专栏 1-4-2 《"十四五"规划纲要》关于区域发展的部署

第四节 推进西部大开发形成新格局

强化举措推进西部大开发，切实提高政策精准性和有效性。深入实施一批重大生态工程，开展重点区域综合治理。积极融入"一带一路"建设，强化开放大通道建设，构建内陆多层次开放平台。加大西部地区基础设施投入，支持发展特色优势产业，集中力量巩固脱贫攻坚成果，补齐教育、医疗卫生等民生领域短板。推进成渝地区双城经济圈建设，打造具有全国影响力的重要经济中心、科技创新中心、改革开放新高地、高品质生活宜居地，提升关中平原城市群建设水平，促进西北地区与西南地区合作互动。支持新疆建设国家"三基地一通道"，支持西藏打造面向南亚开放的重要通道。促进400毫米降水线西侧区域保护发展。

第五节 推动东北振兴取得新突破

从维护国家国防、粮食、生态、能源、产业安全的战略高度，加强政策统筹，实现重点突破。加快转变政府职能，深化国有企业改革攻坚，着力优化营商环境，大力发展民营经济。打造辽宁沿海经济带，建设长吉图开发开放先导区，提升哈尔滨对俄合作开放能级。加快发展现代农业，打造保障国家粮食安全的"压舱石"。加大生态资源保护力度，筑牢祖国北疆生态安全屏障。改造提升装备制造等传统优势产业，培育发展新兴产业，大力发展寒地冰雪、生态旅游等特色产业，打造具有国际影响力的冰雪旅游带，形成新的均衡发展产业结构和竞争优势。实施更具吸引力的人才集聚措施。深化与东部地区对口合作。

第六节 开创中部地区崛起新局面

着力打造重要先进制造业基地、提高关键领域自主创新能力、建设内陆地区开放高地、巩固生态绿色发展局面，推动中部地区加快崛起。做大做优先进制造业，在长江、京广、陇海、京九等沿线建设一批中高端产业集群，积极承接新兴产业布局和转移。推动长江中游城市群协同发展，加快武汉、长株潭都市圈建设，打造全国重要增长极。夯实粮食生产基础，不断提高农业综合效益和竞争力，加快发展现代农业。加强生态环境共保联治，着力构筑生态安全屏障。支持淮河、汉江生态经济带上下游合作联动发展。加快对外开放通道建设，高标准高水平建设内陆地区开放平台。提升公共服务保障特别是应对公共卫生等重大突发事件能力。

第七节 鼓励东部地区加快推进现代化

发挥创新要素集聚优势，加快在创新引领上实现突破，推动东部地区率先实现高质量发展。加快培育世界级先进制造业集群，引领新兴产业和现代服务业发展，提升要素产出效率，率先实现产业升级。更高层次参与国际经济合作和竞争，打造对外开放新优势，率先建立全方位开放型经济体系。支持深圳建设中国特色社会主义先行示范区、浦东打造社会主义现代化建设引领区、浙江高质量发展建设共同富裕示范区。深入推进山东新旧动能转换综合试验区建设。

实践证明，在以习近平同志为核心的党中央坚强领导下，我国区域经济政策进一步完善，区域经济发展协调性进一步增强，优势互补高质量发展的区域经济布局正在加快形成，区域发展已成为新时代中国特色社会主义建设的突出亮点。

（1）东部地区经济转型升级加快。近年来，东部地区持续加大科技创新投入，加快产业转型升级和新旧动能转换，大力扶持战略性新兴产业发展，建立了一批全球先进制造业基地并形成了全方位的开放型经济体系，地区经济转型步伐明显加快，全球竞争力和影响力不断增强，其对全国经济的引领和带动作用进一步提升。

（2）中部地区呈现持续崛起态势。"十三五"时期，在中国经济增速放缓的背景下，中部地区凭借自身区位、政策等优势，年均经济增速显著高于其他三大区域，与东部地区经济发展水平差距持续缩小。

（3）西南地区成为中国经济增长新高地。西南地区在成渝等地区引领下，经济增长势头良好，成为新常态下经济快速增长的重要区域。

（4）东北地区经济增速出现恢复性回升。2013年以来，受周期性、结构性和体制性因素的综合作用，东北地区经济陷入新的困境。近年来，东北地区经济已经呈现止跌回升的态势，但要实现中央提出的全面振兴和全方位振兴的目标依然任重道远。

第二章
四大区域板块的主要政策导向

第一节　西部大开发

西部地区包括我国 12 个省区市（重庆市、四川省、贵州省、云南省、西藏自治区、陕西省、甘肃省、宁夏回族自治区、青海省、新疆维吾尔自治区、内蒙古自治区、广西壮族自治区）。国土面积约 685 万平方千米，占全国的 71.5%，人口约 3.7 亿人，占全国的 27%，少数民族人口占全国的 70%，陆地边境线占全国的 82%，与 14 个国家和地区接壤。西部地区幅员辽阔、物产丰富，能源资源富集，生态地位重要，但经济社会发展相对落后。1999 年 6 月，党中央提出"必须不失时机地加快中西部地区的发展，特别是抓紧研究西部地区大开发"。同年 9 月，中共十五届四中全会正式提出"国家要实施西部大开发战略"。

一、西部大开发战略回顾

（一）第一阶段，西部大开发战略确立（2000—2010 年）

1999 年 5 月，西部大开发的号角在陕西西安吹响，当时的目标是再造山川秀美的大西北。2000 年 10 月，中共中央、国务院印发《关于实施西部大开发若干政策措施的通知》，开启了西部地区开发建设的第一个阶段，明确了西部大开发的战略目标和相关政策措施。2001年9月，国务院办公厅转发了《国务院西部开发办关于西部大开发若干政策措施的实施意见的通知》，提出了70条政策措施实施意见，随后国务院和有关部门又陆续出台了一系列进一步推进西部大开发的配套政策和文件。据不完全统计，实施西部大开发以来，国家先后出台以西部大开发为主要内容的政策性文件215个（其中由中央和国务院下发27个，相关部委下发108个，省级政府发布的配套政策文件80个），为西部大开发战略实施奠定了坚实的政策基础。

一是财政政策方面：从2000年起，提高中央财政性建设资金用于西部地区的比例，中央财政安排一部分财力，专项用于民族地区的转移支付；中央对地方专项资金补助向西部地区倾斜；给予退耕还林还草补助。对因农村税费改革造成财政困难的乡镇予以适当补助。

二是税收政策方面：降低或免征进入西部地区的内资与外资企业的企业所得税率；新办交通、电力、水利、邮政、广播电视企业，减免企业所得税；免征农业特产税；免征公路建设耕地占用税；进口自用设备免征关税和进口环节增值税。

三是投资政策方面：对国家新安排的西部地区重大基础设施建设项目投资由中央财政性建设资金等筹集解决；中央筹集专项资金支持西部开发的重点项目，在西部地区优先布局基础设施建设项目；外商投资西部地区农业等享受鼓励类产业的各项优惠政策。

四是金融信贷方面：适当延长基础设施建设的贷款期限；扩大以基础设施项目收益权或收费权为质押发放贷款的范围；加大对西部地区基础设施建设的信贷投入；增加农业、生态建设的信贷投入；支持电力、天然气、旅游和生物资源合理开发等西部优势产业发展，对贷款金额较大的重点项目，可以由商业银行总行直贷解决，贷款不纳入当地分行存贷比或限额考核范围。

除了上述扶持政策以外，国家在教育、社会事业以及对外经济贸易方面也给予了政策上的支持。

专栏 2-1-1　《国务院关于进一步推进西部大开发的若干意见》概要

2004年11月，国务院印发《国务院关于进一步推进西部大开发的若干意见》指出，党的十六大和中共十六届三中全会明确指出，积极推进西部大开发，有效发挥中部地区综合优势，支持中西部地区加快改革发展，振兴东北地区等老工业基地，鼓励东部有条件地区率先基本实现现代化，促进区域经济协调发展，是全面建成小康社会和完善社会主义市场经济体制的重大举措。统筹区域发展，加快西部地区发展至关重要。没有西部地区的小康，就没有全国的小康。没有西部地区的现代化，就不能说实现了全国的现代化。因此，要进一步提高对西部大开发重大战略意义的认识，认真研究并深刻把握西部开发工作的规律性，把实施西部大开发作为一项重大任务列入重要议事日程，不断改进和加强对西部大开发的领导，充分调动各方面积极性，开创西部大开发的新局面。

一、扎实推进生态建设和环境保护，实现生态改善和农民增收。

二、继续加快基础设施重点工程建设，为西部地区加快发展打好基础。

三、进一步加强农业和农村基础设施建设，加快改善农民生产生活条件。

四、大力调整产业结构，积极发展有特色的优势产业。

五、积极推进重点地带开发，加快培育区域经济增长极。

六、大力加强科技教育卫生文化等社会事业，促进经济和社会协调发展。

七、深化经济体制改革，为西部地区发展创造良好环境。

八、拓宽资金渠道，为西部大开发提供资金保障。

九、加强西部地区人才队伍建设，为西部大开发提供有力的人才保障。

十、加快法制建设步伐，加强对西部开发工作的组织领导。

资料来源：摘自《国务院关于进一步推进西部大开发的若干意见》（国发〔2004〕6号，2004年3月11日）

（二）第二阶段，西部大开发战略深入推进（2010—2019年）

2010年，在实施西部大开发战略十周年之际，中共中央、国务院颁发《中共中央 国务院关于深入实施西部大开发战略的若干意见》（以下简称《意见》），标志着西部大开发进入了承前启后、深入推进的第二个阶段。《意见》对新一轮西部大开发作出全面部署：明确了加强基础设施、生态环境建设等8方面重点任务，给予了包括鼓励类产业按15%计征企业所得税政策在内的财政、税收、投资等10方面优惠政策。主要政策包括：

一是财政政策。加大中央财政对西部地区均衡性转移支付力度，逐步缩小西部地区地方标准财政收支缺口，推进地区间基本公共服务均等化。中央财政用于节能环保、新能源、教育、人才、医疗、社会保障、扶贫开发等方面已有的专项转移支付,重点向西部地区倾斜。通过多种方式筹集资金,加大中央财政资金支持西部大开发的投入力度。中央财政加大对西部地区国家级经济技术开发区、高新技术产业开发区和边境经济合作区基础设施建设项目贷款的贴息支持力度。

二是税收政策。对设在西部地区的鼓励类产业企业减按15%的税率征收企业所得税。企业从事国家重点扶持的公共基础设施项目投资经营所得以及符合条件的环境保护、节能节水项目所得,可依法享受企业所得税"三免三减半"优惠。推进资源税改革,对煤炭、原油、天然气等的资源税由从量计征改为从价计征,对其他资源适当提高税额,增加资源产地地方财政收入。各级地方政府在资源税分配上,要向资源产地基层政府倾斜。对西部地区内资鼓励类产业、外商投资鼓励类产业及优势产业的项目在投资总额内进口的自用设备,在政策规定范围内免征关税。

三是投资政策。加大中央财政性投资投入力度,向西部地区民生工程、基础设施、生态环境等领域倾斜。提高国家有关部门专项建设资金投入西部地区的比重,提高对公路、铁路、民航、水利等建设项目投资补助标准和资本金注入比例。中央安排的公益性建设项目,取消西部地区县以下(含县)以及集中连片特殊困难地区市地级配套资金,明确地方政府责任,强化项目监督检查。加大现有投资中企业技术改造和产业结构调整专项对西部特色优势产业发展的支持力度。中央预算内投资安排资金支持西部大开发重点项目前期工作。国际金融组织和外国政府优惠贷款继续向西部地区倾斜。

四是金融政策。进一步加大对西部地区信贷支持力度。加强财政政策和金融政策的有效衔接,鼓励政策性金融机构加大对西部地区金融服务力度,探索利用政策性金融手段支持西部地区发展。深化农村信用社改革,培育农村资金互助社等新型农村金融机构。抓紧制定并实施对偏远地区新设农村金融机构费用补贴等办法,逐步消除基础金融服务空白乡镇。落实和完善涉农贷款税收优惠、定向费用补贴、增量奖励等政策,进一步完善县域内银行业金融机构新吸收存款主要用于当地发放贷款的政策。鼓励地方各级政府通过资本金注入和落实税费减免政策等方式，支持融资性担保机构从事中小企业担保业务。积极支持西部地区符合条件的企业上市融资，支持西部地区上市公司再融资。扶持创业投资企业，发展股权投资基金。研究探索西部地区非上市公司股份转让的有效途径，规范发展产权交易市场。

五是产业政策。实行有差别的产业政策，制定西部地区鼓励类产业目录，促进西部地区特色优势产业发展。凡是有条件在西部地区加工转化的能源、资源开发利用项目，支持在西部地区布局建设并优先审批核准。鼓励和引导多元资金投入，支持民间资本以合作、参股等方式进入油气勘探、开发、储运等领域。扩大西部地区外商投资优势产业目录范围。加大中央地质勘察基金、国土资源调查评价资金对西部地区的投入力度。鼓励外资参与提高矿山尾矿利用率和矿山生态环境恢复治理新技术开发应用项目。

六是土地政策。进一步完善建设用地审批制度，简化程序，保障西部大开发重点工程建设用地。实施差别化土地政策，在安排土地利用年度计划指标时，适度向西部地区倾斜，增加西部地区荒山、沙地、戈壁等未利用地建设用地指标。稳步开展农村土地整治和城乡建设用地增减挂钩试点。工业用地出让金最低标准，可区别情况按《全国工业用地出让最低价标准》的10%—50%执行，适当降低西部地区开发园（区）建设用地的基准地价。

七是价格政策。对新建铁路和部分支线铁路，可根据实际情况，按照偿还贷款本息、补偿合理经营成本的原则，考虑当地经济发展水平和用户承受能力，核定新线和支线特殊运价。加快资源性产品价格改革，健全资源有偿使用制度，建立和完善反映市场供求关系和资源稀缺程度以及环境损害成本的生产要素和资源价格形成机制。支持资源地群众便捷使用质优价廉的煤气电。促进水资源节约利用，合理确定城市供水价格，逐步实行阶梯式水价。完善中水优惠利用价格，鼓励中水回用，中央在中水回用设施建设投资上给予支持。科学制定水资源费征收标准，逐步使污水处理费用达到合理水平。积极推行发电企业竞价上网、电力用户和发电企业直接交易等定价机制。抓紧完善可再生能源发电定价政策。

八是生态补偿政策。按照谁开发谁保护、谁受益谁补偿的原则,逐步在森林、草原、湿地、流域和矿产资源开发领域建立健全生态补偿机制。探索推进资源环境成本内部化。逐步提高国家级公益林生态效益补偿标准。按照核减超载牲畜数量、核定草地禁牧休牧面积的办法,开展草原生态补偿。抓紧研究开展对湿地的生态补偿。充分考虑大江大河上游地区生态保护的重要性,中央财政加大对上游地区等重点生态功能区的均衡性转移支付力度。鼓励同一流域上下游生态保护与生态受益地区之间建立生态环境补偿机制。加大筹集水土保持生态效益补偿资金的力度。继续完善用水总量控制和水权交易制度,在甘肃、宁夏、贵州开展水权交易试点。建立资源型企业可持续发展准备金制度,资源型企业按规定提取用于环境保护、生态恢复等方面的专项资金,准予税前扣除。矿产资源所在地政府对企业提取的准备金按一定比例统筹使用,专项用于环境综合治理和解决因资源开发带来的社会问题。加快制定并发布关于生态补偿政策措施的指导意见和生态补偿条例。

九是人才政策。完善机关和事业单位人员的工资待遇政策,逐步提高工资水平。进一步加大对艰苦边远地区特别是基层的政策倾斜力度,落实艰苦边远地区津贴动态调整机制。研究完善留住人才、吸引各类人才到西部地区基层工作的优惠政策,在职务晋升、职称评定、子女入学、医疗服务等方面给予政策倾斜。

十是帮扶政策。进一步加强和推进对口支援西藏、新疆工作,建立经济支援、干部支援、人才支援、科技支援等相结合的全面对口支援机制,完善支援方式,加大支援力度。做好青海等民族地区及集中连片特殊困难地区的对口支援和对口帮扶工作。继续实施中央和国家机关及企事业单位等定点扶贫和对口支援。建立健全军地协调机制,充分发挥人民军队在参加和支援西部大开发中的优势和积极作用。广泛动员社会各界支持和参与西部大开发。鼓励开展各种形式的公益活动和慈善捐助。

(三)第三阶段,西部大开发形成高质量发展新格局(2019年以来)

党的十八大以来,中央进一步加大了推进西部大开发的力度,西部地区的经济社会发展持续增长，总体面貌大为改善，为决胜全面建成小康社会奠定了较为坚实的基础。2020年5月，中共中央、国务院印发《关于新时代推进西部大开发形成新格局的指导意见》（以下简称《意见》），旨在为西部地区解决发展问题、增强发展动能，标志着西部大开发进入第三个阶段。《意见》提出"形成大保护、大开放、高质量发展的新格局"。与2010年相比，《意见》更加强调生态环境的保护，提高对外开放水平，并缩小东西部在基本公共服务、基础设施和人民生活水平方面的差距。大保护、大开放和高质量发展成为西部大开发新阶段的三条政策主线。

一是人与自然和谐共生。明确提升能源开采的环保水平，提高能源利用效率，发展可再生能源，强调提高煤炭开采的环保水平和开采效率，完善输电设施建设以加大西电东送力度，避免能源的浪费。发挥自然环境优势，发展休闲旅游、健康养生等新兴产业，支持西部地区发挥生态、民族民俗、边境风光等优势，深化旅游资源开放、信息共享、行业监管、公共服务、旅游安全、标准化服务等方面国际合作，提升旅游服务水平。依托风景名胜区、边境旅游试验区等，大力发展旅游休闲、健康养生等服务业，打造区域重要支柱产业。加大美丽西部建设力度，筑牢国家生态安全屏障。一方面，坚持在开发中保护、在保护中开发，按照全国主体功能区建设要求，保障好长江、黄河上游生态安全，保护好冰川、湿地等生态资源。另一方面，稳步开展重点区域综合治理，大力推进青海三江源生态保护和建设、祁连山生态保护与综合治理、岩溶地区石漠化综合治理、京津风沙源治理等。

二是东西双向开放协同并进。《意见》要求："以共建'一带一路'为引领，加大西部开放力度"。积极参与"一带一路"建设，提高西向开放水平。支持新疆加快丝绸之路经济带核心区建设，支持内蒙古深度参与中蒙俄经济走廊建设，提升云南与东盟经济体的合作水平。支持西部地区自由贸易试验区在投资贸易领域依法依规开展先行先试，探索建设适应高水平开放的行政管理体制。建设开放大通道，完善对外开放的基础设施。海运方面，依托北部湾港口建设，发展向海经济。陆运方面，优化中欧班列组织运营模式，加强中欧班列枢纽节点建设。内河运输方面，依托长江黄金水道，构建陆海联运、空铁联运、中欧班列等有机结合的联运服务模式和物流大通道。深化与东部地区的地区间合作，西北省份依托陆桥综合运输通道，与江苏、山东等东中部省份拓展经济往来。广西可积极参与粤港澳大湾区建设，通过区际合作实现互惠双赢。

三是高质量发展。《意见》要求："到2035年，西部地区基本实现社会主义现代化，基本公共服务、基础设施通达程度、人民生活水平与东部地区大体相当……"提高基本公共服务水平，2018年中共中央、国务院发布的《关于建立健全基本公共服务标准体系的指导意见》将国家基本公共服务质量要求总结为幼有所育、学有所教、劳有所得、病有所医、老有所养、住有所居、弱有所扶以及优军服务保障、文体服务保障9个方面。受经济发展水平的制约，西部地区的基本公共服务水平与东部存在一定的差距。以2018年普通小学的生均公共财政预算教育事业费为例，北京这一指标达到3.1万元，上海为3.1万元，而四川仅接近1万元。为此，《意见》提出："推动基本公共服务常住人口全覆盖，保障符合条件的未落户农民工在流入地平等享受城镇基本公共服务。"提升基础设施通达程度，提出加快川藏铁路、沿江高铁、渝昆高铁、西（宁）成（都）铁路等重大工程规划建设。注重高速铁路和普通铁路协同发展，强化资源能源开发地干线通道规划建设，打通"断头路""瓶颈路"，加强出海、扶贫通道和旅游交通基础设施建设。

四是促进新兴产业发展。《意见》重点聚焦大数据、人工智能、互联网+、电子商务、旅游休闲和物流行业的发展。为支持新兴产业发展，《意见》要求："进一步提高农村、边远地区信息网络覆盖水平。"

为了实现新阶段的奋斗目标，《意见》从财政政策、金融政策、产业政策、用地政策等方面部署了一系列支持措施。

财政政策方面，《意见》继续要求加大对西部地区的转移支付力度，并进一步提出加强转移支付在生态保护方面的支持力度。考虑重点生态功能区占西部地区比例较大的实际，继续加大中央财政对重点生态功能区转移支付力度，完善资金测算分配办法。同时，《意见》提出："考虑西部地区普遍财力较为薄弱的实际，加大地方政府债券对基础设施建设的支持力度，将中央财政一般性转移支付收入纳入地方政府财政承受能力计算范畴。"针对性地优化财政承受能力测算方法，提升西部地区债务融资能力，有助于支持其改善基础设施。此外，《意见》要求："适当降低社会保险费率，确保总体上不增加企业负担。"

金融政策方面，《意见》提出："引导和鼓励银行业金融机构合理调配信贷资源，加大对西部贫困地区扶贫产业支持力度""增加绿色金融供给"，并要求"依法合规探索建立西部地区基础设施领域融资风险分担机制"。由此来看，《意见》更加注重金融政策对扶贫、绿色环保、基建等特定领域的支持。

产业政策方面，《意见》提出："实行负面清单与鼓励类产业目录相结合的产业政策，提高政策精准性和精细度。在执行全国统一的市场准入负面清单基础上，对西部地区鼓励类产业目录进行动态调整，与分类考核政策相适应。""继续完善产业转移引导政策，适时更新产业转移指导目录。"

土地政策方面，《意见》要求推进耕地指标和城乡建设用地指标在国家统筹管理下实现跨省域调剂。这意味着西部地区可以通过与东部地区调剂耕地和建设用地指标提高土地资源利用效率、补充财政收入。

二、推进西部大开发主要政策举措

中共中央、国务院高度重视西部地区发展，世纪之交，做出了实施西部大开发的战略决策。2010年，中共中央、国务院召开西部大开发工作会议，对深入实施新一轮西部大开发做出部署，提出了到2020年使西部地区综合经济实力、人民生活水平和质量、生态环境保护上三个大台阶的总体目标。党的十八大进一步明确提出，在全国区域发展总体战略中"优先推进西部大开发"。全国人大常委会将西部大开发纳入2013年监督工作计划，有力推动这一伟大事业持续健康发展。按照中共中央、国务院的统一部署，近年来中央有关部门和单位围绕深入实施西部大开发战略，主要开展了如下工作。

（一）加强组织领导，统筹协调西部大开发各项工作。

实施西部大开发战略之初，国务院即成立由总理任组长、分管西部开发工作的副总理任副组长，有关部门主要负责同志参加的西部地区开发领导小组（以下简称领导小组），负责组织贯彻落实中央关于西部大开发的方针、政策，审议西部地区的开发战略、发展规划、重大问题、重大政策建议和有关法规等。2018年7月，新一届国务院又对领导小组进行了调整，进一步强化了对西部大开发工作的统筹协调能力。领导小组成立以来，先后召开10次全体会议，审议通过了西部大开发"十五""十一五""十二五"3个五年规划，研究实施了对西部地区的一系列特殊支持政策以及退耕还林、退牧还草等重大工程项目，批准同意了西部大开发年度工作要点。通过领导小组统筹谋划西部大开发总体思路，协调解决重大问题，从制度上保障了西部大开发长远有规划、年度有计划、总体有布局、专项有落实。

（二）强化政策支持，确保优惠政策落实到位。

国家在新一轮西部大开发中对西部地区实施了财政、税收、产业、土地、人才等10个方面的55条差别化优惠政策。各部门、各单位认真做好这些政策的细化落实工作，出台了一系列政策实施细则和配套措施。中央组织部、发展改革委、科技部、工业和信息化部、国家民委、财政部、人力资源社会保障部、国土资源部、原铁道部、交通运输部、水利部、农业部、卫生计生委、知识产权局、外专局、开发银行等部门和单位及时制定印发了深入实施西部大开发战略的分工方案，将各项政策措施分解落实到位。财政部、税务总局出台税收政策细则文件，明确在2011—2020年期间继续对设在西部地区的鼓励类产业企业减按15%的税率征收企业所得税。发展改革委会同有关部门研究制定西部地区鼓励类产业目录，支持西部地区发展特色优势产业和承接产业转移。国土资源部积极实施差别化土地政策，土地利用计划指标继续向西部地区适当倾斜，全力保障西部大开发重点建设项目用地。中央组织部、发展改革委等部门细化和完善帮扶政策，有序推进对口援疆、援藏、援青，启动实施对口帮扶贵州困难地州工作。生态补偿政策在全国人大的推动下取得积极进展，受国务院委托，发展改革委向全国人大常委会报告了生态补偿机制建设的工作情况，目前，有关政策性文件已基本成熟。

（三）加大投入力度，各类投资重点向西部地区倾斜。

2000—2012年，中央财政对西部地区财政转移支付累计达8.5万亿元，中央预算内投资安排西部地区累计超过1万亿元，分别占全国总量的40%左右。先后开工建设了青藏铁路、西气东输、西电东送等187项西部大开发重点工程，投资总规模约3.7万亿元。交通运输部累计安排车购税、港建费资金6607亿元，占全国的56%。民航局累计安排民航发展基金301亿元，占全国的44%。水利部累计安排中央水利投资2835亿元，占全国的38%。农业部累计安排资金2060亿元，占全国的37%。国土资源部累计安排地质勘察经费1400亿元，占全国的60%，新发现矿产地2245处。住房城乡建设部累计发放城镇保障性安居工程补助资金超过2000亿元，占全国的40%以上，支持西部地区开工建设城镇保障性住房1150万套，基本建成680万套。卫生计生委累计安排资金2703亿元，占全国的46%。民政部累计安排中央城乡低保补助资金1872亿元，占全国的44%。中央扶贫资金累计投入西部地区1414亿元，占全国的65%。人民银行、银监会、证监会、保监会等部门在实施货币政策、信贷政策和监管政策上予以积极支持，加大对西部地区金融支持与服务力度。2012年末，西部地区本外币贷款余额达12.5万亿元；累计有280家西部地区企业发行非金融企业债务融资工具783只，融资7279亿元。发展改革委、财政部协调国际金融组织累计向西部地区安排贷款218亿美元，占全国的58%。

（四）统筹规划指导，大力推动各类区域协调发展。

国务院批准实施了西部大开发三个五年总体规划、同意印发年度工作要点，各部门、各单位结合实际工作，出台了各领域的专项规划。如交通运输部制定了《深入实施西部大开发战略公路水路交通运输发展规划纲要

(2011—2020年)》,水利部印发了《西部大开发水利发展"十二五"规划》,国家发展改革委、中科院联合印发了《科技助推西部地区转型发展行动计划(2013—2020年)》。同时,国务院积极支持西部各区域发挥比较优势,先后出台了支持西藏、新疆、宁夏、广西、内蒙古等民族自治区和重庆、青海、甘肃、云南、贵州等省市发展的政策性文件,批复同意了关中—天水、成渝、广西北部湾、呼包银榆、天山北坡、陕甘宁革命老区等重点经济区的发展规划以及9个区域发展与扶贫攻坚规划,指导这些区域进一步理清发展思路、明确发展定位,实施更富有针对性的扶持措施。

(五)推进重点领域改革,支持西部地区先行先试。

积极支持西部地区深化改革、扩大开放,释放改革红利,促进区域发展。2009年,国务院批复同意重庆、成都开展统筹城乡综合配套改革试验,支持两地探索建立以城带乡、以工促农的长效机制,推动城乡经济社会融合发展。2010年,国务院同意在西部地区率先实施原油、天然气资源税从价计征改革试点,使资源产地的老百姓分享到了更多资源开发的收益。国土资源部在西部地区规范开展城乡建设用地增减挂钩、低丘缓坡荒滩等未利用地开发和工矿废弃地复垦利用试点,推动国土空间可持续利用;工业和信息化部在重庆等地开展"工业化信息化"融合发展试验和军民结合产业建设试验;环境保护部组织开展西部重点区域和产业发展战略环境评价,在内蒙古等地开展排污权交易试点;水利部在新疆等地组织农业水价综合改革;文化部积极支持甘肃建设华夏文明传承创新区推进文化大省建设,等等。同时,大力支持西部地区建设更加富有活力的开放型经济体系,国务院批复宁夏建设内陆开放型经济试验区,同意设立重庆两江新区、甘肃兰州新区。推动沿边地区面向周边国家深化全方位交流与合作,国务院批准同意对新疆霍尔果斯、喀什经济开发区实施特殊经济政策,设立广西东兴、云南瑞丽、内蒙古满洲里重点开发开放试验区,稳步推进中巴经济走廊、孟中印缅经济走廊、中哈地区合作等工作。

第二节 东北等老工业基地振兴

东北地区包括东北三省（辽宁省、吉林省、黑龙江省）和内蒙古自治区东部五盟市（呼伦贝尔市、兴安盟、通辽市、赤峰市和锡林郭勒盟，简称蒙东地区），总面积145万平方千米，总人口约1.2亿人，是我国重要的工业和农业基地。2018年9月，习近平总书记赴东北三省考察并在沈阳主持召开深入推进东北振兴座谈会，指出"东北地区是我国重要的工业和农业基地，维护国家国防安全、粮食安全、生态安全、能源安全、产业安全的战略地位十分重要，关乎国家发展大局"。新时代东北振兴，是全面振兴、全方位振兴，要从统筹推进"五位一体"总体布局、协调推进"四个全面"战略布局的角度去把握，瞄准方向、保持定力，扬长避短、发挥优势，一以贯之、久久为功，撸起袖子加油干，重塑环境、重振雄风，形成对国家重大战略的坚强支撑。

"一五"时期，国家启动了以苏联援建的156项重大项目为核心，以900多个限额以上大中型项目为重点的经济建设。1953—1959年，共安排大中型建设项目（投资在1000万元以上）921个，包括苏联援建的156项重大项目（实际施工150项）。其中冶金工业企业20个，化学工业企业7个，机械工业企业24个，能源工业企业52个，轻工业和医药加工企业3个，军事工业企业44个，这些企业中，东北三省合计占58项，占实际施工150家企业的38%。经过两个五年计划的建设，东北老工业基地已初步建成国家重要的机械装备和能源原材料工业基地，对全国社会主义建设发挥着重要的支撑作用。据统计，1952—1975年，在东北工业构成中，机械工业保持第1位，石油工业由第10位升至第2位，冶金工业由第4位升至第3位，化学工业由第6位升至第4位，电力工业由第9位升至第6位。改革开放前30年，东北工业占全国工业的比重大体保持在17%以上，最高年份1960年达到26%，即全国工业产出的1/4来自东北地区，东北成为共和国的"长子"，是全中国的

"楷模"。

中共十一届三中全会做出将全党的工作重点转移到以经济建设为中心的社会主义现代化建设上来的重大决策，提出了"两个大局"的战略思想，沿海地区发展速度大大加快。1978—1995 年，东部沿海地区吸引外资占全国吸引外资总额的 84.7%，基本建设投资超过全国的一半。与此同时，东北地区与东部地区发展差距逐步扩大。1978—2000 年，东部、中部、西部和东北地区的地区生产总值年均增长速度分别为 12.01%、9.99%、9.74% 和 8.58%，东北地区增速最慢，与东部地区相差 3.5 个百分点。除东北地区外，全国其他地区的老工业基地受管理体制和经济结构影响，也同步出现增速放缓现象。

一、东北等老工业基地振兴战略回顾

（一）第一阶段，东北振兴战略正式启动（2003—2012 年）

2003 年 10 月，中共中央、国务院印发《关于实施东北地区等老工业基地振兴战略的若干意见》，正式启动实施东北地区等老工业基地振兴战略，明确提出"支持东北地区等老工业基地加快调整改造，是党中央从全面建设小康社会全局着眼作出的又一重大战略决策，各部门各地方要像当年建设沿海经济特区、开发浦东新区和实施西部大开发战略那样，齐心协力，扎实推进，确保这一战略的顺利实施"。这标志着我国的老工业基地振兴政策从过去的企业和产业调整改造，正式成为以东北地区为重点的区域战略。2003 年 12 月，国务院决定成立振兴东北地区等老工业基地领导小组。2004 年，国务院振兴东北地区等老工业基地领导小组办公室（简称振兴东北办）正式成立，全面负责东北地区等老工业基地调整改造和振兴工作。据不完全统计，在这期间，在国务院振兴东北办的积极推动下，国家先后制定实施了一系列支持东北振兴的政策，涉及基础设施、国债投资、财税、金融、国有企业改革、社会保障、科技人才、沉陷区治理等诸多方面，具体见表 2-2-1。

表 2-2-1　年来国家出台的支持东北老工业基地振兴的政策文件和规划的基本情况（2003—2012 年，不完全统计）

一、推动振兴的纲领性、综合性文件
中共中央 国务院关于实施东北地区等老工业基地振兴战略的若干意见（2003 年）
国务院办公厅关于促进东北老工业基地进一步扩大对外开放的实施意见（2005 年）
国务院关于加快振兴装备制造业的若干意见（2006 年）
国务院关于促进资源型城市可持续发展的若干意见（2007 年）
国务院关于进一步实施东北地区等老工业基地振兴战略的若干意见（2009 年）
国务院关于《东北地区振兴规划》的批复（2007 年）
国务院关于《东北振兴"十二五"规划》的批复（2012 年）
国务院关于《全国老工业基地调整改造规划》的批复（2013 年）
二、关于深化体制机制改革
解决老工业基地历史遗留问题
分离企业办社会职能
国务院办公厅关于中央企业分离办社会职能试点工作有关问题的通知（2004 年）
国务院办公厅关于第二批中央企业分离办社会职能工作有关问题的通知（2005 年）
国务院办公厅关于东北地区厂办大集体改革试点工作的指导意见（2005 年）
国务院办公厅转发国资委关于加快东北地区中央企业调整改造指导意见的通知（2004 年）
国家税务总局关于加强东北地区扩大增值税抵扣范围管理有关问题的通知（2004 年）
财政部 国家税务总局关于印发《东北地区扩大增值税抵扣范围若干问题的规定》的通知（2004 年）
财政部关于进一步落实东北地区扩大增值税抵扣范围政策的紧急通知（2004 年）
财政部 国家税务总局关于豁免东北老工业基地企业历史欠税有关问题的通知（2006 年）
财政部 国家税务总局关于落实振兴东北老工业基地企业所得税优惠政策的通知（2004 年）
财政部 国家税务总局关于调整东北老工业基地部分矿山油田企业资源税税额的通知（2004 年）
三、关于产业结构调整升级
科技部关于印发《振兴东北老工业基地科技行动计划》的通知（2004 年）

续表

国家发展改革委 国务院振兴东北办关于印发《发展高技术产业促进东北地区等老工业基地振兴的指导意见》的通知（2005年）
国土资源部 国务院振兴东北办关于印发《关于东北地区老工业基地矿产资源若干政策措施》的通知（2005年）
国家旅游局 国家发展改革委关于印发《东北地区旅游业发展规划》的通知（2010年）
国务院办公厅转发发展改革委 农业部关于加快转变东北地区农业发展方式建设现代农业的指导意见的通知（2010年）
国家发展改革委关于印发《东北地区物流业发展规划》的通知（2011年）
四、关于保障和改善民生
国务院关于同意辽宁省完善城镇社会保障体系试点实施方案的批复（2001年）
中共中央办公厅 国务院办公厅关于印发《贯彻落实中央关于振兴东北地区等老工业基地战略进一步加强东北地区人才队伍建设的实施意见》的通知（2004年）
建设部关于贯彻落实《中共中央 国务院关于实施东北地区等老工业基地振兴战略的若干意见》的意见（2004年）
建设部关于印发《关于推进东北地区棚户区改造工作的指导意见》的通知（2005年）
国家发展改革委 教育部 财政部 人力资源社会保障部关于印发《关于促进东北地区职业教育改革创新的指导意见》的通知（2011年）

2009年，在国际金融危机严重影响的大背景下，国务院下发《关于进一步实施东北地区等老工业基地振兴战略的若干意见》，从9个方面提出了28条推进东北地区等老工业基地全面振兴的具体措施。2014年，国务院又印发了《国务院关于近期支持东北振兴若干重大政策举措的意见》，提出了35条促进东北振兴的政策。这期间，国家先后制定实施了一系列振兴政策，涉及基础设施、国债投资、财税、金融、国有企业改革、社会保障、科技人才、沉陷区治理等诸多方面，有关部委也相继出台了许多配套政策措施，支持东北地区老工业基地振兴。

一是财政政策方面：2004年率先在黑龙江、吉林两省实行全部减免农业税政策，继而对东北三省实行农村税费改革转移支付、粮食直接补贴、良种补贴；2014年又提出按粮食商品量等因素对粮食主产区给予新增奖励。加大对东北高寒地区和交通末端干线公路建设的项目补助和资金倾斜。

二是税收政策方面：对资源开采衰竭期的矿山企业以及低丰度油田开发，在不超过30%的幅度内降低资源税适用税额标准；对东北地区工业结构改造项目进行贴息，扩大老工业基地增值税抵扣范围，对装备制造、石油化工、冶金、船舶、汽车、农产品加工等行业允许新购进机器设备所含增值税税金予以抵扣。后来又延伸到军品和高新技术产品生产企业；豁免东北老工业基地企业在1997年12月31日前形成的历史欠税；对符合税制改革方向的税收改革措施在东北地区先行先试。

三是投资政策方面：在基础设施、生态建设、环境保护、扶贫开发和社会事业等方面安排中央预算内投资时，对东北三省比照西部地区补助标准执行。中央预算内投资对东北地区老工业基地重大装备科研、攻关设计给予必要扶持，为城市供热、供水等管网设施改造、基础设施建设、水利建设、农村公路建设、采煤沉陷区治理提供资金；设立东北地区等老工业基地调整改造和重点行业结构调整专项，对企业调整改造给予国债资金支持；建立振兴东北老工业基地高技术产业发展专项，对高技术产业化项目给予支持。

四是深化改革政策方面：发布《东北地区厂办大集体改革试点工作指导意见》，率先开展厂办大集体改革试点。允许东北地区拿出本级国有企业部分股权转让收益和国有资本经营收益，专项用于支付必需的改革成本。加大对东北国有企业政策性关闭破产的支持力度，推进完成中央直属企业分离办社会职能，中央财政给予一定经费补助。支持在东北地区开展民营经济发展改革试点，鼓励辽宁省开展投资领域简政放权改革试点。在东北地区开展产学研用协同创新改革试验。

五是民生政策等方面：在东北地区率先开展资源枯竭城市转型试点。将社会保障试点由辽宁推广到黑龙江和吉林，并对三省社保中"并轨"和"做实"给予财政补助；就业和再就业政策向东北倾斜，重点解决资源枯竭型城市、独立矿区以及军工、煤炭、冶金、森工等行业下岗失业人员的再就业工作。扩大东北地区棚户区改造项目债券发行规模，国家开发银行支持棚户区改造的项目资本金过桥贷款（软贷款回收再贷）对东北地区支持标准按西部地区执行等。

这些政策归结起来，可以分为以下几个方面：

一是解决历史遗留问题。实施豁免历史欠税、减免银行欠款欠息、剥离不良资产、核销呆坏账等政策，减轻债务负担。实施国有企业政策性关闭破产，使扭亏无望的企业平稳退出市场。

二是解决结构优化问题。深化科技体制改革，完善区域创新体系。加快改造提升传统产业，积极发展战略性新兴产业，大力发展现代服务业，优化生产力布局。

三是解决资源环境与可持续发展问题。安排中央预算内专项转移支付，推进资源型城市经济转型。实行土地使用和矿产资源开发利用优惠政策，支持推进节能减排和环境整治。

四是解决民生改善问题。开展城镇社会保障体系试点，促进国企下岗职工基本生活保障制度向失业保险制度并轨。帮助就业困难人员实现就业，落实将关闭破产企业退休人员和困难企业职工纳入基本医疗保险的政策。

东北三省及内蒙古自治区全面贯彻落实中央实施老工业基地振兴的战略部署，紧密结合本地区实际，先后出台了本地区老工业基地振兴规划和工作意见，实施了一系列地方配套政策，进一步延伸和拓展了中央振兴政策的功能，为老工业基地振兴营造了良好的政策环境。

（二）第二阶段，东北振兴战略深入推进（2013—2019年）

2014年8月出台《国务院关于近期支持东北振兴若干重大政策举措的意见》（国发〔2014〕28号）。28号文件按照立足当前、着眼长远、分类施策的原则，提出了一批近期可操作可实施的政策举措，提出了76项东北振兴近期重点任务和139个配套重点项目，并出台了一批配套政策文件。国家有关部门相继印发了《东北振兴"十三五"规划》《推进东北地区等老工业基地振兴三年滚动实施方案》等专门支持东北振兴的具体政策举措。围绕支持东北地区民营经济发展、创新驱动东北老工业基地振兴发展、沈阳全面创新改革试验、支持老工业城市和资源型城市产业转型升级、建设产业转型升级示范区、东北地区玉米收储新机制、开展东北地区与东部地区对口合作、推动老工业基地职业教育"双元制"改革、加快城区老工业区和独立工矿区改造、推进采煤沉陷区治理等方面出台了一批配套政策措施，启动建设大连金普新区、长春新区、哈尔滨新区和中德（沈阳）高端装备制造产业园等重大开发开放平台。

2016年2月，中共中央、国务院印发《关于全面振兴东北地区等老工业基地的若干意见》（中发〔2016〕7号）。中发7号文件是继2003年《中共中央 国务院关于实施东北地区等老工业基地振兴战略的若干意见》出台实施后，中共中央、国务院在新的历史条件和时代背景下对东北地区等老工业基地振兴战略的丰富、深化和发展，是新一轮东北振兴战略的顶层设计，标志着新一轮东北振兴战略正式启动实施，也标志着东北振兴进入了全面振兴的新阶段。7号文件围绕"四个着力"的重点任务，明确了未来十年老工业基地振兴的总体目标、战略定位、主要任务和配套措施，对东北地区明确了"五基地、一支撑带"的发展定位，即成为全国重要的经济支撑带，具有国际竞争力的先进装备制造业基地和重大技术装备战略基地，国家新型原材料基地、现代农业生产基地和重要技术创新与研发基地。

2016年11月出台《国务院关于深入推进实施新一轮东北振兴战略 加快推动东北地区经济企稳向好若干重要举措的意见》（国发〔2016〕62号）。62号文件定位为中共中央、国务院关于新一轮东北振兴的决策部署的细化、实化和具体化，是中发7号文件在支持东北振兴政策举措的具体化，也是28号文件的承继。在中发〔2016〕7号文件和国发〔2016〕62号文件中，中共中央、国务院提出了一系列配套政策举措，为新一轮东北振兴战略的实施提供了重要的支撑。

（三）第三阶段，东北振兴构建新格局（2019年以来）

习近平总书记深刻指出，东北振兴现在面临的仍然是体制机制和结构性问题，但问题的内涵和10年前启动东北振兴战略时已有很大不同。新一轮东北振兴战略就是要解决东北地区对经济发展新常态的不适应问题，解决东北地区面临的深层次体制性、机制性、结构性问题，促进东北老工业基地提升发展活力、内生动力和整体竞争力，为长远发展奠定良好的基础。

2021年9月，经国务院批复同意，国家发展改革委印发了《东北全面振兴"十四五"实施方案》（以下简称《实施方案》），明确了新时代东北振兴的方向、目标、路径。《实施方案》提出，到2025年，东北振兴重点领域取得新突破，维护"五大安全"的能力得到新提高，国家粮食"压舱石"地位更加巩固，祖国北疆生态安全屏障更加牢固；一批国有企业改革取得实质性进展，发展质量和效益显著增强；民营经济体量和比重持续提升，活力和竞争力明显提高；融入国内大循环更加深入，国内国际双循环相互促进更加有力；创新驱动作用充分发挥，产业结构进一步优化；优势互补、高质量发展的区域经济布局初步建立，城市群和都市圈的辐射带动作用进一步增强；基础设施网络进一步完善，统筹城乡的基本公共服务均等化水平明显提高，就业、社保等民生保障能力稳步提升。

《实施方案》提出六个方面的重点任务：

一是深化国资国企改革，完善中国特色现代企业制度和市场化经营机制，优化调整国有经济布局，深化国有企业混合所有制改革，推动中央企业与地方融合发展。

二是促进民营经济高质量发展，支持民营企业发展壮大，提升民营经济发展质量。

三是建设开放合作发展新高地，加大对内开放合作力度，提升东北亚国际合作水平，打造高水平开放合作平台。

四是推动产业结构调整升级，改造升级传统优势产业，培育壮大新兴产业，大力发展现代服务业，着力提升创新支撑能力。

五是构建高质量发展的区域动力系统，打造引领经济发展区域动力源，推动资源型地区转型发展和老工业城市调整改造，巩固国家粮食安全"压舱石"地位，筑牢祖国北疆生态安全屏障。

六是完善基础设施补齐民生短板，完善区域基础设施网络，实施乡村建设行动，提升民生保障能力。同时，提出了加大政策支持、优化营商环境、狠抓工作落实等方面的保障措施。

二、推进东北等老工业基地振兴的主要政策举措

（一）20世纪八九十年代侧重企业技术改造的老工业基地调整改造

"七五"时期，国家有关部门开始着手开展以东北地区为重点的大型老工业基地的调整改造工作。1984年，国家经贸委设立了老工业基地调整改造基金，并确定上海、天津、武汉、重庆、沈阳、哈尔滨等6个老工业城市为老工业基地重点改造城市。"八五"期间，国家对这6个老工业基地重点改造城市提供专项贷款202亿元（当年价），并出台了重点工业企业减免税利、补贴亏损、贷款贴息等方面的政策。1987年，国家有关部门又批准将4个老工业城市（沈阳、大连、重庆、武汉）列为经济体制改革城市试点，实行利润包干、承包经营责任制等"政策调整型"改革。这些改革政策和配套资金的支持，取得了不同程度的成效，部分老工业基地经过改造，焕发出蓬勃生机。

专栏2-2-1 "七五"计划关于老工业基地调整改造的部署

加快现有企业技术改造步伐，重点改造上海、天津、沈阳、大连等老工业城市和老工业基地。积极利用各种外资、侨资，引进先进适用技术和必要的关键设备。加快三线建设的调整和改造。对于布局合理、产品方向明确、经济效益好的企业，进一步充实完善，提高技术水平，改进经营管理。对于建设基本成功，但因受能源、交通、信息等条件的制约，能力没有充分发挥的企业，加强技术改造，补充完善生产能力。对于少数厂址存在问题，产品没有明确方向，无法维持下去的企业，通过关、停、并、转、迁等办法，进行必要的调整。

资料来源：《中华人民共和国国民经济和社会发展第七个五年计划》。

可以看出，这一时期的老工业基地调整改造还不是一个区域战略，它的任务主要体现在国有企业布局调整和企业技术改造上，政策聚焦在企业布局调整、产品结构调整、企业技术改造、稳定职工队伍等方面，区域上虽然对

东北地区的沈阳、大连、哈尔滨等城市予以倾斜支持,但同时也兼顾东中西部的典型老工业基地的调整改造。

(二) 21世纪初期启动实施东北地区等老工业基地振兴战略

改革开放以来,东北老工业基地的建设继续向前推进,但是由于体制性、机制性、结构性矛盾,东北地区与沿海发达地区的差距不断扩大。为解决这一问题,中共中央、国务院于21世纪初期启动实施了东北地区等老工业基地振兴战略。20世纪90年代后期至21世纪初期,随着我国东部沿海工业的迅速崛起以及东北地区部分城市资源逐渐枯竭,东北地区工业在全国的地位不断下降,传统支柱产业在全国的竞争力减弱,科技创新能力明显不足,部分骨干企业生产经营面临困难,东北地区经济增速放缓的问题也十分突出。2001—2002年,全国工业增加值增长了11%,而辽宁、吉林、黑龙江三省的工业增长率分别仅为6%、12%和-5%。

为有针对性地解决这一问题,"九五"时期,在继续以大型老工业城市为重点推进调整改造的同时,东北老工业基地的振兴发展问题愈来愈受到中共中央、国务院的高度重视。1995年8月,国务院召开会议,专门研究辽宁老工业基地改造调整问题,决定将辽宁作为"九五"时期老工业基地改造调整试点。同时,国家对黑龙江、吉林等东北地区老工业城市的投入也不断加大。"九五"计划第一次提出"积极支持和促进东北等地的老工业基地改造和结构调整"。

专栏2-2-2 "九五"计划关于老工业基地调整改造的部署

积极支持和促进东北等地的老工业基地改造和结构调整。充分发挥其基础雄厚、人才聚集的优势,结合国有经济布局调整,优化产业结构、企业组织结构和地区布局,形成新的优势产业和企业,有条件的地区要成为新的装备制造基地。积极稳妥地关闭资源枯竭的矿山,因地制宜地促进以资源开采为主的城市和大矿区发展接续产业和替代产业,研究探索矿山开发的新模式。

资料来源:《中华人民共和国国民经济和社会发展"九五"计划和2010年远景目标纲要》。

2002年11月，党的十六大报告首次明确提出"支持东北地区等老工业基地加快调整和改造，支持以资源开采为主的城市和地区发展接续产业"。党的十八大以来，习近平总书记多次到东北地区调研，召开专题会议，就东北振兴工作发表系列重要讲话，作出系列重要指示批示，做出了新的重大部署。党的十九大明确提出"深化改革加快东北等老工业基地振兴"，同时在深化供给侧结构性改革、加快培育发展新动能、支持传统产业优化升级、培育若干世界先进制造业集群、加强创新体系建设、实施乡村振兴战略、推进新型城镇化、深化国有企业改革、扩大对外开放等领域也提出了与东北振兴紧密相关的新要求，新一轮东北振兴战略的实施进入了新阶段。

（三）新时代推动东北地区全面振兴、全方位振兴

"十三五"时期，针对经济发展新常态下东北地区经济下行压力较大的情况，中共中央、国务院先后出台了支持东北地区等老工业基地全面振兴的若干意见，支持东北地区深化改革创新推动高质量发展的意见，从维护国家国防安全、粮食安全、生态安全、能源安全、产业安全的高度明确了新时代东北全面振兴全方位振兴的方向，维护"五大安全"既是东北全面振兴的战略目标，也是东北全面振兴的重要任务，更是我国经济实现高质量发展的重要保障。为此，国家出台了一系列支持东北地区发展的重要规划和政策文件，着力推动体制机制改革、经济结构调整、科技管理创新和营商环境改善；支持设立多种类型的创新转型试验示范平台，促进改革开放深化和新经济新动能培育；出台专门工作方案，推动东北地区与东部发达省市开展对口合作。

在新时代的重要文件中，中共中央、国务院提出了一系列支持东北振兴的配套政策举措，为新一轮东北振兴战略的实施提供了重要的支撑。这些政策举措总体可以概括为"四个重大"，即重大政策、重大工程、重大开发开放平台和重大工作机制。

1. 推出一批重大政策

在财政政策方面，主要有：（1）中央财政建立东北振兴专项转移制度，进一步加大对东北一般性转移支付和社保、教育、就业、保障性住房等领域

财政支持力度。(2) 中央财政提高对东北地区民生托底和省内困难地区运转保障水平。(3) 加快养老保险制度改革，加快实现基础养老金全国统筹，同时制定实施过渡性措施，确保当期支付不出现问题。(4) 加快推进东北三省地方政府债务置换。(5) 对东北地区主导产业衰退严重的城市，比照实施资源枯竭城市财力转移支付政策。(6) 完善粮食主产区利益补偿机制。(7) 资源税分配向资源产地基层政府倾斜。

在金融政策方面，主要有：(1) 鼓励政策性金融、开发性金融、商业性金融机构探索支持东北振兴的有效模式，研究引导金融机构参与资源枯竭、产业衰退地区和独立工矿区转型的政策。(2) 推动产业资本与金融资本融合发展，允许重点装备制造企业发起设立金融租赁和融资租赁公司。(3) 引导银行业金融机构加大对东北地区信贷支持力度，对有效益、有市场、有竞争力的企业，满足其合理信贷需求，推进不良贷款处置。(4) 在东北地区设立民营银行。(5) 对符合条件的东北地区企业申请首次公开发行股票并上市给予优先支持。(6) 推进实施市场化、法治化债转股方案并对东北地区企业予以重点考虑。(7) 支持企业和金融机构赴境外融资，支持东北地区探索发行企业债新品种，扩大债券融资规模。

在国有企业改革政策方面，主要有：(1) 出台深化东北地区国有企业改革专项工作方案。(2) 推动驻东北地区的中央企业开展国有资本投资运营公司试点。(3) 选择部分中央企业开展综合改革试点。(4) 引导中央企业加大与地方合作力度。(5) 在东北三省选择地方国有企业开展首批混合所有制改革试点。(6) 有序转让部分地方国有企业股权，所得收入用于支付必需的改革成本、弥补社保基金缺口。(7) 中央财政继续按照奖补结合的原则，提高对东北地区国有企业厂办大集体改革的补助比例，对地方国有企业、中央下放地方国有企业、中央企业兴办的厂办大集体企业净资产不足以支付职工经济补偿金的部分，中央财政分别按照80%、100%和50%的比例进行补助。(8) 因厂办大集体改革导致地方政府养老保险基金存在缺口的，在统筹研究东北地区养老基金缺口时一并考虑。

在产业投资土地政策方面，主要有：(1)制定东北地区产业发展指导目录。(2)设立东北振兴产业投资基金。(3)国家重大生产力布局特别是战略性新兴产业布局重点向东北地区倾斜。(4)进一步加大中央预算内投资对资源枯竭、产业衰退地区和城区老工业区、独立工矿区、采煤沉陷区、国有林区等困难地区支持力度。(5)支持实施老工业基地调整改造重大工程。(6)实施差别化用地政策，保障重大项目建设用地。(7)支持城区老工业区和独立工矿区开展城镇低效用地再开发和工矿废弃地复垦利用。

2. 实施一批重大工程

在基础设施工程方面，主要有：(1)实施东北地区低标准铁路扩能改造工程，提升老旧铁路速度和运力。(2)尽早建成京沈高铁及其联络线，规划建设东北地区东部和西部快速铁路通道。(3)规划建设东北地区沿边铁路。(4)加快推进国家高速公路和国省干线公路建设。(5)研究新建、扩建一批干支线机场。在国家民航中长期规划布局中，规划东北地区新增阜新、铁岭、辽源、珲春、绥化、绥芬河等24个机场。(6)完工扎鲁特至青州特高压电力外送通道，研究新的电力外送通道。(7)重大水利设施建设工程。(8)高标准农田建设和黑土地保护工程。(9)粮食仓储设施建设工程。

在产业转型升级工程方面，主要有：(1)装备制造、能源资源等传统优势产业改造。(2)农产品加工、旅游、冰雪经济等特色优势产业发展。(3)新能源、新材料、生物医药等新兴产业培育。(4)资源型城市发展接续替代产业特别是新能源基地建设。(5)基础研究和重大创新工程。(6)国家实验室、大科学装置、国家机器人创新中心等创新基础设施建设工程。

在城市更新改造工程方面，主要有：(1)城市旧城改造和新区提升工程。(2)城区老工业区搬迁改造工程。(3)独立工矿区改造搬迁工程。(4)棚户区改造工程。(5)采煤沉陷区治理工程。(6)特色小镇建设工程。

在生态环境治理工程方面，主要有：(1)大小兴安岭和长白山等天然森林保护工程。(2)呼伦贝尔、锡林郭勒等重点草原保护和退牧还草工程。(3)三江平原、松辽平原等重点湿地保护工程。(4)支持兴凯湖、呼伦湖等开展流域生态和环境综合治理工程。(5)东北虎豹国家公园建设工程。(6)辽河、松花江等重点流域治理工程。

3. 打造一批重大开发开放平台

(1)做好中国(辽宁)自由贸易试验区建设相关工作。(2)创新完善大连金普新区、哈尔滨新区、长春新区管理体制机制,充分发挥对东北振兴的引领带动作用。(3)深入推进沈阳全面创新改革试验,探索更多促进科技成果转化的有效做法。加快沈大国家自主创新示范区建设,支持吉林长春、黑龙江哈大齐工业走廊培育创建国家自主创新示范区。(4)继续做好沈阳经济区新型工业化综合配套改革试验、黑龙江省"两大平原"现代农业综合配套改革试验和吉林省农村金融综合改革试验。(5)在重点开放试验区和中外合作园区方面,主要是推进中德(沈阳)高端装备制造产业园、中韩(长春)国际合作示范区、中英(大连)先进制造产业园区。(6)在综合保税区和海关特殊监管区域方面,主要是推进大连综合保税港、沈阳综合保税区、长春兴隆综合保税区、哈尔滨综合保税区、绥芬河综合保税区、满洲里综合保税区以及保税物流中心等海关特殊监管区域建设。(7)在产业转型升级示范区建设方面,主要是推进大连、大庆、沈阳—鞍山—抚顺和长春—吉林—松原等产业转型升级示范区建设。

4. 完善一批重大工作机制

在工作机制方面,最重要的是成立国务院振兴东北地区等老工业基地领导小组,其主要职责是研究审议重大政策和重点规划,协调解决重大问题,督促推进重大事项。国家发展改革委具体承担领导小组办公室工作,主要职责是加强综合协调和调查研究,牵头推进重点任务落实。

除此之外,在推进新一轮东北振兴进程中,还有以下重要工作机制:

东北与东部发达省市合作机制:主要是组织辽宁、吉林、黑龙江三省与江苏、浙江、广东三省,沈阳、大连、长春、哈尔滨四市与北京、上海、天津、深圳四市建立对口合作机制,开展互派干部挂职交流和定向培训,通过市场化合作方式积极吸引项目和投资在东北地区落地。

东北四省区区域合作与协同发展机制：主要是东北四省区行政首长协商机制、东北地区副省级城市联系协商机制。

东北振兴重大项目建设调度工作机制：主要是分年度商请有关地方、部门、中央企业确定东北振兴重大项目，按期调度项目进展，及时协调解决项目实施过程中存在的问题。

东北振兴智库支撑机制：主要包括依托东北大学和中国海南改革研究院组建中国东北振兴研究院，与中国宏观经济研究院、中国科学院、中国社会科学院、国务院发展研究中心以及有关高校建立长期研究合作。

第三节　中部地区崛起

中部地区包括山西、安徽、江西、河南、湖北和湖南6省，面积102.8万平方千米，占我国国土总面积的10.7%，截至2020年末总人口约3.65亿，占全国的近25.9%。中部地区位于我国内陆腹地，人口众多，自然、文化和旅游资源丰富，科教基础雄厚，水陆空交通网络便捷通达，具有承东启西、连南贯北的区位优势，农业特别是粮食生产优势明显，工业门类比较齐全，生态环境总体条件较好，承载能力较强，是全国重要的农产品、能源、原材料和装备制造业基地。

中部地区是全国交通大枢纽。国际性综合交通枢纽城市有郑州、武汉；全国性综合交通枢纽城市有合肥、太原、长沙、南昌、九江、赣州、上饶、蚌埠、芜湖、洛阳、商丘、宜昌、襄阳、岳阳、怀化。水运方面，拥有汉江、湘江、赣江等高等级航道，武汉阳逻、九江港、南昌港、长沙霞凝、芜湖朱家桥等规模化、专业化港区。陆运方面，郑州、武汉位列我国十大铁路枢纽之中，另有太原、大同、商丘、焦作、新乡、洛阳、南阳、信阳、合肥、蚌埠、阜阳、芜湖、宜昌、襄阳、南昌、九江、鹰潭、长沙、株洲、怀化等为全国重要的铁路枢纽。空运方面，武汉天河机场为全国八大区域性枢纽机场之一。郑州机场、长沙机场2019年、2020年旅客吞吐量稳居全国前20位。

中部地区是全国的经济地理中心。从空间视角看，中部地区东接沿海、西接内陆长江中游城市群、中原城市群两大跨区域城市群，有机衔接长江和黄河两大流域，是全国经济腹地叠加区，与作为我国四大增长极的"京津冀""长三角""粤港澳""成渝"相映相连，处于十字交叉中枢位置，是自然的内循环轴心。

中部地区还是我国安全、协调发展聚焦区。粮食安全方面，中部地区粮食产量约占全国30%，远超人口占比，河南稳居全国第二产粮大省；能源安全方面，山西、河南、江西拥有丰富的煤炭、有色金属和多种稀有金属等矿产资源；乡村振兴方面，人口多、城镇多、人均收入偏低、发展差异大，是消除绝对贫困后继续巩固脱贫攻坚成果、深入推进乡村振兴、解决区域发展不协调和城乡发展"不平衡不充分"问题的关键地区。

一、促进中部地区崛起战略回顾

（一）第一阶段："破题"酝酿阶段（2004—2006年）

继西部开发、东北振兴上升为国家重大战略后，如何谋划中部发展，成为各界探讨的焦点。中部地区大多数年份的经济增速低于全国平均水平，"中部塌陷"说、"中部边缘化"说、"不东不西、不是东西"说等充分反映了促进"中部崛起"的紧迫性、必要性和重要性。但这仅仅是民间层面的呼吁和心声，中部崛起真正进入国家视野始于2004年。2004年3月，《政府工作报告》中首次明确提出"促进中部地区崛起"概念。同年12月中央经济工作会议再次提到促进中部地区崛起，指出"实施西部大开发，振兴东北等老工业基地，促进中部地区崛起，鼓励东部地区率先发展，实现相互促进、共同发展"。2005年3月，《政府工作报告》中再次提出，抓紧研究制定促进中部地区崛起的规划和措施。2006年3月27日，中共中央政治局召开会议，研究促进中部地区崛起工作。总的来看，这一阶段中部崛起从民间呼吁到进入国家视野，标志着中部崛起已进入国家重大战略决策范畴，但由于中部崛起仅限于概念和政府文件中，尚未出台具体的指导意见和支持政策，可以说这一时期的中部崛起尚处在谋划酝酿阶段。

（二）第二阶段：实质性推进阶段（2006—2009年）

经过多次讨论、谋划和酝酿，2006年4月15日促进中部地区崛起的纲领性文件《中共中央 国务院关于促进中部地区崛起的若干意见》正式出台，提出将中部地区建设成为全国重要的粮食生产基地、能源原材料基地、现代装备制造及高技术产业基地和综合交通枢纽，即"三基地一枢纽"。同年5月，国务院办公厅发布了《关于落实中共中央 国务院关于促进中部地区崛起若干意见有关政策措施的通知》，提出了56条具体实施意见。

2007年1月，国务院办公厅印发《关于中部六省比照实施振兴东北地区等老工业基地和西部大开发有关政策范围的通知》，明确了中部6省26个城市比照实施振兴东北地区等老工业基地的有关政策，243个县（市、区）比照实施西部大开发的有关政策。具体见表2-3-1、表2-3-2。

表2-3-1 中部六省比照实施西部大开发有关政策的县（市、区）

省份	比照县（市、区，共243个）
山西省	阳曲县、娄烦县、阳高县、天镇县、广灵县、灵丘县、浑源县、大同县、平顺县、壶关县、武乡县、沁县、沁源县、陵川县、榆社县、左权县、和顺县、昔阳县、万荣县、闻喜县、新绛县、离石区、垣曲县、夏县、平陆县、五台县、代县、繁峙县、宁武县、静乐县、忻府区、河曲县、保德县、偏关县、平鲁区、原平市、古县、浮山县、乡宁县、汾西县、文水县、交城县、兴县、临县、柳林县、石楼县、岚县、方山县、中阳县、交口县，共50个县（市、区）
安徽省	长丰县、怀远县、枞阳县、潜山县、太湖县、宿松县、望江县、岳西县、定远县、临泉县、太和县、阜南县、颍上县、界首市、砀山县、萧县、灵璧县、泗县、无为县、寿县、霍邱县、舒城县、金寨县、霍山县、裕安区、涡阳县、利辛县、石台县、郎溪县、泾县，共30个县（市、区）
江西省	乐平市、莲花县、修水县、德安县、都昌县、赣县、上犹县、安远县、宁都县、于都县、兴国县、会昌县、寻乌县、石城县、瑞金市、吉安县、吉水县、峡江县、新干县、永丰县、泰和县、遂川县、万安县、安福县、永新县、井冈山市、万载县、铜鼓县、黎川县、南丰县、乐安县、宜黄县、资溪县、广昌县、上饶县、横峰县、弋阳县、余干县、鄱阳县、万年县、德兴市，共41个县（市）

续表

省份	比照县（市、区，共243个）
河南省	杞县、通许县、兰考县、栾川县、嵩县、汝阳县、宜阳县、洛宁县、叶县、鲁山县、郏县、滑县、内黄县、林州市、原阳县、封丘县、南乐县、范县、台前县、濮阳县、舞阳县、卢氏县、南召县、淅川县、社旗县、桐柏县、民权县、睢县、宁陵县、柘城县、虞城县、夏邑县、永城市、罗山县、光山县、新县、商城县、固始县、淮滨县、息县、扶沟县、商水县、沈丘县、郸城县、淮阳县、太康县、鹿邑县、上蔡县、平舆县、正阳县、确山县、泌阳县、汝南县、新蔡县，共54个县（市）
湖北省	阳新县、郧县、郧西县、竹山县、竹溪县、房县、丹江口市、远安县、兴山县、秭归县、长阳土家族自治县、五峰土家族自治县、当阳市、南漳县、保康县、孝昌县、大悟县、监利县、洪湖县、团风县、红安县、罗田县、英山县、浠水县、蕲春县、麻城市、崇阳县、通山县，共28个县（市）
湖南省	茶陵县、炎陵县、韶山市、衡山县、祁东县、耒阳市、新邵县、邵阳县、隆回县、绥宁县、新宁县、城步苗族自治县、平江县、澧县、津市市、慈利县、桑植县、南县、安化县、沅江市、永兴县、汝城县、桂东县、安仁县、祁阳县、江永县、宁远县、蓝山县、新田县、江华瑶族自治县、沅陵县、会同县、麻阳苗族自治县、新晃侗族自治县、芷江侗族自治县、靖州苗族侗族自治县、通道侗族自治县、双峰县、新化县、冷水江市，共40个县（市）

表2-3-2 中部六省比照实施振兴东北地区等老工业基地有关政策的城市

省份	比照城市（26个）
山西省	太原、大同、阳泉、长治
安徽省	合肥、马鞍山、蚌埠、芜湖、淮南
江西省	南昌、萍乡、景德镇、九江
河南省	郑州、洛阳、焦作、平顶山、开封
湖北省	武汉、黄石、襄阳、十堰
湖南省	长沙、株洲、湘潭、衡阳

资料来源：摘自国务院办公厅《关于中部六省比照实施振兴东北地区等老工业基地和西部大开发有关政策范围的通知》，2007年。

（三）第三阶段：深入实施阶段（2009—2019年）

为进一步促进中部崛起，2009年9月23日，国务院通过了《促进中部地区崛起规划》，从粮食生产基地建设、能源原材料基地建设、现代装备制造及高技术产业基地建设、综合交通运输枢纽建设、重点地区发展、资源节约和环境保护、社会事业发展等方面，提出了促进中部崛起的主要任务和工作重点。

2010年5月，国家发展改革委印发《关于促进中部地区城市群发展的指导意见的通知》，明确了中部地区城市群发展的总体要求、重点任务和支持政策。2010年8月，国家发展改革委印发《促进中部地区崛起规划实施意见的通知》，提出了2020年中部崛起的总体目标、具体量化目标和一系列任务要求。

2012年8月，国务院发布《关于大力实施促进中部地区崛起战略的若干意见》，提出了新形势下促进中部崛起，要推动重点地区加快发展、大力推进改革创新、全方位扩大开放等新要求。同时，为配合和深化中部崛起战略，在2007年批复武汉城市圈和长株潭城市群"两型社会"综合配套改革试验区后，国务院以及有关部委又先后批复了一系列的区域规划和方案。例如，2009年12月国务院批复同意支持武汉东湖新技术产业开发区建设国家自主创新示范区和《鄱阳湖生态经济区规划》。2010年1月正式批复《皖江城市带承接产业转移示范区规划》，2010年12月又批准山西省为国家资源型经济转型综合配套改革试验区，2011年9月国务院发布《关于促进河南省加快建设中原经济区的指导意见》等。表明中部崛起已进入深入推进时期，进入加快崛起、谋势跨越的新阶段。

专栏2-3-1 《国务院关于促进中部地区崛起规划的批复》概要

中部地区是我国重要的粮食生产基地、能源生产基地、现代装备制造业基地及高技术产业基地和综合交通运输枢纽，在国家经济社会发展格局中具有重要地位。今后5到10年是中部地区发挥优势、实现突破、加快崛起的关键时期，编制实施规划，有利于应对国际金融危机冲击，挖掘中部地区发展潜力，充分发挥中部地区比较优势，加快中部地区发展，增强对全国发展的支撑能力。

要着力改革开放，创新体制机制，转变发展方式，提升经济整体实力和竞争力；着力自主创新，调整优化结构，积极承接产业转移，大力推进新型工业化进程；着力优化空间布局，培育城市群增长极，壮大县城和中心镇，积极稳妥地推进城镇化；着力加强农业基础，切实改善农村面貌，加快推进农业现代化，促进城乡一体化发展；着力发展循环经济，节约资源能源，保护生态环境，促进区域可持续发展；着力改善民生，切实扩大就业，促进社会和谐，在发挥承东启西和产业发展优势中崛起，实现中部地区经济社会全面协调可持续发展。

资料来源：摘自《国务院关于促进中部地区崛起规划的批复》，2009年10月26日。

（四）第四阶段：开创崛起新局面（2019年至今）

2019年5月，习近平总书记在江西考察并主持召开推动中部地区崛起工作座谈会，贯彻新发展理念推动高质量发展，奋力开创中部地区崛起新局面，并就做好中部地区崛起工作提出八点意见。一是推动制造业高质量发展，二是提高关键领域自主创新能力，三是优化营商环境，四是积极承接新兴产业布局和转移，五是扩大高水平开放，六是坚持绿色发展，七是做好民生领域重点工作，八是完善政策措施和工作机制。

2021年7月，《中共中央 国务院关于新时代推动中部地区高质量发展的意见》（以下简称《意见》）发布，顺应新时代新要求，为推动中部地区高质量发展勾勒蓝图。《意见》按照2025年和2035年两个时间节点分别提出要求。一是到2025年，中部地区质量变革、效率变革、动力变革取得突破性进展，综合实力、内生动力和竞争力进一步增强。二是到2035年，中部地区基本实现社会主义现代化，共同富裕取得更为明显的实质性进展。同时，《意见》在创新、协调、绿色、开放、共享等发展领域分别提出了量化指标，与定性指标一同构成了目标体系。

围绕上述目标，《意见》部署了五个方面的重点任务：一是坚持创新发展，构建以先进制造业为支撑的现代产业体系，包括做大做强先进制造业、积极承接制造业转移、提高关键领域自主创新能力、推进先进制造业和现代服务业深度融合。二是坚持协调发展，增强城乡区域发展协同性，包括主动融入重大区域发展战略、促进城乡融合发展、推进城市更新和品质提升、加快农业农村现代化、推动省际协作和交界地区协同发展等。三是坚持绿色发展，打造人与自然和谐共生的美丽中部，抓住重点流域生态保护这个"牛鼻子"，共同构筑生态安全屏障、加强生态环境共保联治、加快形成绿色生产生活方式。四是坚持开放发展，形成内陆高水平开放新体制，加快内陆开放通道建设、打造内陆高水平开放平台、持续优化市场化、法治化、国际化营商环境。五是坚持共享发展，提升公共服务保障水平，提高基本公共服务保障能力、增加高品质公共服务供给、加强和创新社会治理、实现巩固拓展脱贫攻坚成果与乡村振兴有效衔接，提升人民群众获得感、幸福感和安全感。

为保障这些目标任务能够顺利实现，《意见》从建立健全支持政策体系、加大财税金融支持力度等方面，进一步完善促进中部地区高质量发展的政策措施。

二、促进中部地区崛起的主要政策措施

一是明确中部地区 26 个老工业基地城市在深化国有企业改革，加快企业技术进步，加强以企业为主体的技术创新体系建设，推进产业结构调整，完善社会保障体系等方面部分享受东北振兴战略的政策。中部地区 243 个欠发达县（市、区）在改善农村生产生活条件，加大财政转移支付力度，提高基本公共服务水平，加快扶贫开发，发展特色产业，推进商贸流通发展等方面部分比照西部大开发政策。

二是围绕推动"三基地一枢纽"建设，支持中部地区实施一大批重大项目。主要是加强中部地区粮食主产区生产能力建设，加强能源、原材料基地建设和加快发展有竞争力的新兴制造业，加强铁路、高速公路、干线公路、航运、民航等综合运输体系建设。

三是加强财税政策支持，出台针对中部地区的专项转移支付政策，在资金补助标准调整等方面加大支持力度。中央财政加大了对中部六省的一般性和专项转移支付力度。

四是在武汉城市圈和长株潭城市群开展全国资源节约型和环境友好型社

会（简称"两型社会"）建设综合配套改革试验，在山西省开展资源型经济转型综合配套改革试验。

五是制定促进中部地区城市群发展的指导意见，支持武汉城市圈、中原城市群、长株潭城市群、环鄱阳湖城市群和太原城市圈发展，支持安徽省皖江城市带建设国内第一个承接产业转移示范区。

第四节　东部地区重点区域发展

在国家区域发展总体战略中，东部地区包括的省市分别是北京、天津、河北、山东、江苏、上海、浙江、福建、广东、海南。东部沿海地区是我国工业、经济、人口的主要集中地区，是我国经济最发达的区域，促进东部沿海地区率先实现转型发展，是国家一直高度重视的工作。近年来，国家对东部地区重点地区出台了一系列的政策文件和规划，支持东部地区加快转型发展。

一、东部地区率先发展的战略回顾

东部地区率先发展战略是国家在21世纪所做出的一项区域发展战略安排，是2006年作为国家区域发展总体战略的组成部分而提出来的。因此，首先需要从国家区域发展战略的演进中理解东部地区率先发展战略提出的背景，根据《中华人民共和国国民经济和社会发展第十一个五年规划纲要》（简称《"十一五"规划纲要》）、《中华人民共和国国民经济和社会发展第十二个五年规划纲要》（简称《"十二五"规划纲要》）、《中华人民共和国国民经济和社会发展第十三个五年规划纲要》（简称《"十三五"规划纲要》）、《中华人民共和国国民经济和社会发展第十四个五年规划和2035年远景目标纲要》（简称《"十四五"规划纲要》）等重要文献，分析、阐释东部地区率先发展战略的内容及实质。

（一）东部地区率先发展的战略坐标

东部地区率先发展虽然是区域发展总体战略的一个组成部分，但是，国家在谋划东部地区率先发展时则是将其始终置于整体战略坐标之中来决策的。这表明东部地区率先发展战略的出台是由国际和国内两个相互作用的战略因素共同决定的，并随着这两个战略因素的变化而调整。

当我国经济发展进入第十一个五年规划时期，国际和国内两个方面的战略因素发生了新的变化。从我国参与国际经济竞争与合作看，东部地区作为我国改革开放的前沿，经济实力在四大战略区域中最强，对外开放的程度最高，自然要代表我国参与更高层次的国际经济竞争与合作，增强我国的国际竞争力。在国内经济发展方面，经过改革开放20多年的高速发展，我国产业层次低、技术水平低、生产效率低、资源和环境问题突出、区域发展差距扩大等对经济增长的结构性约束日益凸显，全国经济发展内生出了转型的需求。与西部、东北、中部地区相比，这些结构性问题在先行发展的东部地区表现更为突出，经济发展转型的需求也更为迫切。因此，选择东部地区，探索经济发展转型的道路，积累经验，为西部、中部、东北的转型提供参照，就可以发挥引领全国经济发展转型的作用。

（二）东部地区率先发展战略概要

东部地区率先发展虽然是与西部大开发战略、东北振兴战略、中部崛起战略相并列的区域发展战略，但是，国家并没有为此制定专门的区域发展规划或区域发展政策。与之不同的是，国家关于西部大开发战略、东北振兴战略、中部崛起战略先后制定了相应的区域发展规划和政策。因此，我们仅能从《"十一五"规划纲要》《"十二五"规划纲要》《"十三五"规划纲要》《"十四五"规划纲要》等重要文献中分析东部地区率先发展战略的要点。

纵观国家"十一五"至"十四五"中关于东部地区率先发展的内容，可以发现，国家对东部地区率先发展的战略安排聚焦于率先实现经济发展转型。具体从经济发展动力、产业结构调整、体制机制、开放发展、可持续发展、空间重点与全国及其他区域关系等方面，对东部地区率先发展提出了指导和要求，见表2-4-1。

表 2-4-1　国家五年规划对东部地区率先发展的战略安排

五年规划	《"十一五"规划纲要》	《"十二五"规划纲要》	《"十三五"规划纲要》	《"十四五"规划纲要》
战略导向	鼓励东部地区率先发展	积极支持东部地区率先发展	支持东部地区率先发展	鼓励东部地区加快推进现代化
经济发展动力	率先提高自主创新能力	在自主创新方面走在全国前列,着力提高科技创新能力	加快实现创新驱动发展转型,打造具有国际影响力的创新高地	发挥创新要素集聚优势,加快在创新引领上实现突破
产业结构调整	率先实现经济结构优化升级和增长方式转变。优先发展先进制造业、高技术产业和服务业,着力发展精加工和高端产品。发展现代农业	在转变经济发展方式、调整经济结构方面走在全国前列。着力培育产业竞争新优势,加快发展战略性新兴产业、现代服务业和先进制造业	加快推动产业升级,引领新兴产业和现代服务业发展,打造全球先进制造业基地	加快培育世界级先进制造业集群,引领新兴产业和现代服务业发展,提升要素产出效率,率先实现产业升级
体制机制	率先完善社会主义市场经济体制	着力推进体制机制创新,率先完善社会主义市场经济体制		
开放发展	促进加工贸易升级,积极承接高技术产业和现代服务业转移,提高外向型经济水平,增强国际竞争力	在更高层次参与国际合作和竞争,在改革开放中先行先试	加快建立全方位开放型经济体系,更高层次参与国际合作与竞争	更高层次参与国际经济合作和竞争,打造对外开放新优势,率先建立全方位开放型经济体系
可持续发展	提高资源利用效率,加强生态环境保护,增强可持续发展能力	着力增强可持续发展能力,进一步提高资源利用效率,加大环境污染治理力度,化解资源环境"瓶颈"制约	在公共服务均等化、社会文明程度提高、生态环境质量改善等方面走在前列	

续表

五年规划	《"十一五"规划纲要》	《"十二五"规划纲要》	《"十三五"规划纲要》	《"十四五"规划纲要》
空间重点	经济特区，上海浦东新区，天津滨海新区	京津冀、长江三角洲、珠江三角洲；首都经济圈；河北沿海地区、江苏沿海地区、浙江舟山群岛新区、山东半岛蓝色经济区；海南国际旅游岛	环渤海地区、珠三角地区、泛珠三角区域、珠江—西江经济带	支持深圳建设中国特色社会主义先行示范区、浦东打造社会主义现代化建设引领区、浙江高质量发展建设共同富裕示范区。深入推进山东新旧动能转换综合试验区建设
与全国及其他区域关系	带动帮助中西部地区发展	引领和支撑全国经济发展	更好发挥对全国发展的支撑、引领作用，增强辐射带动能力	推动东部地区率先实现高质量发展

资料来源：根据《"十一五"规划纲要》《"十二五"规划纲要》《"十三五"规划纲要》《"十四五"规划纲要》有关内容整理。

由上表可知，国家对东部地区率先发展的战略安排是明确的、较为系统的和连贯的，主要具有以下四个特征：

第一，从引领和支撑全国经济发展，增强国际竞争力、参与更高层次的国际竞争与合作两个方面，标定了东部地区率先发展的战略坐标，从而确立了东部地区率先发展的战略方向。

第二，确定了东部地区率先发展的战略重心是在全国率先实现经济发展转型。（1）提高科技自主创新能力，实现经济发展动力由过去的要素驱动、投资驱动向创新驱动转型。（2）调整产业结构，实现产业升级。目标是构建以先进制造业和现代服务业、战略性新兴产业为主的新型产业结构。（3）扩大和深化对外开放，建立全方位开放型经济体系。（4）推进体制机制创新，完善社会主义市场经济体制，为经济发展转型提供制度保障。

第三，强调东部地区率先发展要增强可持续发展能力。重点是提高自然资源利用效率，解决环境污染问题，建设生态环境。

第四，确定了东部地区率先发展的空间重点。在"十一五""十二五""十三五"这三个不同的时期，都明确了东部地区发展的空间重点及其发展任务。

除了上述四个方面之外，国家要求东部地区在率先发展中要增强辐射带动能力，带动中部、西部、东北经济发展，促进四大战略区域协调发展，引领、支撑全国经济发展。

二、东部地区重点经济区发展战略回顾

（一）长江三角洲区域一体化发展

长江三角洲地区包括上海市、江苏省、浙江省、安徽省。区域面积21.07万平方千米。该地区区位条件优越，自然禀赋优良，经济基础雄厚，体制比较完善，城镇体系完整，科教文化发达，已成为全国发展基础最好、体制环境最优、整体竞争力最强的地区之一，在中国社会主义现代化建设全局中具有十分重要的战略地位。

2008年，国务院印发了《关于进一步推进长江三角洲地区改革开放和经济社会发展的指导意见》，明确了支持长三角区域发展的政策措施。

专栏2-4-1 《关于进一步推进长江三角洲地区改革开放和经济社会发展的指导意见》概要

长江三角洲地区是我国综合实力最强的区域，在社会主义现代化建设全局中具有重要的战略地位和带动作用。

进一步推进长江三角洲地区改革开放和经济社会发展，有利于推进区域经济一体化，提高自主创新能力和整体经济素质；有利于增强对中西部地区的辐射带动作用，推动全国区域协调发展；有利于提高开放型经济水平，增强我国国际竞争力和抗风险能力；有利于推进体制创新，促进建立健全充满活力、富有效率、更加开放的体制机制。

要进一步解放思想、与时俱进，进一步深化改革、扩大开放，着力推进经济结构战略性调整，着力增强自主创新能力，着力促进城乡区域协调发展，着力提高资源节约和环境保护水平，着力促进社会和谐与精神文明建设，实现科学发展、和谐发展、率先发展、一体化发展，把长江三角洲地区建设成为亚太地区重要的国际门户、全球重要的先进制造业

基地、具有较强国际竞争力的世界级城市群,为我国全面建设小康社会和实现现代化做出更大贡献。

资料来源:摘自《国务院关于进一步推进长江三角洲地区改革开放和经济社会发展的指导意见》,2008年9月。

2010年,《国务院关于长江三角洲地区区域规划的批复》进一步明确长江三角洲的范围"包括上海市、江苏省和浙江省""以上海市和江苏省的南京、苏州、无锡、常州、镇江、扬州、泰州、南通,浙江省的杭州、宁波、湖州、嘉兴、绍兴、舟山、台州等16个城市为核心区"。明确提出了长三角地区"一核九带"的总体布局框架,并分别明确了"一核"和"九带"各自的发展方向。具体是:上海发展核心,要充分发挥国际经济、金融、贸易、航运中心作用,促进区域整体优势的发挥和国际竞争力的提升;沪宁和沪杭甬沿线发展带,要建成高技术产业带和现代服务业密集带,形成国际化水平较高的城镇集聚带,服务长江三角洲地区乃至全国发展;沿江发展带,要建成特色鲜明、布局合理、生态良好的基础产业发展带和城镇集聚带,成为长江产业带的核心组成部分;沿湾发展带,要建成分工明确、布局合理、功能协调的现代制造业密集带和城镇集聚带,带动长江三角洲地区南部的全面发展;沿海发展带,要形成与生态保护相协调的新兴临港产业和海洋经济发展带,辐射带动苏北、浙西南地区经济发展;宁湖杭沿线发展带,要形成生态产业集聚、城镇发展有序的新型发展带,拓展长江三角洲地区向中西部地区辐射带动的范围;沿湖发展带,要成为全国重要的旅游休闲带、区域会展中心和研发基地;沿东陇海线发展带,要建设资源加工产业基地,成为振兴苏北、带动我国陇海兰新沿线地区经济发展的重要区域;沿运河发展带,要成为独具特色的运河文化生态产业走廊;沿温丽金衢线发展带,要成为连接长江三角洲地区的纽带。同时,还对加强与周边地区特别是泛长三角地区的合作互动、推动区域协调发展提出了具体要求。

国家也明确了长三角地区八个重点领域的发展方向、目标任务和具体措施。在城镇发展与城乡统筹方面，提出要坚持走新型城镇化道路，以上海为核心，完善南京、杭州等区域性中心城市功能，增强其他重要城市实力，鼓励发展中小城镇，调控城镇人口布局，推进城乡一体化发展，构建完备的城镇体系，建设具有较强国际竞争力的世界级城市群。在产业发展和布局方面，提出要优先发展现代服务业，做强做优电子信息、装备制造、钢铁和石化等先进制造业，加快发展生物医药、新材料、新能源和民用航空航天等新兴产业，巩固提升农业、纺织服装等传统产业，培育一批具有国际竞争力的世界级企业和品牌，推进产业结构优化升级，建设全球重要的现代服务业中心和先进制造业基地。在自主创新与创新型区域建设方面，提出要以关键领域和核心技术创新为突破口，强化企业的创新主体地位，完善区域科技创新平台，营造有利于自主创新的政策环境，增强自主创新能力，形成优势互补、资源共享、互利共赢的具有国际竞争力的区域创新体系，率先在全国建成创新型区域。在基础设施建设与布局方面，重点建设沪宁、沪杭、沿长江、沿海、宁湖杭、杭甬、东陇海和浙西南八大交通通道，加强全国性和区域性综合运输枢纽建设，实现各种运输方式高效衔接，同时提出煤炭、油气、电力和新能源等基础设施建设方案，还对水利基础设施和信息基础设施建设进行了部署。在资源利用与生态环境保护方面，重点是提高土地节约集约利用水平，强化环境保护和生态建设，全面提高区域可持续发展能力，特别强调要实行最严格的耕地保护制度，提高建设用地利用效率，保障生态用地，优化土地资源配置，并加强饮用水源地保护，加强水污染和大气污染防治，开展农村环境综合整治，建设"三纵两横"生态网络。在社会事业与公共服务方面，提出以改善民生为重点，突出重点领域，突破薄弱环节，着力推进教育、卫生、文化等社会事业发展，加快完善就业和社会保障体系，加强外来人口服务和管理，率先建立健全覆盖城乡的社会保障体系，推进基本公共服务均等化。在体制改革与制度创新方面，提出要进一步发挥上海浦东综合配套改革的示范作用，推进重点领域和关键环节改革攻坚，在新的更高起点上再创体制机制新优势，率先建立完善社会主义市场经济体制，重点要推进行政管理体制改革、非公有制经济发展和国有企业改革、加快市场体系建设、开展重大改革试验、加强法制环境建设，形成有利于科学发展、和谐发展的体制机制。在对外开放与合作方面，提出要充分利用两个市场、两种资源，在更大范围、更广领域、更高层次上参与国际合作与竞争，实现开放型经济新跨越，打造服务亚太乃至全球的重要国际门户；加快转变外贸发展方式，提高利用外资质量，实施企业"走出去"战略，提高开放型经济水平；同时，加强泛长三角合作、以长江流域为重点的区域合作、与港澳台地区合作和国际合作。

2018年11月5日，习近平总书记在首届中国国际进口博览会上宣布，支持长江三角洲区域一体化发展并上升为国家战略。

2019年12月1日，《长江三角洲区域一体化发展规划纲要》发布。

专栏2-4-2 《长江三角洲区域一体化发展规划纲要》概要

第一章　发展背景
第三节　重大意义
实施长三角一体化发展战略，是引领全国高质量发展、完善我国改革开放空间布局、打造我国发展强劲活跃增长极的重大战略举措。推进长三角一体化发展，有利于提升长三角在世界经济格局中的能级和水平，引领我国参与全球合作和竞争；有利于深入实施区域协调发展战略，探索区域一体化发展的制度体系和路径模式，引领长江经济带发展，为全国区域一体化发展提供示范；有利于充分发挥区域内各地区的比较优势，提升长三角地区整体综合实力，在全面建设社会主义现代化国家新征程中走在全国前列。

第二章　总体要求
第三节　战略定位
全国发展强劲活跃增长极。加强创新策源能力建设，构建现代化经济体系，提高资源集约节约利用水平和整体经济效率，提升参与全球资源配置和竞争能力，增强对全国经济发展的影响力和带动力，持续提高对全国经济增长的贡献率。

全国高质量发展样板区。坚定不移贯彻新发展理念，提升科技创新和产业融合发展能力，提高城乡区域协调发展水平，打造和谐共生绿色发展样板，形成协同开放发展新格局，开创普惠便利共享发展新局面，率先实现质量变革、效率变革、动力变革，在全国发展版图上不断增添高质量发展板块。

率先基本实现现代化引领区。着眼基本实现现代化，进一步增强经济实力、科技实力，在创新型国家建设中发挥重要作用，大力推动法治社会、法治政府建设，加强和创新

四大区域板块高质量发展

社会治理，培育和践行社会主义核心价值观，弘扬中华文化，显著提升人民群众生活水平，走在全国现代化建设前列。

区域一体化发展示范区。深化跨区域合作，形成一体化发展市场体系，率先实现基础设施互联互通、科创产业深度融合、生态环境共保联治、公共服务普惠共享，推动区域一体化发展从项目协同走向区域一体化制度创新，为全国其他区域一体化发展提供示范。

新时代改革开放新高地。坚决破除条条框框、思维定势束缚，推进更高起点的深化改革和更高层次的对外开放，加快各类改革试点举措集中落实、率先突破和系统集成，以更大力度推进全方位开放，打造新时代改革开放新高地。

第四节　发展目标

到 2025 年，长三角一体化发展取得实质性进展。跨界区域、城市乡村等区域板块一体化发展达到较高水平，在科创产业、基础设施、生态环境、公共服务等领域基本实现一体化发展，全面建立一体化发展的体制机制。

城乡区域协调发展格局基本形成。上海服务功能进一步提升，苏浙皖比较优势充分发挥。城市群同城化水平进一步提高，各城市群之间高效联动。省际毗邻地区和跨界区域一体化发展探索形成经验制度。城乡融合、乡村振兴取得显著成效。到 2025 年，中心区城乡居民收入差距控制在 2.2∶1 以内，中心区人均地区生产总值与全域人均地区生产总值差距缩小到 1.2∶1，常住人口城镇化率达到 70%。

科创产业融合发展体系基本建立。区域协同创新体系基本形成，成为全国重要创新策源地。优势产业领域竞争力进一步增强，形成若干世界级产业集群。创新链与产业链深度融合，产业迈向中高端。到 2025 年，研发投入强度达到 3% 以上，科技进步贡献率达到 65%，高技术产业产值占规模以上工业总产值比重达到 18%。

基础设施互联互通基本实现。轨道上的长三角基本建成，省际公路通达能力进一步提升，世界级机场群体系基本形成，港口群联动协作成效显著。能源安全供应和互济互保能力明显提高，新一代信息设施率先布局成网，安全可控的水网工程体系基本建成，重要江河骨干堤防全面达标。到 2025 年，铁路网密度达到 507 千米/万平方千米，高速公路密度达到 5 千米/百平方千米，5G 网络覆盖率达到 80%。

生态环境共保联治能力显著提升。跨区域跨流域生态网络基本形成，优质生态产品供给能力不断提升。环境污染联防联治机制有效运行，区域突出环境问题得到有效治理。生态环境协同监管体系基本建立，区域生态补偿机制更加完善，生态环境质量总体改善。到 2025 年，细颗粒物（PM2.5）平均浓度总体达标，地级及以上城市空气质量优良天数比率达到 80% 以上，跨界河流断面水质达标率达到 80%，单位地区生产总值能耗较 2017 年下降 10%。

公共服务便利共享水平明显提高。基本公共服务标准体系基本建立，率先实现基本公共服务均等化。全面提升非基本公共服务供给能力和供给质量，人民群众美好生活需要基本得到满足。到 2025 年，人均公共财政支出达到 2.1 万元，劳动年龄人口平均受教育年限达到 11.5 年，人均期望寿命达到 79 岁。

一体化体制机制更加有效。资源要素有序自由流动，统一开放的市场体系基本建立。行政壁垒逐步消除，一体化制度体系更加健全。与国际接轨的通行规则基本建立，协同开放达到更高水平。制度性交易成本明显降低,营商环境显著改善。

到 2035 年,长三角一体化发展达到较高水平。现代化经济体系基本建成,城乡区域差距明显缩小,公共服务水平趋于均衡,基础设施互联互通全面实现,人民基本生活保障水平大体相当,一体化发展体制机制更加完善,整体达到全国领先水平,成为最具影响力和带动力的强劲活跃增长极。

资料来源:摘自《长江三角洲区域一体化发展规划纲要》,2019 年 12 月。

2021 年 6 月,推动长三角一体化发展领导小组办公室印发了《长三角一体化发展规划"十四五"实施方案》。

(二)粤港澳大湾区建设

粤港澳大湾区,包括香港特别行政区、澳门特别行政区和广东省广州市、深圳市、珠海市、佛山市、惠州市、东莞市、中山市、江门市、肇庆市(以下称珠三角九市),总面积 5.6 万平方千米,是中国开放程度最高、经济活力最强的区域之一,在国家发展大局中具有重要战略地位。建设粤港澳大湾区,既是新时代推动形成全面开放新格局的新尝试,也是推动"一国两制"事业发展的新实践。

2008 年,《国务院关于珠江三角洲地区改革发展规划纲要(2008—2020 年)的批复》指出,珠江三角洲的范围是"以广东省的广州、深圳、珠海、佛山、江门、东莞、中山、惠州和肇庆市为主体,辐射泛珠江三角洲区域",要求将珠三角的发展与港澳紧密合作的相关内容纳入规划,促进珠三角进一步发挥对全国的辐射带动作用和先行示范作用,将珠三角建设成为科学发展模式试验区、深化改革先行区、扩大开放的重要国际门户、世界先进制造业和现代服务业基地及全国重要的经济中心。

专栏 2-4-3 《国务院关于珠江三角洲地区改革发展规划纲要(2008—2020 年)的批复》概要

珠江三角洲地区是我国改革开放的先行地区,是我国主要的经济中心区域,在全国经济社会发展和改革开放大局中具有突出的带头作用和举足轻重的战略地位。

要进一步解放思想、深化改革、扩大开放,加快转变经济发展方式,不断提高综合经济实力、自主创新能力和国际竞争力,努力把珠江三角洲地区建设成为我国探索科学发展模式试验区、深化改革先行区、扩大开放的重要国际门户,世界先进制造业和现代服务业基地及全国重要的经济中心。继续在改革开放上先行一步,率先实现科学发展、和谐发展,率先基本实现现代化,在促进环珠三角和泛珠三角区域的经济发展、推进粤港澳三地更加紧密合作、保持港澳地区长期繁荣稳定、参与亚太地区区域合作和全球经济竞争等方面进一步发挥辐射带动作用和先行示范作用。

资料来源:摘自《国务院关于珠江三角洲地区改革发展规划纲要(2008—2020年)的批复》,2008年12月。

根据珠三角地区的功能定位,国家明确要优化珠江三角洲地区空间布局,以广州、深圳为中心,以珠江口东岸、西岸为重点,推进珠江三角洲地区区域经济一体化,带动环珠江三角洲地区加快发展,形成资源要素优化配置、地区优势充分发挥的协调发展新格局。充分发挥广州市省会城市的优势,增强高端要素集聚、科技创新、文化引领和综合服务功能,进一步优化功能分区和产业布局,建成珠江三角洲地区一小时城市圈的核心,继续发挥深圳经济特区的窗口、试验田和示范区作用,增强科技研发、高端服务功能,强化全国经济中心城市和国家创新型城市的地位,建设国际化城市。以深圳市为核心,以东莞、惠州市为节点的珠江口东岸地区,优化人口结构,提高土地利用效率,提升城市综合服务水平,促进要素集聚和集约化发展,增强自主创新能力,打造全球电子信息产业基地。以珠海市为核心,以佛山、江门、中山、肇庆市为节点的珠江口西岸地区,提高产业和人口集聚能力,增强要素集聚和生产服务功能,优化城镇体系和产业布局,打造若干具有国际竞争力的产业集群。加快建设粤东、粤西地区石化、钢铁、船舶制造、能源生产基地,形成沿海重化产业带,培育粤北地区成为珠江三角洲地区先进制造业的配套基地。

在促进珠三角内部统筹发展的同时,还鼓励珠三角与港澳加强合作,推进重大基础设施对接,加强产业合作,共建优质生活圈,在教育、医疗、社会保障、文化、应急管理、知识产权保护等方面开展合作。广东省还筹划开展了泛珠三角区域合作,包括广东、广西、海南、云南、贵州、四川、湖南、江西、福建9个省区和香港、澳门两个特别行政区,简称"9+2",成为我国区域合作与发展中的一个新尝试。

2019年2月，中共中央、国务院印发《粤港澳大湾区发展规划纲要》，成为指导粤港澳大湾区当前和今后一个时期合作发展的纲领性文件。

专栏2-4-4 《粤港澳大湾区发展规划纲要》概要

第一章　规划背景

第三节　重大意义

打造粤港澳大湾区，建设世界级城市群，有利于丰富"一国两制"实践内涵，进一步密切内地与港澳交流合作，为港澳经济社会发展以及港澳同胞到内地发展提供更多机会，保持港澳长期繁荣稳定；有利于贯彻落实新发展理念，深入推进供给侧结构性改革，加快培育发展新动能、实现创新驱动发展，为我国经济创新力和竞争力不断增强提供支撑；有利于进一步深化改革、扩大开放，建立与国际接轨的开放型经济新体制，建设高水平参与国际经济合作新平台；有利于推进"一带一路"建设，通过区域双向开放，构筑丝绸之路经济带和21世纪海上丝绸之路对接融汇的重要支撑区。

第二章　总体要求

第三节　战略定位

充满活力的世界级城市群。依托香港、澳门作为自由开放经济体和广东作为改革开放排头兵的优势，继续深化改革、扩大开放，在构建经济高质量发展的体制机制方面走在全国前列、发挥示范引领作用，加快制度创新和先行先试，建设现代化经济体系，更好融入全球市场体系，建成世界新兴产业、先进制造业和现代服务业基地，建设世界级城市群。

具有全球影响力的国际科技创新中心。瞄准世界科技和产业发展前沿，加强创新平台建设，大力发展新技术、新产业、新业态、新模式，加快形成以创新为主要动力和支撑的经济体系；扎实推进全面创新改革试验，充分发挥粤港澳科技研发与产业创新优势，破除影响创新要素自由流动的"瓶颈"和制约，进一步激发各类创新主体活力，建成全球科技创新高地和新兴产业重要策源地。

"一带一路"建设的重要支撑。更好发挥港澳在国家对外开放中的功能和作用，提高珠三角九市开放型经济发展水平，促进国际国内两个市场、两种资源有效对接，在更高层次参与国际经济合作和竞争，建设具有重要影响力的国际交通物流枢纽和国际文化交往中心。

内地与港澳深度合作示范区。依托粤港澳良好合作基础，充分发挥深圳前海、广州南沙、珠海横琴等重大合作平台作用，探索协调协同发展新模式，深化珠三角九市与港澳全面务实合作，促进人员、物资、资金、信息便捷有序流动，为粤港澳发展提供新动能，为内地与港澳更紧密合作提供示范。

宜居宜业宜游的优质生活圈。坚持以人民为中心的发展思想，践行生态文明理念，充分利用现代信息技术，实现城市群智能管理，优先发展民生工程，提高大湾区民众生活便利水平，提升居民生活质量，为港澳居民在内地学习、就业、创业、生活提供更加便利的条件，加强多元文化交流融合，建设生态安全、环境优美、社会安定、文化繁荣的美丽湾区。

第四节 发展目标

到 2022 年，粤港澳大湾区综合实力显著增强，粤港澳合作更加深入广泛，区域内生发展动力进一步提升，发展活力充沛、创新能力突出、产业结构优化、要素流动顺畅、生态环境优美的国际一流湾区和世界级城市群框架基本形成。

——区域发展更加协调，分工合理、功能互补、错位发展的城市群发展格局基本确立；

——协同创新环境更加优化，创新要素加快集聚，新兴技术原创能力和科技成果转化能力显著提升；

——供给侧结构性改革进一步深化，传统产业加快转型升级，新兴产业和制造业核心竞争力不断提升，数字经济迅速增长，金融等现代服务业加快发展；

——交通、能源、信息、水利等基础设施支撑保障能力进一步增强，城市发展及运营能力进一步提升；

——绿色智慧节能低碳的生产生活方式和城市建设运营模式初步确立，居民生活更加便利、更加幸福；

——开放型经济新体制加快构建，粤港澳市场互联互通水平进一步提升，各类资源要素流动更加便捷高效，文化交流活动更加活跃。

到 2035 年，大湾区形成以创新为主要支撑的经济体系和发展模式，经济实力、科技实力大幅跃升，国际竞争力、影响力进一步增强；大湾区内市场高水平互联互通基本实现，各类资源要素高效便捷流动；区域发展协调性显著增强，对周边地区的引领带动能力进一步提升；人民生活更加富裕；社会文明程度达到新高度，文化软实力显著增强，中华文化影响更加广泛深入，多元文化进一步交流融合；资源节约集约利用水平显著提高，生态环境得到有效保护，宜居宜业宜游的国际一流湾区全面建成。

资料来源：摘自《粤港澳大湾区发展规划纲要》，2019 年 12 月。

（三）京津冀协同发展

京津冀协同发展，核心是京津冀三地作为一个整体协同发展，要以疏解非首都核心功能、解决北京"大城市病"为基本出发点，调整优化城市布局和空间结构，构建现代化交通网络系统，扩大环境容量生态空间，推进产业升级转移，推动公共服务共建共享，加快市场一体化进程，打造现代化新型首都圈，努力形成京津冀目标同向、措施一体、优势互补、互利共赢的协同发展新格局。

2014 年 2 月 26 日，习近平总书记在北京主持召开座谈会，专题听取京津冀协同发展工作汇报，强调实现京津冀协同发展，是面向未来打造新的首都经济圈、推进区域发展体制机制创新的需要，是探索完善城市群布局和形态、为优化开发区域发展提供示范和样板的需要，是探索生态文明建设有效路径、促进人口经济资源环境相协调的需要，是实现京津冀优势互补、促进环渤海经济区发展、带动北方腹地发展的需要，是一个重大国家战略，要坚持优势互补、互利共赢、扎实推进，加快走出一条科学持续的协同发展路子来。

2015年，中央发布《京津冀协同发展规划纲要》，确定了2015年的重点工作和重大项目。

专栏2-4-5 《京津冀协同发展规划纲要》概要

1. 功能定位

以首都为核心的世界级城市群、区域整体协同发展改革引领区、全国创新驱动经济增长新引擎、生态修复环境改善示范区。

北京市：全国政治中心、文化中心、国际交往中心、科技创新中心；

天津市：全国先进制造研发基地、北方国际航运核心区、金融创新运营示范区、改革开放先行区；

河北省：全国现代商贸物流重要基地、产业转型升级试验区、新型城镇化与城乡统筹示范区、京津冀生态环境支撑区。

2. 发展目标

近期到2017年，有序疏解北京非首都功能取得明显进展，在符合协同发展目标且现实急需、具备条件、取得共识的交通一体化、生态环境保护、产业升级转移等重点领域率先取得突破，深化改革、创新驱动、试点示范有序推进，协同发展取得显著成效。

中期到2020年，北京市常住人口控制在2300万人以内，北京"大城市病"等突出问题得到缓解；区域一体化交通网络基本形成，生态环境质量得到有效改善，产业联动发展取得重大进展。公共服务共建共享取得积极成效，协同发展机制有效运转，区域内发展差距趋于缩小，初步形成京津冀协同发展、互利共赢新局面。

远期到2030年，首都核心功能更加优化，京津冀区域一体化格局基本形成，区域经济结构更加合理，生态环境质量总体良好，公共服务水平趋于均衡，成为具有较强国际竞争力和影响力的重要区域，在引领和支撑全国经济社会发展中发挥更大作用。

3. 空间布局

明确了以"一核、双城、三轴、四区、多节点"为骨架，推动有序疏解北京非首都功能，构建以重要城市为支点，以战略性功能区平台为载体，以交通干线、生态廊道为纽带的网络型空间格局。

"一核"即指北京。把有序疏解非首都功能、优化提升首都核心功能、解决北京"大城市病"问题作为京津冀协同发展的首要任务。

"双城"是指北京、天津,这是京津冀协同发展的主要引擎,要进一步强化京津联动,全方位拓展合作广度和深度,加快实现同城化发展,共同发挥高端引领和辐射带动作用。

"三轴"指的是京津、京保石、京唐秦三个产业发展带和城镇聚集轴,这是支撑京津冀协同发展的主体框架。

"四区"分别是中部核心功能区、东部滨海发展区、南部功能拓展区和西北部生态涵养区,每个功能区都有明确的空间范围和发展重点。

"多节点"包括石家庄、唐山、保定、邯郸等区域性中心城市和张家口、承德、廊坊、秦皇岛、沧州、邢台、衡水等节点城市,重点是提高其城市综合承载能力和服务能力,有序推动产业和人口聚集。

4. 功能疏解

从疏解对象讲,重点是疏解一般性产业特别是高消耗产业,区域性物流基地、区域性专业市场等部分第三产业,部分教育、医疗、培训机构等社会公共服务功能,部分行政性、事业性服务机构和企业总部等四类非首都功能。

疏解的原则是:坚持政府引导与市场机制相结合,既充分发挥政府规划、政策的引导作用,又发挥市场的主体作用;坚持集中疏解与分散疏解相结合,考虑疏解功能的不同性质和特点,灵活采取集中疏解或分散疏解方式;坚持严控增量与疏解存量相结合,既把住增量关,明确总量控制目标,也积极推进存量调整,引导不符合首都功能定位的功能向周边地区疏解;坚持统筹谋划与分类施策相结合,结合北京城六区不同发展重点要求和资源环境承载能力统筹谋划,建立健全倒逼机制和激励机制,有序推出改革举措和配套政策,因企施策、因单位施策。

5. 重点领域

在交通一体化方面,构建以轨道交通为骨干的多节点、网格状、全覆盖的交通网络。重点是建设高效密集轨道交通网,完善便捷通畅公路交通网,打通国家高速公路"断头路",全面消除跨区域国省干线"瓶颈路段",加快构建现代化的津冀港口群,打造国际一流的航空枢纽,加快北京新机场建设,大力发展公交优先的城市交通,提升交通智能化管理水平,提升区域一体化运输服务水平,发展安全绿色可持续交通。

在生态环境保护方面,打破行政区域限制,推动能源生产和消费革命,促进绿色循环低碳发展,加强生态环境保护和治理,扩大区域生态空间。重点是联防联控环境污染,建立一体化的环境准入和退出机制,加强环境污染治理,实施清洁水行动,大力发展循环经济,推进生态保护与建设,谋划建设一批环首都国家公园和森林公园,积极应对气候变化。

在推动产业升级转移方面,加快产业转型升级,打造立足区域、服务全国、辐射全球的优势产业集聚区。重点是明确产业定位和方向,加快产业转型升级,推动产业转移对接,加强三省市产业发展规划衔接,制定京津冀产业指导目录,加快津冀承接平台建设,加强京津冀产业协作等。

资料来源:摘自《京津冀协同发展规划纲要》,2015年。

第五节　特殊类型区域振兴发展

在支持四大区域板块发展的同时，国家进一步加大了扶持力度，帮助老少边穷地区的经济发展，加强基础设施建设，强化生态保护和修复，提高公共服务水平，切实改善地区生产生活条件。

一、支持贫困地区发展

我国是世界上人口最多的发展中国家，农村贫困人口多，解决贫困问题的难度很大。新中国成立以来，国家始终将减缓贫困作为国家发展的重要目标和任务，20世纪80年代中期以来，国家开始有组织、有计划、大规模地开展农村扶贫开发，先后制定实施《国家八七扶贫攻坚计划》（1994—2000年）、《中国农村扶贫开发纲要（2001—2010年）》《中国农村扶贫开发纲要（2011—2020年）》等减贫规划，使扶贫减贫成为全社会的共识和行动。

（一）支持贫困地区发展政策回顾

1986年以来，国家先后三次确定扶贫开发县级扶持单位。1994年，《国家八七扶贫攻坚计划》开始实施，对国家级贫困县进行了第一次调整，由331个扩大到592个。《国家八七扶贫攻坚计划》明确提出要集中人力、物力、财力，动员社会各界力量，争取到2000年底基本解决农村贫困人口的温饱问题。《国家八七扶贫攻坚计划》还明确了若干具体目标。包括：绝大多数贫困户人均收入达到500元以上（1990年不变价），有条件的地方人均半亩（1亩=0.0667公顷）到一亩稳产高产的基本农田，户均一亩林果园或一亩经济作物，户均向当地或发达地区的非农产业转移一个劳动力，户均一项养殖业或家庭辅业，牧区户均一个围栏草场或者一个"草仓库"，贫困乡镇基本解决人畜饮水困难，贫困乡镇建设地方集贸市场，主要商品产地要通公路，贫困乡用上电，基本普及初等教育等。

2001年,《中国农村扶贫开发纲要（2001—2010年）》出台,取消了沿海发达地区的所有国家级贫困县,增加了中西部地区的贫困县数量,但总数仍为592个,同时将国家级贫困县改为国家扶贫开发工作重点县,西藏作为集中连片贫困区域全部享受重点县待遇。

2011年,中央出台了《中国农村扶贫开发纲要（2011—2020）》,明确提出到2020年要稳定实现扶贫对象不愁吃、不愁穿,保障其义务教育、基本医疗和住房,将农民人均纯收入2300元作为新的国家扶贫标准,提出到2020年,贫困地区农田基础设施建设水平明显提高,初步构建特色支柱产业体系,农村饮水安全保障程度和自来水普及率进一步提高,全面解决无电人口用电问题,实现具备条件的建制村通沥青（水泥）路,推进村庄内道路硬化,实现村村通班车,全面提高农村公路服务水平和防灾抗灾能力,群众的居住条件得到显著改善,基本普及学前教育,义务教育水平进一步提高,普及高中阶段教育,贫困地区群众获得更加均等的公共卫生和基本医疗,全面实现广播电视户户通;自然村基本实现通宽带;健全农村公共文化服务体系,基本实现每个国家扶贫开发工作重点县（以下简称重点县）有图书馆、文化馆,乡镇有综合文化站,行政村有文化活动室。以公共文化建设促进农村廉政文化建设,森林覆盖率比2010年底增加3.5个百分点等具体目标。

同时,国家提出将集中连片特殊困难地区作为扶贫攻坚主战场。《中国农村扶贫开发纲要（2011—2020）》第十条明确指出：国家将六盘山区、秦巴山区、武陵山区、乌蒙山区、滇桂黔石漠化区、滇西边境山区、大兴安岭南麓山区、燕山—太行山区、吕梁山区、大别山区、罗霄山区等区域的连片特困地区和已明确实施特殊政策的西藏、四川藏区、新疆南疆三地州,作为扶贫攻坚主战场。据统计,全国14个集中连片特困地区中,农民人均纯收入2676元,仅相当于全国平均水平的一半;在全国综合排名最低的600个县中,有521个在片区内,占86.8%。国家明确加大对连片特困地区的投入和支持力度,中央财政专项扶贫资金的新增部分主要用于连片特困地区,集中实施一批民生工程，大力改善生产生活条件，培育壮大一批特色优势产业，加快区域性重要基础设施建设步伐，加强生态建设和环境保护，着力解决制约发展的"瓶颈"问题，促进基本公共服务均等化，从根本上改变连片特困地区面貌。

2015年，中共中央、国务院印发《关于打赢脱贫攻坚战的决定》，正式把精准扶贫、精准脱贫作为扶贫开发的基本方略，并开始全面打响脱贫攻坚这场具有重大历史意义的重大战役。2017年，党的十九大报告明确提出了"坚决打赢脱贫攻坚战"的战略任务，强调"让贫困人口和贫困地区同全国一道进入全面小康社会是我们党的庄严承诺"。

至2020年，我国脱贫攻坚战取得了全面胜利，现行标准下9899万农村贫困人口全部脱贫，832个贫困县全部摘帽，12.8万个贫困村全部出列，区域性整体贫困得到解决，完成了消除绝对贫困的艰巨任务。我国建档立卡贫困人口人均纯收入从2015年的2982元增加到2020年的10740元，960多万人通过易地搬迁"拔掉穷根"，2568万贫困群众的危房得到系统改造，10.8万所贫困地区义务教育薄弱学校得到改造，义务教育、基本医疗、住房安全和饮水安全有保障，脱贫群众获得感、幸福感、安全感显著增强。

2021年，中国宣布消除绝对贫困。联合国称"这一重大成就为实现2030年可持续发展议程所描绘的更加美好和繁荣的世界作出了重要贡献"，"中国取得的非凡成就为整个国际社会带来了希望，提供了激励"。

（二）脱贫攻坚主要政策举措

党的十八大以来，以习近平同志为核心的党中央把脱贫攻坚纳入"五位一体"总体布局和"四个全面"战略布局，摆到治国理政的重要位置，围绕脱贫攻坚目标，建立健全责任、政策、投入、动员、监督、考核六大体系，为打赢脱贫攻坚战提供了坚实的制度保障。

1. 强化脱贫攻坚责任体系

2015年11月，《中共中央 国务院关于打赢脱贫攻坚战的决定》提出了"中央统筹、省负总责、市县抓落实"的工作机制，《脱贫攻坚责任制实施办法》进一步予以细化。中央主要负责制定脱贫攻坚大政方针，出台重大政策举措，完善体制机制，规划重大工程项目，协调全局性重大问题、全国性共性问题，指导各地制定脱贫滚动规划和年度计划，有关中央和国家机关按照工作职责，落实脱贫攻坚责任；省级党委和政府对本地区脱贫攻坚工作负总责，并确保责任制层层落实，中西部22个省份党政主要负责同志向中央签署脱贫攻坚责任书，立下军令状；市级党委和政府负责协调域内跨县扶贫项目，对脱贫目标任务完成等工作进行督促指导和监督检查，县级党委和政府承担脱贫攻坚主体责任，负责制定脱贫攻坚实施规划，优化配置各类资源要素，组织落实各项政策措施，县级党委和政府主要负责人是第一责任人。同时，强化了东西部扶贫协作、定点扶贫以及社会各界合力攻坚的责任，构建起了责任清晰、各负其责、合力攻坚的责任体系。

2. 健全脱贫攻坚政策体系

围绕落实脱贫攻坚决策部署，着力构建适应精准扶贫精准脱贫需要、强力支撑的政策体系。党的十八大以来，中共中央办公厅、国务院办公厅和国务院扶贫开发领导小组制定配套文件19个，启动实施"十三五"脱贫攻坚规划。中央和国家机关各部门出台政策文件或实施方案，形成政策合力。各地也不断完善"1+N"脱贫攻坚系列文件，内容涉及产业扶贫、易地扶贫搬迁、劳务输出扶贫、交通扶贫、水利扶贫、教育扶贫、健康扶贫、金融扶贫、农村危房改造、土地增减挂钩、资产收益扶贫等，瞄准贫困人口，因地制宜，分类施策。

3. 完善脱贫攻坚投入体系

坚持政府投入的主体和主导作用，增加金融对脱贫攻坚的投放，吸引社会资金参与扶贫开发。党的十八大以来，中央、省、市、县专项扶贫资金累计投入近1.6万亿元，其中中央财政累计投入6601亿元。实践证明，发挥财政资金投入的主体和主导作用，特别是中央和各级财政统筹整合使用财政涉农资金，是脱贫攻坚战取得全面胜利的重要保障。出台扶贫小额信贷和扶贫再贷款政策，加强资金市场扶贫、保险扶贫和土地政策支持等。

4. 全面构建脱贫攻坚动员体系

中共中央办公厅、国务院办公厅先后印发《关于进一步加强东西部扶贫协作工作的指导意见》和《关于进一步加强中央单位定点扶贫工作的指导意见》，细化实化帮扶任务和工作要求。调整完善东西部扶贫协作结对关系，实现对30个民族自治州结对帮扶的全覆盖。东部9省市帮扶中西部14个省区市，全国支援西藏和新疆，东部343个经济较发达县市区与中西部573个贫困县开展携手奔小康行动。对口支援新疆、西藏和四川、云南、甘肃、青海涉藏州县，在现有机制下更加聚焦精准扶贫、精准脱贫，瞄准建档立卡贫困人口精准发力，提高对口支援实效。进一步加强中央单位定点扶贫工作，推动定点扶贫工作重心下沉，提高精准度和有效性，308家中央单位定点帮扶592个扶贫开发工作重点县，地方各级党政机关、国有企事业单位都承担了帮扶贫困县和贫困村的任务。全军定点帮扶4100个贫困村。中央企业设立贫困地区产业投资基金、开展"百县万村"扶贫行动。民营企业实施"万企帮万村"精准扶贫行动，9.99万家民营企业结对帮扶6.56万个贫困村。2014年，国务院将10月17日确定为扶贫日，每年组织开展扶贫日系列活动。建立扶贫荣誉制度，设立全国脱贫攻坚奖，表彰脱贫攻坚模范，激发全社会参与脱贫攻坚的积极性。

5. 严格执行脱贫攻坚监督体系

十九届中央第一轮巡视将脱贫攻坚工作纳入14个巡视省区监督内容。十九届中央第二轮巡视对13个省区市和11个中央部门、2个中管企业进行脱贫攻坚专项巡视。制定脱贫攻坚督查巡查工作办法，对各地各部门落实中央决策部署开展督查巡查。督查坚持目标导向，着力推动工作落实。巡查坚持问题导向，着力解决突出问题。8个民主党派中央分别对应8个贫困人口多、贫困发生率高的省份开展脱贫攻坚民主监督，成为彰显我国多党合作制度优势的新实践。扶贫部门加强与审计、财政等部门和媒体、社会等监督力量的全方位合作，综合运用各方面监督结果，加强对各地工作指导。设立12317扶贫监督举报电话，畅通群众反映问题渠道，接受全社会监督。

6. 规范落实脱贫攻坚考核体系

中共中央办公厅、国务院办公厅印发《省级党委和政府扶贫开发工作成效考核办法》，从2016年到2020年，国务院扶贫开发领导小组每年开展一次考核，主要考核减贫成效、精准识别、精准帮扶、扶贫资金使用管理等方面内容。建立东西部扶贫协作和中央单位定点扶贫工作考核评价机制。建立扶贫资金违规使用责任追究制度。制定严格、规范、透明的国家扶贫开发工作重点县退出标准、程序、核查办法。改进贫困县退出专项评估检查，由各省（自治区、直辖市）统一组织，因地制宜制定符合贫困地区实际的检查方案，并对退出贫困县的质量负责。中央结合脱贫攻坚巡查工作，对贫困县退出进行抽查。建立对扶贫政策落实情况和扶贫成效的第三方评估机制。各省区市出台对贫困县扶贫成效考核办法。

（三）脱贫攻坚取得的成就

脱贫攻坚战取得全面胜利，创造了中国减贫史乃至人类减贫史上的伟大奇迹，极大增强了中华民族的自信心、自豪感和凝聚力、向心力，极大增强了中国人民的道路自信、理论自信、制度自信、文化自信，极大增强了中国人民创造更加美好生活的信心和底气。

第一，创造了减贫史上最好成绩。连续7年每年减贫人口都在1000万人以上，贫困人口从2012年底的9899万人减到零，贫困发生率由2012年底的10.2%降至零，打破了前两轮扶贫每当贫困人口减到3000万左右就减不动的瓶颈。全国832个贫困县全部摘帽，区域性整体贫困基本得到解决。

第二，贫困地区农村居民收入增长迅速。2013至2020年，贫困地区农村居民人均可支配收入由6079元增加到12588元，年均增长11.6%，比同期全国农民人均可支配收入增幅高2.3个百分点。值得一提的是，2020年集中连片特困地区农村居民人均可支配收入为12420元，增速高于全国农村平均水平。

第三，深度贫困地区区域性整体贫困得到有效解决。深度贫困地区脱贫攻坚多个方面取得了标志性进展，特别是"三区三州"贫困人口大幅减少。

根据国务院扶贫办建档立卡数据，2019年，"三区三州"贫困人口从2013年的532万减少到零，贫困人口"两不愁三保障"主要问题基本解决，深度贫困地区基础设施和公共服务保障水平明显提升，贫困群众的获得感、满意感明显增强。

第四，贫困地区农村治理能力明显提升。坚持推进抓党建促脱贫攻坚，通过组织开展贫困识别、精准帮扶、贫困退出，基层党组织的战斗堡垒作用和共产党员的先锋模范作用得到充分发挥，农村基层党组织凝聚力和战斗力明显增强，农村基层治理能力和管理水平明显提高，党群干群关系不断改善，党在农村的执政基础进一步巩固。新冠肺炎疫情防控中，贫困地区基层干部展现出较强的战斗力，许多驻村工作队拉起来就是防"疫"队、战"疫"队，呈现了干部经受脱贫工作历练的成果。

二、支持革命老区发展

党的十八大以来，国家出台了一系列支持革命老区振兴发展的政策举措，赣闽粤、陕甘宁、大别山、左右江、川陕等重点革命老区经济社会发展取得重大进展，生态环境持续改善，基础设施不断完善，特色产业加快发展，红色文化得到弘扬和保护。

（一）支持革命老区发展主要政策措施

党的十八大以来，国家出台了若干支持革命老区脱贫攻坚和振兴发展的规划和政策。2015年，制定印发《关于加大脱贫攻坚力度支持革命老区开发建设的指导意见》，先后印发实施赣闽粤、陕甘宁、大别山、左右江、川陕5个跨省区重点革命老区振兴发展规划，明确了"十三五"时期老区振兴发展的指导思想、战略定位、发展目标、空间布局、主要任务、支持政策及保障措施等。国家发展改革委每年制定印发革命老区脱贫攻坚和振兴发展工作要点。这些重大规划政策的实施有力促进了革命老区脱贫攻坚和振兴发展步伐，中央和地方上下联动，积极落实重大任务、重点项目，革命老区脱贫攻坚和振兴发展取得重要阶段性进展。

在财税政策方面，中央财政进一步加大对革命老区转移支付力度；通过财政贴息、费用补贴等方式，鼓励和引导金融机构加大对老区重点工程和建设项目的信贷支持和融资支持力度。

在投资政策方面，加大政府投入力度，中央和地方财政性投资优先向老区民生工程、基础设施和生态环境等领域倾斜；对符合国家产业政策的项目，在规划布局和项目核准等方面予以优先考虑。

在土地政策方面，实施差别化土地政策，在土地利用年度计划指标上适度向老区倾斜；在严格保护林地前提下，鼓励合理开发利用荒山、荒坡、沙地等未利用土地。在生态环境政策、社会支持和人才开发等方面也提出了相应的支持措施。

2021年1月，国务院印发《关于新时代支持革命老区振兴发展的意见》，成为新时代革命老区振兴发展的纲领性文件，聚焦解决革命老区高质量发展面临的共性问题，遵循统筹谋划、因地制宜、各扬所长的基本原则，明确了全国12个重点革命老区，明确了3个方面的9条重点任务。第一，巩固拓展脱贫攻坚成果，因地制宜推进振兴发展，包括推动实现巩固拓展脱贫攻坚成果同乡村振兴有效衔接、促进大中小城市协调发展、对接国家重大区域战略。第二，促进实体经济发展，增强革命老区发展活力，包括完善基础设施网络、培育壮大特色产业、提升创新驱动发展能力。第三，补齐公共服务短板，增进革命老区人民福祉，包括提升公共服务质量、弘扬传承红色文化、促进绿色转型发展。

专栏2-5-1　国务院批复的重点革命老区规划概要

1. 赣南等原中央苏区

赣南等原中央苏区是土地革命战争时期中国共产党创建的最大最重要的革命根据地，是共和国的摇篮和苏区精神的主要发源地，为中国革命作出了重大贡献和巨大牺牲。规划以原中央苏区为核心，统筹考虑有紧密联系的周边县（市、区）发展，范围包括：江西省赣州市、吉安市、新余市全境及抚州市、上饶市、宜春市、萍乡市、鹰潭市的部分地区，福建省龙岩市、三明市、南平市全境及漳州市、泉州市的部分地区，广东省梅州市全境及河源市、潮州市、韶关市的部分地区，规划总面积21.8万平方千米。

2. 陕甘宁革命老区

陕甘宁革命老区的前身是中国共产党在土地革命战争时期创建的红色革命根据地，既是党中央和中国工农红军长征的落脚点，又是八路军奔赴抗日前线的出发点。这里曾是老一辈无产阶级革命家战斗和生活的地方，是爱国主义、革命传统和延安精神教育基地，为中华民族解放和新中国的成立作出了巨大牺牲和不可磨灭的贡献。规划范围包括：陕西省延安、榆林、铜川，甘肃省庆阳、平凉，宁夏回族自治区吴忠、固原、中卫等8个地级市以及陕西省富平、旬邑、淳化、长武、彬县、三原、泾阳，甘肃省会宁，宁夏回族自治区灵武等19个县（市），总面积19.2万平方千米。

3. 大别山革命老区

大别山革命老区地跨湖北、河南、安徽三省，是土地革命战争时期全国第二大革命根据地——鄂豫皖革命根据地的中心区域，为中国革命作出了重要贡献。规划范围包括：安徽省六安市、安庆市全境；河南省信阳市、驻马店市全境，南阳市的桐柏县、唐河县；湖北省黄冈市、随州市全境，孝感市的孝南区、安陆市、应城市、大悟县、孝昌县、云梦县，襄阳市的枣阳市，武汉市的黄陂区、新洲区，规划区域总面积10.86万平方千米。

4. 左右江革命老区

左右江革命老区是中国共产党在土地革命时期最早创建的革命根据地之一，邓小平同志在此亲自领导了著名的百色起义。规划范围包括：广西壮族自治区的百色市、河池市、崇左市全境以及南宁市部分地区；贵州省黔西南布依族苗族自治州全境，黔东南苗族侗族自治州、黔南布依族苗族自治州部分地区；云南省文山壮族自治州全境，规划总面积17万平方千米。

5. 川陕革命老区

川陕革命老区是中国共产党领导的红四方面军在川陕边界建立的革命根据地，是土地革命战争时期第二大苏区，为中国革命胜利作出了重要贡献和巨大牺牲。规划范围包括巴中市等68个县（市、区），总面积15.7万平方千米。

（二）革命老区发展取得的成就

1. 脱贫攻坚取得瞩目成就

全国397个贫困老区县全部脱贫摘帽，老区生产生活条件明显改善，经济社会发展水平明显提升。赣闽粤原中央苏区2018年生产总值22262亿元，比2012年增长70.17%。2012—2018年，广东省13个原中央苏区县（市、区）地区生产总值年均增长7.66%。2019年，河南省、湖北省大别山革命老区县（市、区）地区生产总值分别实现6039亿元、8483亿元，四川省、陕西省川陕革命老区县（市、区）地区生产总值分别实现8916亿元、3678亿元。广西左右江革命老区地区生产总值由2015年的2389亿元增长到2018年的3385亿元。

2. 重大基础设施项目建设加快推进

南昌至赣州、郑州至阜阳、银川至中卫等铁路建成通车，云桂铁路、南昆铁路南宁至百色段增建二线全线建成，郑渝高铁郑襄段、向莆铁路、赣韶铁路、赣龙铁路扩能改造工程建成运营。广昌至吉安、绥德至延川、兴国至赣县、周口至南阳等一批高速公路建成通车。巴中机场、井冈山机场建成通航。陕甘宁革命老区国家能源综合基地初步形成，成为"西电东送"的重要基地之一。

3. 基本公共服务水平不断提升

支持包括革命老区在内的农村贫困地区扩大普惠性学前教育资源，开展义务教育薄弱环节改善与能力提升、教育现代化推进工程，支持改善乡村小规模学校和乡镇寄宿制学校办学条件。安排中央转移支付资金，支持5个重点革命老区所在省份卫生健康项目。截至2019年底，赣州市改造校舍危房面积1207.54万平方米，建成公办幼儿园2938所。广东省梅州市义务教育阶段公办学校标准化学校覆盖率达100%。福建省龙岩市在全国首创"互联网＋分级诊疗"模式，将市县乡三级医疗机构链接起来，逐步实现"小病不出乡、大病不出县"的分级诊疗目标。河南信阳市县级及以下医疗机构普遍实行"先诊疗后付费"和"一站式"结算，2019年，贫困人口平均报销比达94.49%，农村贫困人口、慢性病人口签约率达100%。

4. 特色产业发展取得阶段性成果

深入实施"藏粮于地、藏粮于技"战略，大力发展特色农业。截至2018年底，赣闽粤原中央苏区粮食播种面积2373.53万亩，粮食总产量1143.21万吨。建成脐橙标准化果园91.6万亩，种植井冈蜜柚38.5万亩，新造高产油茶林面积115万亩，建成规模蔬菜基地1050个。高效种养业和绿色食品业加快发展，大别山革命老区形成了夏南牛、豫南黑猪等畜产品基地，打造了信阳毛尖、正阳花生、泌阳花菇等知名品牌。中国南方稀土集团成功组建，稀土新材料及应用产业发展成效显著。"南康家具"品牌价值居全国家具行业第一，赣州成为国内三大家具基地之一。龙岩市先后获评国家新型工业化产业示范基地、国家应急产业示范基地、中国专用汽车名城。延安市能源产业发展势头良好，2019年，能源产业占工业增加值的57.2%，对地区生产总值的贡献率为29.9%，对地方财政收入的贡献率为60.3%。百色生态型铝产业基地建设加快推进，2019年铝产业总产值达643.5亿元，同比增长18.1%。

5. 红色文化得到有力保护和传承

红色遗址遗迹保护加快推进，长征国家文化公园启动建设。创作了《伟大的转折》《古田军号》等一批革命题材的影视作品。瑞金共和国摇篮景区、延安市宝塔区延安革命纪念地景区、百色市右江区百色起义纪念园景区、山东沂蒙山旅游区等一批红色景区获批国家5A级景区。2018年，左右江革命老区接待旅游人数共计12147.13万人次，较2015年增长97.7%；旅游总收入1288.24亿元，较2015年增长137.20%。大别山革命老区形成了新县鄂豫皖苏区首府革命博物馆等一批红色旅游教育示范基地。

三、支持民族地区发展

我国是一个统一的多民族社会主义国家，新中国成立以来，通过识别并经中央政府确认，明确我国共有56个民族，即汉族、蒙古族、回族、藏族、维吾尔族、苗族、彝族、壮族、布依族、朝鲜族、满族、侗族、瑶族、白族、土家族、哈尼族、哈萨克族、傣族、黎族、傈僳族、佤族、畲族、高山族、拉祜族、水族、东乡族、纳西族、景颇族、柯尔克孜族、土族、达斡尔族、仫佬族、羌族、布朗族、撒拉族、毛南族、仡佬族、锡伯族、阿昌族、普米族、塔吉克族、怒族、乌孜别克族、俄罗斯族、鄂温克族、德昂族、保安族、裕固族、京族、塔塔尔族、独龙族、鄂伦春族、赫哲族、门巴族、珞巴族和基诺族。其中，汉族人口占绝大多数，其他55个民族人口相对较少，习惯上称为少数民族。

（一）支持民族地区发展主要政策举措

为支持少数民族地区发展，国家把开发优势资源，发展现代工业作为支持少数民族和民族地区加快发展的重大举措。在"一五"计划期间，国家把156个大型建设项目中的40个项目安排在了民族地区，如内蒙古包头钢铁基地、新疆克拉玛依油田、云南个旧锡业公司等。在20世纪60年代，国家把沿海和内地的一批大型工业企业搬迁到民族地区，为民族地区发展现代工业奠定了基础。改革开放以来，国家又在民族地区优先安排了一大批重大工程项目，如新疆塔里木油田、广西平果铝厂、青海钾肥工程、内蒙古大型煤电基地等，从而使民族地区形成了若干重要的资源开发和深加工产业基地，初步走出了一条立足资源优势、具有自身特色的工业化道路。

2000年实施西部大开发战略以来，国家把支持少数民族和民族地区加快发展作为西部大开发的首要任务。为了让少数民族和民族地区在西部大开发中得到切实的利益，国家采取了许多照顾措施，包括优先在民族地区安排资源开发和深加工项目、对输出自然资源的民族自治地方给予一定的利益补偿、引导和鼓励经济较为发达地区的企业到民族地区投资、加大对民族地区的财政投入和金融支持等，支持民族地区发展经济，壮大实力。近年来，国务院又先后发布了《关于进一步促进新疆经济社会发展的若干意见》（2007年9月）、《关于近期支持西藏经济社会发展的意见》（2008年7月）、《关于进一步促进宁夏经济社会发展的若干意见》（2008年9月）、《关于支持青海等省藏区经济社会发展的若干意见》（2008年11月）、《关于进一步促进广西经济社会发展的若干意见》（2009年12月）和《关于进一步支持内蒙古经济社会又好又快发展的若干意见（2011年6月）。国家还出台了《国务院关于进一步促进贵州经济社会又好又快发展的若干意见》《国务院办公厅关于进一步支持甘肃经济社会发展的若干意见》《关于支持云南加快建设面向西南开放重要桥头堡的意见》等政策性文件，扶持贵州、甘肃、云南等民族地区发展。2010年3月，国家又决定开展全国对口支援新疆工作。

目前，5个自治区、30个自治州、120个自治县全部纳入西部大开发范围或者参照享受西部大开发的有关优惠政策。西部大开发为民族地区带来了看得见、摸得着的实惠。建成了"西气东输""西电东送"等一批重点工程，修建了一批机场、高速公路、水利枢纽等基础设施项目。青藏铁路铺轨到拉萨，结束了西藏没有铁路的历史。

（二）民族地区发展取得的主要成就

1. 民族地区自我发展能力不断提高

一是经济增速持续高于全国，综合经济实力大幅提升（图2-5-1）。2001—2018年，民族地区生产总值年均增长11.4%，一直高于全国平均水平；地区生产总值从8179亿元增加到77722亿元，占全国的比重从7.4%提升到8.5%，提高了1.1个百分点[①]。

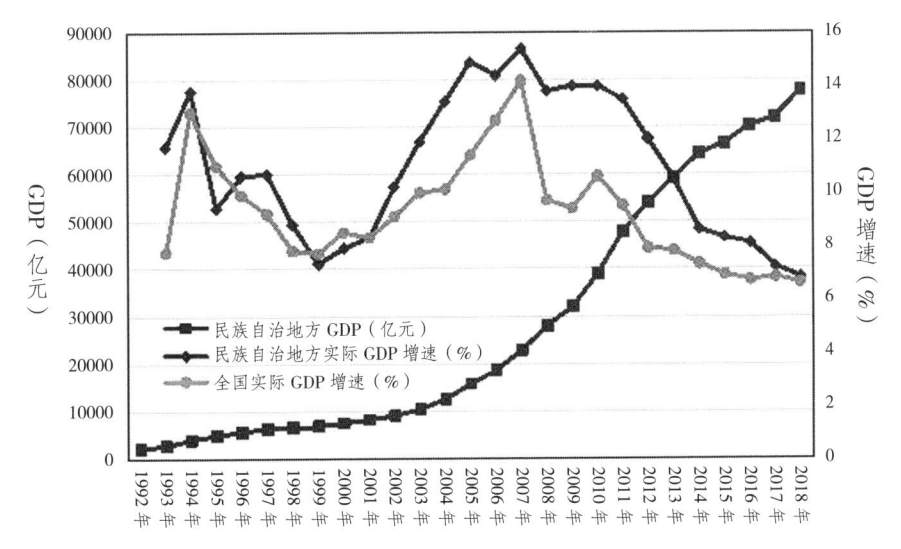

图 2-5-1 1992—2018年民族地区地区生产总值及其增长与全国的比较

资料来源：根据《中国民族统计年鉴》《中国统计年鉴》整理绘制。

二是民族地区第一产业比重持续降低，第二产业比重先升后降，第三产业比重持续上升，产业结构不断优化（图2-5-2）。1992年以前，第一产业增加值占地区生产总值的比重最高。1993—1997年，第二产业比重取代第一产业成为主导产业。1998—2015年，第三产业比重反超第一产业，产业结构演变为"二三一"型式。2016年以来，第三产业比重反超第二产业，产业结构演变为"三二一"型式，整体跨进服务经济新时代。

---

① 由于数据可得性，本章主要使用民族自治地方的统计数据进行分析。

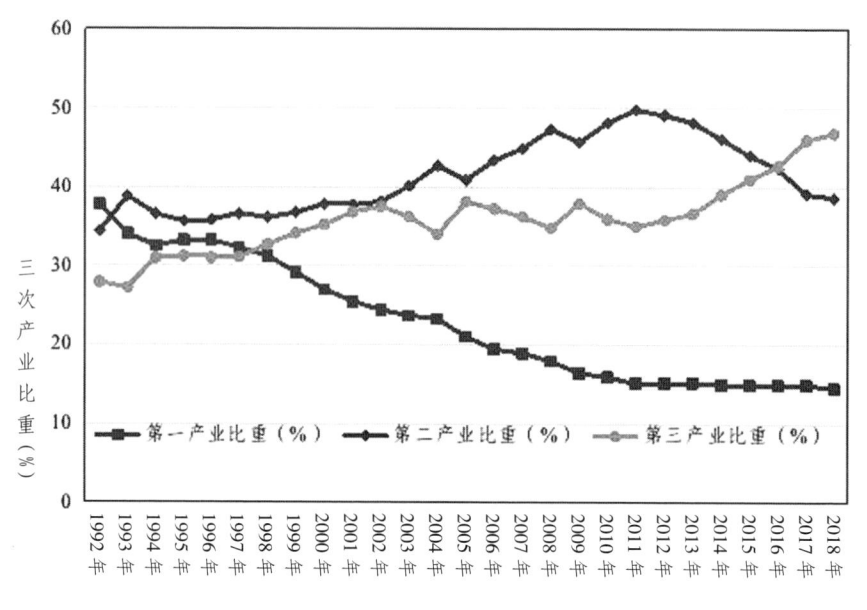

图 2-5-2　1992—2018 年民族地区三次产业结构变动情况

资料来源：根据《中国民族统计年鉴》整理绘制。

三是固定资产投资持续增长，民间资本逐步成为投资主力军。党的十八大以来，针对民族地区保障和改善民生以及交通、水利、能源等重大基础设施，国家不断加大投资支持力度，民族自治地方全社会固定资产投资持续增长，民间社会资本也源源不断地进入民族地区参与经济社会建设。2012年以来，国有经济占全社会固定资产投资比重略有回升，当前稳定在40%左右。民间社会资本投资所占比重从2004年开始超过50%，当前稳定在60%左右，已经成为民族地区固定资产投资的主力军。

2. 民族地区几代人的梦想逐渐成为现实

民族地区的所有贫困县全部摘帽，各族人民与全国一道实现全面建成小康社会，千百年来困扰各族人民的绝对贫困问题基本得到解决。2012—2018年，民族地区城镇居民人均可支配收入从20022元提高到32739元，增长63.5%，由相当于全国平均水平的81.5%提高到83.4%；城镇居民人均消费支出从14227元提高到21353元，增长50.1%，城镇居民恩格尔系数（食品消费占总消费的比重）从 36.5% 下降到 28.6%，下降了 7.9 个百分点。同期，农村居民人均可支配收入从 5800 元提高到 11523 元，增长 98.7%，由相当于全国平均水平的 73.3% 提高到 78.8%，提高了 5.5 个百分点；农村居民人均消费支出从 4781 元提高到 9674 元，增长 102.3%，农村居民恩格尔系数从 41.0% 下降到 30.7%，下降了 10.3 个百分点。各省详细数据见表 2-5-1。

表 2-5-1　2012 年和 2018 年民族地区城乡居民人均收入与消费状况

地区	城镇居民人均可支配收入（元）		城镇居民人均消费支出（元）		农村居民人均可支配收入（元）		农村居民人均消费支出（元）	
	2012 年	2018 年	2012 年	2018 年	2012 年	2018 年	2012 年	2018 年
合计	20022	32739	14227	21353	5800	11523	4781	9674
河北	18904	30506	11439	18445	5160	10543	5306	8725
内蒙古	23150	38305	17717	24337	7611	13803	6382	12661
辽宁	12768	25658	8072	19671	9542	14437	6251	9264
吉林	21439	26108	17266	17105	8595	11940	5826	9243
黑龙江	13292	23876	8744	11334	8735	14215	5747	10334
浙江	22862	36778	14278	24700	8384	18170	5854	14066
湖北	14952	28848	10847	20788	4588	10516	4029	8915
湖南	14615	24284	10366	17052	4115	9135	3270	9504
广东	14689	24773	9823	15894	6579	13600	5928	11482
广西	21243	32436	14244	20159	6008	12435	4934	10617
海南	17873	29975	11520	22432	6432	12815	4114	9928
重庆	17637	29742	11646	18230	5839	11050	4774	9462
四川	19766	31026	13610	20234	5911	12386	6693	9469
贵州	18414	29806	11671	18816	4710	9625	3761	9076
云南	18716	32408	12799	20984	4961	10615	4009	8321
西藏	18028	33797	11184	23029	5719	11450	2968	7452

续表

地区	城镇居民人均可支配收入（元）		城镇居民人均消费支出（元）		农村居民人均可支配收入（元）		农村居民人均消费支出（元）	
	2012年	2018年	2012年	2018年	2012年	2018年	2012年	2018年
甘肃	12967	25503	8919	16090	1596	7166	1159	5884
青海	18374	30379	13796	18938	6519	10276	5866	10163
宁夏	19831	31895	14067	21977	6180	11708	5351	10790
新疆	17921	32764	13892	24191	6394	11975	5301	9421

资料来源：根据《中国民族统计年鉴》《中国统计年鉴》整理。

注：农村居民人均可支配收入指标的2012年数据为农村居民人均纯收入。

3. 各族群众出行条件明显改善

2012—2018年，民族地区铁路营业里程从2.37万千米增加到3.18万千米，增长34.1%，公路通车里程从102万千米增加到126万千米，增长23.5%。城市内部交通条件不断改善。2012—2018年，城市道路长度从2.66万千米增加到4.03万千米，增长51.5%，城市道路面积从5.15亿平方米增加到7.96亿平方米，增长54.6%（表2-5-2）。农村出行难问题也逐步得到了有效解决，几代人"出门水泥路，抬脚上客车"的梦想终于变成了现实。

表2-5-2　2012年和2018年民族地区交通基础设施情况

地区	等级公路（千米）		城市道路长度（千米）		国有铁路营业里程（千米）		内河航道里程（千米）	
	2012年	2018年	2012年	2018年	2012年	2018年	2012年	2018年
合计	719993	1011205	26624	40264	23679	31753	26624	18163
河北	6684	5436			83	77		
内蒙古	151064	195636	7299	9894	9474	12800	7299	2403
辽宁	12160	14289			233	306		
吉林	12774	15351	878	943	650		878	

续表

地区	等级公路（千米）		城市道路长度（千米）		国有铁路营业里程（千米）		内河航道里程（千米）	
	2012年	2018年	2012年	2018年	2012年	2018年	2012年	2018年
黑龙江	148	120			50	60		146
浙江	1785	1904						105
湖北	22498	27238	282	328	221	247	282	729
湖南	5035	20565	193	457	497	462	193	1285
广东	2125	1541						
广西	91583	115702	7021	10441	3195	5202	7021	5873
海南	4260	6621			43	104		29
重庆	9714	19393			178	241		200
四川	54570	75880	190	410	407	398	190	911
贵州	33567	65138	570	1056	775	1835	570	3743
云南	95734	130366	1684	2384	51	1697	1684	2214
西藏	41776	85473	396	781	532	785	396	
甘肃	9078	17555	128	171		180	128	353
青海	20568	23098	303	384	1252		303	41
宁夏	26009	35355	1948	2404	1290	1400	1948	130
新疆	118861	154546	5731	10611	4750	5959	5731	

资料来源：根据《中国民族统计年鉴》整理。

注：表格中空白部分表示暂无统计数据或数量太小未达到统计标准，涉及民族地区的以下各表均适用此注。

4. 医疗教育"补短板"成效明显

2012—2018年，医疗设施水平大幅改善，卫生机构从4.67万个增加到5.45万个，增长16.7%；每千人床位数从3.74张增加到5.53张，增长

47.9%；每千人卫生技术人员数从4.1人增加到5.95人，增长45.2%。高等教育事业蓬勃发展，高等学校从210所增加到241所，增长14.8%；中小学等基础教育均衡化发展水平提升，普通中学的学生教师比从14.7∶1下降到13.7∶1，普通小学的学生教师比基本保持在16.5∶1左右（表2-5-3）。

表2-5-3　2012—2018年民族地区医疗教育发展情况

	卫生机构数（个）	每千人床位数（张）	每千人卫生技术人员数（人）	高等学校（所）	普通中学学生教师比	小学学生教师比
2012	46664	3.74	4.10	210	14.7∶1	16.6∶1
2013	50127	4.06	4.44	212	14.6∶1	16.8∶1
2014	51892	4.40	4.77	221	13.8∶1	19.0∶1
2015	52646	4.68	5.10	228	12.3∶1	16.6∶1
2016	52578	4.88	5.37	237	13.7∶1	16.5∶1
2017	53334	5.22	5.67	236	13.5∶1	16.9∶1
2018	54513	5.53	5.95	241	13.7∶1	16.6∶1

资料来源：根据《中国民族统计年鉴》整理。

5. 各民族共有精神家园建设成效显著

文化事业蓬勃发展，民族地区以铸牢中华民族共同体意识为主线，融合民族、生态、文化等要素，将文学创作、艺术创作、体育赛事等作为重点发展的文化产业来培育，不仅取得了较好的经济效益，也充分展现了新时代各族人民的良好精神风貌。非物质文化遗产传承和保护加强，各民族历史文化得到有效沉淀。2018年，民族自治地方拥有中国历史文化名城26个、中国历史文化名镇38个、中国历史文化名村52个。2018年，民族地区拥有世界自然遗产7个、世界文化遗产5个、人类口述和非物质遗产10个，分别占全国总量的58.3%、14.3%、38.5%。2012—2018年民族地区文化艺术体育机构和人员状况见表2-5-4。

表 2-5-4 2012—2018 年民族地区文化艺术体育机构和人员状况

年份	机构数（个）				职工数（人）			
	文化馆	文化站	图书馆事业机构	艺术事业机构	文化馆	文化站	图书馆事业机构	艺术事业机构
2012	789	8205	749	1050	10500	15499	7761	32841
2013	793	8533	757	971	11110	16684	7977	34195
2014	795	8701	758	1093	11225	19941	7877	35813
2015	795	8665	758	1321	11245	21662	8011	40463
2016	801	8789	766	1398	11287	25127	8171	41788
2017	799	8734	767	1430	11158	24388	8299	42025
2018	799	8691	767	1615	11119	25215	8278	43375

资料来源：根据《中国民族统计年鉴》整理。

四、推动资源枯竭城市转型

资源型城市（包括资源型地区）是以本地区矿产、森林等自然资源开采、加工为主导产业的城市类型。长期以来，作为基础能源和重要原材料的供应地，资源型城市为我国经济社会发展作出了突出贡献。但是，由于缺乏统筹规划和资源衰减等原因，这些城市在发展过程中积累了许多矛盾和问题。

我国资源型城市涉及到 28 个省（自治区、直辖市），资源开发处于不同阶段，经济社会发展水平差异较大，面临的矛盾和问题不尽相同，但都面临着资源开采带来的经济结构单一、历史遗留问题突出等问题。新中国成立以来，我国资源型城市累计生产原煤 529 亿吨、原油 55 亿吨、铁矿石 58 亿吨、木材 20 亿立方米，资源型城市为国家提供了 93% 以上的煤炭、90% 以上的石油、80% 以上的铁矿石和 70% 的天然气，为经济建设和推动工业化进程作出了重大贡献。随着高强度的资源开采，部分资源型城市资源逐步枯竭，历史遗留问题突出。截至 2011 年底，由国家认定的 69 个资源枯竭城市尚有 14 万公顷沉陷区要治理,地裂缝、废弃矿坑、矸石山、大型尾矿堆场等矿山灾害隐患点 10 万多处。失业矿工人数达 60 万人,且多数为失业矿工和"4050"人员,再就业难度大。城镇最低生活保障人数合计 215.6 万,占城镇人口比重为 10.5%,比全国平均水平高出 1 倍。加之厂办大集体、矿山企业分离办社会等历史遗留问题尚未彻底解决,导致信访事件频发,严重影响社会稳定。同时产业发展对资源的依赖性依然较强,采掘业占二次产业的比重超过 20%,现代制造业、高技术产业等接续替代产业处于起步阶段。

(一)支持资源型城市转型发展主要政策措施

1. 建立转型发展政策体系

为促进资源型城市加快转型,切实解决其发展中面临的突出问题,2001年,国务院确定辽宁省阜新市为首个资源枯竭城市经济转型试点,2007年,在总结东北资源型城市转型试点经验的基础上,国务院发布了《国务院关于促进资源型城市可持续发展的若干意见》,提出到 2015 年前,在全国范围内普遍建立健全资源开发补偿机制和衰退产业援助机制,使资源型城市经济社会步入可持续发展轨道。2008 年以来,经国务院批准,国家发展改革委会同有关部门分三批界定了全国 69 个资源枯竭城市,涉及煤炭、油气、金属、非金属、森工等不同资源类型地区,并通过中央财政转移支付、中央预算内投资给予大力支持,初步明确了支持资源型地区转型的基本政策渠道。2012 年 9 月,全国资源型城市和独立工矿区转型工作座谈会明确将"独立工矿区"纳入了资源型地区转型政策范畴。2013 年 11 月,国务院印发《全国资源型城市可持续发展规划(2013—2020 年)》,首次明确界定了全国 262个资源型城市,并将其划分为成长型、成熟型、衰退型、再生型四种类型,确立了统筹协调、分类指导的政策框架。2016 年 12 月,国务院办公厅印发了加快推进采煤沉陷区综合治理相关政策文件,将采煤沉陷区作为资源型地区的一种特殊类型专门予以支持,明确了工作的基本原则、目标任务和政策举措。2019 年 1 月,国家发展改革委制定印发了《独立工矿区改造搬迁工程总体方案》，进一步明确了"十三五"期间加快独立工矿区转型发展的工作任务。2020年8月，国家发展改革委会同有关部门印发了推进采煤沉陷区综合治理的相关规划，按照分类确责、分区治理的思路，明确了沉陷区治理路径及主要任务，为全国推进采煤沉陷区综合治理工作提供了行动指南。至此，由资源枯竭城市转型为起始，以全国262个资源型城市为主体，以独立工矿区、采煤沉陷区为当前政策着力点，兼顾资源富集地区、国有林区的资源型地区经济转型发展工作框架和政策体系逐步形成、丰富并基本建立起来。

专栏2-5-2　全国资源型城市名单

1. 成长型城市（31个）

地级行政区20个：朔州市、呼伦贝尔市、鄂尔多斯市、松原市、贺州市、南充市、六盘水市、毕节市、黔南布依族苗族自治州、黔西南布依族苗族自治州、昭通市、楚雄彝族自治州、延安市、咸阳市、榆林市、武威市、庆阳市、陇南市、海西蒙古族藏族自治州、阿勒泰地区。

县级市7个：霍林郭勒市、锡林浩特市、永城市、禹州市、灵武市、哈密市、阜康市。

县4个：颍上县、东山县、昌乐县、鄯善县。

2. 成熟型城市（141个）

地级行政区66个：张家口市、承德市、邢台市、邯郸市、大同市、阳泉市、长治市、晋城市、忻州市、晋中市、临汾市、运城市、吕梁市、赤峰市、本溪市、吉林市、延边朝鲜族自治州、黑河市、大庆市、鸡西市、牡丹江市、湖州市、宿州市、亳州市、淮南市、滁州市、池州市、宣城市、南平市、三明市、龙岩市、赣州市、宜春市、东营市、济宁市、泰安市、莱芜市、三门峡市、鹤壁市、平顶山市、鄂州市、衡阳市、郴州市、邵阳市、娄底市、云浮市、百色市、河池市、广元市、广安市、自贡市、攀枝花市、达州市、雅安市、凉山彝族自治州、安顺市、曲靖市、保山市、普洱市、临沧市、渭南市、宝鸡市、金昌市、平凉市、克拉玛依市、巴音郭楞蒙古自治州。

县级市29个：鹿泉市、任丘市、古交市、调兵山市、凤城市、尚志市、巢湖市、龙海市、瑞昌市、贵溪市、德兴市、招远市、平度市、登封市、新密市、巩义市、荥阳市、应城市、宜都市、浏阳市、临湘市、高要市、岑溪市、东方市、绵竹市、清镇市、安宁市、开远市、和田市。

县（自治县、林区）46个：青龙满族自治县、易县、涞源县、曲阳、宽甸满族自治县、义县、武义县、青田县、平潭县、星子县、万年县、保康县、神农架林区、宁乡县、桃江县、花垣县、连平县、隆安县、龙胜各族自治县、藤县、象州县、琼中黎族苗族自治县、陵水黎族自治县、乐东黎族自治县、铜梁县、荣昌县、垫江县、城口县、奉节县、秀山土家族苗族自治县、兴文县、开阳县、修文县、遵义县、松桃苗族自治县、晋宁县、新平彝族傣族自治县、兰坪白族普米族自治县、马关县、曲松县、略阳县、洛南县、玛曲县、大通回族土族自治县、中宁县、拜城县。

3. 衰退型城市（67个）

地级行政区24个：乌海市、阜新市、抚顺市、辽源市、白山市、伊春市、鹤岗市、双鸭山市、七台河市、大兴安岭地区、淮北市、铜陵市、景德镇市、新余市、萍乡市、枣庄市、焦作市、濮阳市、黄石市、韶关市、泸州市、铜川市、白银市、石嘴山市。

县级市22个：霍州市、阿尔山市、北票市、九台市、舒兰市、敦化市、五大连池市、新泰市、灵宝市、钟祥市、大冶市、松滋市、潜江市、常宁市、耒阳市、资兴市、冷水江市、涟源市、合山市、华蓥市、个旧市、玉门市。

县（自治县）5个：汪清县、大余县、昌江黎族自治县、易门县、潼关县。

市辖区（开发区、管理区）16个：井陉矿区、下花园区、鹰手营子矿区、石拐区、弓长岭区、南票区、杨家杖子开发区、二道江区、贾汪区、淄川区、平桂管理区、南川区、万盛经济开发区、万山区、东川区、红古区。

4. 再生型城市（23个）

地级行政区16个：唐山市、包头市、鞍山市、盘锦市、葫芦岛市、通化市、徐州市、宿迁市、马鞍山市、淄博市、临沂市、洛阳市、南阳市、阿坝藏族羌族自治州、丽江市、张掖市。

县级市4个：孝义市、大石桥市、龙口市、莱州市。

县3个：安阳县、云阳县、香格里拉县。

资料来源：国家发展改革委振兴司网站。

2. 逐年加大政策支持力度

截至2020年，全国69个资源枯竭城市累计获得中央财政转移支付资金近2000亿元，年度转移支付规模从最初的8亿多元，增长到超过200亿元。针对采煤沉陷区和独立工矿区的困难，支持力度逐年增加，"十三五"期间中央预算内投资累计安排近170亿元。中央财政也相继将独立工矿区和采煤沉陷区纳入了资源枯竭城市转移支付范围。财政部、原国土资源部组织实施了主要针对资源枯竭城市的矿山地质环境治理重点工程，累计安排资金80多亿元。

3. 不断凝聚工作合力

2013年以来，国家发展改革委会同财政部、自然资源部、国家统计局共同组织开展资源枯竭城市转型年度绩效评价工作，逐步完善了滚动推进、奖惩分明的支持机制。在全国范围内开展采煤沉陷区基本情况调查，为深入推进综合治理提供了数据支撑。2017年5月，经国务院批准，由国家发展改革委牵头，会同有关部门建立了采煤沉陷区综合治理部际联席会议制度，进一步完善了组织协调机构和工作机制。为提升转型政策执行力和中央资金使用效率，督促各级地方政府在新形势下勇于担当、主动作为。在各方面共同努力下，协调配合、上下联动、齐抓共管的工作合力不断增强。

（二）资源型城市转型发展取得的主要成就

1.转型发展基础不断夯实，社会民生历史遗留问题基本解决

党的十八大以来，资源枯竭城市充分发挥中央财政转移支付资金和中央预算内投资的"撬动作用"，加快推进民生领域转型攻坚，财政民生投入不断加大。山东省淄博市淄川区、安徽省淮北市等民生领域和社会事业领域支出占财政总支出达到80%以上，人民群众特别是生活困难群体的生活质量持续改善，城乡人居环境发生根本性变化，棚户区改造、社会保障、教育卫生、公共基础设施建设等方面制约转型发展的历史遗留问题已逐步得到解决。据初步统计，资源枯竭城市累计改造棚户区超过2亿平方米，居民居住条件大为改善，基本实现住有所居。资源枯竭城市高度关注保障重点人群，城镇居民基本养老保险和基本医疗保险覆盖水平大幅提升，湖北省大冶市等14个城市参保率达到100%。城乡低保实现全覆盖且保障水平持续提高。通过组织就业技能培训、鼓励小微企业发展、开展双创活动、积极拓展就业和再就业空间等多种方式，使得长期困扰资源枯竭城市的就业问题得到了有效缓解，居民收入水平不断提高，与全国平均水平基本持平。转型前因失业、贫困等问题积累的社会矛盾得到有效缓解，社会治理水平与和谐氛围大幅提升。2012—2019年资源枯竭城市社会保障水平变化趋势见图2-5-3。

2.生态环境状况逐步好转，城乡面貌持续改善

资源枯竭城市积极淘汰落后产能，推行绿色生产方式，城市污水处理、一般工业固体废物综合利用能力不断提升，空气质量持续改善，节能减排工作有序推进，矿山治理工作不断深入，生态环境再现绿水青山。2019年

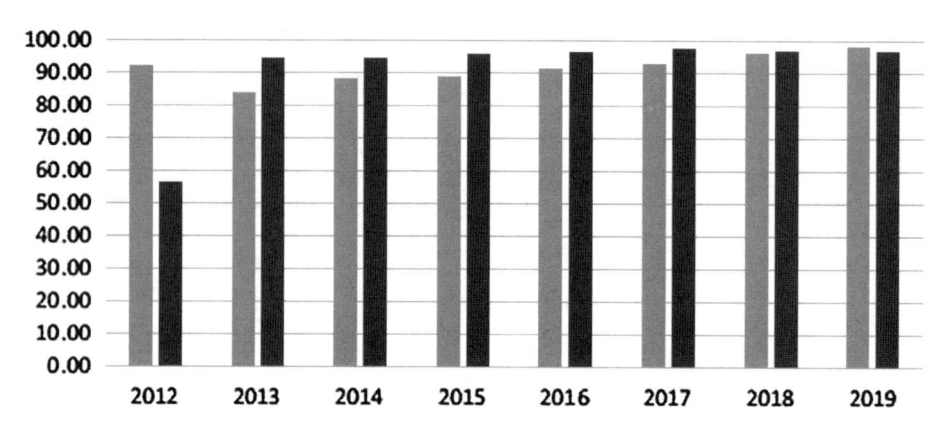

图 2-5-3　2012—2019 年资源枯竭城市社会保障水平变化趋势

资源枯竭城市规模以上企业万元工业增加值能耗平均水平相较 2012 年下降了 67%。"十三五"以来，采煤沉陷区治理力度不断加大，威胁群众生命安全的重大地质灾害隐患得到有效控制，土地复垦成效显著，城市增加大量的绿地、湿地和公园等，生产生活条件和人居环境得到了极大改善。江苏省徐州市贾汪区注重绿色发展，把采煤沉陷区治理从"包袱"变为资源，创新开展了"基本农田整理、采煤塌陷地复垦、生态环境修复、湿地景观开发、村庄异地搬迁"五位一体综合治理模式，累计实施采煤沉陷区综合治理项目 82 个，治理面积 6.92 万亩，再造耕地 5 万余亩，形成湿地景观 1.18 万亩，彻底根除了过去"天灰地陷房裂水黑"的生态问题，逐步由"一城煤灰半城土"的"黑色印象"向"望得见山、看得见水"的"绿色主题"转变。山东省淄博市淄川区、湖北省黄石市、安徽省铜陵市、湖南省冷水江市等城市重视对采矿挖损山体、破坏水体的修复，以及土地重金属污染治理等，原有青山绿水的自然景观逐步恢复。总体上，资源枯竭城市正由"工矿型"向"宜居型"转变。

3. 接续替代产业发展势头良好，转型的内生动力增强

资源枯竭地区经济发展对资源依赖程度不断降低，据初步统计，主导资源的产值占工业总产值比重由10年前下降了一半，第三产业增加值占比提升至近50%，资源采掘（伐）业总产值占比下降近10个百分点，产业结构由"一业独大"转向"多元支撑"，也逐步向综合性和加工制造型城市转型。资源枯竭城市民营经济增加值占地区生产总值比重已超过一半。重庆市万盛经开区煤炭采掘业产值占工业总产值比重由历史最高72%下降到5%，安徽省淮北市非煤产业增加值占比达71.7%。产业集聚区逐渐形成规模，一些特色鲜明的产业园区投入运营，多元化产业格局逐步形成。四川省泸州市大力发展白酒、电子信息和以装备制造、航空航天、新能源新材料、现代医药等新兴产业为主的"三大千亿产业"，接续产业集群已初具规模。湖北省潜江市推动创新要素集聚，光电子信息产业从无到有、由小变大。昔日的"工矿老城"已变为战略性新兴产业高地。

第三章
四大区域板块发展的进展成就

我国幅员辽阔,各地资源禀赋、区位条件和发展基础差异较大,如何在保持经济发展活力的同时促进区域协调发展、增加国家的整体竞争力,是提高国家治理体系和治理能力现代化水平的重要内容。

很多学者对区域协调发展进行了研究,但大多数研究集中在对省域之间、区域之间、四大区域板块之间的增长差异研究上。对各地区增长差异的后续情况,以及过去20年各地区发展情况和比较优势的变化研究较少,对"十四五"时期有针对性的政策建议也较少。实际上,经过20年的发展,四大区域板块虽然自然地理条件仍然差异明显,但是发展基础和面临的内外环境发生了很大变化。同时,"十四五"时期我国进入社会主义现代化建设新时期,区域协调发展战略向纵深推进,《"十四五"规划纲要》明确提出,深入实施区域协调发展战略,推动西部大开发形成新格局,推动东北振兴取得新突破,促进中部地区加快崛起,鼓励东部地区加快推进现代化,支持特殊类型地区加快发展,在发展中促进相对平衡。这为新时期四大区域板块发展明确了差异性的目标定位和发展路径。为了实现"十四五"时期发展目标,有必要分析过去20年来四大板块经济发展的差异性是否缩小,为什么缩小,其比较优势发生了哪些变化,新的比较优势体现在哪些领域,未来发展的目标定位和路径如何设计。分析这些问题,提出政策建议,对促进"十四五"时期区域协调发展具有重要的理论意义和实践价值。

第一节 四大区域板块发展指标变动情况

地区差距主要包括绝对差距与相对差距。在指标测算过程中，要同时考虑地区之间的绝对差距和相对差距。绝对差距用来衡量不同地区之间发展水平的差别，其变化趋势与经济发展基数、经济增长速度、价格水平等因素有关。相对差距用来衡量地区之间的增长差别，它的变化趋势并不是由各地区原始的经济发展基础决定的，而是由各地区的经济发展速率来决定的。因此，分析地区差距时，往往通过反映地区之间经济增长效果的相对差距来衡量，并以绝对差距作为补充。

一、改革开放至 20 世纪末四大区域板块发展指标

如果经济发展基数的差距较大，即使发展水平低的地区以较快的速度增长，地区间的绝对差距在一定时期内仍将保持扩大的趋势。国际上一般采用加权标准差（S）进行计算。S 值越大，表明绝对差距越大。

国际上常用加权变异系数（V_w）衡量地区相对差距，V_w 值越小，表明差距越小。

绝对差距（S）＝

$$\sqrt{\frac{\sum(各地区人均GDP - 全国人均GDP)^2 \times 各地区人口数/全国人口数}{3}}$$

相对差距（V_w）＝

$$\frac{\sqrt{\sum(各地区人均GDP - 全国人均GDP)^2 \times 各地区人口数/全国人口数}}{全国人均GDP}$$

注：人均国内生产总值是衡量地区经济发展水平的重要综合性指标，能够比较客观地反映地区收入水平情况。

我们利用上述公式对 1990—2000 年间东中西部地区的总体发展差距进行了测算（详见表 3-1-1）。具体来看，自 20 世纪 90 年代以来，东中西部地区之间的人均地区生产总值的绝对差距和相对差距仍在继续扩大，但变动幅度已经逐渐缩小。从相对差距的变化情况来看，V_w 值在逐年增加，但增长趋势从 1995 年开始有所放缓。在 20 世纪 80 年代，东部地区总体上实现了高速增长，而中西部大部分省区的发展速度明显慢于全国的增长速度。到了 90 年代初，东中西部地区的发展差距迅速扩大。然而，进入"九五"时期，随着国家对中西部地区发展的支持力度逐渐加大，地区发展的相对差距虽然继续扩大，但扩大趋势逐渐放缓。到了 2000 年，扩大幅度已经缩小为负值。从绝对差距的变化情况来看，S 值同样也在逐年增加，其中 1994 年的变动幅度最大，之后逐渐趋缓。到 2000 年，其变动幅度已经降到了目前的最低点。

表 3-1-1　东中西部地区人均地区生产总值差距变动情况

年份	相对差距（V_w）	绝对差距（S）	相对差距变动幅度	绝对差距变动幅度
1990	0.248	234		
1991	0.274	298	0.03	163.70
1992	0.303	400	0.03	102.68
1993	0.336	571	0.03	170.51
1994	0.345	782	0.01	210.85
1995	0.347	971	0.00	189.67
1996	0.350	1127	0.00	155.55
1997	0.360	1259	0.01	131.70
1998	0.377	1373	0.02	114.51
1999	0.399	1510	0.02	136.49
2000	0.389	1589	−0.01	79.07

资料来源：根据 1991—2001 年《中国统计年鉴》中有关数据计算。

总体来看，自改革开放以来，东中西部地区的人均地区生产总值均呈现出高速增长趋势，经济实力得到较大增强。但是，对不同地区进行对比分析可以发现，东部地区发展速度持续领先于中西部地区，也使东部地区与中西部地区发展速度的差距逐步扩大，导致区域发展不平衡问题日益突出，详见表3-1-2。

表3-1-2　1978—2000年东部与中西部地区人均地区生产总值差距

年份	绝对差距（元）		相对差距系数（%）		相对差距变动幅度	
	东中部之间	东西部之间	东中部之间	东西部之间	东中部	东西部
1978	153.6	212.9	33.1	45.9		
1989	685.7	897.1	36.8	48.1	0.6	0.5
1990	700.1	885.9	35.6	45.1	-1.1	-3.0
1991	977.2	1133.5	40.0	46.4	4.4	1.3
1992	1320.5	1514.7	43.5	49.9	3.5	3.5
1993	1874.6	2194.7	45.9	53.8	2.4	3.8
1994	2532.7	3032.8	46.7	55.9	0.8	2.1
1995	3086.8	3835.5	45.5	56.6	-1.1	0.7
1996	3520.5	4510.9	44.3	56.8	-1.2	0.2
1997	3892.9	5033.8	44.0	56.9	-0.3	0.2
1998	4233.6	5430.8	44.6	57.3	0.6	0.4
1999	4643.1	5930.6	46.0	58.7	1.3	1.4
2000	4790.2	6162.0	44.5	57.2	-1.5	-1.5

注：绝对差距按当年价计算。相对差距系数=（大值－小值）/大值×100%。

资料来源：根据1991—2001年《中国统计年鉴》中有关数据计算。

1978—2000年，东部、中部、西部和东北地区的地区生产总值年均增长速度分别为12.01%、9.99%、9.74%和8.58%，东部地区比其他地区快2个百分点以上。差幅最大的"八五"时期，东部地区比其他地区增速高出5个百分点。从绝对差距看，1978年，东部地区与中部、西部地区之间人均地区生产总值的绝对差距分别为153.6元和212.9元，到1990年分别扩大到700.1元和885.9元，2000年又分别扩大到4790.2元和6162.0元。从相对差距来看，20世纪90年代初，东部与中西部之间经济发展水平的相对差距不仅在逐年扩大，而且差距幅度在2个百分点以上。其中，1990—1994年，东部与中部地区间的相对差距系数由35.6%迅速上升到46.7%。东部与西部地区间的相对差距系数在1990—1999年间，均为逐年增加的态势，由45.1%迅速增加到58.7%。总体上，在1990—2000年间，东部与中部、西部地区之间的相对差距系数，分别扩大了8.9和12.1个百分点（表3-1-2）。区域差距的扩大已逐渐成为影响国民经济发展全局的重要问题。

从不同地区相对差距扩大幅度来看，东部与西部相对差距扩大的幅度大于东部与中部相对差距扩大的幅度。20世纪90年代以来，东部地区与西部地区相对差距扩大的幅度基本大于东部与中部之间扩大的幅度。1995年，东中部之间相对差距缩小了1.1个百分点，而东西部之间相对差距则扩大了0.7个百分点，东西部相对差距扩大的态势直到2000年才出现下降的趋势。这表明，实施西部大开发既是一项十分艰巨的任务，也是一个长期的过程。2000年，东部与西部之间、东部与中部之间相对差距开始缩小，差距扩大有所减缓，随着西部大开发战略进入实质性阶段，应将这种好的势头保持下去。

此外，中西部地区在全国经济总量的比重与其人口比重不协调的矛盾仍在加剧（表3-1-3）。2000年，中西部地区人口约占全国总人口的57.3%，而国内生产总值只占全国的44.8%，比1990年减少1.6个百分点。西部10省（自治区、直辖市）人口数量与东部地区的上海、江苏、浙江、广东和山东5省（直辖市）大体相当，二者国内生产总值的比例，由1990年的1∶1.87变为2000年的1∶2.83。

表 3-1-3 1990—2000 年东中西部地区地区生产总值及人口占全国比重（%）

年份	东部 地区生产总值	东部 人口	中部 地区生产总值	中部 人口	西部 地区生产总值	西部 人口
1990	49.8	41.3	27.7	35.7	15.1	22.8
1991	53.7	41.2	27.9	35.7	15.9	22.8
1992	54.8	41.1	26.8	35.7	15.2	22.8
1993	57.3	41.0	27.0	35.6	14.7	22.8
1994	56.9	40.8	26.4	35.6	14.0	22.8
1995	58.5	40.9	27.6	35.5	14.2	22.8
1996	59.4	40.8	28.7	35.4	14.4	22.9
1997	60.9	40.8	29.6	35.4	14.7	22.8
1998	62.5	40.7	30.0	35.3	15.0	22.8
1999	64.1	40.6	30.0	35.2	14.9	22.9
2000	65.5	42.4	29.8	34.7	15.0	22.6

资料来源：根据 1991—2001 年《中国统计年鉴》中有关数据计算。

从人均地区生产总值看，东部与中部、西部地区的人均地区生产总值之比，由 1990 年的 1∶0.64∶0.55 变为 2000 年的 1∶0.56∶0.43。2000 年，东部地区人均地区生产总值已达 10768 元，中部和西部地区分别只有 5978 元和 4606 元，西部地区的人均地区生产总值水平已不到东部地区的一半（表 3-1-4）。这是一个不容忽视的客观现实，缩小地区差距任重而道远。

表 3-1-4 1990—2000 年东中西部地区人均地区生产总值（元）

年份	东部	中部	西部	全国	人均 GDP 东中西之比
1990	1964	1264	1078	1634	1∶0.64∶0.55
1991	2442	1464	1308	1879	1∶0.60∶0.54
1992	3033	1712	1518	2287	1∶0.56∶0.50

续表

年份	东部	中部	西部	全国	人均GDP东中西之比
1993	4082	2207	1887	2939	1∶0.54∶0.46
1994	5424	2892	2392	3923	1∶0.53∶0.44
1995	6777	3691	2942	4854	1∶0.54∶0.43
1996	7947	4426	3436	5576	1∶0.56∶0.43
1997	8844	4951	3810	6054	1∶0.56∶0.43
1998	9483	5249	4052	6307	1∶0.55∶0.43
1999	10102	5459	4172	6547	1∶0.54∶0.41
2000	10768	5978	4606	7078	1∶0.56∶0.43

资料来源：根据1991—2001年《中国统计年鉴》中有关数据计算。

按可比价格计算，东中西部地区人均地区生产总值的年均增长速度在各个时期的变化见表3-1-5。在整个80年代，东中西部地区人均地区生产总值的年均增长速度相差不大，甚至西部地区还要高于东部和中部地区。到"八五"时期，东中西部地区间人均地区生产总值的年均增长速度差距迅速扩大，其增长速度之比高达1.59∶1.17∶1。"九五"以来，随着国家加大对中西部地区开发的力度，加上沿海地区受东南亚金融危机的影响，其增长速度逐步放慢，中部地区人均地区生产总值增长速度已开始超过东部地区。在1996—2000年间，东中西部地区人均地区生产总值的年均增长速度之比为1.04∶1.09∶1，大体呈中高、东中、西低的增长格局。

表3-1-5　1979—2000年东中西部地区人均地区生产总值年均增长速度（%）

年份	东部地区	中部地区	西部地区	增长速度之比
1979—1985	8.38	8.49	8.53	0.98∶0.99∶1
1986—1990	5.82	4.86	5.93	0.98∶0.82∶1
1991—1995	14.04	10.30	8.81	1.59∶1.17∶1

续表

年份	东部地区	中部地区	西部地区	增长速度之比
1996—2000	7.52	7.87	7.24	1.04：1.09：1
1979—2000	8.85	7.9	7.56	1.17：1.04：1
1991—2000	9.78	8.45	9.18	1.07：0.92：1

资料来源：根据1991—2001年《中国统计年鉴》中有关数据计算。

如果进一步分析各地区地区生产总值的增长速度情况，可以看出，"八五"时期，东部地区地区生产总值年均增长速度明显快于中西部地区，地区差距进一步扩大，东中西地区间增长速度之比为1.57：1.15：1。"九五"期间，地区生产总值增长速度从东向西依次递减的格局仍未改变，但中西部地区与东部地区地区生产总值增幅差距逐渐缩小，东中西部地区增长速度之比为1.20：1.11：1。与此同时，中部与西部地区的经济增长速度也已基本接近，由1996年相差2.77个百分点减小到2000年的0.15个百分点。详见表3-1-6。

表3-1-6　1991—2000年东中西部地区地区生产总值年均增长速度（%）

年份	东部地区	中部地区	西部地区	增长速度之比
1991—1995	16.06	11.72	10.22	1.57：1.15：1
1996—2000	10.65	9.90	8.89	1.20：1.11：1
1996	11.87	12.88	10.11	1.17：1.27：1
1997	11.30	11.08	9.96	1.13：1.11：1
1998	10.26	8.99	8.63	1.19：1.04：1
1999	9.65	7.84	7.13	1.35：1.10：1
2000	10.19	8.79	8.64	1.18：1.02：1

资料来源：根据1991—2001年《中国统计年鉴》中有关数据计算。

从发展趋势看，在2010年乃至2020年以前，东部与中西部地区间人均地区生产总值的绝对差距还不可能出现逐步缩小的趋势。东部与中部地区间人均地区生产总值的相对差距在"十五"期间有可能呈现逐步缩小的态势，而东部与西部地区的相对差距仍将会继续趋于扩大。

二、21世纪以来四大区域板块发展指标

（一）数据与方法

1. 数据来源

本书的研究范围是全国，空间分析单元为四大区域。根据国家统计局数据统计规则，东部地区包括北京、天津、河北、上海、江苏、浙江、福建、山东、广东、海南等10个省市，中部地区包括山西、安徽、江西、河南、湖北、湖南等6个省份，西部地区包括内蒙古、广西、重庆、四川、贵州、云南、西藏、陕西、甘肃、青海、宁夏、新疆等12个省市区，东北地区包括辽宁、吉林、黑龙江等3个省份。经济增长计算涉及各地区的地区生产总值和人均地区生产总值。

（1）地区生产总值、人口规模、专利、进出口贸易、生态保护区等数据均来源于国家统计局出版的历年《中国统计年鉴》。（2）研究的时间尺度，考虑到2020年受新冠肺炎疫情影响，各地区经济数据产生了较大下滑，采用截至2019年数据进行分析。（3）鉴于2002年首次对四大区域板块发展进行了部署，选择2002年、2010年和2019年作为断层年进行分析。（4）为了揭示发展差异和比较优势的变化，选取《中国统计年鉴》中能够反映创新、协调、绿色、开放、共享的代表性指标，包括地区生产总值、第二产业增加值、专利申请授权量、进出口总额、社会消费品零售总额、粮食产量、自然保护区面积、高速公路通车里程等。

2. 研究方法

不同区域间是否存在或在何种条件、多大程度、多长时间上存在经济增长差异逐步消失的过程，形成了经济增长收敛性的研究焦点。20世纪60年代，新古典增长理论认为地区间经济增长的差异是由资本/劳动比例不同造成的，如果要素能够自由流动，资本边际收益递减，初期的静态指标（人均产出、人

均收入）和其经济增速间存在负相关关系，导致初期的静态指标差异逐步消失。罗伯特·巴罗（Robert Barro）和萨拉·伊－马丁（Sala-I-Martin）将收敛性区分为人均收入水平上的收敛（σ收敛）和经济增长率上的收敛（β收敛）。其中，σ收敛是指各地区人均收入或人均地区生产总值存在随时间推进而逐步缩小的趋势，绝对β收敛是指落后地区比发达地区具有更高的经济增长率，条件β趋同是指在对应不同均衡条件时，经济增长率与偏离均衡程度成正比。

为检验经济增长的收敛性，首先通过变异系数直观度量四大区域间的σ收敛趋势，然后采用空间面板模型进行绝对β收敛实证分析。为确保检验结果不受价格变化影响，将四大区域的名义地区生产总值与人均地区生产总值数据通过消费价格指数折算为实际地区生产总值与人均地区生产总值数据。采用水平法计算各区域人均地区生产总值年均增长率。

（1）σ收敛分析。相比于标准差，变异系数（coefficient of variation，CV）能够消除均值的影响，更好地度量数据的离散程度，因此本文采用变异系数 CV 来测算经济增长的σ收敛趋势。CV 系数的计算公式如下：

$CV=\sigma/\mu$

其中，σ 为标准差，μ 为平均值。

（2）β收敛分析。为了检验四大区域间是否存在β收敛，建立如下模型：

$G_{it}=\alpha+\beta\log(gdp_{it-1})+v_{it}$

其中，G_{it} 为各区域2010—2019年每年地区生产总值或人均地区生产总值增长率，$\log(gdp_{it-1})$ 为各地区初始地区生产总值或人均地区生产总值，v_{it} 为误差项。将各地区地区生产总值（或人均地区生产总值）增长率对期初的地区生产总值（或人均地区生产总值）水平进行回归，若β显著为负，则说明四大区域间存在绝对β收敛。

（二）四大区域板块经济增长差异的数量分析

1.描述性分析

2002—2019年期间，中国国内生产总值规模不断扩大，2002年达到12.17万亿元，2010年增长到39.8万亿元，2019年进一步提高到99.08万亿元。从中国四大区域来看，各区域的经济总量也呈现稳步增长，但经济增速在呈现"宏观趋势相似"的同时又形成"明显细微差异"的发展过程，如图 3-1-1 所示。中国四大区域人均实际地区生产总值增速总体上与地区生产总值增速的趋势保持一致，但考虑人口变动和迁移后（东部地区常住人口在增长，东北地区常住人口在减少），东部地区人均地区生产总值增速与全国增速更为接近，2017 年以来东北地区与全国的增速差距也有所缩小。具体如图 3-1-2 所示。

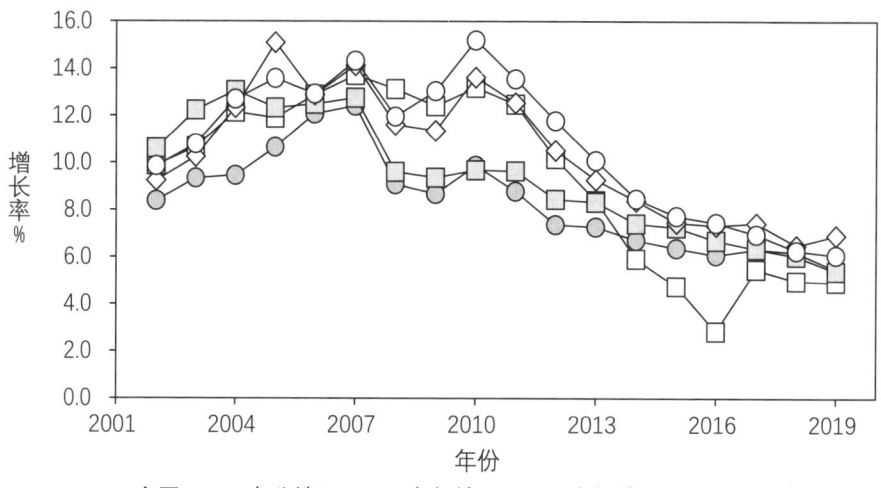

图 3-1-1　2002—2019 年中国国内生产总值增长情况

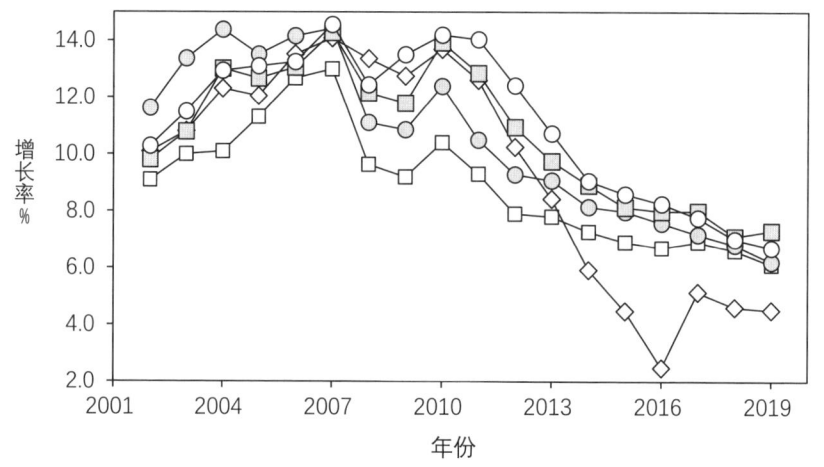

图 3-1-2　2002—2019 年中国人均国内生产总值增长情况

21世纪以来,中国四大区域的增速呈现出不同的发展特征,并以2007年、2013年为节点大致分为三个阶段。

阶段Ⅰ:主要指2002—2007年期间,为四大区域经济增速、人均地区生产总值增速普遍提高但东部经济增速和人均地区生产总值增速领先时期。在该阶段,东部地区的经济发展具有显著引领特点,其经济增速在四大区域板块中居于首位,明显高于东北地区、中部和西部地区。2002年东部经济增速和人均地区生产总值增速分别为11.6%和10.62%,2007年进一步提高到14.4%和12.76%。

阶段Ⅱ:主要指2008—2013年期间,为四大区域经济增长高位波动下降但中西部和东北增速领先时期。在该阶段,中西部和东北地区的经济增速明显高于全国平均水平,尤其是西部经济增速最高,2010年和2011年一度超过14%,2010年东北地区的经济增速达到最高峰13.7%;东部地区的经济增速最低,2012年达到9.3%,而其他区域均为两位数增长。

阶段Ⅲ:主要指2014—2019年,为四大区域经济增速持续下降但东北增速垫底时期。在该阶段,中西部经济增速略高于东部地区,东部地区略高于全国平均水平,而东北地区经济增速明显低于其他区域板块和全国平均水平。2019年,东北经济增速仅为4.5%,低于全国平均水平6.1%,其他区域均高于全国平均水平。

2. 收敛性分析

(1)σ收敛性。

根据前文模型,计算2002—2019年四大区域地区生产总值变异系数与人均地区生产总值变异系数,并绘制图3-1-3。第一,σ收敛性与描述性分析结果较为一致,随着西部大开发、东北振兴、中部崛起等战略的实施,以及2008年金融危机后内地承接产业和产业转型升级的成效,四大区域板块地区生产总值变异系数与人均地区生产总值变异系数逐渐缩小,2013年左右达到谷值,而后至2019年有所扩大。第二,地区生产总值变异系数总体介于0.730—0.802之间,期间变化存在明显的趋势;2002年为0.771,缓慢增长至2007年的0.802，此后缓慢下降，降至2013年的0.730，然后缓慢增长至2017年的0.788，随后两年又呈现缓慢下滑，2019年达到0.781。第三，人均地区生产总值变异系数总体介于0.287—0.403之间。其中，2002—2004年为增长阶段，从0.392增长至0.403；2004—2014年为持续下降阶段，2014年达到0.287；2014—2019年为缓慢增长阶段，2019年达到0.336。第四，人均地区生产总值的变异系数一直远低于地区生产总值的变异系数，研究期内一直约为地区生产总值变异系数的40%—50%左右。第五，对比2002—2010年与2010—2019年两个阶段，2002—2010年四大区域之间存在明显的σ收敛，而2010—2019年期间无论是实际地区生产总值还是人均地区生产总值的变异系数，四大区域之间σ收敛均不明显。

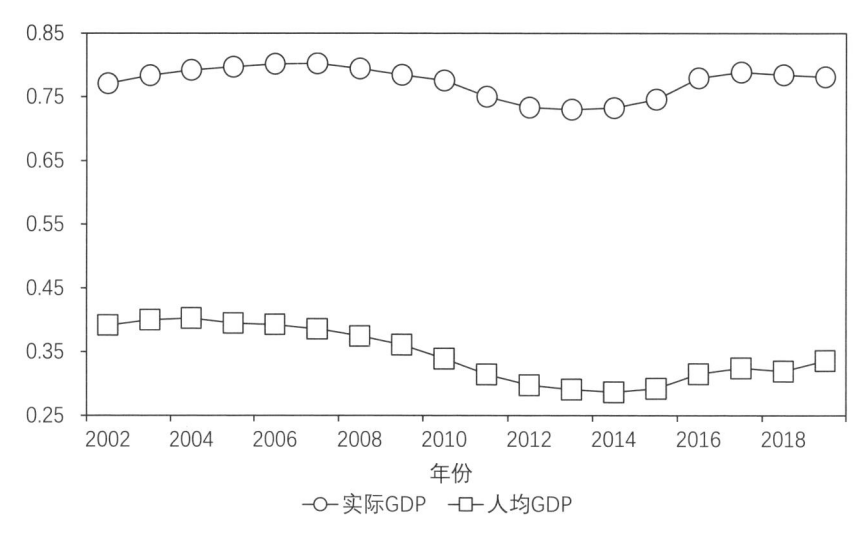

图3-1-3 2002—2019年四大区域地区生产总值变异系数与人均地区生产总值变异系数

（2）β收敛性。

根据前文模型，计算β收敛的检验结果，结果如表3-1-7所示。第一，2002—2019年，四大区域之间在地区生产总值增速和人均地区生产总值上均存在绝对β收敛。其中，地区生产总值的β值为-0.222，人均地区生产总值的β值为-0.390，两者均显著为负，P值（Prob>chi2）均为0，均低于0.01。这表明中国四大区域的经济增速和人均地区生产总值增速存在绝对β收敛特征。

第二，经济增速和人均地区生产总值增速有着不同的收敛性，形成 β 人均地区生产总值 β 值（-0.390）< 地区生产总值 β 值（-0.222）的现象，这反映了中国四大区域间的人均地区生产总值收敛速度更快。第三，不同时期的经济增速和人均地区生产总值增速的收敛性有所差异。2002—2010 年，四大区域间地区生产总值和人均地区生产总值的回归结果均不显著，β 值分别为 0.0417 和 0.0125，均为正数，P 值分别为 0.1051 和 0.898，高于尤其是后者远高于 10% 的显著性阈值，这表明该时期的地区生产总值和人均地区生产总值均不存在绝对 β 收敛特征。2010—2019 年，四大区域间人均地区生产总值的 β 值为 -0.934，显著为负，P 值为 0，低于 0.01，这说明人均地区生产总值存在绝对 β 收敛特征。该阶段经济增速的 β 值为 -0.289，虽然为负，但 P 值为 0.1135，高于 10% 的显著性阈值，回归结果不显著，这表明该时期的经济增速不存在绝对收敛特征。

表 3-1-7　2002—2019 年四大区域板块经济增长的绝对 β 收敛检验

时期	2010—2019 年		2002—2010 年		2002—2019 年	
	（1）	（2）	（1）	（2）	（1）	（2）
解释变量	实际 GDP 增长率	人均 GDP 增长率	实际 GDP 增长率	人均 GDP 增长率	实际 GDP 增长率	人均 GDP 增长率
β	-0.289 (0.1135)	-0.934*** (0.0000)	0.0417 (0.1051)	0.0125 (0.8980)	-0.222*** (0.0000)	-0.390*** (0.0000)

注：***、** 和 * 分别表示在 1%、5% 和 10% 水平上显著；括号中数字代表 P 值。

3. 总体判断

四大区域之间地区生产总值增长速度和人均地区生产总值增长速度的收敛性结果反映了 21 世纪以来国家推动区域协调发展的进展。综合数据检验结果可看出，2002—2019 年四大区域之间的经济增速存在绝对 β 收敛。这说明过去 20 年来，欠发达地区与发达地区相比，实现了更高的经济增长率。更加具有积极意义的是，四大区域之间的人均地区生产总值增速也存在绝对 β 收敛，这说明在综合考虑人口流动和迁移的情况下，四大区域板块之间人均差距在逐步缩小。这说明 21 世纪以来中国区域政策发挥了巨大作用，取得了明显成效。

（三）四大区域板块比较优势的变化

为了揭示这种变化及考察"十四五"期间四大板块的定位，下面通过 2002—2019 年的具体指标进行分析，如表 3-1-8 所示。

表 3-1-8　2002—2019 年中国四大区域主要指标占全国比重变化情况（％）

地区		地区生产总值	第二产业增加值	进出口额	社会消费品零售额	粮食产量	自然保护区面积	高速公路里程	专利申请授权量	常住人口	国土面积
东北地区	2002 年	9.49	10.36	4.80	10.53	14.59	6.35	10.31	8.08	8.4	8.3
	2010 年	8.58	8.95	4.14	9.19	17.60	7.61	8.45	3.92	8.2	8.3
	2019 年	5.10	4.48	3.88	8..04	20.80	8.91	8.51	3.27	7.7	8.3
东部地区	2002 年	54.50	55.42	88.95	52.45	27.04	6.31	43.76	70.04	35.6	9.5
	2010 年	53.09	52.05	87.61	53.44	25.38	6.41	35.82	75.82	37.9	9.54
	2019 年	51.88	51.62	80.43	51.10	23.53	5.41	28.59	71.46	38.6	9.54
中部地区	2002 年	18.82	19.30	2.93	19.60	30.63	3.20	23.03	10.47	27.9	10.79
	2010 年	19.70	20.51	3.93	19.96	30.60	3.82	27.06	11.29	26.7	10.79
	2019 年	22.20	23.71	6.89	22.12	30.08	4.01	25.29	14.21	26.5	10.79
西部地区	2002 年	17.18	14.93	3.32	16.60	27.75	84.10	22.89	11.41	28.1	71.37
	2010 年	18.63	18.49	4.32	17.41	26.42	82.16	28.67	10.13	27.1	71.37
	2019 年	20.82	20.19	8.80	18.74	25.58	81.67	37.61	11.66	27.2	71.37

1. 东北地区

2002—2019 年该地区粮食产量的全国占比提高了 6 个百分点，自然保护区面积占比提高了 2.5 个百分点，粮食安全、生态安全功能明显提升。2019 年该地区粮食产量占比超过 20%，粮食商品量占全国 50% 左右，远超出其人口和面积占比，这促使东北地区成为中国粮食安全的"压舱石"。其中，2019年东北地区大豆产量占全国的1/2，玉米产量占全国的1/3，稻米产量占全国的1/6。生态安全功能进一步增强，2019年森林面积占比达到1/3左右，成为中国北方生态屏障。该地区占比下降最大的是第二产业和专利申请量，分别下降了6个和5个百分点，这表明该地区创新和产业竞争力有所下滑。但东北地区在重大技术装备等领域继续发挥支柱作用，特高压输变电设备、重型燃气轮机、高档数控加工中心等一批重大技术装备研制成功，在维护国家产业安全方面依然有战略意义。

2. 西部地区

2019年，该地区自然保护区面积占比高于其人口和国土面积占比，2002—2019年西部占比上升最大的是高速公路里程、进出口总额和第二产业增加值，这说明以基础设施、对外开放和生态建设为重点的西部大开发取得明显成效。新一轮退耕还林还草工程、三江源生态保护、西南石漠化治理等重大生态工程使西部的国家生态安全屏障得以巩固。通过西部大开发重点工程，仅"十二五"时期就新建1.2万千米铁路，建成了一批大型水利枢纽、重点骨干水源工程及重点流域治理工程，西部地区发展的支撑条件得到了极大改善。

3. 中部地区

2002—2019年，该地区第二产业增加值和进出口占比提高了4个百分点，粮食产量占比稳定在30%以上，联通东西部、沟通南北方的基础设施大通道逐步贯通，吸引外资和承接产业转移能力不断加强。这促使该地区经济增速持续高于全国，2019年达到7.4%，连续两年居四大板块首位。随着"八纵八横"高铁主通道和"十纵十横"国家综合运输大通道建设的推进，中部地区作为国土开发南北方向和东西方向枢纽和联通地带的地位不断巩固。

4. 东部地区

该地区的专利授权量占比持续超过全国70%，进出口总额占比超过全国80%，创新中心、开放中心作用始终稳固。2019年，北京、上海、广东、江苏、天津和浙江的研发强度已超过经济合作与发展组织（OECD）国家的平均研发强度，已步入创新驱动发展和参与全球竞争合作的阶段。京津冀、长三角、粤港澳大湾区等地区的发展质量进一步提升，2019年生产总值分别达到8.5万亿元、23.7万亿元、11.6万亿元，合计占全国的43%。东部地区已成为中国经济的"基本盘"和"稳定器"。

第二节　区域协调发展战略实施取得成效

2021年11月，中国社会科学院对外发布了区域协调发展指数评价指标体系，涵盖了"人民生活水平地区差距""基本公共服务均等化"等5个维度，包括了3个层次共20个指标。数据显示，党的十八大以来，区域合作的深度和广度进一步加强，人民生活水平地区差距逐步缩小，区域基本公共服务均等化取得长足进步，基础设施通达程度日趋均衡，地区比较优势发挥更加充分，绿色低碳协同发展成效开始显现，区域发展的协调性明显增强（图3-2-1）。

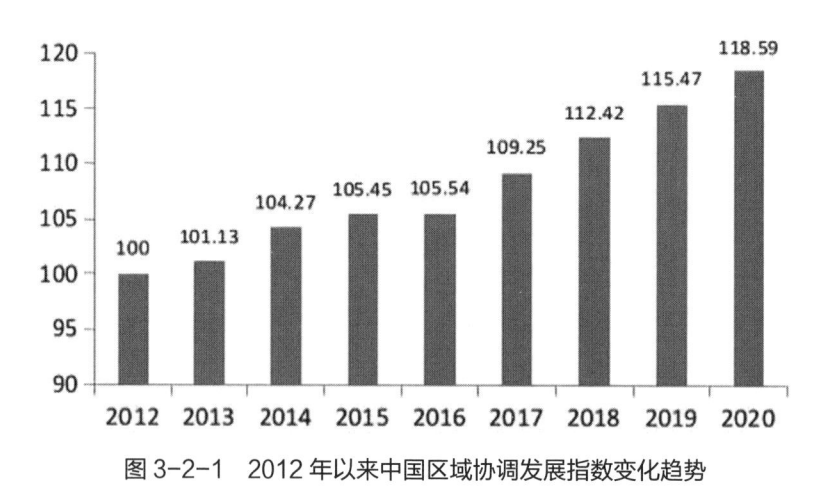

图3-2-1　2012年以来中国区域协调发展指数变化趋势

一、区域增长格局发生重大变化

近年来，随着区域协调发展战略的实施，各区域发展活力不断增长，除传统的京津冀、长三角、珠三角地区以外，在中西部地区又涌现出了长江中游、成渝、中原等一批新的增长极，东部地区的辽中南、山东半岛等也发展壮大。

长江中游地区位于沿长江通道横轴和京广通道纵轴的交汇处，包括湖北武汉城市圈、襄荆城市群、湖南环长株潭城市群、江西鄱阳湖生态经济区，已发展成为全国重要的高新技术产业、先进制造业和现代服务业基地，全国重要的综合交通枢纽。

成渝经济区位于沿长江通道横轴和包昆通道纵轴的交汇处，包括重庆经济区和成都经济区，已发展成为全国重要的高新技术产业、先进制造业和现代服务业基地，科技教育、商贸物流、金融中心和综合交通枢纽。

中原经济区位于陆桥通道横轴和京广通道纵轴的交汇处，包括河南省以郑州为中心的中原城市群部分地区，已发展成为全国重要的先进制造业和现代服务业基地、能源原材料基地。

辽中南地区位于环渤海地区的北翼，包括辽宁省中部和南部的部分地区，已发展成为全国先进装备制造业和新型原材料基地，重要的科技创新与技术研发基地。

山东半岛地区位于环渤海地区的南翼，包括山东省胶东半岛和黄河三角洲的部分地区，已发展成为全国重要的先进制造业、高新技术产业基地。

从地区生产总值增量对全国的贡献率情况来看，"十一五"至"十二五"期间，北方地区地区生产总值贡献率持续增加的地市主要分布在辽中南、呼包鄂榆、京津冀以及北部沿海地区，南方地区主要集中在长江中游、粤闽浙沿海城市群；"十二五"至"十三五"期间京津冀、山东半岛、长三角、粤闽浙沿海、成渝以及滇中城市群地区生产总值占比有所增加；"十三五"至"十四五"期间，地区生产总值贡献率增加的区域集聚态势显著，北方地区主要集聚在黄河中下游地区的呼包鄂榆、山西中部以及中原城市群，南方地区主要分布在长三角、粤闽浙沿海、成渝以及长江中游城市群。

特别是近些年来，受国内基础条件和国际环境变化的影响，城市群、都市圈和中心城市作为人口和经济的主要承载空间，具备了一定的规模经济效应，创新要素集聚态势明显，新的主导产业发展快速，消费和开放拉动作用显著，是支撑经济持续稳定增长的重点区域，对全国经济持续稳定增长具有全局性和根本性影响，对于未来引领区域经济高质量发展具有重要意义。2020年，全国19个城市群以39.59%的土地，承载了86.72%的人口，创造了82.9%的国内生产总值，是推动我国经济高质量发展的重要动力源。其中位于北方地区的11个城市群以42.36%的人口产生了34.84%的地区生产总值，而南方地区的8个城市群以57.64%的人口创造了65.16%的地区生产总值。

二、区域基本公共服务均等化初见成效

第一，从南北板块比较来看，北方地区与南方地区主要领域的基本公共服务设施无明显差距。近些年来，有关南北分化加剧、南北经济失衡、"北方失守"的话题频繁出现在网络媒体。研究发现，尽管南北地区在部分经济和社会发展指标上出现分化，但是在体现民生保障水平的关键性基本公共服务设施指标上，北方地区与南方地区并无明显差距，这是南北经济发展差距拉大的情况下，人民基本生活未受到较大影响、社会大局仍保持总体稳定的重要基础。比如，在义务教育方面，2019年北方地区九年义务教育生均教学及辅助用房面积4.4平方米，与南方地区的4.75平方米仅差0.3平方米。医疗卫生方面，2019年北方地区每千人口医疗卫生机构床位数6.4张，比南方地区的6.2张多0.2张。社会普遍关心的东北地区，义务教育生均教学及辅助用房面积与南方几乎没有差别，每千人口医疗卫生机构床位数6.9张，多于南方地区。

第二，从东中西板块来看，中西部地区基本公共服务设施条件大幅改善，东中西差距明显缩小。随着"西部大开发""中部崛起"等地区发展战略深入实施，中西部地区基本公共服务设施明显改善，与东部地区差距逐步缩小。在国家加大投入、人口跨区域流动等因素叠加影响下，中西部和东北地区的部分人均基本公共服务设施指标甚至超过了东部地区。2012—2019年，中、西部地区九年义务教育教学及辅助用房面积分别增加4236.7万和5077.1

万平方米，增幅达 24.5% 和 33.1%；每千人口基层医疗卫生机构床位数分别增加 0.26 张和 0.25 张，增幅达 27.4% 和 24.8%，远超 20.8% 的全国增长水平。西部地区的义务教育生均用房面积与东部的差距已从 2015 年的 0.5 平方米缩小到 2019 年的 0.2 平方米，2019 年，中部（1.32 张）、西部（1.41 张）地区每千人口基层医疗卫生机构床位数已高于东部地区（0.88 张）。

第三，欠发达地区基本公共服务能力明显提升。近年来，中央加大对革命老区、民族地区、边疆地区、脱贫地区投入支持力度，推动公共服务资源向基层延伸、向农村覆盖、向边远地区和生活困难群众倾斜，有效提升了欠发达地区基本公共服务能力和水平。一是脱贫地区的教育、卫生等基本公共服务保障有力。国家贫困县中，99.8% 的县至少有一所县级公立医院（含中医院），所在乡镇有卫生院的行政村比重达到 99.8%，96.3% 的行政村有卫生室或联合设置卫生室。义务教育方面，有小学的乡镇比重 98.5%，有小学（教学点）的行政村比重 47.7%，所有的县均有初中，有初中的乡镇比重 70.3%，有寄宿制学校的乡镇比重 94.1%。二是民族地区基本公共服务"补短板"成效明显。2012—2019 年，民族地区每千人床位数从 3.74 张增加到 5.78 张，增长 47.9%；每千人卫生技术人员数从 4.10 人增加到 6.33 人，增长 45.1%。中小学等基础教育均衡化发展水平提升，普通中学的学生教师比从 14.7∶1 下降到 13.3∶1。

第四章
党的十八大以来四大区域板块发展的典型案例

第一节 西部开发的进展和典型案例

2000年,我国正式吹响了西部大开发的号角。20多年来,在国家重点扶持和西部地区自身努力下,西部大开发成效显著,生态保护、环境治理、基础设施、科技教育、特色优势产业等取得积极进展,西部地区居民的获得感、幸福感、安全感得到大幅提升。

一、西部地区生产总值增速高于全国,在全国占比不断提高

2000年国家实施西部大开发以来,在国家政策的精准扶持和西部地区自身努力下,西部地区保持了"两高"。一是西部地区地区生产总值增速一直高于全国国内生产总值增速。西部大开发政策实施以来,西部地区地区生产总值增速一直保持高速和中高速,2000—2018年西部地区地区生产总值平均增速高达11%,比全国平均水平高2个多百分点。2000—2007年,西部地区地区生产总值增速保持了加速状态,西部高速增长的状态一直保持到2013年的经济新常态。2002—2013年,西部地区地区生产总值增速一直保持在10%以上。2013年我国进入经济新常态后,西部地区经济增速有所放缓,但仍然高

于全国平均水平（图4-1-1）。

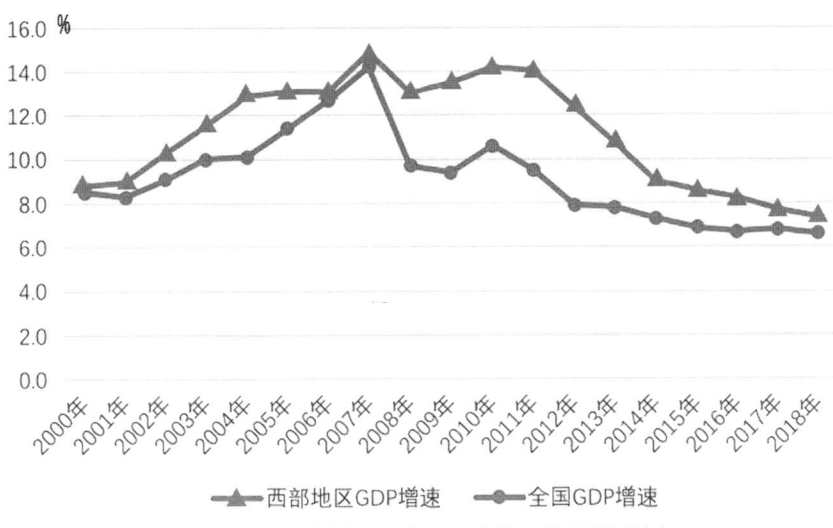

图 4-1-1　西部地区和全国国内生产总值增速比较

二是西部地区地区生产总值占全国比重不断提高。2000—2018年，西部地区地区生产总值由1.73万亿元提升到18.43万亿元，增加了10倍多，占全国的比重由17.5%提升到20.1%，增加了2.6个百分点（图4-1-2）。西部大

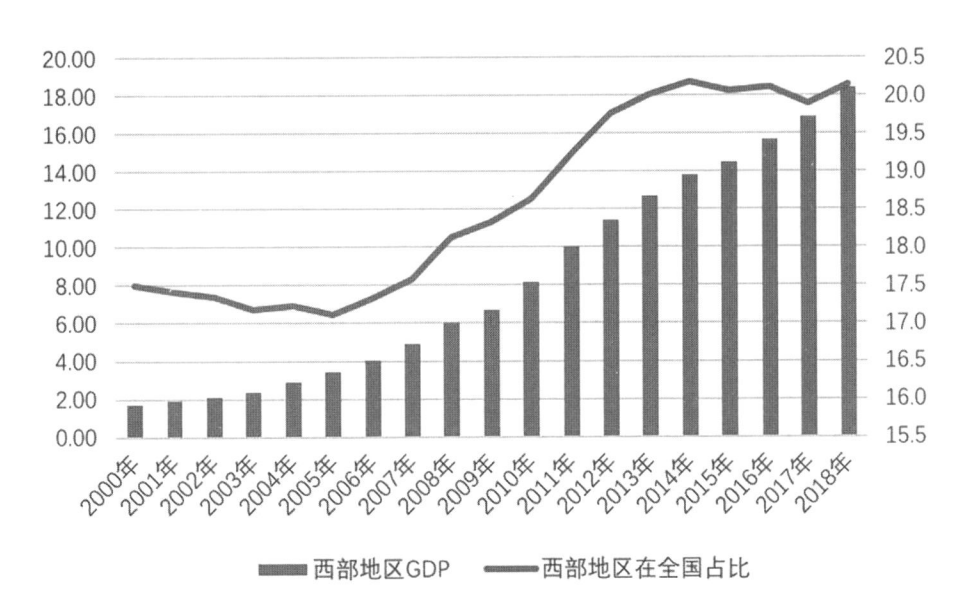

图 4-1-2　西部地区地区生产总值及其在全国的比重

开发实施以来，西部地区一路高歌猛进，实现了大发展，自身经济规模不断壮大，在全国经济格局中的重要性不断提升，为支撑全国经济持续稳定发展作出了重要贡献。

二、西部地区生态环境、基础设施、科技教育和特色优势产业得到大幅度提升

西部大开发实施之初，国家对西部地区的生态环境、基础设施、科技教育和特色优势产业给予重点扶持，经过20年的发展，制约西部地区发展的瓶颈和短板已经得到很大程度上的解决和补长，支持西部地区持续健康发展的新动能正在培育形成。西部地区是我国重要的生态屏障，通过科学划定西部地区的重要生态功能区，加大对重点生态功能区的转移支付，为守好"绿水青山"奠定了坚实基础，并探索架设"绿水青山"向"金山银山"转换的桥梁，西部地区的生态保护和环境治理取得明显成效。通过国家重点扶持，西部地区的公路、铁路、机场、水利、通信、能源等基础设施不断完善，基础设施的"瓶颈"制约得到很大程度的缓解。西部地区在不断加强义务教育的同时，依托传统的科技资源优势，不断加强科技创新对产业转型升级的推动作用，已经形成了以成渝、西安等为中心的科教资源高地。此外，西部地区的能源原材料、装备制造、生态农业、特色旅游等优势产业不断提质增效，为促进西部地区持续稳定发展作出了重要贡献。

三、西部地区初步形成了点轴带动、面上保护的国土空间开发格局

西部地区国土空间广袤，内部异质性强，根据资源环境承载能力、经济社会发展基础和未来发展潜力，西部地区通过科学合理谋划在哪些地方适合"种树种草"（生态功能区），在哪些地方适合"种粮食"（粮食主产区），在哪些地方适合"种工厂"（重点开发区），初步形成了点轴带动、面上保护的国

土空间开发格局。太原城市群、呼包鄂榆地区、成渝地区、滇中地区、藏中南地区、关中—天水地区、兰州—西宁地区、宁夏沿黄经济区、天山北坡地区等已经成为西部地区据点式开发以及集聚人口和产业的重点地区。西部地区以青藏高原生态屏障、黄土高原—川滇生态屏障为面上保护，以北方防沙带以及大江大河重要水系为生态廊道，以其他国家重点生态功能区为重要支撑，以点状分布的国家禁止开发区域为重要组成的生态安全战略格局初步形成，为保障国家生态安全提供了重要支撑。

专栏 4-1-1　西部大开发典型案例——以成渝地区为例

成渝经济区位于西部地区的长江上游，是我国重要的人口、城镇、产业集聚区，是西部地区基础条件较好、经济增长较快的区域，肩负着建成"西部地区重要的经济中心"的重任。

一是经济总量大幅提升。2006—2012 年，重庆经济总量由 3907 亿元增加到 11410 亿元，人均地区生产总值达到 38914 元，超过全国平均水平，位居西部第 2、全国第 12 位；非农产业增加值比重达到 91.8%。2007—2012 年，成都市地区生产总值从 3364.78 亿元跃升到 8138.94 亿元，年均增长达 19.32%；人均地区生产总值从 26849 元增加到 57624 元，年均增长 16.50%；财政总收入从 996.61 亿元增加到 2331.26 亿元，年均增长 18.52%。

二是有效扭转了城乡差距。2006—2012 年，重庆市城镇化率上升至 57%。城乡居民收入与地区生产总值同步增长，分别达到 22968 元和 7383 元，较西部地区平均水平高 2391.6 元、1321.3 元。城乡收入差距由 2006 年的 3.6∶1 缩小到 2012 年的 3.11∶1。2007—2012 年，成都市城镇化率由 2007 年的 62.58% 提高到 2012 年的 68.44%，农民人均纯收入从 5642 元增加到 11501 元，年均增长 15.30%，城乡居民收入差距从 2.63∶1 缩小为 2.36∶1，在城乡快速发展的同时进一步缩小了城乡居民收入差距。

三是初步形成了城乡一体的就业、户籍、社会保障制度和覆盖城乡的教育、医疗卫生、文化等公共服务体系，推动了交通、供水供电供气、信息网络、市政服务等资源的城乡均衡配置，初步形成了城乡居民共建共享改革发展成果的机制，农村居民享受到了越来越多的实惠。

四是重大项目顺利实施。一大批交通、能源、商贸、社会事业等项目均取得了重大进展，成渝客专、西成客专、襄渝复线铁路、宜万铁路等重大项目已经建成，兰渝铁路、成哈铁路、渝黔铁路、成都新机场、重庆江北机场扩建等一批项目正加紧建设中。重庆两江新区和成都天府新区获批为国家级新区。

第二节　东北振兴的进展和典型案例

十多年来，在各方面的共同努力下，东北振兴取得了重要的阶段性成果。从总体指标看，东北三省地区生产总值由 2003 年的不足 1.3 万亿元增至 2015 年的 5.8 万亿元以上，年均增长 11% 左右，人均地区生产总值从 2000 美元增至 8000 美元以上，经济综合实力明显增强。从改革开放看，增值税转型、农业税减免等在东北地区先行先试，沿海沿边全方位开放格局初步形成，与周边国家和地区合作深入推进。从产业发展看，自主创新能力明显提升，部分重大装备研制走在全国前列，骨干企业的技术装备水平、生产制造能力、产品质量和创新能力显著提高，又创造了很多"中国第一"，辽宁的高档数控机床、新型船舶，吉林的轨道客车、商用卫星，黑龙江的燃气轮机、工业机器人等居全国领先水平，粮食综合生产能力显著提高。从民生保障看，社会保障体系逐步健全，资源枯竭城市经济转型得到有力的政策支持，棚户区、城区老工业区、独立工矿区、采煤沉陷区改造全面实施。实践证明，中共中央、国务院关于实施东北地区等老工业基地振兴战略的重大决策是完全正确的，东北老工业基地实现全面振兴的前景是十分广阔的。

一、综合经济实力不断增强

东北三省地区生产总值由 2003 年的不足 1.3 万亿元增至 2015 年的 5.8 万亿元以上，年均增长 11% 左右，特别是 2003—2012 年间，三省地区生产总值从 12700 亿元增加到 50400 亿元，年均增长 12.7%，高于全国平均水平 2 个百分点。公共财政预算收入年均增长 22.6%，比前 10 年年均增速加快 14.8 个百分点。全社会固定资产投资年均增长高达 28.8%，高于全国平均水平 4.9 个百分点。社会消费品零售总额年均增长 15.6%；外贸进出口总额年均增长 17.8%；实际利用外商直接投资年均增长 15.6%，高于全国平均水平 5.5 个百分点。

二、体制机制改革初见成效

以国企改革为突破口,以产权制度改革为核心,实施增值税转型、国有企业政策性破产、豁免企业历史欠账、中央企业分离办社会职能、厂办大集体改革等一系列政策,已有90%以上的国有工业企业完成产权制度改革,一些国企减轻了包袱,缓解了遗留问题。跨地区、跨行业、跨所有制的兼并重组成为东北地区国企改革的一大特色,百余家大型骨干企业实现战略性重组,大连造船和大连新船两大船舶生产厂合并,中钢集团公司重组原吉林碳素股份有限公司,中煤能源集团公司接收哈尔滨气化厂、哈尔滨煤炭工业公司等企业,一批大型企业通过联合重组,实现由大向强的转变。通过政策性破产、核销呆坏账、分离企业办社会、剥离不良资产、豁免历史欠税、处置不良贷款等政策使国企卸下了沉重的历史包袱。10年间,东北三省累计政策性破产企业320户,安置职工83.3万人,占全国1/5左右。250多家企业共分离企业办社会1700多家,涉及职工17万人。通过整合重组、企业上市、政策性关闭破产等形式,剥离不良资产3110亿元。90%以上国有企业完成改制,股权结构多元化格局初步形成,企业活力明显增强。同时,加快政府职能转变,行政审批权限逐步下放,综合配套改革顺利起步,非公有制经济快速发展,成为东北地区经济发展的重要支撑,2013年东北三省规模以上非公有制企业工业销售产值占比69.45%,比2003年提高37.31个百分点。

三、优势产业竞争力逐步重塑

国家加大对东北老工业基地重大技术装备自主化的支持力度,10年来,百万千瓦核电、火电机组、特高压输变电设备,大型水轮机组,大型风电机组,百万吨乙烯装置,大型盾构机,高速动车组列车,先进船舶和海上钻井平台,高档数控加工中心和重型数控机床等一大批重大技术装备在老工业基地研制成功,在重大技术装备和国防科技工业等领域继续发挥着支柱作用。2003—2013年辽吉黑三省装备制造业工业销售产值增加幅度较大,其中金属制品、通用设备制造业、专用设备制造业、交通运输设备制造业和电气机械及器材制造业工业销售产值增加较快，2013年是2003年的8.11倍，占全部工业销售产值的27.8%，分别占全国同行业销售产值的7.36%、11.93%、10.05%、13.94%和4.49%；仪器仪表及文化、办公用机械制造业、通信设备制造业、计算机及其电子设备制造业工业销售产值是2003年的3.12倍。从产品产量看，金属切割机床产量增加显著，2013年约为2003年的2倍，其中辽宁约为2倍、吉林约为5倍，三省产量占全国的15.21%；汽车产量增加也较快，约为2003年的3倍，占全国的12.8%，汽车产业集群化发展态势明显，轿车约为2003年的4倍，辽宁约为17倍；发电机组产量为2003年的3倍多，占全国的15.29%。一批龙头企业在全国同行业中具有较强的竞争力，有些甚至在国际上也具有一定影响力。大连造船厂国内规模最大，产品最全，最具国际竞争力；沈阳机床、大连机床两大集团公司双双进入世界机床行业十强之列；哈尔滨电站设备集团、长春轨道客车有限公司、长春第一汽车制造厂、中国第一重型机械集团公司（齐齐哈尔）、哈飞汽车工业集团有限公司、齐齐哈尔轨道交通公司、大连重工·起重集团、沈阳鼓风机集团等也都享有盛名。

四、科技创新能力不断增强

东北老工业基地的城镇化率较高，三省人均受教育年限多于全国水平，仅次于京津沪三地。2013年初中以上文化程度的人口占总人口比重42.79%，比全国平均值高出近4.78个百分点。从目前在校生看，每10万人中普通本专科学生数高于全国平均水平，说明其高等教育在全国比较领先，现有普通高校253所，占全国10.16%，为人力资本转化奠定了良好的基础。科研院所技术开发中心也较多，其中研究与开发机构451个，占我国同类机构的12.35%。以中心城市为依托，一批国家重点理工科大学（哈尔滨工业大学、吉林大学等）、重点研究所、实验室集中分布，辽宁在金属、机械、石油、化工、农林土壤、新型材料等方面具有优势，吉林在基础化学、量子化学、运输机械、光电子技术等方面的研究居领先地位，黑龙江则在石化、有色金属、农林、生物工程等技术应用方面有较好基础。高校、科研机构、国企中拥有一支具有较高水平、丰富经验的人才队伍，是东北地区的宝贵资源。国有经济企事业单位专业技术人员共210.8万人，占全国6.97%，其中以教学人员、卫生技术人员、工程技术人员居多。总之，人力资本存量相对充足，科教基础条件在全国表现出特有的实力，成为人才培养、技术创新、经济转型的重要支撑。2003—2013年三省相继出台鼓励创新发展的政策140余项，大力促进高新技术产业发展、改善人才发展环境和区域创新环境。现已建成40余个高技术产业和科技创新发展基地，包括辽宁本溪生物医药特色产业基地、吉林光电子产业基地、黑龙江国家级火炬计划特色产业基地和国家大学科技园。

五、生态环境和基础设施不断改善

东北地区累计造林1亿多亩，森林蓄积量达到25.7亿立方米，生态屏障作用进一步增强。松花江、辽河等重点流域水质明显好转，全部消灭劣Ⅴ类水体。单位地区生产总值能耗和主要污染物排放稳步下降，完成国家下达的节能减排指标。基础设施条件明显改善，高速公路建成通车里程超过1万千米，铁路营业里程1.53万千米，新增2080千米；运营机场超过20个，港口吞吐能力达到10.9亿吨。第一条高速铁路（哈大客运专线）建成投运，第一座核电站（红沿河核电站）首台机组并网发电。辽宁大伙房水库输水工程、吉林引嫩入白、黑龙江尼尔基水利枢纽等重大水利工程进展顺利。

专栏4-2-1 东北振兴典型案例——装备制造业基地的发展

东北地区是全国重要的装备制造业基地之一。经过10年振兴战略的实施，百万千瓦核电、超超临界火电、±800千伏直流和100万伏交流特高压输变电成套设备、70万千瓦大型水轮机组，30万千瓦抽水蓄能机组，5兆瓦大型风电机组，百万吨级乙烯装置，大型盾构机，时速350千米高速列车，航空航天军工领域急需的高档五轴联动加工中心和重型数控机床等在东北地区实现自主化。沈阳、大连、哈尔滨、齐齐哈尔等具有国际竞争力的先进装备制造业基地正在形成。其中沈阳和大连的装备制造业产值排名靠前。

沈阳聚集着沈阳机床、北方重工、新沈鼓集团、三一重装、北方交通重工、特变电工沈变集团等众多国家级重型装备公司，产品覆盖矿山设备、电站设备、冶炼设备、轧钢设备、石化设备、水泥设备、起重设备、数控机床、锻压设备、人造板成套设备、散料输送设备、环保设备、工程机械、传动机械、农业机械、金属切削机床、大型输变电设备等，广泛应用于矿山、石化、冶金、电力、国防、科研等领域，素有"东方鲁尔"之称。2008年11月，经《装备制造》杂志社和装备工业发展研究中心联合评选，沈阳铁西新区入选我国重要的装备制造业聚集区，并居第一位。

大连拥有大连机床集团、华锐风电公司、大连造船集团、大连船用曲轴厂等全国知名的行业龙头企业，在高档数控机床及相关产品、风力发电设备、海洋工程装备、大型船用曲轴、盾构机、核电产品、高端铸锻件等重大技术装备，高端机车和城市快轨车辆，高端轴承产品，高端制冷产品等方面具有较好的技术基础。

齐齐哈尔拥有一重集团、齐重集团、齐二集团等行业龙头企业，在数控机床、轨道交通装备、核电装备等方面具有优势。

哈尔滨市拥有哈量集团、哈电集团、哈飞集团等行业骨干企业，在工具量具、发电设备、飞机制造等领域有很强的技术优势。

长春市拥有长客集团等行业龙头企业，在轨道交通装备、农机装备等领域具有很强的技术优势。

2012年，东北三省发电设备产量占全国1/3，数控机床产值占1/3，内燃机产量占1/5，炼油能力1亿吨，接近全国1/5，乙烯产量250万吨，占全国1/6，钢产量占全国1/10以上，汽车产量占全国1/7左右。造船总能力接近2000万吨，接近全国1/5，在国家装备制造业和重要工业产品中发挥着重要的支柱作用。

第三节　中部崛起的进展和典型案例

党中央作出实施促进中部地区崛起战略以来，特别是党的十八大以来，在以习近平同志为核心的党中央坚强领导下，中部地区经济社会发展取得了巨大成就。

一、经济实力显著增强

中部地区在区域发展板块中的地位不断提升，特别是"十三五"时期，中部地区经济年均增长达到8.6%，增速居四大区域板块之首，特别是从2017年第三季度到2019年底这个时间段，连续10个季度经济增速领跑。2020年，中部地区以占全国10.7%的国土面积承载了全国25.8%的人口、贡献了全国22%的地区生产总值（图4-3-1）。2021年上半年，中部地区经济总量达到11.8万亿元，按可比价格计算，中部地区增长14.7%，超过全国平均增速2个百分点，连续两个季度领跑四大板块，为支撑中国经济平稳发展发挥了关键作用。中部地区既有雄厚的经济基础、强劲的发展动力，又有巨大的发展潜能，完全能够肩负起高质量发展的时代重任。

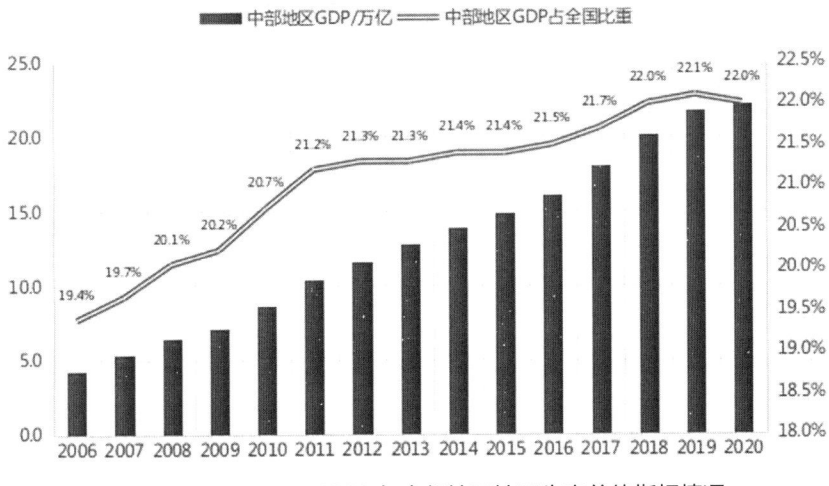

图4-3-1 2006—2020年中部地区地区生产总值指标情况

二、创新体系持续完善

从创新投入来看，战略实施以来，中部地区创新驱动态势逐渐显现，企业创新研发积极性稳步提高。自2004年"中部崛起"破题以来，中部地区规模以上工业企业研究与试验发展（R&D）经费规模显著扩大，从125亿元扩大到2823亿元，占全国比重从11.3%稳步上升至2018年的19.0%，提升7.7个百分点；研发强度（R&D经费占企业主营收入比重）从0.5%提升至2018年的1.15%（图4-3-2）。从创新产出来看，企业研发投入力度的加大带动了创新研发效率的提升。2004年以来，中部地区规模以上工业企业研究发明专利申请数量从20456件大幅提升到2019年的398802件，占全国比重从10.4%上升至18.1%，"十三五"期间平稳保持在18%左右，科技支撑能力显著增强。从技术交易来看，伴随企业创新研发积极性的提升，中部地区技术交易活动日趋活跃。2006—2019年间，中部地区技术市场成交额从147亿元大幅增加到了2860亿元。中部地区技术市场成交额占全国比重在党的十八大之前存在缓慢下滑态势，十八大之后开始快速上升，"十三五"期间较为稳定地保持在13%左右的水平，2019年占全国比重为13.2%。从创新布局来看，战略落地实施以来，一批优质科教创新资源落户中部六省。"十三五"期间启动建设16家国家制造业创新中心，4家位于中部地区，其中湖北省2家，与上海、江苏、广东并列全国第二。合肥综合性国家科学中心获批成为全国四大综合性国家科学中心之一，是国家科技领域体现竞争力的重要平台。

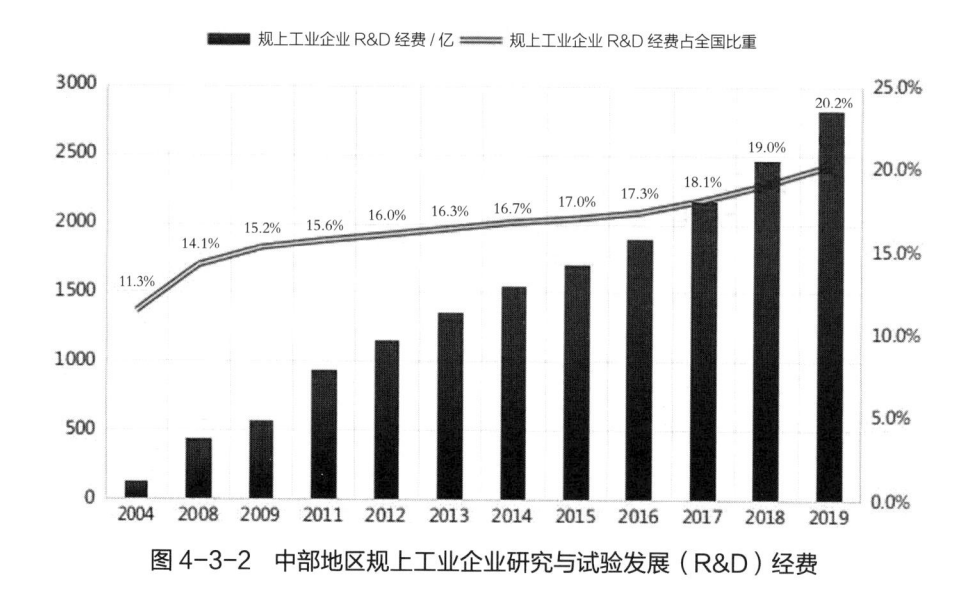

图 4-3-2　中部地区规上工业企业研究与试验发展（R&D）经费

三、产业结构调整成效显著

从三次产业结构来看，第三产业支撑作用逐步增强，成为中部地区的主导产业。中部地区一二三产业结构逐步从2006年的14.7：47.6：37.7调整为2020年的9.0：40.6：50.3（表4-3-1）。第三产业占比在2016年超过第二产业，成为中部地区的主导产业。从产业质量来看，高技术产业蓬勃发展，产业链不断向中高端迈进。中部地区高技术企业收入及净利润占全国比重明显提升，2018年较2007年分别提升6.8个百分点、4.9个百分点。从新兴产业培育来看，形成一批国家重要的能源基地、原材料深加工基地、装备制造业基地、战略性新兴产业基地。从民营经济活力来看，私营部门投资成为拉动投资的重要支撑力量。2006—2017年间，中部地区全社会固定资产投资中私营部门占比显著提升，从15.8%增长至34.2%，提升18.4个百分点。中部地区私营部门固定资产投资从3309亿元扩大到56798亿元，占全国比重从2006年的17.2%快速增至2017年的27.9%，增幅达10.5个百分点。

表4-3-1 中部地区产业结构

年份	第一产业 增加值（亿元）	第一产业 占比（%）	第二产业 增加值（亿元）	第二产业 占比（%）	第三产业 增加值（亿元）	第三产业 占比（%）
2006	6282	14.7	20408	47.6	16162	37.7
2007	7340	13.8	25825	48.5	20051	37.7
2008	8755	13.6	31752	49.4	23709	36.9
2009	9067	12.8	34747	49.1	26974	38.1
2010	10502	12.2	43785	50.9	31706	36.9
2011	12014	11.6	53949	51.9	37978	36.5
2012	12920	11.2	59116	51.1	43557	37.7
2013	13712	10.8	63335	49.7	50381	39.5
2014	14319	10.3	67572	48.6	57089	41.1
2015	14690	9.9	68609	46.2	65116	43.9
2016	15394	9.6	71820	44.6	73885	45.9
2017	15804	8.8	78875	43.8	85581	47.5
2018	16200	8.1	84767	42.2	100007	49.8
2019	17891	8.2	90417	41.6	109207	50.2
2020	20099	9.0	90269	40.6	111878	50.3

四、生态环境明显改善

从生态保护成效来看，中部地区森林覆盖率稳步增长，生态系统质量和稳定性得到提升。近三次全国森林资源清查中（表4-3-2），中部六省森林覆盖率稳步攀升，沿长江四省显著优于全国水平。沿黄两省，河南逐步接近并超越全国水平，山西略低于全国水平，但差距逐渐缩小。物种资源丰富度和草原综合植被盖度增加，湿地保有量达到520万公顷。从污染治理来看，工业减排投入和管控力度加大，污染排放强度下降明显。2006—2017年间，中部工业污染治理投资完成额增长明显，从106亿元波动上涨至165亿元，占全国比重由21.9%波动上涨至24.1%（图4-3-3）。伴随污染治理投入的加大，废水排放强度明显下滑，由2006年的26.1万吨/亿元下滑至2017年的8.5万吨/亿元。从生活污染治理来看，生活垃圾处理能力显著增强。中部地区生活垃圾无害化处理能力大幅提升，2019年日生活垃圾无害化处理能力为2006年的4.3倍，沿长江四省及山西均已实现100%无害化处理，河南也已非常接近100%无害化处理水平。

表4-3-2 中部六省森林资源情况

	第七次全国森林资源清查（2004—2008）	第八次全国森林资源清查（2009—2013）	第九次全国森林资源清查（2014—2018）
山西省	14.1%	18.0%	20.5%
安徽省	26.1%	27.5%	28.6%
江西省	58.3%	60.0%	61.2%
河南省	20.2%	21.5%	24.1%
湖北省	31.1%	38.4%	39.6%
湖南省	44.8%	47.8%	49.7%
全国	18.2%	21.6%	23.0%

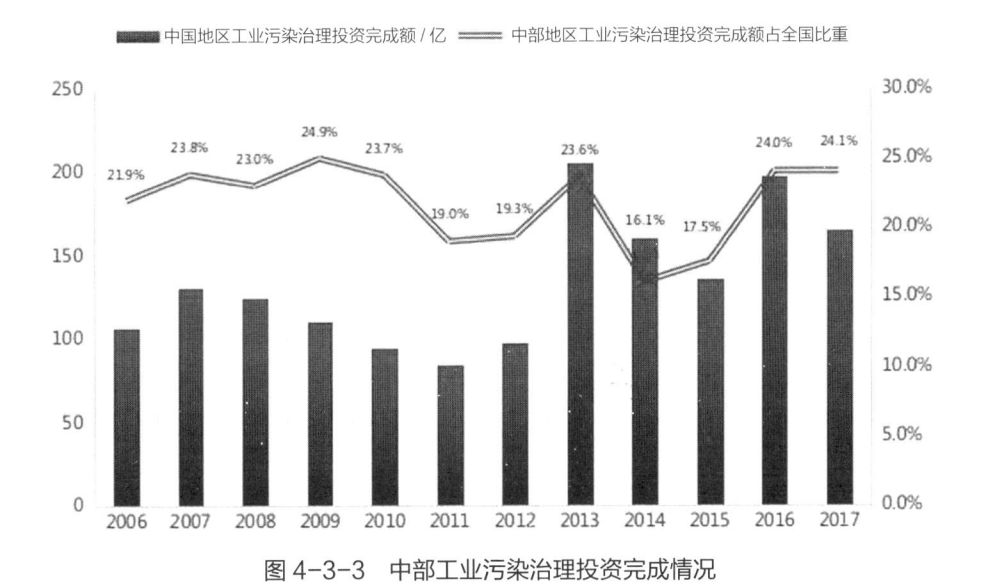

图 4-3-3　中部工业污染治理投资完成情况

五、对内对外开放合作不断增强

从外贸外资规模来看，中部地区逐渐成为我国外贸进出口的重要增长点。2006—2020 年间，中部六省贸易进出口快速发展，从 540 亿美元扩大至 3873 亿美元，特别是在 2020 年受新冠肺炎疫情冲击情况下，仍较 2019 年实现了 442 亿美元的增量。占全国比重从 3.1% 扩大至 8.3%，成为支撑我国外贸进出口的重要增长点。2006—2020 年间，中部地区外贸进出口总额名义年均复合增速高达 15.1%，高出 7.2% 的全国水平 7.9 个百分点（图 4-3-4）。从国际合作来看，高水平开放经济体系加快构建。一是开放平台布局加快建设。中国（河南）、中国（湖北）自由贸易试验区高标准高水平建设；郑州航空港经济综合实验区、长沙临空经济示范区以及跨境电子商务综合试验区发挥重要作用；15 个国家级综合保税区加快发展，其中河南新郑综合保税区进出口值位列全国 39 个综合保税区第一位。二是融入"一带一路"建设进程加快。由武汉、郑州等地始发的中欧班列开行数量快速发展，由 2013 年的 80 列增加至 2019 年的 8225 列，年均增长 116.44%。三是企业"走出去"步伐加快，企业对外投资逐步向跨国并购、股权置换延伸，向产业链投资和集群式

"走出去"发展;"走出去"企业主要集中在高端装备制造、汽车、新能源、生物医药和现代农业等新兴产业领域。从对内合作来看,建承接国内产业转移力度持续加大。中部六省紧抓长江经济带、京津冀协同发展等机遇,加速出台有关承接产业转移的政策文件,实施"五大开放行动"、开展"产业项目建设年"活动。皖江城市带、晋陕豫黄河金三角、湖北荆州、江西赣南、湘南湘西等中部地区承接产业转移示范区相继设立。

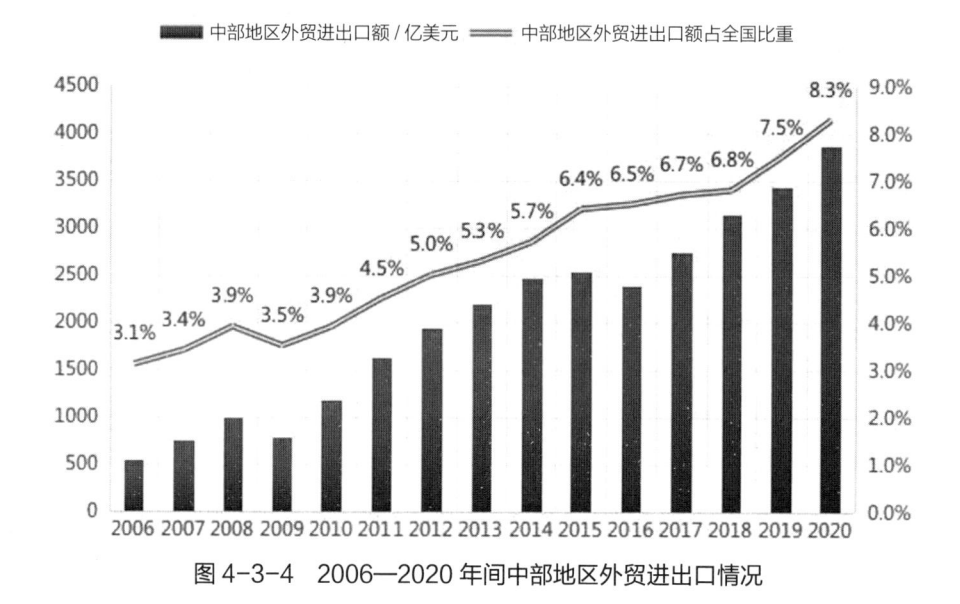

图 4-3-4　2006—2020 年间中部地区外贸进出口情况

六、民生保障持续增强

从居民收入来看,中部省份居民收入增速普遍快于全国,且城镇与农村居民收入差距呈现收窄态势。2006—2020 年,中部六省中三省(安徽、江西、湖南)城镇人均收入名义年均复合增速快于全国,湖北与全国持平。同期,农村人均名义年均复合收入增速快于全国的有五省(安徽、江西、河南、湖南),湖北与全国持平。从城乡收入差距来看,中部省份居民收入增速普遍快于全国,且城镇与农村居民收入差距呈现收窄态势。六省 2019 年城市与农村居民人均可支配收入的差距均较 2006 年战略开始实施时,有明显收窄,城乡收入差距得到一定控制(表 4-3-3)。从居民就业来看,居民失业率均低于全国水平，且较2006年下降明显。2019年，中部地区新增就业超过500万人，2006—2019年间，山西、安徽、江西、河南、湖北、湖南城镇登记失业率分别下降了0.5个、1.7个、0.7个、0.3个、1.8个、1.6个百分点。

表4-3-3　2006年、2019年六省城乡人均收入

		山西	安徽	江西	河南	湖北	湖南	全国
2006	城镇人均收入/元	10028	9771	9551	9810	9803	10505	11759
	农村人均收入/元	3181	2969	3460	3261	3419	3390	3587
	城镇：农村	3.2:1	3.3:1	2.8:1	3.0:1	2.9:1	3.1:1	3.3:1
2019	城镇人均收入/元	34793	39442	38556	34750	36706	41698	43834
	农村人均收入/元	13878	16620	16981	16108	16306	16585	17131
	城镇：农村	2.5:1	2.4:1	2.3:1	2.2:1	2.3:1	2.5:1	2.6:1

2006年，中部六省中有三省（安徽、湖北、湖南）城镇登记失业率均高于全国水平，至2019年，中部六省均已低于全国水平。

专栏4-3-1　中部地区发展典型案例1——以武汉城市圈为例

武汉是中部地区的中心城市，近年来，武汉城市圈对中部地区的崛起和大区域的发展起到了重要的作用。

一是工业链条化、一体化发展态势逐渐明显。武汉的光电子产业逐步向孝感、咸宁等城市延伸链条；钢铁及深加工企业主要向鄂州、黄石延伸；医药、化工产业主要向潜江、孝感、黄冈转移；纺织、服装及印染产业主要向孝感、仙桃、天门转移；汽车及零部件产业主要向孝感、仙桃、潜江延伸链条。建材行业中，华新水泥集团将业务和研发机构向武汉聚集，在武汉投资建设了华新武汉青山公司（30万吨水泥粉磨站）、华新武钢公司（利用武钢公司的高炉渣进行粉磨深加工）、华新武汉混凝土公司3个公司，在咸宁赤壁、黄冈武穴和仙桃投资建设生产基地。武烟集团先后兼并了三峡、红安、广水3家卷烟厂，购买了江陵、大悟、咸宁3家卷烟厂计划指标，使武烟集团的年产规模大幅提升。此外，城市圈内机械制造、电子电器、食品加工等产业也日益呈现集群发展态势。初步形成了光电子产业、钢铁产业、化工产业、纺织服装产业、汽车及零部件产业等特色产业带。

二是在旅游、商贸、金融、信息等重点服务行业一体化发展效应明显。旅游业方面，武汉城市群统一制定了《武汉城市圈旅游发展总体规划》，实现九市旅游一体化发展。依

托城市群资源,精心编排并组织科教文化、温泉度假、红色文化、生态休闲等8大主打旅游产品,形成了城市群内系列旅游品牌。商贸物流业方面,武汉市武商集团股份有限公司、武汉中百集团股份有限公司、武汉中商集团股份有限公司等三大商贸流通集团不断把连锁网点延伸到群内各城市。其中,仅武汉市武商集团股份有限公司就已在城市群内发展了700余个连锁经营网点,总营业面积达95万平方米。金融业方面,武汉区域性金融中心的地位逐步显现,中国人民银行、工商银行、农业银行、建设银行等金融机构分别在武汉设立区域性总部、分行或全国性金融后台服务中心;先后引进外资金融企业达35户;成立小额贷款公司40余家。武汉市商业银行获批为汉口银行,并在鄂州设立了分行。信息传输、软件和信息技术服务业方面,城市群内通信费用不断降低。湖北省通信管理局率先在武汉和鄂州之间进行通信资费改革试点,实行"城市圈优惠套餐",两城市间固定电话和手机通信资费实现下调,通话费标准基本接近本地通话标准。

三是城市群跨区域投融资平台逐渐完善。成立湖北省联合发展投资集团有限公司,以出资人的形式进行融资开发建设。目前,湖北省联合发展投资集团有限公司已经进行大东湖生态水网、武汉新港、花山新城等重大项目的建设、融资。设立城市群建设发展基金。由湖北省联合发展投资集团有限公司、国开金融有限责任公司、国家开发银行湖北省分行共同出资200亿元,作为城市群建设发展基金。湖北省政府每年投资3亿元,重点支持城市群内9城市以改革创新引领建设发展的综合项目,以公开招标形式确定项目并引导社会资金注入。

四是交通基础设施建设方面。"一小时交通圈"已基本构建。随(州)岳(阳)中高速公路、武汉市青(菱)郑(店)、(武)汉英(山)、汉(阳)蔡(甸)、(武)汉麻(城)、(武)汉洪(湖)5条高速出口路和关(山)葛(店)一级公路、阳逻长江大桥已建成通车,武汉市188千米的外环全线贯通,城市群内高速公路里程达到2000千米,城市群"承东启西、接南纳北"的公路骨架基本形成。武汉至孝感、武汉经鄂州至黄石、武汉至咸宁、武汉至黄冈4条城市铁路项目竣工通车。武(汉)广(州)客运专线、武汉至合肥铁路、武(汉)襄(阳)安(康)铁路增二线相继建成投入使用,武昌火车站改造、武汉火车站相继投入使用。武汉机场三期扩建工程、武汉机场新建国际楼工程稳步推进。华中地区最大的公、铁、水、空综合性立体交通枢纽初步形成。电力方面,500千伏鄂东环网输变电工程全线竣工,年下载电量300亿千瓦时,为城市群的建设和发展提供强大的电力支持。

五是公共服务一体化加速。教育方面,城市群积极推进武汉部属高校与地方高校联合办学、武汉与周边八市基础教育对口支援和职业教育园区建设,促进教育资源的共建共享。文化方面,城市群内9市的图书馆联盟网站正式开通;群内各城市公共图书馆之间互通阅览服务已全面开展。城市群内演艺联盟已经初步形成。城市群内博物馆、纪念馆积极推行免费开放。卫生方面,城市群9市的突发公共卫生应急指挥系统正积极建设,其中第一期省级卫生应急决策与指挥信息系统已经建设完成。9市的妇幼保健院实行信息互通、资源共享、优势互补、减低运行成本。

专栏4-3-2 中部地区发展典型案例2——江西省赣州市振兴发展

2012年,国家印发《关于支持赣南等原中央苏区振兴发展的若干意见》(以下简称《若干意见》),从国家层面系统规划了赣南等原中央苏区振兴发展的目标任务、战略定位、主要举措和扶持政策。在国家的支持下,江西省赣州市牢记习近平总书记的殷殷嘱托,把苏区振兴作为重大政治责任和历史机遇,全力以赴抓好政策落实,赣南革命老区发展迸发出蓬勃活力。

按照"输血"和"造血"相结合、重在"造血"作为基本原则,重点抓了六个方面的工作。

一是把解决突出民生问题作为振兴发展的首要任务,加快改善群众生产生活条件。以改造农村危旧土坯房为突破口,启动"农村危旧土坯房改造三年计划",在全市范围内实施大规模的农村危旧土坯房改造。同时,启动实施农村饮水安全、农村电网改造和农村道路新建改造工程,全面提高"两红"人员等特殊困难群体生活保障水平。把解决红军和革命烈士后代生活困窘问题摆在突出位置,优先解决在乡退伍红军老战士、红军失散人员及革命烈士的遗孀、低保户、"两红"人员及革命烈士的子女等特殊群体的困难。

二是把打好精准脱贫攻坚战作为振兴发展的主题主线,探索革命老区脱贫攻坚新路。坚持以脱贫攻坚统揽经济社会发展全局,聚焦"两不愁三保障",集中资源,尽锐出战,推动脱贫攻坚取得重大成效,赣州市贫困发生率由2011年的26.71%下降到2019年的0.37%。

三是把培育壮大特色优势产业作为振兴发展的内生动力,着力增强自我发展能力。把振兴发展的重心逐步转到增强发展内生动力上来,大力推进产业转型升级,提升自我造血功能。经过努力,稀土和钨、家具产业集群主营业务收入均突破千亿元,成功组建运营中国南方稀土集团,新能源汽车及应用、电子信息、生物制药等产业加速发展壮大,工业"一矿独大"的格局得到改变,产业转型升级迈出坚实步伐。

四是把加快基础设施建设作为振兴发展的先导工程,增强振兴发展的支撑能力。按照合理布局、适度超前的原则,制定实施八年振兴项目投资计划,加快实施一批交通、能源、水利等重大项目。经过努力,赣州交通相对落后的状况得到很大改观,"一纵一横"十字形高铁和"两纵两横"普铁网加快构建,"三纵三横六联"高速公路网初步形成,能源保障能力得到加强,水利设施日益完善,振兴发展支撑能力得到明显增强。

五是把加强生态建设和环境保护作为振兴发展的根本前提,筑牢我国南方重要的生态屏障。牢固树立绿色发展理念,正确处理经济发展与生态保护的关系,率先实施国家山水林田湖草生态保护修复试点,对赣南生态环境进行系统性修复,治理水土流失近650万亩。通过努力,赣州受生态环境约束的状况得到明显缓解,生态环境质量稳居全国前列。

六是把深化改革开放作为振兴发展的关键突破,全面激发振兴发展活力。赣州充分利用《若干意见》赋予的先行先试权,积极争取改革创新事项先行先试,致力打造成为国家部委改革创新的试验田、先行区。一批试点示范建设在全省、全国形成了可复制可推广的"赣州经验"。赣州国际陆港获批全国内陆第8个临时对外开放口岸、内陆首个国检监管试验区以及肉类、汽车整车进口口岸,成为全国功能最齐全的内陆口岸之一,开行中欧(亚)班列,开通运营至盐田港、厦门港、广州港"同港同价"双向班列。通过努力,赣州在内陆开放新格局中形成新优势,正加速融入"一带一路"建设。

第四节 东部率先的进展和典型案例

改革开放 40 多年来,东部地区在很大程度上引领了全国的改革开放和转型发展,在中国经济奇迹的创造中发挥了不可替代的重要作用,作出了巨大的历史性贡献。下面重点从经济发展动力转换、新型产业结构构建、开放型经济发展、空间发展格局变化等四个方面,分析东部地区率先发展的原因。"率先发展"是个比较概念,是用与西部、中部、东北地区进行比较的方式,分析东部地区率先发展的原因。

一、经济发展动力加快转换

实现经济增长动力由简单的要素驱动、资本驱动向创新驱动转变,是东部地区率先发展的首要任务。从创新投入及产出两个方面,分析东部地区经济发展动力转变的情况。

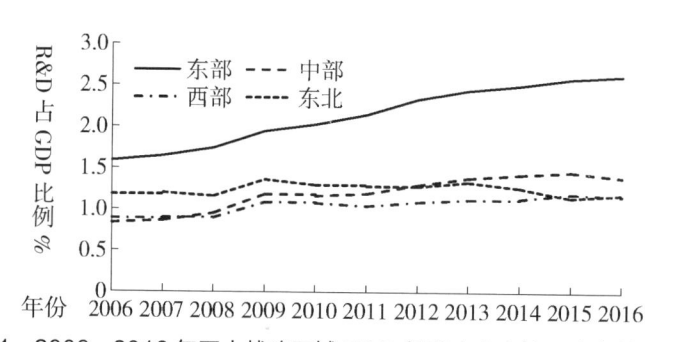

图 4-4-1　2006—2016 年四大战略区域 R&D 经费支出占地区生产总值比例变化

注:数据来源于《中国科技统计年鉴》与各省市统计年鉴。数据均采用 2000 年不变价格的 CPI 进行平减。下文各图表所用到的相关数据均以相同方法处理。

据图 4-4-1,2006 年以来,东部地区的 R&D 经费支出占地区生产总值比例始终高于西部、东北和中部,总体上与后者的差距持续扩大。2016 年,东部地区的 R&D 经费支出占地区生产总值比例为 2.6%,分别比中部、西部、东北高1.2个、1.5个、1.4个百分点。与2006年相比,东部地区R&D经费支出占地区生产总值比例与中部、西部、东北的差距分别扩大了61.7%、106.9%和252.3%。

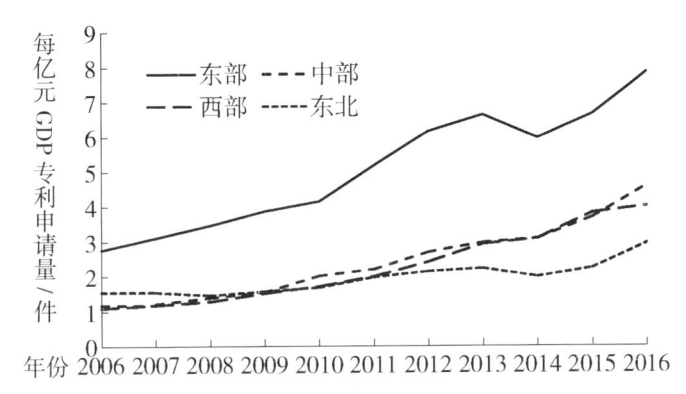

图4-4-2 2006—2016年四大战略区域的每亿元地区生产总值专利申请量

资料来源:根据《中国统计年鉴》《中国科技统计年鉴》的数据计算。

图4-4-2显示了四大战略区域的每亿元地区生产总值的专利申请量(件)变化。从中可以看出,东部地区每亿元地区生产总值的专利申请量一直高于中部、西部和东北地区,而且总体上差距在不断扩大。在2006年,东部地区每亿元地区生产总值的专利申请量是2.8件,分别比中部、西部、东北高1.6件、1.7件、1.2件。到2016年,东部地区每亿元地区生产总值的专利申请量增至7.9件,分别比中部、西部、东北高3.3件、3.8件、4.9件。

综合上述两个方面分析可知,东部地区的经济发展动力正在向创新驱动转换,而且明显走在了中部、西部和东北地区的前面。

二、新型产业结构加快构建

构建以先进制造业、高技术制造业和生产性服务业为主体的新型产业结构,是东部地区率先发展的首要目标。由于各省区市在先进制造业、高技术制造业和生产性服务业的产业统计口径方面不一致,而且就是同一个省份其统计口径也有随时间而变化的情况,所以从企业开发新产品的项目数量和新产品销售收入两个方面分析四大战略区域新型产业结构的发展情况。

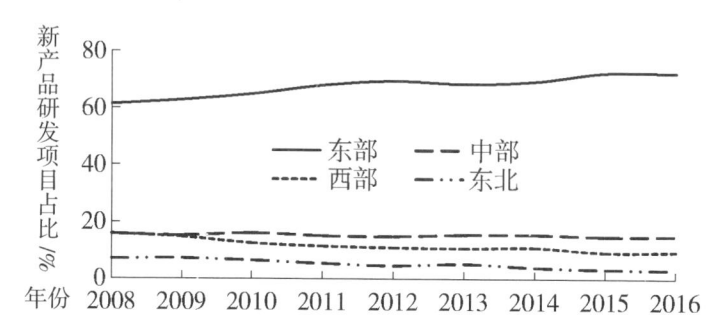

图 4-4-3　2008—2016 年四大战略区域新产品研发项目数占全国比例

数据来源：《中国统计年鉴》。

据图 4-4-3，东部地区新产品研发项目占全国的比例总体上呈上升趋势，与之相反，中部、西部、东北地区所占比例则出现下降趋势。在数量上，东部地区新产品研发项目占全国比例远高于中部、西部和东北地区。其中 2008 年东部地区所占比例已达到 61.4%，分别高于中部和西部、东北 45.5 个百分点与 54.4 个百分点。到 2016 年，东部地区所占比例已高达 72.4%，分别比中部、西部、东北高出 57.4 个百分点、63 个百分点与 69.4 个百分点。与 2008 年相比，东部地区新产品研发项目数占全国比例与中部、西部、东北的差距分别扩大了 26%、38.5% 与 27.4%。

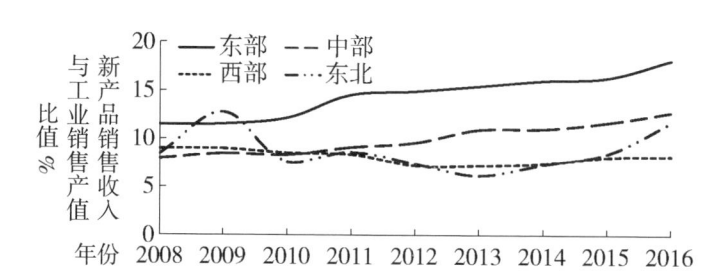

图 4-4-4　2008—2016 年四大战略区域新产品销售收入 / 工业销售收入总产值

数据来源：《中国统计年鉴》。

图 4-4-4 中，显示四大战略区域新产品销售收入在工业销售收入总产值

中占比的变化。从中可以看出，东部地区新产品销售收入占比一直远高于中部、西部和东北地区，并且与他们的差距基本呈现扩大趋势。其中，在2008年，东部地区的新产品销售收入占工业销售收入总产值的比例达到11.5%，分别高于中部、西部、东北3.5个百分点、2.5个百分点和3.0个百分点。到2016年，东部地区的新产品销售收入占工业销售收入总产值的比例达18.1%，分别比中部、西部、东北地区高5.4个百分点、9.9个百分点与6.4个百分点，与2008年相比，东部地区的新产品销售收入占工业销售收入总产值比例与中部、西部、东北的差距分别扩大了51.9%、297.7%和112.4%。

综合以上两个方面的分析可以看出，东部地区在构建以先进制造业、高技术制造业和生产性服务业为主体的新型产业结构过程中走在了中部、西部和东北地区的前面。

三、开放型经济加快发展

开放型经济既是东部地区自改革开放以来经济发展的鲜明特征，也是东部地区经济发展的主要动力之一。东部地区率先发展战略要求东部地区提高开放型经济水平，建立更高水平的开放型经济体系，在更高层次上参与国际竞争与合作。这里，从对外贸易、投资等方面分析东部地区开放型经济发展的情况。

据图4-4-5显示，从2006年到2016年，东部地区进出口总额占地区生产总值的比例由96.4%下降为49.9%，降幅高达46.5个百分点。出口总额

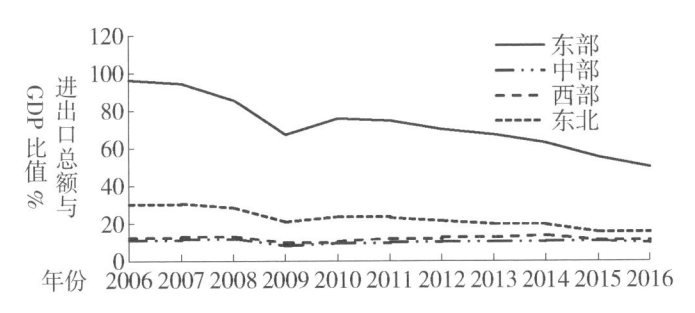

图4-4-5 2006—2016年四大战略区域进出口总额/地区生产总值比值

数据来源：《中国统计年鉴》与国家外汇管理局。

和进口总额均表现出了同样的趋势，其中，出口总额占地区生产总值比例由53.1%下降为28.7%，下降了24.4个百分点；进口总额占地区生产总值比例由43.3%下降为21.2%，下降了22.1个百分点。这说明，在国际金融危机的冲击下，东部地区的对外贸易对于经济增长的驱动力在不断地弱化。

与中部、西部和东北地区相比，东部地区的进出口总额占地区生产总值比例远大于这三个战略区域。同时，这个比例的降幅也远比这三个战略区域大。这表明，一方面对外贸易对东部地区经济增长的重要性远大于其他三个战略区域，另一方面在国际金融危机中，东部地区对外贸易所受到的冲击也最大。

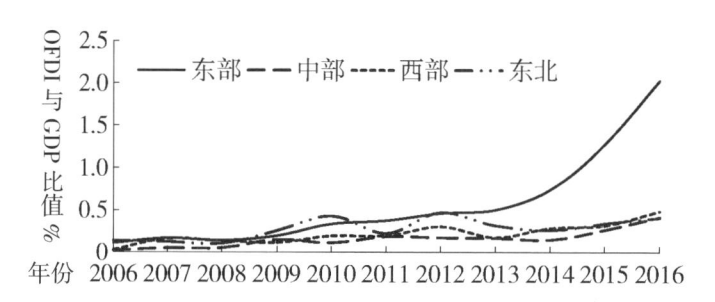

图4-4-6　2006—2016年四大战略区域对外直接投资总额（OFDI）/地区生产总值比值

数据来源：《对外直接投资统计公报》。

图4-4-6显示了四大战略区域对外直接投资总额（OFDI）与地区生产总值的比值变化。自2006年以来，东部地区的OFDI占地区生产总值比例始终高于中部和西部地区，部分年份略低于东北地区，总体上高于后者并且2013年以后差距不断扩大。特别值得注意的是东部地区OFDI占地区生产总值比例快速增长，这与国家推动"一带一路"建设密切相关。2016年，东部地区OFDI占地区生产总值比例为2.0%，分别比中部、西部、东北地区高1.6个百分点、1.5个百分点和1.6个百分点。这表明，东部地区在"走出去"中已经遥遥领先于中部、西部和东北地区。

据图4-4-7，从2006年到2016年，东部地区实际利用外资总额占地区生产总值比例由4.5%下降为2.6%，降幅达到1.9个百分点。相比东部地区，

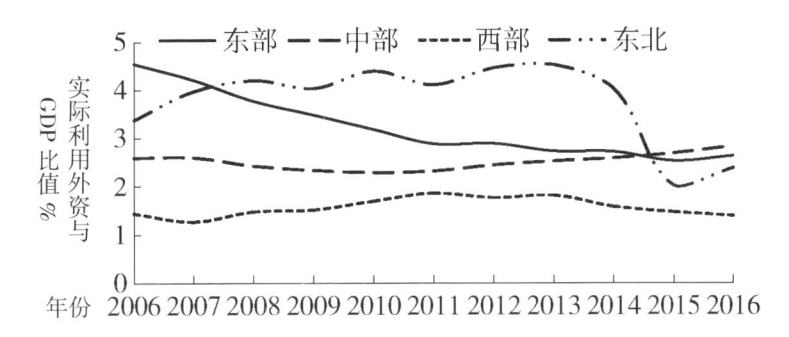

图 4-4-7　2006—2016 年四大战略区域实际利用外资/地区生产总值比值

数据来源：《中国统计年鉴》与《中国城市统计年鉴》。

除中部地区出现小幅度上升外，西部与东北地区也出现相同的下降趋势，其中，中部地区上升约 0.3 个百分点，西部与东北地区分别下降约 0.1 个百分点与 1 个百分点。总体而论，东部地区在开放型经济发展方面也是走在中部、西部和东北地区之前的。

四、空间发展格局加速变化

东部地区率先发展战略在"十一五""十二五""十三五"三个时期均提出了空间发展重点。从大的方面看，京津冀、长三角、珠三角 13 个增长极是东部地区率先发展的空间重点。

据图 4-4-8 显示，长三角增长极对东部地区经济增长的贡献持续增大，其占东部地区地区生产总值的比例由 2006 年的 33.3% 上升为 43.8%，增加了 10.5

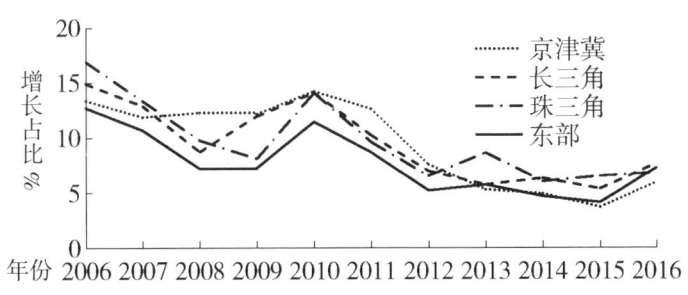

图 4-4-8　2006—2016 年京津冀、长三角、珠三角和东部地区地区生产总值增速

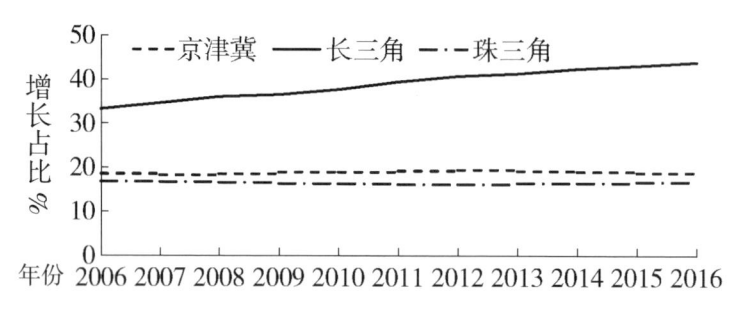

图 4-4-9　2006—2016 年京津冀、长三角、珠三角占东部地区地区生产总值比例

个百分点。京津冀和珠三角对东部地区经济增长的贡献总体上保持稳定，占东部地区地区生产总值的比例分别为 18%—20% 和 16%—17%。在经济增长速度方面，据图 4-4-9 显示 2006—2016 年京津冀、长三角、珠三角三个增长极和东部地区的增速均出现了明显的下降，但总体上三个增长极的增速高于东部地区。其中，长三角的经济增速远比东部地区高，京津冀、珠三角的增速只略高于东部地区。值得注意的是，到 2016 年，京津冀、长三角、珠三角和东部地区的经济增速都出现了上升，但是，长三角的增速只比东部地区约高 2.6 个百分点，京津冀和珠三角的增速则分别比东部地区低 1.3 个百分点和 0.4 个百分点。

同时，东部地区经济增长差异的变化呈现出以下两个特征（表 4-4-1）。其一，东部地区各省市之间经济增长的绝对差异持续扩大，表现为人均地区生产总值标准差、极差分别由 2006 年的 12055 元和 41503 元扩大到 2016 年的 17481 元和 51967 元，分别扩大了 43% 和 25%，相对差异总体上趋于缩小。其二，东部地区各省市之间经济增长的相对差异总体上趋于缩小，其变异系数由 2006 年的 0.4177 下降为 2016 年的 0.3022。由此可见，2006—2016 年，东部地区内部的经济增长差异总体上呈现出了良好的变化趋势。

表 4-4-1　2006—2016 年东部地区人均地区生产总值差异变化

年份	标准差（元）	变异系数	极差（元）
2006	12055	0.4177	41503
2007	13041	0.4082	45556

续表

年份	标准差（元）	变异系数	极差（元）
2008	12783	0.3732	40885
2009	13082	0.3561	41736
2010	13659	0.3336	42293
2011	13947	0.3134	43258
2012	14245	0.3043	45516
2013	14792	0.2989	47021
2014	15277	0.2949	47432
2015	16004	0.2967	47763
2016	17481	0.3022	51967

专栏 4-4-1　东部地区率先发展典型案例 1——浦东新区的改革探索

在长三角地区的发展中，上海是核心，上海浦东新区是龙头。2005 年 6 月，国务院常务会议批准上海浦东新区进行综合配套改革试点，明确了率先建立社会主义市场经济体制，着力转变政府职能、着力转变经济运行方式、着力改变城乡二元经济和社会结构的总体要求。十多年来，浦东新区按照"浦东能突破、全市能推广、全国能借鉴"的要求，先后实施了三轮三年行动计划，推动了 200 多项改革任务，在重点领域和关键环节先行先试取得了一些进展和突破，增强了对长江三角洲地区的辐射带动能力。

一是率先探索海关特殊监管区向自贸园区转型升级。设立了国家第一个自贸试验区。围绕总部企业的跨境资金运作需求，率先探索跨境放款、外汇集中管理、集中收付汇等一系列突破。围绕口岸进出便利化需求，率先在全国海关开展分类通关和无纸化通关改革试点，推进海关、边检、检验检疫申报单"三单合一"。围绕完善总部经济发展环境，2012 年国家工商总局出台意见，从下放登记管辖权、鼓励债券转股权等方面推出支持上海经济社会发展的 18 条政策措施。

二是完善金融对实体经济的促进作用。2006 年中国金融期货交易所在浦东注册成立，2010 年全国银行间市场贷款转让交易系统在浦东开通，2012 年上海股权托管交易中心落户浦东。2010 年国内首批、上海首家消费金融公司——中银消费金融有限公司在上海浦东挂牌，2012 年率先开展商业保理试点。同时，股权投资、风险投资、对冲基金、融资租赁、融资担保以及小额贷款公司等新兴金融业态及金融机构加快集聚，初步构建了涵盖科技企业各成长阶段的股权投资体系和符合科技企业资产特征的债权融资体系。

三是促进创新创业。推出"张江创新十条"，通过股权激励、发挥国资创投引导功能、探索出入境便利化等举措，给予创新创业人才激励支持。例如，通过股权激励试点，促进了科技成果转化与企业分配收益的结合,调动了技术和管理人员的创造性和积极性。围绕降低人才居住成本推出一系列举措,通过提供人才公寓、租金补贴、双定双限房以及孵化器、创业工坊等多种渠道,降低创新创业人才特别是青年人才的居住成本和创业门槛。

四是突破高新技术产业化瓶颈。如针对入境检验检疫模式难以满足生物医药研发企业需求的问题,2008年起,质检部门在张江率先启动入境生物材料检验检疫试点,推进缩短审批时间、缩减审批范围、减少申请材料、许可分批核销等6方面改革。针对集成电路设计企业在委托加工环节中税负较重的问题,从2008年开始积极探索集成电路保税监管新模式。对张江高科技园区集成电路设计企业实行"自行设计、具有自主知识品牌、委托加工后出口的产品视同自产产品享受免抵退",2011年推动实现芯片设计到制造、封装、测试等整个加工经营活动的全程保税。同时,针对张江、金桥等产业园区从以制造经济为主向创新经济转型升级、发展混合业态的需求出发,推动土地"二次开发"改革试点,利用存量工业用地建设研发类建筑,按规划增加容积率。

五是深化行政管理体制改革。探索建立起"大部门制""大管委会""大市镇"的行政管理架构。区政府设工作部门19个,相当于其他区县的2/3;万人行政编制数3.8人,不到全市平均数一半。在开发区实行"大管委会"体制。目前形成"4+3"开发区管理格局,通过市、区两级充分授权,基本做到"开发区事、开发区办"。探索"大市镇"体制。建立新的川沙新镇和祝桥镇,赋予更大的管理权限,增强统筹资源、自主发展的能力。在临港地区建立南汇新城镇,与临港管委会实行"两块牌子、一套班子",最大限度提高临港地区的统筹开发力度,促进产城融合。经过六轮行政审批制度改革,建立"一门式"的审批服务机制,建立了"管批分离"和行政服务中心"一门式受理、一门式办理、一门式办结"的建设工程综合审批服务机制。

六是大力推进城乡统筹。推进教育管理一体化,加强教育投入和建设力度,实现基础教育的统一拨款标准、统一硬件配备、统一信息平台、统一为教师提供培训与发展机会。推进医疗卫生服务管理体制一体化,将各社区卫生服务中心人、财、物等实行区级统一管理,促进城乡医疗卫生事业的同步发展。

七是优化社会组织发展环境。推动建立上游有基金会、中游有支持性枢纽型社会组织、下游有操作型公益组织的社会组织生态链。拓宽社会组织生存和发展空间,探索优化社会组织建立和发展有效机制,推进简化社会组织登记程序、行业协会登记管理体制、公共服务供给模式等改革。

资料来源:摘自《中国人民大学评估组对上海浦东综合配套改革试点的评估报告》,2013年。

专栏4-4-2　东部地区率先发展典型案例2——深圳市的改革探索

深圳在珠三角的创新发展中具有特殊重要的地位,近年来,深圳在经济特区建设的基础上继续深化改革。行政管理体制改革迈出实质步伐,先后推出政府机构大部制改革、公务员分类改革和聘任制改革、行政审批制度改革、事业单位改革、建立打造功能新区等;经济领域改革有序推进,前海体制机制创新、商事登记制度改革、土地管理制度改革等在全国范围内备受关注;社会领域改革扎实推进,积极创新社会建设体制机制、深化社会组织管理体制、完善住房、医疗、教育等方面的改革;文化体制、生态领域、民主政治建设进一步深化。为珠三角转型发展发挥了重要的支撑作用。

一是打造前海深港现代服务业合作区"特区中的特区"。国家层面建立了前海建设部际联席会议制度；在广东省层面推动省政府下放了一批省级经济管理权限；在深圳市层面，推动"一条例两办法"(《前海合作区条例》《前海管理局暂行办法》《前海湾保税港区管理暂行办法》)正式出台，探索建立起集中管理、灵活高效的法定机构运作新模式，将土地规划、投资项目管理等69项行政职能授权给前海。《前海跨境人民币贷款管理暂行办法》已于2012年底经人民银行批准印发实施。此外，深圳市石化交易所、金融资产交易所、文化产权交易所、碳排放权交易所、农产品交易所、股权交易中心、保险结算中心等均落户前海，初步形成要素交易市场集聚发展态势。以深港高层联席会议和专责工作小组制度为基础，探索成立了与香港政府部门联合建立的金融政策、法律环境等四个工作小组，共同争取政策支持；在部际联席会议制度框架下，与香港方面建立了定期联络沟通机制；推动组建了深港双方共同参加的高规格咨询委员会，港方委员占近50%，形成了高层次、多领域的智囊咨询常态化运作机制。

二是全面实施商事登记制度改革激活市场环境。国家工商总局出台《国家工商行政管理总局关于支持广东加快转型升级、建设幸福广东的意见》，明确支持广东省在深圳经济特区和珠海经济特区横琴新区开展商事登记制度改革试点。目前《深圳经济特区商事登记若干规定》已正式实施，同时发出首张新版的营业执照。这是全国首部商事主体资格与经营资格分离的商事登记法规。商事登记制度改革，大大减低企业登记的门槛，企业申请成本降低，进一步优化营商环境。

三是推行公务员分类管理和聘任制完善用人机制。于2010年全面启动行政机关公务员分类管理改革，并取增量改革的方法，对2010年1月1日后新进入行政机关的公务员实施聘任制。2012年8月，又出台了《深圳市人民政府关于进一步深化公务员分类管理改革的意见》，继续深化此项改革。公务员管理体制改革提高了公务员管理的科学化水平，明确了公务员的专业化发展通道，搞活了机关用人机制，促进了人力资源配置和行政运行机制的优化。

四是积极培育发展社会组织管理体制改革。深化登记体制改革，有序推动政社分开。以"方向要积极、步骤要稳妥"为指导，循序渐进推动登记体制改革。逐步扩大直接登记范围，目前，有工商经济类、公益慈善类、社会福利类、社会服务类、文娱类、科技类、体育类和生态环境类等8类社会组织由民政部门直接登记。积极推动社区社会组织登记备案双轨制，通过促进社区社会组织快速发展，为加强社区建设，提升社区服务，促进社区和谐发挥了重要作用。稳步推进政府职能转移，推动社会组织提供公共服务和参与社会管理。深圳着眼于公共服务体制机制的创新，结合行政管理体制改革，大力培育和扶持社会组织，将自身承担的部分社会管理职能交由社会组织行使，政府的角色由"划桨者"逐步转型为"掌舵人"，加大政府职能转移委托力度。厘清政社边界，明确政府职能和公共服务转移事项，是社会组织承接政府职能的前提。2009年以来结合大部门制改革，从各局委办削减出的政府工作事项中部分转由社会组织承接。2010年，出台了《深圳市推进政府职能和工作事项转移委托工作实施方案》。目前深圳正着手编制政府转移职能目录、政府职能部门购买服务目录、符合政府转移职能承接资质社会组织目录等"三大目录"，使政府职能转移制度化、常态化。

五是探索高度城市化地区土地管理制度改革难题。《深圳市土地管理制度改革总体方案》获部省联合批复（国土资函〔2012〕138号），为破解发展难题，深化土地管理制度改革指明了改革方向，明确了改革内容，赋予深圳依据土地利用总体规划、自主编制功能片区土地利用规划、审批建设用地等权限。全面启动完善国有土地产权制度、加强土地市场化建设、增强土地科学调控能力、创新存量土地循环利用机制、完善土地管理法治环境等工作。

资料来源：摘自《国家信息中心评估组对深圳市综合配套改革试验区的评估报告》，2013年。

第五节　区域合作的进展和典型案例

党的十八大以来，我国根据新的形势和国家需求，深入实施并拓展重点区域发展战略，包括京津冀协同发展、粤港澳大湾区建设、长江三角洲区域一体化发展等战略，形成了不同区域各扬所长、各展其能、各具特色、合理分工、相互支撑、有机耦合的国家区域发展战略体系，区域发展的活力和协调性进一步增强。

京津冀协同发展加快推进。京津冀产业升级转移、交通一体化、生态环境保护三大重点领域率先取得突破，雄安新区和北京城市副中心规划建设有序推进，北京大兴国际机场建成通航，非首都核心功能疏解取得阶段性成果。从2017年起，北京市常住人口已连续3年出现下降，2019年比2016年减少19.3万人。

粤港澳大湾区加快建设。2019年中共中央、国务院颁布实施了《粤港澳大湾区发展规划纲要》，目的在加快推进粤港澳大湾区建成国际一流湾区、世界级城市群和国际科技创新中心，促进内地与港澳深度合作和支撑国家"一带一路"建设。

长江三角洲区域一体化加快发展。2019年，长江三角洲地区（上海、江苏、浙江、安徽）生产总值比2018年实际增长6.4%，高于东部地区的平均增速；其地区生产总值占全国各地区总额的比重达到24.1%，比"十二五"末期（2015年）提高了1.9个百分点，轨道上的长三角跑出了"加速度"。

专栏4-5-1　区域合作典型案例

（一）京津冀协同发展

2017年底，京津冀地区人口总量1.07亿，土地面积21.6万平方千米，地区生产总值达到 8.26 万亿元，是我国北方最大和发展程度最高的经济核心地区，也是我国参与国际经济交流与合作的重要枢纽与门户，有着独有的政治文化优势和雄厚的工业基础、教育科技实力等特点，正日益显现其区域整体的发展潜力与活力。然而，京津冀城市群不均衡发展问题尤为突出。"大城市病"问题突出，环京津贫困带现象以及环境污染和大气雾霾等资源环境问题叠加。2015年，京津冀协同发展上升为国家战略，是关乎中国百年国运的重要决策，发展目标是成为世界级城市群，"资金流""信息流""物流""人才流"等"流"的重要节点，成为影响及至主导世界性经济体系的大城市群之一。推进产业布局、基础设施、区域市场、城乡统筹、生态环境、社会发展等一体化。

（二）粤港澳大湾区

以纽约湾、旧金山湾、东京湾等为代表的重要湾区经济区域已经成为带动全球经济发展的增长极。人类经济社会的活动受海洋的吸引是长期趋势，全世界的经济总量、人口总量就像倒"丁"字一样分布在一部分海岸地带。粤港澳大湾区主要包括香港、澳门两个特别行政区和广东省的广州、深圳等城市所组成的城市群。作为中国综合实力最强、开放程度最高、经济最具活力的区域之一，粤港澳大湾区建设已经写入十九大报告，提升到国家发展战略层面。推进建设粤港澳大湾区，是区域发展到了新阶段的必然趋势，有利于深化内地和港澳交流合作，促进粤港澳大湾区人流、物流、资金流等要素的自由流动，实现生产要素更好优化配置。

（三）长三角城市群

长江三角洲是我国人口最稠密、经济最发达、人民生活最富裕的经济区域，也是我国城市化水平最高、城镇密度最大的城镇群地区。长三角是长江经济带的龙头，是"T字型"战略的交汇点，是丝绸之路经济带与海上丝绸之路的交汇地带，对于建设全面现代化国家、打造全方位对外开放格局具有极为重要意义，规划至2030年全面建成具有全球影响力的世界级城市群。未来重点是如何进一步提升国际竞争力，探索创新驱动的高质量发展方式，并辐射带动长江经济带等更为广阔腹地的发展。

（四）中西部地区重点城市群

国家新型城镇化规划中提出要引导约1亿人在中西部地区就近城镇化。因此，中西部地区将是下一轮城镇化发展的主战场，中西部地区城市群将作为城镇化的主体形态发挥更加重要作用，而在中西部地区新型城镇化发展中又有一些差异。对中部地区而言，基本上各省均有一个城市群发育较为成型，未来重点是武汉都市圈、长株潭城市群和环鄱阳湖城市群加强合作和共享发展，努力实现真正意义上的长江中游城市群，皖江城市群则主要是融入长三角，中原城市群和太原都市圈则是特色化发展。中部地区总体上是以我国传统农区为主，人口密度较高，距离东部沿海地区较近，过去主要是农民工流出到东部发达地区打工，新型城镇化重点是就近城镇化模式，引导人口向城市群地区集聚，实现人的城镇化。西部地区是我国重要的生态脆弱区域、少数民族聚居区域和地缘安全屏障等，近年来在"一带一路"、西部大开发等重大战略带动下，城镇化明显加快，但是西部地区资源环境约束不断增强，城镇化只能适度发展，城市群必然按照生态优先原则，根据资源环境承载能力和主体功能定位来合理确定规模，其中成渝城市群、关中城市群等发展较为成型。

第五章
面向社会主义现代化的四大区域板块发展

新中国成立70多年来,中国共产党领导下区域发展取得的宝贵经验,是马克思主义基本原理与中国实践相结合的生动体现,值得我们认真总结、倍加珍惜、长期坚持,在实践中不断丰富和发展。

第一节 促进四大区域板块发展的基本经验总结

一、制定区域发展战略必须始终立足于我国社会主义初级阶段的基本国

我国是一个幅员辽阔、人口众多的发展中大国,各地区的自然、经济、社会条件差异显著,区域发展不平衡是我国的基本国情。从自然地理格局看,由三级地势阶梯构成的自然基础格局,使得我国各地区支撑经济发展的资源系统和生态基础大不相同,资源和人口的分布很不均衡。从我国黑龙江漠河到云南腾冲划一条线,这条线的西北部为干旱半干旱地区、青藏高原和喀斯特岩溶地区,上述地区资源环境承载能力低,经济发展水平明显落后;这条线的东南部自然条件较好,全国人口和经济活动主要集中在这一区域。从民族文化传统看,我国是一个多民族的国家,不同民族都有着悠久的文化

传承，社会发育水平差异也很大。新中国成立前夕，我国还有不少的民族仍然过着刀耕火种的生活，有的民族还处于奴隶社会，云南就有不少一步迈入社会主义的"直过民族"。这些因素至今仍然在深刻地影响着区域发展格局。从经济发展水平看，我国的区域差距很大。用人均地区生产总值衡量，2007年人均地区生产总值最高的上海是最低的贵州的9.6倍，剔除京津沪三个直辖市，最高的浙江仍为最低的贵州的5.4倍。可以说，我国是世界上区域差距问题最突出的国家之一。要做好地区经济工作，必须仔细研究区域差距和如何缩小区域差距两方面问题。

区域发展不平衡这一基本国情决定了促进区域协调发展在我国具有特殊的重要性，我国实施区域协调发展的难度也要比其他国家更大。党中央历来高度重视区域协调发展，始终把促进区域协调发展放在我国总体战略的重要位置统筹考虑。《论十大关系》中专门讲到沿海和内地的关系问题，这是社会主义建设中的重大问题之一；"两个大局"的战略思想，解决了促进区域协调发展如何起步的问题，明确了奋斗目标和基本路径，推动了世纪之交西部大开发战略的提出；科学发展观的重大战略思想，把促进区域协调发展提高到了一个新的战略高度。

改革开放以来，我国区域发展战略经历了由非均衡发展到促进区域协调发展的转变。这种战略转变与我国改革开放的伟大进程紧密相随，与我国经济社会发展的宏观背景息息相关，也是立足我国社会主义初级阶段基本国情做出的理性判断与现实选择。改革开放之初，如果我们不实行非均衡发展战略，让拥有2亿人的沿海地区率先发展起来，就不可能打破闭关锁国的局面，也不可能打破传统计划经济体制下的平均主义，这是在特定历史条件下的正确选择；20世纪90年代中后期以来，如果我们不及时地调整区域发展总体战略，推进形成四大板块协调发展的战略格局，就不可能缩小地区间发展差距，甚至会引发社会问题和政治问题，也不可能充分开发国内市场，拓展经济社会发展空间。事实上，区域协调发展战略是我国今后必须长期坚持的基本战略，在推进现代化建设的整体进程中，必须始终把促进区域协调发展置于总体发展战略中统筹考虑，必须针对不同时期的现实情况，不断创新和完善促进区域协调发展的政策和措施。

二、促进区域协调发展必须始终致力于缩小区域差距和促进基本公共服务均等化

缩小区域差距问题，是实施区域发展总体战略要解决的核心问题。习近平总书记早在2005年"十一五"规划建议起草工作动员会上就曾指出，区域发展不平衡有经济规律作用的因素，但区域差距过大也是个需要重视的政治问题。特别是要看到，我国正处于工业化、城镇化加速推进时期，从国际经验来看，这个时期，各类要素的集聚效应大于扩散效应，因此往往是区域差距趋于扩大的时期。如果任由区域差距扩大，不仅不利于各类要素在更广阔空间上实现优化配置，不利于实现不同区域间基本公共服务均等化，而且更重要的是不利于维护国家统一、民族团结和社会长治久安。

中共中央、国务院历来高度重视缩小区域发展差距问题。1995年中共十四届五中全会通过的《中共中央关于制定国民经济和社会发展"九五"计划和2010年远景目标的建议》，第一次明确把坚持区域经济协调发展，逐步缩小地区发展差距作为经济社会发展必须贯彻的重要指导方针。此后，党中央始终把缩小区域发展差距作为国民经济和社会发展五年规划的重要内容，并相继做出了一系列更为具体的部署和安排。近年来，围绕缩小区域差距，特别是促进基本公共服务均等化，中央加大了对中西部地区的投入力度，出台了一系列政策措施。1999—2020年，西部地区生产总值年均增长10.2%，居四大板块之首，经济总量和人均水平都实现了大跨越。西部地区人均生产总值从500多美元增长到8088美元，与东部人均生产总值之比从41%提高到60%，相对差距明显缩小。这些年国民经济形势好，不同区域的群众总体上比较满意，与缩小区域差距的努力是分不开的。

促进区域协调发展，缩小区域差距是一个长期而艰巨的任务，需要牢牢抓住缩小地区差距这一基本工作目标不放，促进经济社会又好又快发展全局

战略的需要。这里要强调两点：一是缩小区域差距不是指缩小地区生产总值的差距，而主要是指缩小人均地区生产总值的差距，从地区生产总值总量来看，贵州可能永远也赶不上上海，但两地之间人均地区生产总值的差距却是可以缩小的。二是地区间人均地区生产总值差距的缩小也需要一个较长的过程，可能会以十几年、几十年来计量，但基本公共服务均等化却可以率先突破，且可以不和经济发展水平直接挂钩。在推进缩小区域差距的过程中，要始终把握这个工作重点。

三、促进区域协调发展必须始终注重发挥不同地区的比较优势

比较优势理论是国际贸易理论的基础，也是解释区域分工最具影响性的理论。从亚当·斯密提出绝对比较优势理论到大卫·李嘉图的相对比较优势理论，再经过现代国际贸易竞争比较优势学说的演绎，比较优势理论不断丰富和发展。按照比较优势理论，两个国家分别生产各具比较优势的产品，再进行交换而获得的收益，要大于两国分别生产不同产品而获得的收益，两者间总收益的差值就源于比较优势。这个理论同样适用于地区和地区之间。按照比较优势理论，小而全、大而全的生产效率较低，只有充分发挥各地区的比较优势，通过交换实现区域间的优势互补，才能实现效益的最大化。

在计划经济时期，我国地区之间相对封闭，工农业生产小而全、大而全，区域比较优势的交换不充分，这是整个国民经济效率不高的重要原因。改革开放40多年来，区域经济发展日益生动，生机勃勃，一个重要原因就在于注意发挥不同地区的比较优势。

缩小区域差距是地区经济工作的基本目标，而缩小区域差距一定要建立在充分发挥不同区域比较优势的基础上。只有通过比较优势的交换，才能把"蛋糕"做大，才有条件更好地支持欠发达地区；反之，如果损害了不同地区比较优势的发挥，抑制地方发展的积极性和长处，即便表面上区域差距一时缩小了，也会失去本来的意义。这实际上就是效率与公平统一的道理。

近年来，相关部门和机构在研究制定区域性政策文件时，都注意对各地

区的比较优势进行研究论证并给予有针对性的政策支持。比如结合中部地区在粮食生产和能源原材料生产的优势，提出了建设全国重要的粮食基地和能源原材料基地的战略定位；结合新疆在矿产资源方面的优势，提出了实施以市场为导向的优势资源开发战略；结合长三角地区在人才、技术、创新和区位等方面的优势，提出了要建设全国发展强劲活跃增长极、全国高质量发展样板区、率先基本实现现代化引领区、区域一体化发展示范区、新时代改革开放新高地；结合珠三角地区在区位条件方面的优势，提出了要进一步深化与港澳之间的合作。同时也注意打破形形色色的地区壁垒，促进要素在地区间自由流动和重新组合。这也是非常重要的，因为只有充分实现区域之间的市场交换，才能使不同区域的比较优势得到发挥，才能实现利益的最大化。认清地区比较优势，充分发挥比较优势，完成比较优势的交换，这三个步骤是地区经济工作的关键所在。

四、促进区域协调发展必须把人与自然和谐相处作为基本前提

区域经济工作要把人与人的关系和人与自然的关系统筹考虑，其中，人与自然的和谐相处是衡量区域协调发展的重要标志。资源环境是人类赖以生存的基本条件。自然资源大都具有脆弱性和不可再生性，一旦遭到破坏，恢复起来难度很大，付出代价更大。

在现实生活中，片面强调经济增长，忽视资源环境承载能力的反面教材比比皆是。1979年青海省玛多县还是全国农民人均纯收入最高的县。时过境迁，由于超载过牧，草场严重退化，玛多县一度沦为国家级贫困县。这类问题不限于欠发达地区，在发达地区也不乏其例。2007年太湖蓝藻大面积暴发，导致百万市民饮水危机。正如恩格斯在《自然辩证法》一书中说过的，"我们不要过分陶醉于我们人类对自然界的胜利，对于每一次这样的胜利，自然界都对我们进行报复"。因此，人与自然关系不协调，就不能叫区域协调发展，因为它已经失去了区域发展的基础。

近几年，国家出台了一系列促进节约资源、环境友好的政策措施，并收

到了积极成效。比如，在促进新疆经济社会发展的若干意见中，明确指出要努力保护和建设好绿洲生态；在促进长江三角洲地区经济社会发展的指导意见中，提出要高标准、严要求，率先建立资源节约型和环境友好型社会；在支持青海等省藏区经济社会发展的若干意见中，提出构建高原生态安全屏障。当然，目前的任务仍然十分艰巨，发达国家在200多年工业化过程中分阶段出现的资源环境问题，在我国现阶段集中显现出来，发达国家在经济高度发达后花几十年解决的问题，我们要在十几年里集中解决，难度之大，前所未有。对此，我们必须增强忧患意识和责任感，以对人类负责、对历史负责、对子孙后代负责的精神，把促进人与自然和谐的工作融入区域协调发展工作中来。坚持把生态环境保护放在突出重要的位置上，结合主体功能区规划的实施，使空间管制工作更加系统化、规范化、科学化。

五、促进区域协调发展必须把发挥市场机制的基础性作用和政府的调控作用有机结合起来

体制机制是促进区域协调发展的动力和保障。处理好市场和政府的关系，又是体制机制问题的核心。促进区域协调发展，首先要充分发挥市场机制配置资源的基础性作用。没有市场机制，生产要素不能自由流动，资源无法合理配置，区域经济比较优势和活力就发挥不出来，"蛋糕"也就做不大。因此，在实际工作中，必须打破行政区域分割，促进市场体系的发育，培育起有利于活力竞相迸发、财富充分涌流的机制。同时也要看到，由于市场失灵的存在，仅凭市场机制的自发作用，是难以缩小区域发展差距，促进区域协调发展，推进公共服务均等化，必然要充分发挥政府的管理、协调、服务职能，这样才能维护社会公平正义，缩小区域差别，各国概莫能外。这里所说的政府，从全局看主要是指中央政府，从局部区域看，则要充分发挥地方政府的作用。

改革开放以前，在单一的指令性计划管理体制下，区域发展格局主要取决于政府对资源的配置，区域发展缺乏自主性和活力。改革开放40多年来，

促进区域协调发展的机制发生重大变化，市场和政府的作用在朝着相互配合、良性互动的方向前进，区域协调发展不断被注入新的动力。特别是20世纪90年代以来，社会主义市场经济体制开始全面发挥作用，区域间市场开放度不断提高，区域自我发展活力明显增强。与此同时，以政府为主导的扶持机制、合作机制不断完善和强化，跨行政区的区域合作组织在区域发展中发挥了越来越积极的作用。

中共十六届五中全会明确提出促进区域协调发展的四大机制，即市场机制、合作机制、互动机制、扶持机制，实际上就是市场与政府关系的具体化。过分强调一个机制、偏废另外一个机制的做法都是错误的。没有市场机制，就没有效率；没有合作机制、互动机制，就不会有乘数效应。正如邓小平同志在1983年就说过的，"搞经济协作区，这个路子是很对的"。"解放战争时期，毛泽东同志主张第二野战军和第三野战军联合起来作战。他说，两个野战军联合在一起，就不是增加一倍力量，而是增加好几倍的力量。经济协作也是这个道理。"没有扶持机制，就不能有效地遏制区域差距扩大的趋势。要努力建立健全四大机制，使四大机制相互支持、相互融合、相得益彰。

第二节 新发展阶段四大区域板块发展的新形势

近几年来，国内外形势发生了深刻的变化，受外部环境、基础条件、发展阶段、主观努力等多重因素的影响，我国区域发展体现一些新情况、新特点。认识、把握这些情况和特点，对明晰促进区域协调发展的基本思路、针对存在问题精准施策十分必要，值得各方面深入观察与研究。

一、地区经济超越传统区域板块呈多维分化状态

在国民经济总体上体现出缓中趋稳、稳中向好发展态势时，地区经济分化的迹象日益明显。这种分化既体现在四大区域板块之间，也体现在各大区

域板块内部，还打破了四大板块的限制，呈现出南北差异的特点。这意味着地区分化具有普遍性、超传统性的特征，同时也意味着地区间经济发展差距有扩大发展的趋势。

这种分化反映了在整体转型转变环境下各地区从思想管理到发展方式、经济结构等的现实适应能力和未来发展潜力之间的差异。这种分化状态既对区域政策的制定也对区域板块的划分带来了挑战，不但要求细化区域政策指导的空间板块，而且要求对目前分属于不同区域板块的地区基于发展现状与潜力做更精准的甄别，从而更有针对性地实施对策。

二、城镇化发展成为影响区域发展的一个关键因素

近些年，在国家新型城镇化战略的推动下，城镇化进程明显提速。2021年末，全国常住人口城镇化率达到64.7%，比2012年末提高11.6个百分点，年均提高1.3个百分点。全国城市人口密度从2012年末的每平方千米2307人提高到2021年末的2868人。

城镇化对区域协调发展的促进，一是来自城市对农村的辐射带动作用和农村对城市的吸附与链接效应；二是来自农村人口向城市的转移，这得益于因农民的减少而使农村人口单位占有生产资料份额的提高和逆城镇化现象带来的城镇资源向农村的转移，而逆城镇化现象既包括城镇居民到农村居住创业，也包括城镇务工人员返乡办厂兴业。2012年以来城乡居民人均可支配收入比不断降低的状况和农民工就地就近就业人数快速增长的状况都一定程度地反映了这一点。

在城镇化发展中，小城镇特别是特色小城镇的发展建设成为促进城乡区域发展的一个有效途径。小城镇亦城亦乡、城乡一体，其特色产业直接源自"三农"，且限制少、门槛矮、进入成本低，是推动农村人口向城市转移并有序市民化的介体与驿站，直接促进着区域协调发展的进程。

应该指出的是，以各种苛刻条件限制农民进城或依法剥夺"三农"资源推进城镇化的做法，是促进城乡区域协调发展的一种"逆行"，而这些情况在

城镇化发展进程中同时存在，在一些地方表现还比较严重。

三、新资源新环境条件下地区经济能够脱离既有基础重造而实现后来居先

在结构调整、动力转换的环境下，在科技创新、组织形式创新等日新月异的条件下，通过抢抓机遇，充分利用一体化的市场、开放的经济、共享的新型技术平台等，借助移植、承接、积聚、创新等手段，可以超越原有的经济结构而培育形成新经济新动态，使一些落后地区能够有效摆脱传统产业结构的羁绊，抢占新经济新动能培育构建的"制高点"实现后来居先。

近些年来，湖北、安徽、江西、重庆、贵州等中西部地区，积极吸纳、移植高端生产要素和先进分享技术，实现了新经济、新动能的横向转移和创新创造，新型经济形态或产业的发展与东部发达地区基本上处于了同一发展水平。

四、要素流动越来越倚重于区域的综合品质或综合环境

从以往情况看，要素流动既依附于一个地区的综合环境，也看重于其某种特殊的比较优势。随着经济社会发展，尤其是在此基础上由主要追求财富向追求幸福的逐步转变，要素的流动不仅取决于地区的经济状况，而且取决于地区的社会、文化、安全、生态等的状况。

一个值得重视的情况是，人口人才的流动越来越重视地区的舒适感。例如，一些地区的空气质量和气温水平成为人才流动或选择工作的一个十分重要的考量。

五、在区域联动不断增强的势态中隐性竞争日趋激烈

为了适应经济全球化、区域一体化等的要求和实现优势互补、排忧解难以及在更大范围内配置资源要素的需要，过去一些年，各种形式的地区合作广泛展开，区际间各行政区政府的联动日益增强，一体化进程逐步推进。但受发展理念、既有利益、攀比模仿心理及政绩考核体系、"一刀切"管理方式

等的影响，各地区发展战略思路、规划基本趋同，导致了地区经济结构的同质同状，因而也带来了地区封锁、市场分割和不合理竞争。

值得注意的是，当前地区间的不合理竞争更多地采用了准入标准、技术规定等手段，体现为做强做大本地特色经济等方式，隐蔽性很强，难以从外部进行约束。不合理的隐性竞争的加剧严重阻碍了区域经济的协调协同发展。

六、支撑区域发展的功能平台得到广泛运用但作用弱化

重要功能平台承担着推进改革开放和现代化建设重大事项试验示范的特殊使命，具有较强的辐射带动作用，因而是促进区域协调发展的重要支撑。过去许多年来，新区、经济区、综合实验区、经济合作区等成为实施区域发展战略与政策的一个重要抓手，有力地推动区域经济增长极的培育、区域一体化的发展，也促进了区域协同协调发展路径的有益探索。

近几年，自贸区等新型功能平台陆续建立。总体上看，各地区运用功能平台的意识很强，功能平台的形式也日益多样，功能平台仍然是各地积极争取或自主打造的一种战略资源和稀缺要素。但是，现实也表明，功能平台的作用在降低。从客观上说，随着改革向前推进、一体化制度逐步建立，功能平台所拥有的特殊探索空间不断缩小，与面上的政策落差逐渐拉平，政策与改革红利不再丰厚，但更重要的是主观努力不足，一些地方往往依靠功能平台装门面、避矛盾、展形象，有些地方则把功能平台办成了一个普通的开发基地。

总体上看，当前一些功能平台同质同构严重，试验探索功能薄弱，已经丧失了其本质特色和核心功能，难以形成有价值可推广的经验，亟待调整转型。

七、认识偏差导致某些政策在区域指导中出现"一刀切"

这些年来国家宏观调控政策发展完善的一个重要成就，是确立了分类指导、因区制策的区域调控原则。十八大以来，中央高度重视促进区域协调发展，进一步加大了对贫困地区、特殊困难地区等的政策支持和其他形式帮扶

的力度，并提出要缩小区域政策单元，以提高区域政策的精准性。

但在实际工作中，存在着把维护市场公平竞争与强化对特殊地区支持对立起来的认识。在"维护市场统一""保护公平竞争"的名义下，某些部门出台的调控政策忽视困难地区的特殊情况和试验园区的特殊需求，与总体层面体现为"一个样""一般齐"。这种实质上的"一刀切"政策直接影响了区域协调发展特别是落后地区的加快发展，也影响了一些重要改革事项的先行探索与试验。

八、促进区域协调发展的制度建设陆续展开但缺乏系统配套

过去一些年来，围绕促进区域协调发展，国家制定实施了一系列重大区域规划和政策，各有侧重、分类指导的区域政策体系基本形成。在这个基础上，体制性机制性探索着手进行，生态保护补偿机制、粮食主产区与主销区利益补偿机制、能源矿产等资源转出地和转入地利益平衡机制、碳排放权排污权水权等资源权属交易机制等的建设都已在重点区域、流域进行试点。这是一个重大进步，促进区域协调发展，归根结底要建立长效机制。

但总的看，这种探索在我国仍然处于起步阶段，具有浅层次和碎片状的特点，在补偿主体、补偿标准、补偿方式及相关价格改革等配套条件方面都存在着问题，需要深入研究探索。

第三节 完整准确全面贯彻新发展理念的新要求

习近平总书记指出，高质量发展是体现新发展理念的发展。坚持新发展理念，是关系我国发展全局的一场深刻变革。中共十九届五中全会明确指出，"十四五"时期要把新发展理念贯穿发展全过程和各领域，坚定高质量发展方向不动摇，加快建设现代化经济体系。新时代促进区域协调发展，要将新发展理念贯穿始终，在研究目标定位、谋划重大项目、制定重大政策和改

革方案时,都务必要牢牢把握好这一要求。

党的十九大以来,习近平总书记对城乡区域协调发展多次发表重大论述,核心就是突出六个宜,宜工则工、宜商则商、宜农则农、宜粮则粮、宜山则山、宜水则水,充分发挥比较优势,适合干什么就干什么,精准定位,国家按此给予有针对性的支持。"十四五"时期,区域协调发展更多的是要根据每个地方的定位进行精准支持,有的地方要打造创新动力源,有的地方要培育经济增长极,有的地方要发挥特殊支撑作用。

2018年,中共中央、国务院印发《关于建立更加有效的区域协调发展新机制的意见》,明确提出推动国家重大区域战略融合发展,以"一带一路"建设、京津冀协同发展、长江经济带发展、粤港澳大湾区建设等重大战略为引领,以西部、东北、中部、东部四大板块为基础,促进区域间相互融通补充。

2019年以来,中共中央、国务院先后出台了《关于新时代推进西部大开发形成新格局的指导意见》《关于支持东北地区深化改革创新推动高质量发展的意见》《关于新时代推动中部地区高质量发展的指导意见》,对四大区域板块的比较优势和新时代目标定位作出了明确部署。《"十四五"规划纲要》提出,深入实施区域协调发展战略,推动西部大开发形成新格局,推动东北振兴取得新突破,促进中部地区加快崛起,鼓励东部地区加快推进现代化,支持特殊类型地区加快发展,在发展中促进相对平衡,对"十四五"时期四大区域板块发展提出了新的要求。

促进区域协调发展,要在新发展理念的引领下,采取积极有效的对策与举措,推动区域协调发展向更高水平迈进。

一、坚持创新发展,激发区域发展的内生动力

促进区域协调发展,创新是动力"芯片"。要积极推动企业与区域内外科研院所、行业协会等开展科技协同创新,积极探索科技成果转移转化新模式,围绕"从0到1"的原始创新,在夯实基础研究、攻关核心技术基础上,聚焦应用创新和开发创新,以产业数字化和数字产业化、新工艺新技术,增

强区域主导产业的技术创新供给，以持续推进区域主导产业的高质量发展。

实施创新驱动发展战略，最根本的是要增强自主创新能力，最紧迫的是要破除体制机制障碍。要形成全国统一开放、竞争有序的商品和要素市场，健全市场一体化发展机制。要巧用善用政府之手，把政府不该管的事交给市场，让市场在所有能够发挥作用的领域都充分发挥作用，推动资源配置实现效益最大化和效率最优化。要以产业功能区和市场化逻辑实现区域合作，打破行政区划的藩篱和壁垒，实现区域间基础设施、环保、产业等方面的一体化分工协同。

二、坚持协调发展，增强区域发展的协同性

2018年，习近平总书记在主持召开深入推进东北振兴座谈会时指出："要培育发展现代化都市圈，加强重点区域和重点领域合作，形成东北地区协同开放合力。要以东北地区与东部地区对口合作为依托，深入推进东北振兴与京津冀协同发展、长江经济带发展、粤港澳大湾区建设等国家重大战略的对接和交流合作，使南北互动起来。"可见，区域协调发展既要注重发挥各地区比较优势，合理分工，又要全国"一盘棋"，注重区域间的协调、协同，促进各类要素合理流动和高效集聚。

城乡差距是区域发展差距之源，城乡协调发展水平在很大程度上决定着区域协调发展水平。因此，要建设彰显优势、协调联动的城乡区域发展体系，实现区域良性互动、城乡融合发展、陆海统筹整体优化，培育和发挥区域比较优势，加强区域优势互补，塑造区域协调发展新格局，使城乡区域发展差距显著缩小。

三、坚持绿色发展，打造人与自然和谐共生的美丽区域

实现区域协调发展，必须逐步实现碳达峰和碳中和，进一步完善能源消费双控制度。统筹区域发展与环境保护，实现人与自然和谐相处，必须深入贯彻"绿水青山就是金山银山"的理念，遵循自然规律，因地制宜地实施和

完善能源消费总量和强度双控制度，实现能源资源配置更加合理、利用效率大幅提高。

为促进区域生态建设，要全面建立生态补偿制度。生态补偿是为了平衡、协调人类经济发展需求与保护自然生态环境之间的矛盾所设立的一种制度安排。要鼓励流域上下游之间自主开展各类生产要素的补偿和流动，尽快建成和完善各类生态环境利益补偿机制，形成受益者付费、保护者得到合理补偿的良性局面。

四、坚持开放发展，形成各区域高水平开放新体制

开放是区域协调发展的重要途径和根本动力，开放合作是促进人类社会不断进步的时代要求。经济全球化和区域经济一体化趋势不可逆转，各国、各地区之间的经济联系与经济合作势必更加广泛和深入，任何一个区域都无法在封闭和孤立中求得发展。因此，我们要着力构建连接东中西、贯通南北方的多中心、网络化、开放式的区域开放格局，不断缩小地区发展差距。

各区域在协调发展中要积极融入新发展格局。新发展格局不是封闭的国内循环，而是开放的国内国际双循环，因此，各区域要加强同"一带一路"沿线国家和地区开展多层次、多领域的务实合作。我们要坚持多边贸易体制的核心价值和基本原则，促进贸易和投资自由化便利化，加强创新合作和创新成果共享，推动科技与经济深度融合，努力打破制约知识、技术、人才等创新要素流动的藩篱，支持企业自主开展技术交流合作，增强我国区域经济在国际市场上的竞争力。

五、坚持共享发展，提升各区域公共服务保障水平

共享理念实质就是坚持以人民为中心的发展思想，体现的是逐步实现共同富裕的要求。共享改革与发展成果是各区域人民群众的重要诉求。因此，促进区域协调发展，要逐步实现各区域公共基础设施和公共服务的均

等化，提升各区域公共服务保障水平，更好满足人民日益增长的美好生活需要。

促进区域间人民群众的共享发展，要聚焦教育、医疗、住房、就业、养老等老百姓关注的难点与堵点，采取针对性更强、覆盖面更大、作用更直接、效果更明显的举措，实实在在帮群众解难题、加大再分配力度，强化互助共济功能，把更多人纳入社会保障体系，为群众增福祉、让群众享公平，为人民群众提供更可靠、更充分的保障，不断满足人民群众多层次多样化需求，健全覆盖全民、统筹城乡、公平统一、可持续的多层次社会保障体系，进一步织密社会保障安全网，促进我国社会保障事业高质量发展、可持续发展。

第四节 构建新发展格局对各区域板块的新机遇

加快构建以国内大循环为主体、国内国际双循环相互促进的新发展格局，是党中央根据我国新发展阶段作出的重大战略决策，是习近平经济思想的重大理论成果，也是适应我国经济发展阶段变化，应对错综复杂的国际环境变化，发挥我国超大规模经济体优势的主动作为。加快构建新发展格局，为新时代区域协调发展提出了新使命、新要求，也带来了新机遇。

机遇方面，习近平总书记指出："东中西部地区都有很好的发展机遇，特别是西部一些地区，过去是边缘地区，而一旦同周边国家实现了互联互通，就会成为辐射中心，发展机遇很大。"以中西部地区为例，借助航空、高铁、互联网、大数据等的飞速发展，深入推进西部陆海新通道建设，推动西部一些地区成为开放高地，从而大大缩小了与东部地区的差距。党的十八大以来，在以习近平同志为核心的党中央坚强领导下，中部及西部一些地区经济社会发展取得重大成就，粮食生产基地、能源原材料基地、现代装备制造及高技术产业基地和综合交通运输枢纽地位更加巩固，经济总量占全国的比重进一步提高，科教实力显著增强，基础设施明显改善，社会事业全面发展，在国家经济社会发展中发挥了重要的支撑作用，形成中西部崛起之势。

挑战方面，从新发展阶段的新方位、新特点、新格局逻辑出发，习近平总书记对我国现阶段的区域发展状况作了总结，强调"我国区域发展形势是好的，同时出现了一些值得关注的新情况新问题"，最主要的问题包括三个方面，即"区域经济发展分化态势明显""发展动力极化现象日益突出""部分区域发展面临较大困难"。其中，区域经济发展分化态势明显主要表现在：长三角、珠三角等优势经济地区发展速度越来越快、发展趋势向好，但一些北方省市增长放缓甚至停滞，南北差异分化凸显，国家经济重心有进一步南移的趋势。发展动力极化现象日益突出主要表现在：资金和人口等各类生产要素向大城市和（或）城市群不断流动和集聚。部分区域发展面临较大困难主要表现在：东北、西北等北方部分地区发展相对滞后。东北地区经济总量占全国的比重下降，人口流失严重，欠发达地区特别是贫困地区的发展基础仍然比较薄弱，发达地区转型发展任务依然繁重。一些城市特别是依靠不可再生资源和传统工矿行业发展起来的城市正面临严重的转型瓶颈。习近平总书记关于我国区域发展新情况新问题的精辟论述，为我国现阶段区域协调发展的路径选择指明了突破口。

进入新发展阶段，构建新发展格局是以全国统一大市场基础上的国内大循环为主体，不是各地都搞自我小循环。各地区要找准自己在国内大循环和国内国际双循环中的位置和比较优势，把构建新发展格局同实施区域重大战略、区域协调发展战略、主体功能区战略、建设自由贸易试验区等有机衔接起来，打造改革开放新高地，不能搞"小而全"，更不能以"内循环"的名义搞地区封锁。要坚持全国"一盘棋"，更好发挥中央、地方和各方面积极性，推动部门高效联动、区域协同发展。要加强统筹指导，督促地方和部门找准服务和融入新发展格局的切入点，更好服务和融入新发展格局。同时，还要强化底线思维，有效防范应对重点领域潜在风险，守住新发展格局的安全底线。

四大区域板块高质量发展

"十四五"时期,我国开启社会主义现代化建设新征程,新发展阶段对区域协调发展提出了新的要求,地区间的发展从比拼增长速度,转换到提升质量,把自身发展融入国家发展大局之中,在合适的定位上明确路径,实现高质量发展、协同发展,形成国家发展整体合力。新发展阶段促进区域协调发展,不是简单地要求各地区在经济发展上达到同一水平,重点是坚持新发展理念,既充分发挥各地区比较优势,合理分工,促进各类要素合理流动和高效集聚,又要全国"一盘棋",注重区域间协调、协同,实现基本公共服务均等化,基础设施通达程度比较均衡,实现人口分布、经济布局、生态环境、要素配置相协调。新时代区域协调发展既是从不平衡达成平衡的动态过程,也是在更高水平上达成平衡的过程。充分发挥各地区比较优势,宜工则工、宜商则商、宜农则农、宜粮则粮、宜山则山、宜水则水,坚持适合什么就干什么,明确各地区目标定位。根据目标定位进一步细化政策单元,制定差异化政策,促进各地区分工协作更加清晰、优势发挥更加充分。增强中心城市和城市群等经济发展优势区域的经济和人口承载能力,完善先行先试政策,促进各类生产要素自由流动并向优势地区集中,形成带动全国高质量发展的创新动力源和发展增长极。提高区域政策精准性和有效性,增强其他地区在保障粮食安全、生态安全、边疆安全等方面的功能,逐步实现共同富裕目标,巩固社会主义现代化建设支撑带。

一是以重大战略为引领,支持东中西部地区重构区域动力系统,打造带动区域高质量发展的动力源。以京津冀、长三角、粤港澳大湾区为重点,提升创新策源能力和全球资源配置能力,加快打造引领高质量发展的第一梯队。以成渝、长江中游、关中平原、中原城市群等为重点,加快培育成为发展的新增长极,增强对区域乃至全国辐射带动能力,着力实现东北振兴新突破。此外,支持建设一批战略性接续成长城市、省际交界中心城市,培育这些城市在要素集聚配置、创新带动、枢纽辐射等方面的区域性中心职能。针对南北分化等重大问题,谋划几条南北向联通的经济带,在全国发展版图上增添高质量发展板块。

二是以提高中心城市和城市群承载能力为重点，打造高质量发展新增长极。以海峡西岸、济南都市圈、中原、关中平原、北部湾、呼包鄂榆、滇中、哈长、辽宁中部等城市群为重点，集聚经济发展要素，强化产业链价值链供应链协同功能，提高公共服务供给能力和质量，构建更加科学有效的城市群治理体系。在具备条件的内陆省会城市和中心城市打造一批高端制造业腹地城市，以产业集群为基础形成大中小城市合理分工的城市群。形成中心城市带动都市圈、都市圈带动城市群、城市群带动区域发展的良好格局，实现量的合理增长和质的稳步提升。

三是以重要功能性区域为支撑，切实保障国家粮食安全、生态安全、边疆安全。因地制宜提升重要功能性区域的保障能力。搭建主产区和主销区粮食供需对接平台，调整优化耕地利用方式和种植结构。北方以400毫米等降水量线西侧区域为重点，加大实施重要生态系统保护和修复重大工程。老工业基地着重通过产业结构调整和工业技术升级，推动绿色低碳发展；西北能源富集地区、西南地区着眼于能源供应侧与消费侧协调发展，保障其他地区的能源供应。加大力度促进边境地区发展，提升稳疆固边能力。振兴欠发达地区、革命老区、边境地区、生态退化地区、资源型地区、老工业城市等特殊类型地区，增强内生动力和自我发展能力。

四是以跨区域、次区域经济合作为纽带，促进各大战略区和功能区衔接融合互动。长江经济带、黄河流域生态保护和高质量发展横跨东中西三大区域，串联起各大区域战略功能区，是培育搭建区域发展梯队、强化先发地区带动后发地区发展、促进不同梯度区域协调联动发展的重要战略布局，发挥对全国人口、经济空间分布的组织优化引导作用。长江经济带要打造大江大河治理的中国样板，形成绿色发展新模式的策源地，构建互助合作的区域发展共同体。黄河流域要以空间治理为依托筑牢生态保护本底，优化流域高质量发展的空间、生产力、体制机制"三大布局"。

第五节　各区域板块城镇化和人口流动的新趋势

一、人口区域性流动趋势

（一）1953—1990 年，东北和中西部地区人口增长较快

1. 东北和中西部省份人口增速较快

新中国成立之初，东北地区作为全国重点建设的重工业基地，煤炭、钢铁等重工业发展迅速，吸引了大量的外来劳动力人口，使东北地区人口迅速增加。同时，国家为了开发和建设新疆，曾制定复转军人就地集体安置等一系列政策，再加上大量的内地青年支边进疆，使新疆的人口在新中国成立之初发生了大规模的增加。改革开放初期，东北地区丧失了原有优势，对人口吸引力大大降低，但得益于少数民族较高的人口自然增长率，西部大部分地区的人口年均增长率保持在较高水平。

2. 东北和中西部城市群人口增长率较高

城市群地区是我国人口的主要集聚地。1953 年，城市群地区拥有 4.26 亿人，占全国总人口的 72.37%，1990 年这一比例略有下降，但仍旧在七成以上（70.89%）。从人口分布上看，长三角、长江中游城市群的人口规模较大，一直以来都是人口的主要聚集区，但人口增速相对较低，对外来人口的吸引能力在这一阶段还未有明显体现。这一阶段，人口增长率较高的区域多分布在东北和西部地区。其中又以天山北坡城市群和宁夏沿黄城市群的常住人口增速最快，年均增长率均在 3% 以上。

（二）1990—2000 年，人口向东部地区流动趋势显现

1. 人口向东部大城市聚集，大城市周边地区人口流失

改革开放以来，城镇化取得了快速的发展，大量农村人口涌入城市。在城镇化快速发展的初期阶段，北京、上海、广州、深圳等东部经济发达地区

吸引了大量的流动人口，常住人口的增量远高于其他地区。1990—2000年，东部、中部、西部、东北地区常住人口占总人口比重分别变化0.78个、-0.31个、-0.15个和-0.32个百分点，东部地区常住人口迅速增加，人口总体呈现出向东部地区迁移的态势。

2. 广东省成为人口增长最为迅速的省份

1992年邓小平同志发表"南方谈话"后，借助沿海的区位优势和改革开放的政策环境，深圳等地得到了率先发展，吸引了大量流动人口，广东省也因此成为常住人口增量最大和增速最快的省份，年均增长230.3万人，年均增速高达3.14%。其次，北京市人口年均增长率也相对较高，年均增长2.3%。这一时期，除广东、海南、福建等部分东南沿海省份外，多数东部沿海省份在人口增速上依旧不占优势，西部省份的人口增速普遍高于其他三大经济区域。

3. 东南沿海城市群人口增长迅速

珠三角等东南沿海地区的城市群人口大量增加，增速高于城市群平均水平，东南沿海城市群的人口吸引能力较1990年之前大幅提升。1990—2000年，珠江三角洲城市群常住人口数量从2350.65万人增加到4287.91万人，年均增长率高达6.20%，是人口增量和增速最大的区域。此外，西部部分城市群地区人口增长速度也较快，但受人口规模影响，人口增量相对较低。

（三）2000—2010年，人口向东部地区流动的态势继续增强

1. 中西部地区人口增速放缓，人口向东部更大范围集中

中西部地区人口流失程度加剧，而东部的人口增长地区范围进一步扩大，从北上广深等大城市扩展到京津地区、长三角、珠三角等城市群地区以及大连、青岛、福州、厦门等沿海城市。2000—2010年东部、中部、西部、东北地区常住人口占总人口比重分别变化2.41个、-1.08个、-1.11个和-0.22个百分点，中部和西部地区常住人口比重降低速度较1990—2000年继续加快，而东部地区人口比重继续增加。通过对比"五普"和"六普"县级常住人口与户籍人口的差值发现，2000—2010年间人口净流出的县市大幅增加，与常住人口增加地区的空间分布基本保持一致。

2. 中部和西南部省份人口出现负增长，省际流动人口向东部地区流动态势加剧

西部的四川、贵州、广西以及中部的安徽、河南等省（自治区）人口出现负增长。其中，四川和贵州省的常住人口减少规模最大，10年间分别减少363万人和277万人。这是1953—1978年、1978—1990年、1990—2000年、2000—2010年四个时期中首次出现如此大规模、集中连片的人口负增长省份。此外，西部的其他省份人口增速较1990—2000年也出现明显下降，而东部省份人口增长规模较大，人口增速提高的省份也明显增多。

3. 东部城市群地区是主要的人口聚集地

城市群的总人口从9.06亿人增加到9.90亿人，占全国总人口比重从71.50%上升到73.85%。东部地区的长三角、京津冀和珠三角城市群是人口增长规模最大的三个城市群，10年间常住人口分别增加2155万人、1430万人和1325万人。而珠三角城市群是人口增长率最高的地区，常住人口年均增长率高达2.73%。此外，西部地区的天山北坡和宁夏沿黄城市群也保持着较高人口增长速度，人口年均增长率分别为2.45%和2.15%；成渝城市群常住人口出现负增长，成为人口流失最为严重的城市群区域。

（四）2010—2020年，人口开始向中西部地区回流

1. 人口开始向中西部地区回流，主要向大城市周边的县市回流

东部地区仅北京、天津、上海、深圳、广州等小部分地区继续保持着人口快速增长，其他地区人口增长速度明显变缓。武汉、郑州等地人口增长迅速，东中西部人口流出县市均大量较少，人口向中西部回流及小城镇就地城镇化的趋势凸显。2010—2020年，东部、中部、西部、东北地区常住人口占总人口比重分别变化2.15个、–0.79个、0.22个和–1.2个百分点。

2. 中西部部分人口流出大省人口增加

大规模且集中连片的西部人口负增长省份人口均出现了一定程度人口增加，人口回流趋势明显。其中，安徽、广西常住人口分别增加153万人和410万人。河南、新疆、贵州、四川、重庆等中西部地区人口规模增长迅速。但

是，人口增长率最快和人口增长规模最大的区域依旧分布在东部地区。东北地区人口流失严重，黑龙江省10年间人口减少了646万。

3. 中部城市群地区人口迅速增长，人口向城市群集聚趋势进一步增强

2010—2020年，中部城市群地区人口增量和增速较2000—2010年均有较大提升。长江中游城市群2010年和2020年人口规模分别为1.20亿人和1.3亿人，成为人口规模仅次于长三角城市群（1.47亿人和1.51亿人）的第二大城市群；2000—2010年出现人口负增长的成渝城市群总人口数量迅速增长。而东部地区大部分城市群人口增长率相对较低。

4. 中部和西南地级市人口显著增加

中部和西南地区人口增量和增速较2000—2010年均有较大提升，且空间分布由西南和中部地区转向东北地区，中部和西南地区人口的"空心化"现象有所缓解。2010年之后人口发生大规模增长的区域多分布在中部和西南地区，而东北、西北和东部地区大部分地区人口增长率和增长量有所下降。

二、人口城市规模分布变化

利用常住人口集疏变化来判断在城镇化过程中人口迁移的流动格局。考虑数据可得性和全面性，现状分析时均采用地级及以上城市的市辖区、县级市、县的常住人口。规模分为六档：小于50万、50万至100万、100万至300万、300万至500万、500万至1000万、1000万以上，其中按地级及以上城市市辖区常住人口规模对应小城市、中等城市、大城市（Ⅱ型）、大城市（Ⅰ型）、特大城市、超大城市。

（一）人口规模分布特征

1. 1990年

一是1990年小城市数量最多，人口主要集中在小城市。不同人口规模的城市数量呈"金字塔"结构，其中小城市数量最多为154个，大城市数量共87个，没有超大城市，特大城市2个。人口数量在小城市最多为3.85亿，其次是大城市（Ⅱ型）为3.35亿，中等城市也达到3.13亿，大城市人口数量占全国总人口的37.98%，人口集中在小城市。二是人口主要分布在沿海、沿江大城市。常住人口规模前10位的城市分别为重庆、上海、北京、淮阴、扬州、成都、汕头、内江、天津和潍坊，其中人口数量达到千万级别的有北京、上海、重庆；排序后10位的城市（地区、州、盟）为阿里地区、嘉峪关市、果洛藏族自治州、林芝地区、阿拉善盟、黄南藏族自治州、克拉玛依市、玉树藏族自治州、海北藏族自治州、山南市，多为西部欠发达省份城市。

2. 2000年

一是不同规模等级城市数量仍为"金字塔"结构，人口主要集中在中等城市和大城市（Ⅱ型）。中、小城市在数量上基本相当，分别为120个和119个，大城市总量为104个，其中有1个超大城市、7个特大城市。人口主要集中在大城市（Ⅱ型）和中等城市，分别占全国总人口的32.96%、32.91%。二是常住人口规模前10位的城市分别为重庆、上海、北京、保定、周口、南阳、成都、临沂、哈尔滨、天津，其中人口数量达到千万级别的有北京、上海、重庆、成都和保定；后10位的城市（地区、州、盟）为阿里地区、嘉峪关市、果洛藏族自治州、林芝地区、阿拉善盟、黄南藏族自治州、克拉玛依市、玉树藏族自治州、海北藏族自治州、山南市。

3. 2010年

一是不同规模等级城市数量和人口数量呈"纺锤"结构，中等城市数量最多，但人口主要集中在大城市（Ⅱ型）。中等城市数量最多，为119个，其次是大城市（Ⅱ型）为101个，然后是小城市为91个；大城市的总数量为133个，其中超大城市3个、特大城市9个。大城市（Ⅱ型）人口数量最多为4.84亿，其次为中等城市为3.84亿，大城市人口总量占全国总人口的59%，其中超大城市和特大城市分别占4.4%、7.6%。二是常住人口规模前10位为重庆、上海、北京、周口、南阳、保定、成都、临沂、阜阳、哈尔滨；常住人口排序后10位的城市（地区、州、盟）为阿里地区、嘉峪关市、果洛藏族自治州、林芝地区、阿拉善盟、黄南藏族自治州、玉树藏族自治州、海北藏族自治州、山南市、大兴安岭地区，其中常住人口数量最多的大兴安岭地区在2010年人口数量小于40万。

4. 人口分布特征的变化

一是常住人口主要集中在东部地区、城市群的核心城市，中西部发达省份城市人口规模普遍较小。常住人口数量达1000万从1990年的4个城市增加至2020年的19个。1990年常住人口数量最少的是西藏阿里地区为6.16万人，人口最多的是重庆市（行政区划调整后）为2624.25万人，2000年、2010年与此一致，2020年常住人口数量最少变为三沙市。二是大城市人口圈层结构越来越明显，中等城市开始显现，小城市几乎无圈层结构。人口在各不同规模等级的城市主要集中在市辖区，其次是集中于市辖区周边的区县。1990年整体上市辖区常住人口与近郊县、远郊县的常住人口分级特征不明显，到2000年，大城市市辖区常住人口规模明显大于周边区县，中小城市常住人口规模分级特征不明显，但之后这种特征更加明显，中小城市人口圈层结构也开始显现。北京、上海、天津等超大城市的人口圈层结构已基本形成。

（二）人口重心偏移特征

通过标准差椭圆分析方法（SDE）分析发现四个时间点的人口重心均在河南驻马店，且总体向西南方向移动，其中1990—2000年主趋势为向西南方向移动，2000—2010年主趋势为向东南方向移动，2010—2020年主趋势亦为向西南方向移动，整体上重心偏移呈现"Z"字形格局。人口重心总体向西南方向移动，表明相对于轴线东北部的城市，位于人口分布椭圆轴线西南部的城市人口增长速度加快，其对人口总体分布格局的影响作用增大。改革开放以来，东南各省经济高速发展导致人口大量向东南经济发展水平较高的区域聚集，人口重心持续向东南方向移动，这与改革开放深化，东南经济持续高速的发展状况相吻合。

三、城镇化演进和发展趋势

随着人口的发展变化，从卫星遥感数据看，2010—2020年，城市群发展呈现东部地区逐渐连片集聚，中西部地区逐渐点轴带集中趋势。长三角、珠三角和粤闽浙沿海城市群已逐渐形成连片发展趋势。其他地区主要城市群建设从点状集聚逐步转向轴带集聚，京津冀、关中、中原、辽中南等区域轴带增长趋势较为显著，逐步形成"北京—天津""西安—郑州""哈尔滨—长春—沈阳—大连"等强联系轴带。"十三五"时期，东北地区城镇化进一步呈现向沈阳、长春、哈尔滨、大连等中心城市点状集中收缩趋势。

（一）东部地区：强化一体化发展

东部地区将充分发挥区位优势，全面提高开放水平。京津冀、长江三角洲和珠江三角洲城市群，是我国经济最具活力、开放程度最高、创新能力最强、吸纳外来人口最多的地区，要以建设世界级城市群为目标，在更高层次参与国际合作和竞争，发挥其对全国经济社会发展的重要支撑和引领作用。

从国际经验来看，人口和资源都逐步会向都市圈集中。1990—2000年，欧洲8个巨型城市区域人口增长422万，占所在国家的比重从18.30%增长到19.06%。都市圈以外普遍人口减少、就业率下滑，1991年以来，欧洲城市地区就业增长近15%，城乡之间的区域和农村就业出现下滑。

东部地区将逐步深化城市间分工协作和功能互补，强化一体化发展的形态。要科学定位各城市功能，增强城市群内中小城市和小城镇的人口经济集聚能力，引导人口和产业由特大城市主城区向周边和其他城镇疏散转移，强化一体化发展的趋势。

（二）中西部地区：强化核心城市都市圈培育

中西部地区核心城市虹吸效应将会越发凸显。近年来中西部地区回流人口去向以省会城市居多，未来这一趋势仍然会延续。近年来成都来自省内省外的流动人口持续增加，第七次全国人口普查数据显示，2020年成都流动人口为845.96万人，其中跨省流入人口为149.36万人，省内流动人口为696.60万人。

中西部地区加强核心城市都市圈的培育。依据西南地区流动人口回流意愿调查，34%选择省会或直辖市，28%选择县城，证明未来西南地区回流去向会以省会城市为主，县城为辅。因此未来中西部地区的建设重点还是应该在省会城市及其周边县城，提升城镇化质量的重要途径就是加强核心城市都市圈的培育。

（三）县城在城镇化中发挥承上启下稳定器作用

县城未来仍然作为城镇化的重要空间。近年来人口在县级单元就近城镇化比例不断提升。数据显示，2021年底，全国1472个县的县城常住人口为1.6亿人左右，394个县级市的城区常住人口为0.9亿人左右，县城及县级市城区人口占全国城镇常住人口的近30%，县及县级市数量占县级行政区划数量的约65%。根据中国县（市）域城镇化研究报告预测，至2030年全国城镇人口的总体格局中，县级单元将占到45%。

发挥县城承接回流人口优势，缓解大城市的人口压力。县城拥有相对大城市较低的生活成本，也有相对完善的服务设施和相对多元的产业要素，应完善其人居环境，培育产业发展，作为流动人口重要的回流选择地，缓解了大城市的人口压力。

发挥县域城镇化的基础性作用，带动乡村就业和非农产业。县城是提供城乡基本公共服务的重要基地，也是带动城乡就业和发展非农产业的重要载体。县城拥有相对乡村较为优良的人居环境和公共服务，从而吸引了农村转移人口定居，县城的基本公共服务尤其是基础教育成为吸引县城人口集聚的重要动力。要突出县城公共服务和产业带动的双重职能，统筹城乡基础设施建设，加快基础设施向农村延伸。

分类推进县域城镇化，促进城乡一体化发展。我国不同地区的县域在人口密度、经济水平、交通条件、资源和生态环境条件等都存在巨大差异。应加强对不同基础条件的县域分类指引，因地施策，促进城乡一体化发展。根据县域不同的发展条件，对其发展模式和路径进行分类指引。重点发展位于城镇密集区内的县、重要发展廊道上的县、县域人口超过100万的大县以及承担国家特殊职能的县，促进产业和人口集聚；引导历史文化资源富集、自然风景特色突出以及位于国家重点生态功能区内的县特色发展，保护自然与文化资源。

四、城镇化空间布局

（一）以"5+4+10"个城市群作为城镇化主体

城市群将进一步成为经济、人口集聚的主要载体和城镇化核心地区。未来我国将形成竞争力强、辐射带动作用突出的现代化城市群，在全球综合竞争、国家战略支撑、区域均衡发展方面产生引领性作用。预计至2035年，城市群地区新增城镇人口约1.9亿；到2035年，城市群地区总城镇人口达7.2亿，约占全国70%。重点培育京津冀城市群、长三角城市群、珠三角城市群、成渝城市群、长江中游城市群、辽中南城市群、山东半岛城市群、中原城市群、粤闽浙沿海城市群、哈长城市群、关中平原城市群、山西中部城市群、呼包鄂榆城市群、北部湾城市群、黔中城市群、滇中城市群、兰州—西宁城市群、宁夏沿黄城市群、天山北坡城市群等19个城市群和拉萨、喀什两大城市圈，让城市群成为城镇化空间的主体形态。

分层引导城市群地区的功能集聚。优化不同层级城市群的发展模式，合理确定第一层级城市群内各层级城市的人口规模、优化群内城镇体系结构，推动第二层级城市群地区人口的均衡布局，引导第三层级城市群内人口继续向中心城市集聚。以世界级城市群作为参与国际合作与竞争的核心载体，并发挥其对全国社会经济发展的促进和引领作用；以国家级城市群支持国家空间战略，促进国土均衡发展；以区域级城市群辐射带动周边地区发展，促进人口和经济的集聚，不断推动区域级城市群的规模增长和功能完善。

优化提升5个世界级城市群。推动城市群内城镇体系的完善和空间结构的优化。京津冀、长三角、珠三角城市群是我国经济活力最强、开放度最高、吸纳外来人口最多的地区。作为参与国际竞争的中坚力量，以建设世界级城市群为目标，持续提高自身创新能力，参与国际合作与竞争，发挥其在我国经济发展和城镇化进程中的推动作用。提升成渝城市群和长江中游城市群在国家空间均衡和对外开放格局中的战略地位，在优化结构、完善交通、降低能耗、保护环境的基础上，深化城市间分工协作和功能互补，加快区域一体化发展，塑造成为带动中西部发展的先锋地区。

培育壮大4个国家级城市群。着重培育辽中南、山东半岛、粤闽浙沿海、中原地区城市群，使之成为推动国土均衡开发、引领区域经济发展的重要增长极。加快推进新型城镇化和新型工业化进程，完善基础设施网络，健全功能完备、布局合理的城镇体系，提升中心城市辐射带动能力，形成经济活力强、生活品质高、生态环境好的新型城市群。

规划引导10个区域级城市群和2个城市圈。重点引导中西部地区的城市群发展，规划关中平原、山西中部、呼包鄂榆、北部湾、黔中、滇中、哈长、兰州—西宁、宁夏沿黄、天山北坡10个区域级城市群发展，促进以拉萨为中心、以喀什为中心的城市圈发展，打造成为对外开放的门户和对内联系的枢纽。有序推进城镇化进程，引导中西部人口向十大区域级城市群和两个城市圈集聚，提高城市群地区的资源利用效率，增强区域辐射力，成为未来中西部开发战略的重要支撑地区。

（二）加快都市圈培育和同城化发展

加快培育发展现代化都市圈。都市圈是城市群内部以超大特大城市或辐射带动功能强的大城市为中心、以1小时通勤圈为基本范围的城镇化空间形态。近年来都市圈建设呈现较快的发展态势，在各大城市群内部和部分省会、重点城市都形成了都市圈的发展特征，未来要重点提升都市圈数量和品质。

进一步加快都市圈内同城化发展水平。通过提高基础设施一体化程度，消除阻碍生产要素自由流动的行政壁垒和体制机制障碍，完善成本分担和利益共享机制，梯次形成若干空间结构清晰、城市功能互补、要素流动有序、产业分工协调、交通往来顺畅、公共服务均衡、环境和谐宜居的现代化都市圈。到2035年，现代化都市圈格局将更加成熟，形成若干具有全球影响力的都市圈。

（三）推进以县为单元的就地城镇化

县级单元未来仍是城镇化主体，中部地区最为典型。根据中国县（市）域城镇化研究报告预测，至2030年，城镇人口的总体格局中，县级单元将占到45%；至2030年，县级单元新增城镇人口在东部和西部均占40%，在中部高达55%（表5-5-1）。

表5-5-1 2030年分区县级单元城镇人口预测（亿人）

	分区城镇	县级市城镇	县城镇	县级单元城镇合计
东北地区	1.00	0.17	0.16	0.33
东部地区	4.20	0.76	0.76	1.51
中部地区	2.60	0.42	1.01	1.43

资料来源：中国县（市）域城镇化研究报告。

以就地城镇化促进大中小城市和小城镇合理分工、功能互补、协同发展。就地城镇化不仅可以分散大城市资源环境压力，还有助于破解城乡二元结构，对未来新型城镇化的路径选择，有着重要的意义和启示。积极引导部分农民就地城镇化，向所在地的县城转移为城镇居民，尤其是广大中西部的中小城市，推进农民就地城镇化更加符合国情实际。县城是提供城乡基本公共服务的重要基地，也是带动城乡就业和发展非农产业的重要载体。

依托地级市和县级城镇，促进人口集聚，并鼓励有条件的小城镇和村庄就地改造，探索就近就地城镇化模式，一方面可以降低城镇化的制度障碍和成本，促进区域均衡发展；另一方面也有利于农业和乡村可持续发展。

（四）打造连接东中西、贯通南北方的发展走廊

以"两横三纵"为基础，推动陆上丝绸之路发展带、长江经济带、沿海发展带三大城市发展带建设，对接国际经济合作走廊，奠定陆海内外联动、东西双向开放的基本格局；同时，加强京广、西贵南等发展走廊建设，促进我国空间框架优化完善，形成连接东中西、贯通南北方的空间格局。

稳固"两横三纵"的城镇主要发展廊道。以陆桥通道—陇海通道、沿长江通道为横轴，以沿海、京哈京广、包昆通道为纵轴，以主要的城市群地区为支撑，以轴线上其他城镇化地区和城市为重要组成的"两横三纵"城镇化战略格局。

第六章
面向社会主义现代化的四大区域板块高质量发展

我国幅员辽阔，地区间条件差异明显，促进区域协调发展始终是我们面对的重大任务。"十四五"时期做好区域发展工作，要尊重客观规律、发挥比较优势，按照宜工则工、宜商则商、宜农则农、宜粮则粮、宜山则山、宜水则水的要求，加快推动西部大开发形成新格局，推动东北振兴取得新突破，促进中部地区加快崛起，鼓励东部地区加快推进现代化，推动我国区域发展更加协调、更有效率、更高质量。

第一节 新时代促进四大区域板块高质量发展的目标定位

新时代促进各区域板块协调发展，要根据功能定位，完善体制机制，久久为功调整产业结构和经济结构，培育具有比较优势的新产业，优化粮食安全、生态安全、国防安全、社会保障等领域的中央地方财权事权划分，促进群众生活水平稳步提高。

一、从区域上看要重振各区域发展的动力源增长极支撑带

促进各区域协调发展，最终需要落实到具体的行政区域和地理空间，只

有国土空间开发格局和区域经济布局不断优化，才能承载和促进高质量发展。近些年来，受国内基础条件和国际环境变化的影响，总体来看，长三角、珠三角地区支撑全国经济基本面的重要功能没有改变，成渝地区和长江中游发展态势良好，已经形成南方地区新的增长极。而京津冀、辽中南、山东等地区经济增速放缓，迫切需要未来规划，培育壮大新的动力源和增长极地区，以保证经济持续稳定增长。

（一）重点推进中心城市和周边区域一体化发展

城市群、都市圈和中心城市作为人口和经济的主要承载空间，具备规模经济效应，创新要素集聚态势明显，新的主导产业发展快速，消费和开放拉动作用显著，是支撑经济持续稳定增长的重点区域，对全国经济持续稳定增长具有全局性和根本性影响，对于未来引领区域经济高质量发展具有重要意义。2020年，全国19个城市群承载了3/4的人口，创造了85%的国内生产总值，是推动我国经济高质量发展的重要动力源。

总体来看，北方地区城市群除北京以外，还处于中心城市吸附资源阶段。以东北地区为例，除沈阳、大连、长春外的城市，过去10年常住人口均呈现下降趋势，河南省除郑州外，其他13个地市常住人口也绝大部分呈现外流趋势。因此政策的着力点应通过引导生产力布局和人口流动，支持中心城市向经济建设聚焦发力，发展一批产业特色鲜明、竞争力强的工业和服务业产业集群，提升人口和经济支撑能力。可以研究支持部分央企总部结合主要生产基地搬迁，也可以研究适时推动中心城市行政区划调整，提高辐射带动能力。引导和鼓励中心城市提高土地集约节约利用水平，服务好城市常住人口，实现以人为核心的新型城镇化，避免继续"摊大饼"推进土地城镇化。结合人口、产业、城镇发展，以中心城市为引领，支持周边城市与省会城市和中心城市建立强产业链联系，积极承接从中心城市疏解的加工制造业、物流业和教育医疗等公共服务，一方面缓解中心城市的"大城市病"，一方面逐步实现周边城市的专业化分工，形成都市圈协同发展体系。

充分发挥横跨东中西、连接南北方的重要轴带，提升轴带对统筹区域发展的引领和带动作用，逐步由特大城市单点辐射向多节点、多通道网络状经济区转变，提高大中小城市综合承载能力和治理现代化水平，加快形成网络状、多节点、多通道的城市群。依托京津冀等区域重大战略，沿长江、黄河等大江大河和京广、京哈、京沪、陇海等重要交通干线，促进区域人口、产业、城镇布局的优化，逐渐形成南北经济联动开发轴带。如东北地区要充分发挥京哈走廊的辐射带动作用，巩固哈长沈大主轴，延伸形成哈大、长吉、辽中南等都市圈和城市群，形成新时代东北振兴的主轴带。依托陇海一级轴带由东向西延伸形成山东—河南—陕西的黄河流域高质量发展主轴带。

（二）进一步精细划分区域板块

10年来的实践表明，对于自然地理和经济地理差异较大的东中西部地区而言，现有的四大区域板块划分仍然偏大，在一定程度上降低了区域政策的针对性。建议结合东中西、南北方的不同特点，依托已形成的城市群和经济区，进一步精准分类施策，细分区域板块，形成东北地区、京津冀地区、黄河中下游、西北地区、长三角地区、珠三角地区、长江中游、西南地区等八大区域经济板块（表6-1-1）。

表6-1-1　各区域发展定位及资源禀赋特点和未来发展重点

区域	优势	短板	发展重点
东北地区（辽吉黑蒙）	重工业基础好，农业优势突出、矿产资源丰富	经济发展动能减弱、人口持续流失	加大耕地保护力度，确保粮食安全；统筹矿产资源有序开发，促进新旧动能转换，重振经济活力
黄河中下游地区（豫鲁）	人口密集、基础设施较完善	水资源紧缺、统筹经济发展和生态保护压力大	节约集约利用水资源，提升人口支撑能力，构建北方地区发展的新增长极
西北地区（陕甘宁）	石油、天然气、煤炭等能源储量丰富	水资源贫乏、城乡居民收入偏低	发挥能源矿产资源优势，带动相关产业发展；以水定产，促进生态保护和高质量发展
京津冀地区	人力资源富集、创新资源富集	内部发展差距大、协同发展难度大	引导人口内聚外迁，构建支撑北方地区发展的创新中心

续表

区域	优势	短板	发展重点
长江三角洲地区	创新能力强、土地利用效率高、开放程度高	矿产资源缺乏、土地开发强度大	控制国土开发强度，提升经济发展质量，构建支撑全国发展的动力源
长江中游地区	人口密集，创新资源富集，水资源丰富	内部发展差异大，土壤、水污染治理任务重	构建协调联动的城镇体系和长江黄金水道，培育南方地区新的增长极
西南地区	人口密集，能源资源储量较为丰富	生态环境治理任务重，基础设施有待完善	以成渝双城经济圈为动力源，加强区域合作，完善基础设施，培育南方地区新的增长极
珠三角地区	创新能力强、开放程度高	土地开发强度大，资源自给率低	提高自主创新和开放合作能力，构建支撑全国发展的动力源

注：不含新疆维吾尔自治区、西藏自治区、青海省。

对于位于北方地区的东北地区、京津冀地区、黄河中下游、西北地区，明晰不同区域的发展定位和重点，推动中心城市、节点城市和重要县城各司其职、协同发展，构筑城市间现代化的基础设施网络，实现产业整体协同发展，形成城城之间、城乡之间、城市群内部良好的分工与联系，提高城镇体系承载人口和经济活动的整体能力。

长三角、珠三角和京津冀地区的发展重点是进一步提高创新和开放水平，增强国际竞争力。发展综合性国家科学中心和科技创新中心，建设一批世界一流研发机构，布局5G网络、数据中心、物联网等新型基础设施，支持发展数字经济，带动传统产业数字化、智能化转型。率先探索经济一体化发展的有效途径，消除歧视性、隐蔽性区域市场壁垒，打破行政性垄断，构建统一开放竞争有序的商品和要素市场。推进自由贸易试验区升级，营造市场化、法治化、国际化的全球一流营商环境，构建与国际接轨的开放型经济新体制。

长江中游、黄河中下游和川渝等西南重点地区的方向是完善基础设施和城镇功能，增强经济和人口承载能力，实现高质量发展。第一，结合

"十四五"时期人口、产业、城镇布局,巩固壮大城市群,推动中心城市、节点城市和重要县城各司其职、协同发展,逐步由特大城市单点辐射向多节点多通道网络状经济区转变,提高大中小城市综合承载能力。第二,加快贯通沿江、路桥等国土开发主通道,延伸形成京港台、京广、呼南南北复合通道和经济轴带,建设一批集聚发展、特色鲜明的产业平台和产业集群,畅通流通体系,承接产业转移,打造重要的综合制造业基地和农产品加工基地。

西北地区要重点促进生态文明建设、农业现代化建设和特色产业发展,提高能源资源产业绿色发展能力,增强内生发展动力。第一,加大生态资源保护,做好政策措施系统集成协同,完善生态产品价值实现机制,实施山水林田湖草一体化保护与修复行动,畅通"绿水青山"和"金山银山"双向转化路径。第二,完善粮食主产区利益补偿机制,加大对粮食主产区和产粮大县的奖补力度,稳定强化种粮补贴,完善耕地地力补贴、最低收购价政策、生产者补贴等支持政策,推动从农业大省向农业强省转变。第三,聚焦具有比较优势的产业链,改造传统优势产业,发展新兴特色产业,深化东西部协作,与东部地区建立稳定的产业链供应链资金链,共同建设产业园区,大力发展"飞地"经济。第四,多措并举支持西藏、新疆等地区补齐民生短板。

东北地区要重点实现经济重振和文化重振,推动东北振兴取得新突破。当前东北地区仍处于经济企稳的爬坡过坎期和经济转型的攻坚期。"十四五"时期,还是要向经济建设聚焦发力,重塑发展软硬件环境,重新激发发展活力。与此同时,沈阳、大连、长春、哈尔滨等四座城市,经济总量占比超过东北地区的一半,也是东北地区目前唯一有基础参与国际国内竞争的区域。要支持东北地区的中心城市提高城市的精细化管理水平,夯实城市发展软硬件基础,重塑城市发展人文环境,促进新旧动能转换,打造引领东北振兴发展动力源。

(三)进一步加大对特殊类型地区振兴的支持力度

我国目前的区域政策主要仍以行政区划划定支持区域和政策,但是,北方地区发展存在较大的内部差异,大都市区和乡村地区,老工业城市和新型产业基地之间,面临着截然不同的困难问题。目前,在西方发达国家,区域政策大都不以行政区划进行划分，而是按照问题导向的类型区进行划分。例如，目前欧盟已建立了欧盟地区统计三级单元目录（NUTS）并以此作为区域政策的识别标准，主要包括两个部分，一种是经济基础较差的待开发和欠发达地区，这类地区的主要任务是加快经济增长，解决经济发展中的资金不足和劳动力素质等问题。另一种是对在产业结构升级转换或者城市化发展的过程中由于机制性问题或结构性问题，导致就业岗位减少，失业增加，福利水平下降并造成恶性循环的地区，这类地区主要任务是调整优化经济结构，稳定就业。

建议按照问题导向划分区域援助政策范围。将区域政策下移一级，到地级市层面。通过一系列指标分辨需要中央政府援助的欠发达地区、边境地区、农产品主产区以及产业衰退、资源枯竭、生态严重退化地区，加大对特殊类型地区的支持力度。

对于脱贫地区等欠发达地区，建议结合乡村振兴，着重解决区域发展的内生动力问题，提高农村人口的自我发展能力。对于边境地区，建议把重点放在边境城镇建设方面，切实增强边境地区的自我发展能力，实现经济社会的全面发展。对于粮食主产区，建议重点破解粮食增产不增收的问题，努力实现粮食增产、农民增收和财力增强。研究粮食主销区对粮食主产区的对口协作机制，由主销区协助主产区建设各种类型的粮食仓储基地和粮食批发市场，建设农副产品深加工项目。对于老工业基地，建议不要再试图重振已经没有竞争力的产业，重点通过创新培育发展新的主导产业。对于资源枯竭城市，建议更加关注资源逐渐枯竭后的就业问题，把重点放在加快城市转型，促进城市由单一的矿产资源生产基地向综合性城市发展。

同时，建议积极总结发达国家人均国内生产总值超过1万美元后的区域政策调整经验，推动区域政策体系制定由解决特定区域问题转向构建全国高质量发展，研究制定全国层面优化国土空间开发格局的措施，根据不同区域的功能定位，使国土开发和区域发展衔接起来。

二、从产业上看要支持各区域重构产业分工和协作体系

产业协调发展是区域实现协调发展的关键支撑，当前经济全球化和逆全球化交织，既有的国际分工体系面临严峻挑战，特别是疫情促进全球产业链重构，在考虑经济效率的同时，更加主动加强产业安全性可控性。推动产业协调发展，在空间维度上根据各区域的比较优势，重构产业合理分工和产业链上中下游联动机制，加强区域协调协作，打好产业链现代化的攻坚战。

一是促进产业协作联动发展。将土地、能源资源、工业基础等优势与资本、科技、技术等相结合，加强产业优势互补，促进关联产业协作联动发展。在数字经济领域，依托"东数西算"，落实《全国一体化大数据中心协同创新体系算力枢纽实施方案》，在内蒙古、甘肃、宁夏等地布局建设大数据中心国家枢纽节点，引导数据中心集约化、规模化、绿色化发展，促进数据中心充分利用西北地区可再生能源，降低京津冀、长三角、粤港澳大湾区等地区资源能源供给压力，为高端产业发展腾挪空间，推动南北数字经济产业链协作联动。绘制全国产业链全景图谱，查找产业链协作的"断点"，推动产业协作联动发展，强化关联产业在技术、产品和市场上的协作联动。发挥龙头企业、行业组织的牵头组织作用，支持和鼓励跨区域上下游企业加强产业协同合作，共建空间跨区域、横向跨产业、纵向跨链端的利益共同体组织。

二是有意识地培育一批有比较优势的特色产业集群。增强京津冀科技协同、产业协作能力，围绕高端装备制造、生物医药、新材料等产业培育一批世界级、国家级产业集群。支持东北地区以维护国家产业安全为基础，加大对装备制造、国防军工等传统优势产业转型升级的支持力度，围绕工业装备加强订单式合作，提高中国一重集团、哈尔滨电气集团、沈阳飞机制造集团、大连造船集团等生产的工业母机、重型工矿装备、核电化工装备、高铁客车、工业机器人、船舶、飞机等产品的国内市场消纳能力。支持西北地区、东北地区建设太阳能、风能等新能源基地，加大对保障产业链上游产品的支持力度，构建公平与高效的能源、资源、原材料价格形成机制和流转体

系，协同保证能源、原材料等上游产品供给稳定，增强能源资源等领域市场价值转化能力。在大连、天津建设世界级海洋工程装备产业集群，在太原、唐山、兰州等城市发展一批国家级的装备制造集群，在包头、鄂尔多斯、长治、银川、克拉玛依、大庆等城市，依托能源资源优势建设国家级能源化工集群，增强产业和人口承载能力，建设一批特色产业集群。

三是促进科技创新平台互动。统筹谋划重大科技创新平台、重大科技基础设施布局建设，研究推动在西安、沈阳等有条件的城市建设综合性国家科学中心，促进综合性国家科学中心交流互动，共同开展核心技术攻关。发挥高新区、国家自主创新示范区等创新平台的带动作用，围绕创新链产业链供应链保障需要，有针对性推进南北方开展"一对一""一对多"等多种方式的创新协作，共同搭建一批创新协作平台，支持龙头企业、高新技术企业围绕关键技术节点，联合开展重大科研项目攻关与科技成果转移转化工作，协同提升产业创新水平。

四是推动产业园区务实合作。根据产业之间的关联，深入推进不同地区产业功能平台合作。发挥国家级新区、国家级经开区、高新区、临空经济示范区等重大平台在产业落地上的集中承载功能，支持和鼓励在各自优势产业领域之间合作，弥补产业链的空白和瓶颈环节，协同提升价值链层级，提高产业发展内生增长动力。鼓励南方优质园区运营和管理的团队和经验输出移植至北方，南方产业园区组建专业化园区运营企业在北方布局建设一批统一品牌、连锁式管理、一体化招商、菜单式服务、平台化运作的产业园区。依托国家级新区、自由贸易港、自由贸易试验区、国家自主创新示范区、国家级承接产业转移示范区、临空经济示范区、海洋经济发展示范区等重大区域平台在我国改革开放方面先行先试的有利条件和基础，深化改革创新平台之间沟通衔接和交流合作。积极推广应用深圳、浦东等城市重大平台改革创新经验做法，依托国家级新区、自由贸易试验区等平台，围绕数字经济、新技术场景应用、服务贸易等开展体制机制改革和制度政策建设联动，共同推进一批改革试验项目落地。

三、从体制机制上看要深化改革促进基本公共服务均等化

从近年来中央财政转移支付的数额和转移支付实施前后地区财力差异看，我国现行的转移支付制度在缩小地区财力差异上发挥着十分重要的作用。但目前财政政策以均衡性转移支付为主，促进区域发展的概念较弱，促进区域协调发展主要仍是依靠中央政策投资和重大产业项目布局，这不仅导致了各地区的同质化竞争，也导致区域发展过度依赖投资和重大项目。在我国地区经济发展、自然生态和人口分布等方面的差异都十分巨大的总体背景下，财政政策在促进区域发展中的作用仍有较大的提升空间。而且，从国际经验看，在经济增速由高速增长转向中高速增长时期后，财政政策在区域发展中都逐渐发挥了主导作用。

建议借鉴欧盟、加拿大和日本等地区和国家的经验，逐步建立形成国家层面区域协调概念下的资金管理分配机制，通过财政政策的创新和改革，使财政政策与区域政策的目标相一致，使财政政策在区域发展中的导向作用得到充分发挥。

一是健全与常住人口挂钩的基本公共服务转移支付制度，加快建立全国统一的普惠的医疗、养老、失业等社会保障制度，中央政府在教育、医疗、社会保障等基本公共服务事项上，特别是在养老保险支出上，担负更主要的统筹协调和支出责任。明确界定基本公共服务的范围，并随同经济社会发展水平提高而相应调整。明确基本公共服务均等化的标准，并建立科学的评价指标体系。明确划分各级政府提供基本公共服务的权责，保证责任归属清晰、合理，不仅考量基本公共服务财政投入，也要加大对产出和结果的评价，提高财政资金使用效率，提升基本公共服务质量和效益。切实推进收入分配制度改革，提高劳动报酬占国民收入的比重，增加劳动者收入。通过转移支付制度，实现财力在国土空间和功能区之间的重新分配，健全与常住人口相挂钩的转移支付制度。保证所有地区的财力都能支持统一的基本公共服务的提供，确保各地区间享有均等化的基本公共服务。

二是对资源要素的流动以引导性财税优惠和支持，并适当补偿因流动带来的短期损失，引导资源要素合理向目标功能区流动。具体体现为引导要素和人口稳步向城镇化重点地区流动，促使优势地区有更大发展空间，建立人口流动和粮食、生态和能源资源供给的引导性财税制度，形成受益者付费、生产者保护者得到合理补偿的良性局面，增强北方地区维护国家粮食安全、生态安全、边境安全、能源资源安全等方面的功能，引导人口从生态地区和农产品主产区有序流出，使资源浪费和环境污染行为支付必要的成本，通过成本影响企业和居民的行为，逐步建立起生态环境的跨区域补偿机制。

三是完善财税制度，扩大地方税收来源，建立以常住人口为基础的地方政府税源体系。研究分离土地管理权和经营权，建立土地公共投资基金制度，实现土地出让金分年度使用，减少盲目征地和建设行为。改革土地和房地产领域税制，逐步形成以保有环节房地产税为主，以建设环节和交易环节税收为辅的房地产税收体系，弱化房地产税收的一次性特征，提高地方政府推进城市管理和提升常住人口公共服务的积极性。

第二节　推进西部大开发形成新格局

党的十九大提出强化举措推进西部大开发形成新格局，体现了以习近平同志为核心的党中央对西部大开发工作的高度重视，为新时代西部大开发工作指明了方向。

一、新时代推进西部大开发形成新格局的重大意义

1. 有利于促进区域协调发展，破解西部地区发展不平衡不充分的问题

新时代我国社会的主要矛盾已经转化为人民日益增长的美好生活需要和不平衡不充分的发展之间的矛盾。西部地区集中了全国大多数老少边穷地区，经济社会发展水平与沿海地区相比还有不小差距，是实现"两个一百年"

奋斗目标的重点和难点。同时，近年来西部地区内部分化开始显现，内部差距有所扩大。新时代推进西部大开发形成新格局，就是要破解区域发展不平衡不充分问题，使西部地区比较优势得到有效发挥，区域间经济发展和人均收入水平差距保持在合理区间，基本公共服务、基础设施通达程度、人民生活水平等方面达到大致均衡。

2. 有利于巩固国家生态安全屏障，促进西部地区可持续发展

西部地区是我国重要的生态安全屏障，拥有草原、湿地、森林等重要生态资源，但生态环境也十分脆弱，保护和修复任务艰巨。新时代推进西部大开发形成新格局，就是要筑牢国家生态安全屏障，实现中华民族可持续发展。党的十九大报告明确提出，建立市场化、多元化生态补偿机制，这为破解西部地区生态环境保护与经济社会发展之间的矛盾提供了指引。新时代推进西部大开发形成新格局，就是要构建生态资源保护者与受益者之间的桥梁和纽带，将西部地区生态红利转化为经济社会发展红利。

3. 有利于促进陆海内外联动和东西双向互济，提升西部地区开放水平

当前，西部地区对外贸易和投资在全国的比重还比较低，与东中部地区对外开放的互动性、协同性也有待增强。新时代推进西部大开发形成新格局，就是要把加大西部开放力度置于突出位置，使西部地区进一步融入共建"一带一路"和国家重大区域战略，加快形成全国统一大市场，并发展更高层次的外向型经济；就是要从思想观念、基础设施、规则标准、营商环境等着手，积极参与产业链、供应链、价值链分工，深度融入全球经济体系。

4. 有利于增强内生增长动力，推动西部地区高质量发展

西部地区在科技研发和产业发展方面有一定基础，但自主创新能力还不够强，生产方式比较粗放，传统产业、重化工业占比偏高，现代服务业发展相对滞后。过去那种粗放型、外延式的经济增长方式已不可持续，必须向以全要素生产率和劳动生产率提升为特征的集约型、内涵式经济发展方式转变。新时代推进西部大开发形成新格局，就是要在充分发挥西部地区特色资源优势的基础上，更加强调科技创新在经济发展中的重要作用，加快培育战

略性新兴产业和先进制造业，推动传统产业转型升级，加快发展现代服务业，推动西部地区经济发展方式实现根本性变革。

5. 有利于保障和改善民生，实现西部地区民族团结和边疆稳定

当前，西部地区在住房、教育、医疗、就业等民生领域还有不少短板。西部地区也是我国民族地区和边疆地区最集中的区域，巩固民族团结和边疆稳定的任务十分繁重。新时代推进西部大开发形成新格局，就是要改善西部城乡基础设施条件，有效提供优质教育、医疗等公共服务资源，提高就业、养老等公共服务水平，逐步缩小城乡发展差距；就是要巩固和发展平等团结互助和谐的社会主义民族关系，促进各民族团结奋斗和共同发展。

二、新时代西部大开发面临的新挑战

1. 经济发展与全国尤其是发达地区相比仍有较大差距，内部发展分化也进一步加剧

"732"特征长期未改变，即西部地区面积占全国70%以上、人口占全国30%左右、经济总量只占全国20%左右。西部地区城乡居民之间收入差距在四大板块中最大，2019年东、中、西、东北和全国的城乡居民收入之比分别为2.51、2.39、2.76、2.29和2.64。西南和西北片区之间的发展差距和分化进一步扩大，西南与西北地区的地区生产总值比值由2015年的1.53增加到2020年的1.91。

2. 经济发展内生动力不足

研发投入方面，除陕西之外，其他11省2019年研发投入强度均低于2%。人力资源方面，2018年西部12省中除了陕西和内蒙古劳动力平均受教育年限略高于全国平均水平外，其他省份均低于全国平均水平。产业方面，传统产业比重大，高新技术产业占比小。资源类工业品产量占全国30%以上，明显高于其20%的经济占比；2019年西部地区高新技术产业产值占地区生产总值比重为10%，明显低于东部地区的21%。企业所有制结构方面，2017年西部地区私营企业占全国比重为16.4%，低于其20%的经济占比。

3. 基础设施短板仍较为突出，举债发展空间较小

内联外通交通运输体系亟待加强，物流成本高企制约要素流通。例如，西部地区交通条件较好的成都 2016 年每万元地区生产总值社会物流总费用为 1550 元，仍比全国平均水平高 4%，比武汉、深圳分别高 9.2% 和 18.9%。债务压力和风险较大，举债发展空间小。2019 年债务率超过 100% 的 10 个省份中，西部地区占据五席。

4. 社会民生福祉水平提升空间较大

2019 年西部城乡居民人均可支配收入相当于东部地区的比例分别为 72% 和 65%；2019 年西部农村人均可支配收入每月仅为 1086 元。

5. 生态环境保护和治理压力仍然较大

西部地区以高原、山地和荒漠为主，生态承载力低，生态环境十分脆弱。总面积的 48% 左右都是沙漠、石山、戈壁以及高寒地区，气候干旱，降水较少，年均气温低，恶劣的自然条件导致生态环境十分脆弱，一旦破坏，就难以恢复。

6. 市场化、法治化等制度建设和营商环境完善滞后

根据《2020 中国城市营商环境指数评价报告》，营商环境排名前八位城市中，没有西部地区城市；根据《中国分省份市场化指数报告（2018）》，2016 年西部地区市场化指数为 5.05，低于全国的 6.72；民营经济呈现相对不大、不强、不活跃，民营经济对经济增长、就业、税收、投资等的贡献低于全国，尤其是东部地区。

7. 西南及西北分化加剧问题

受增长极发育相对不充分、产业结构过于趋同以及增长动力相对不足等因素影响，2010 年以来西部地区的南北经济分化格局明显扩大。其中，重庆、四川、贵州等省份连续多年保持 10% 左右的高速增强，经济增长动能强劲；与此形成鲜明对比，内蒙古、甘肃等典型资源型省份逐渐陷入经济负增长局面，资源开发驱动的经济增长难以为继，动能转换需求迫切。从区域联系视角来看，西南地区与长三角、珠三角等地区形成良性互动，而西北地区无论

是与北方核心地区还是与南方地区联系都较为松散。

8.长江流域和黄河流域联动发展问题

从区域增长态势来看，长江流域和黄河流域在"十四五"东中西地区联动中将发挥更加重要的作用，但是随着工业化、城镇化的推进，生态保护的压力也会逐步增大。而从区域联系角度来看，特别是从产业联系来看，黄河流域需要在生态保护的基础上深化上中下游的协同，特别是陕西、河南、山东三省协同，同时与京津冀地区加强联系。长江流域中长江中游地区和成渝地区如何进一步巩固当前的发展态势，加强与长三角地区、粤港澳大湾区互动，将会对南北方增速分异和发展造成重要影响，围绕长江流域和黄河流域等大江大河进行的联动，促进区域联动发展十分必要。

三、推进西部大开发形成新格局的路径

1.以巩固拓展脱贫攻坚成果衔接推进乡村振兴为前提，确保西部地区与全国一道全面实现现代化

当前，西部地区与全国一道全面打赢脱贫攻坚战，要保持现有帮扶政策总体稳定，及时做好返贫人口和新发生贫困人口的监测与帮扶。推动全面脱贫与乡村振兴有效衔接，同步促进脱贫攻坚成果巩固和相对贫困问题解决。培育乡村发展新动能，推进美丽乡村建设，补齐乡村公共设施短板。

2.以推进绿色发展为要求，加大美丽西部建设力度

西部地区要坚持绿水青山就是金山银山的理念，坚持在开发中保护、在保护中开发，走绿色可持续发展道路。抓好黄河流域生态保护修复和环境污染治理，巩固长江经济带共抓大保护、不搞大开发工作格局。进一步加大天然林保护、退耕还林还草、退牧还草、重点防护林体系建设等重点生态工程实施力度，推进自然保护地体系建设和湿地保护修复。开展三江源、祁连山等重点区域综合治理，加强区域大气污染联防联控，因地制宜加快城镇污水处理设施建设。促进西部地区绿色产业加快发展，推动重点领域节能减排，大力发展节能环保产业和循环经济。

3. 以共建"一带一路"为引领,扩大西部地区高水平开放

西部地区要找准定位,结合实际积极参与和融入共建"一带一路"。发挥一些地区沿海、沿江、沿交通干线的区位优势,做好人畅其行、物畅其流,进一步加强与境内外的经贸联系。构建内陆和沿边多层次开放体系,高标准建设自由贸易试验区、边(跨)境经济合作区等功能平台。拓展区际互动合作,积极对接长江经济带、粤港澳大湾区建设、黄河流域生态保护和高质量发展等国家重大区域战略。

4. 以构建现代化产业体系为重点,增强西部地区经济高质量发展动力

充分发挥西部地区比较优势,推动产业集群化发展,在培育新动能和传统动能改造升级上迈出更大步伐,提升产业核心竞争力,进一步构建具有特色、体现优势、富有竞争力的现代化产业体系。培育和发展一批战略性新兴产业,改造提升传统产业,推动全产业链整体跃升。大力优化能源供需结构,着力提升传统能源高效清洁利用、可再生能源规模化利用、国家能源安全保障等能力。充分发挥西部地区特色优势,大力发展旅游休闲、健康养生等服务业,打造区域重要支柱产业。

5. 以强化基础设施规划建设为抓手,夯实西部地区经济社会发展基础

在交通设施方面,重点提高通达度、通畅性和均等化水平,加强横贯东西、纵贯南北的运输通道建设,拓展区域开发轴线。加快川藏铁路等重大工程规划建设,推进区际省际高速公路通道和航空枢纽建设。在水利设施方面,重点规划建设一批重点水源工程、江河湖泊骨干治理工程、大型灌区工程;提高安全饮水保障能力。在能源设施方面,重点加强西电东送等跨省区能源通道建设,提升清洁电力输送能力。积极推进配电网改造行动和农网改造升级,提高偏远地区供电能力。在通信设施方面,重点推动城市农村"同网同速",大力支持农村偏远地区特别是贫困村加快宽带网络建设。

6. 以增强公共服务能力为关键,增进西部地区民生福祉

坚持以人民为中心的发展思想,围绕西部群众普遍关心的民生诉求,加快补齐社会民生领域短板,增强公共服务特别是基本公共服务能力,努力实

现幼有所育、学有所教、劳有所得、病有所医、老有所养、住有所居、弱有所扶，促进社会公平正义。加强公共卫生、应急管理、防疫物资储备等领域能力建设。充分利用互联网等新技术，大力发展远程教育、医疗等服务。按程序将符合条件的西部省份纳入区域医疗中心试点范围，引导较发达地区高水平医院在西部地区建立分支机构或分中心。

第三节　推动东北振兴取得新突破

2023年9月，习近平总书记在新时代推动东北全面振兴座谈会上强调，"东北三省及内蒙古在推动东北振兴方面取得新进展新成效，国家粮食安全'压舱石'作用进一步夯实，产业安全基础不断巩固，能源安全保障作用不断强化，生态安全屏障不断筑牢，国防安全保障能力稳步提升，改革开放呈现新气象"。东北资源条件较好，产业基础比较雄厚，区位优势独特，发展潜力巨大。当前，推动东北全面振兴面临新的重大机遇：实现高水平科技自立自强，有利于东北把科教和产业优势转化为发展优势；构建新发展格局，进一步凸显东北的重要战略地位；推进中国式现代化，需要强化东北的战略支撑作用。相信在强国建设、民族复兴新征程中，东北一定能够重振雄风、再创佳绩。

一、新时代推进东北振兴形成新格局的重大意义

1. 有利于推进我国经济结构战略性调整、提高我国产业国际竞争力

东北地区在装备制造、原材料、国防军工等领域拥有一批关系国民经济命脉和国家安全的战略性产业，代表了相关领域制造业的最高水平。国产首艘航母、30万吨超大智能原油船、跨音速风洞主压缩机等大国重器在东北问世，"吉林一号"在轨卫星达到25颗，"复兴号"中国标准动车组、京张智能动车组下线运行。推进新一轮东北振兴，能为我国产业迈向中高端水平提供重要基础和动力，为加快建设制造强国发挥引擎作用。

2. 有利于促进区域协调发展、打造新的经济支撑带

东北地区人口约 0.99 亿，面积占全国的 1/7，沿边沿海优势明显，区位条件优越，发展空间和潜力巨大，沿哈大轴线已初步形成了大中小城市集聚发展的城市群。推进新一轮东北振兴，有助于培育全国新的重要增长极和经济支撑带，为全国经济发展拓展新的空间。

3. 有利于优化调整国有资产布局、更好发挥国有经济主导作用

东北地区国有资产存量大，发展基础较好，且多分布于重要行业，长春一汽集团、齐齐哈尔一重集团、沈阳机床集团（新中国第一个机床制造厂）、沈阳飞机工业公司（第一个飞机制造基地）、鞍山钢铁集团（第一个大型钢铁工业基地）、大庆油田（第一个大型石油开采基地）等，这些带"一"字头的大型工业企业，至今在国民经济发展中仍发挥着重要作用。推进新一轮东北振兴，全面深化国资国企改革，做大做强国有企业，有助于增强国有企业内在活力、市场竞争力、发展引领力，使国有企业真正成为东北振兴的重要支撑力量，同时为全国深化国资国企改革作出探索。

4. 有利于完善我国安全发展总体布局

东北地区地处东北亚区域的中心地带，与俄、蒙、朝交界，与日、韩隔海相望，大连港、营口港、锦州港是我国北方重要港口，丹东、珲春、绥芬河、满洲里、二连浩特是我国沿边开放的重要口岸。推进新一轮东北振兴，把东北地区建成我国面向东北亚开放的重要枢纽和推进"一带一路"建设的重要支撑，将会进一步优化我国对外开放总体布局，促进我国开放南北均衡发展、沿海沿边齐头并进，同时也有助于发挥我国在深化东北亚区域合作中的建设引领作用。

5. 有利于维护国家粮食安全、打造北方生态安全屏障

东北地区是全国粮食生产的"稳压器"，也是国家农业现代化的战略基地，近年来，东北三省粮食产量占全国的 1/5 以上，商品粮量约占全国的 1/4，粮食调出量约占全国的 1/3，同时东北地区生态地位重要，大小兴安岭、长白山等森林，呼伦贝尔等草原，三江平原等湿地以及黑龙江、松花江、乌

苏里江、鸭绿江、辽河等江河和兴凯湖、呼伦湖等湖泊对于维系北方生态安全至关重要。推进新一轮东北振兴，将会进一步巩固提升东北地区作为我国"大粮仓"和生态安全屏障的战略地位。

二、东北振兴面临的新挑战

由于长期形成的深层次体制性、机制性、结构性矛盾，加上周期性因素和国际国内需求变化的影响，2014年以来，东北地区经济下行压力加大。2000年、2010年和2020年，东北地区占全国国内生产总值的比重分别为9.25%、6.94%和5.02%，20年来同比下降了4.23个百分点，这一数据表明，南北方差距在很大程度上是东北地区经济衰退和占GDP全国比重快速降低所导致的。"十四五"时期，辽宁省、内蒙古自治区和吉林省等东北省区的下行趋势依然存在。东北地区衰退对南北方差距影响明显。从2010年及2020年人口普查数据对比来看，东北地区人口下滑尤为凸显，除沈阳、大连、长春外的其他地市单元常住人口均出现明显下滑，这不仅影响了产业发展的人力资本投入，同时对于扩大内需等也会有不利影响。究其原因，一方面是我国经济发展进入新常态，"三期叠加"所造成的共性影响，另一方面还是东北地区自身特有的体制性、机制性和结构性问题。

（一）重点领域和关键环节改革还不到位

一是政府管理体制有待深入改革。政府还停留于管理思维中，习惯使用行政干预的手段，调控经济的主导性较强，对企业的服务意识不强。政府对国有企业的关注和干预过多，政企界限模糊。政府为了维持现有的利润及利益，规避风险，对具有优势的产业只进行局部调整，根本的体制问题不解决，难以使之释放出应有的能量。有些行业过度竞争，则出现地方保护和垄断势力强行干预市场，导致区域间上下游企业各自为战，有碍产业集群的形成和发展，不仅大大增加了企业间的协调及重组成本，企业之间的合力无法形成，规模经济效应也难以实现，而且分割了市场，降低了资源配置的效率。

二是供给侧结构性改革和新旧动能转换任务艰巨。钢铁、煤炭去产能分流安置人员难度大、渠道窄。长期占主导地位的资源能源、原材料、装备制造等产业不能适应市场需求变化，生产经营困难。新兴产业体量小、比重低，短期内难以弥补传统行业下滑造成的缺口。粮食库存量达到历史最高点。

三是国有企业改革有待进一步深化。在企业改制、建立现代企业法人治理结构、推进股份制改革等方面的改革还不到位，在分离企业办社会、离退休人员安置等方面遗留了大量问题，造成了东北国有企业包袱依然沉重，机制不活。国企改革的滞后，相应挤压了民营经济的发展空间。东北民营企业中生活性企业多，生产性企业少；粗加工企业多，科技创新型企业少；从事低端产品生产的多，从事高端产品生产的少；中小型企业多，行业龙头领军企业少。

四是经济社会领域风险不断积聚。政府性债务余额高，养老保险基金缺口不断扩大。养老保险缺口风险不断积聚，辽宁、吉林、黑龙江三省2023年养老金缺口分别是844.31亿元、218.69亿元、829.32亿元。

（二）产业链升级与融合不及预期

一是产业结构分布失衡。东北在重工业发展过程中，三次产业间缺少关联性，没有形成内部拉动，其结果是工业特别是重工业走了自我发展道路，第二产业在结构上缺乏有效协同，不能带动和提高第一、三产业生产能力，三次产业间呈现出非均衡发展模式，即重工业占用并消耗大量资源，市场规模大，但效益不显著，间接导致第三产业难以快速发展。

二是产业融合度不高。东北为改善过度依赖资源、集中发展重工业的现状，产业发展重点开始向第三产业转移，但在第三产业众多行业中，零售业所占比重大，而金融、科技等占比相对小，导致第三产业发展有一定局限性，产业内部关联度不强，不利于产业向高度化方向发展。东北集中发展煤炭、汽车等能源消耗型产业，产业链条偏短，产业内部关联度低，造成了"孤岛式"产业结构。东北工业没有对农业形成有效的带动作用，农业生产没有随着工业发展很好地升级发展，造成了农业产业化与农业工业化发展滞后，"工业反哺农业、城市支持农村"和"以工促农、以城带乡"的格局尚未形成。此外，东北第二、三产业间不能有效融合，如在工业生产中信息技术作用发挥不充分，新兴技术产业也没有依托传统产业这一巨大的消费市场。

三是存在产业趋同现象。东北三省资源丰富，都重视交通运输设备制造业和农副食品加工业，区域内部行业发展相似度高，内部产业竞争激烈。如辽宁和黑龙江，都集中发展石油化工与交通运输设备制造业。从整个区域来讲，三省依靠资源禀赋发展相近产业，形成了区域内生产要素竞争的局面，难以发挥自己的产业优势，生产要素效益低下。同时，在产品销售市场中，进一步加剧了三个省之间的经济摩擦，限制了东北区域一体化的发展。

（三）创新能力不强

一是创新驱动发展的理念有待进一步深化。东北经济发展仍然主要依赖要素投入，靠投资拉动地方发展。东北生产的产品大多数集中在产业链的中上游，面向生产者的产品多，面向消费者的产品少。科教投入不足，东北地区这些年来对教育和科教的投入增加速度偏慢，从财政对教育和科技的投入看，2021年占全国各省市区合计之比下降到4.55%，特别是吉林和黑龙江的科技财政投入明显不足，与名列前茅的省区有较大差距；R&D经费投入2022年达到1026亿元，占全国各省市区合计之比仅3.3%，2022年东北三省R&D经费支出占地区生产总值比重均低于全国平均水平。东北地区教育经费来源单一，主要依赖国家财政性投入，由于经费有限，其他办学资金来源弱化，不能满足地区教育发展的需求。科教投入相对不足对东北地区人力资本的形成、质量的提升、对地区科技创新能力等都将产生一定限制，影响科教事业持续健康发展，导致与经济发达地区的差距逐步拉大。

二是科技成果转化能力弱。东北地区布局了大量的科研院所和高等院校，科教实力很强，大型国有企业中也拥有一大批科研人才队伍，在过去10年振兴中为经济发展提质增效发挥了重要作用。但是，这些科研队伍大多服务于政府和大型国有企业，成果转化率偏低。人才政策不落实或落后于东南沿海地区，导致人才流失严重。东北三省高技术产业规模占比、企业数量占比、主营业务收入占比、利润总额占比等数据均低于全国平均水平，不少产品技术水平属于中低端，附加值还不高，产品仿制的多、原创开发的少，一些关键零部件主要依赖进口，导致产业和产品发展引领能力较弱。

三是部分地区人才外流。东北地区人力资本存量增加速度趋缓，2021年三省普通本专科在校学生占全国比重较2014年下降1.4个百分点，以往的相对优势有所弱化。接受高等教育的学生未来将是提高人力资本存量和质量的中坚力量，是科技进步与创新的后备军，而目前东北地区教育发展不尽充分，人力资本实力不断下降。

（四）城镇化质量不高

一是城市基础设施建设滞后。老工业基地的"老"一方面体现在产业的"老"，另一方面体现在城市的"老"。由于建市时间早，城市公共基础设施历史欠账多，改造和更新面临较大困难。很多城市基础设施建于"一五""二五"时期甚至更早，有些城市排水管线和供热设施还是日伪时期修建的，不少城市城区供水管网已使用超过50年，腐蚀严重，供水漏失率超过50%。东北地处高寒地区，采暖设施老化，"跑冒滴漏"严重，既浪费能源，也成为重大民生问题。

二是棚户区改造剩余任务依然艰巨。东北的棚改起步最早，但目前任务依然艰巨，与当初相比，现在剩下的大都是难啃的"硬骨头"，土地置换收益低、市场化运作困难，特别是林区、垦区棚户区，改造难度更大。一些已实施的棚户区改造项目则存在公共基础设施滞后、贫困人口集中居住、就业机会少等问题，未来可能出现新的刚性封闭空间，带来新隐患。

三是资源枯竭城市和独立工矿区转型发展仍然面临一些突出问题。资源枯竭城市接续替代产业发展仍处于起步阶段，缺乏骨干项目支撑，要素集聚能力较弱。矿山地质灾害隐患多，生态环境治理任务繁重。基础设施建设滞后，支撑保障能力不足。独立工矿区大多数依矿山、沟谷分散建设，城镇功能布局严重受限，公共服务能力严重不足，自然灾害、地质灾害易发多发。

（五）区域发展分化较大

东北地区的繁荣得益于资源优势以及20世纪五六十年代的重大生产力布

局，近年来经济发展面临诸多问题，既有国内生产力布局调整、资源配置方式变化等原因，也有地区要素禀赋优势减弱、产业竞争力不强、改革意识和能力不足等原因。从人均地区生产总值看，2006年以前，东北地区人均地区生产总值高出北方其他省份的平均水平，随着时间的推移以及东北经济增速的放缓，东北地区人均地区生产总值开始低于南方省份和北方其他省份的平均值。

从地区生产总值增速看，2012年以来，东北三省低于北方其他省份。需要关注的是，辽宁省、吉林省、黑龙江省等东北地区的地区生产总值增速下行趋势在"十四五"期间依然存在。2022年，三省地区生产总值年均增长率仅分别是2.1%、-1.9%、2.7%，而在2013年，三省地区生产总值年均增长率还分别是8.7%、8.5%、7.6%。事实上，2013年后出现的南北经济分化现象，从地区生产总值总量数据上看主要源于东北地区"增长失速"现象，即在短短两三年时间，经济增速出现断崖式下滑，从原先的8%以上的中高速增长区间，不经过中速区别，直接滑入5%以下的低速增长区间。从近年来的经济统计数据观察，这些"增长失速城市"已经从东北地区向西北、华北的一些老工业城市和资源型城市蔓延。

从区域基本条件看，东北地区原有的比较优势逐步消失、新的优势尚未形成。一是制造业发展比较优势逐步消失。综合看，2002—2019年东北地区占比下降最大的是第二产业和专利申请量，分别下降了6个和5个百分点（表6-3-1）。长期开发使不少城市原有石油、煤炭、有色金属等矿产资源接近枯竭，产业发展的原有基础不复存在。二是粮食、生态等新资源优势有待培育。截至2020年底，辽宁、吉林、黑龙江及内蒙古东四盟典型黑土地耕地面积1853万公顷，森林覆盖率超过40%，但这些资源目前还是"好看不好吃"，地方和群众短期内难以从中获益。如何将生态价值转化为经济价值，如何将长远利益贴现为当前收益，仍需抓紧破题。三是地缘条件制约对外开放。东北三省周边地缘政治环境复杂，地缘条件导致东北地区看似开放、实则封闭，在经济全球化大背景下，沿海沿边优势得不到充分发挥。四是要素成本影响经济建设。冬季普遍气候寒冷，供暖期在6个月左右，基础设施建设等开工时间明显短于南方地区，采暖、建设等成本较高；养老保险收支压力大，不少居民特别是退休人员选择"候鸟式"过冬，在东北领工资或退休金，到南方去消费。

表6-3-1 2002—2019年东北地区主要指标占全国比重变化情况（%）

地区	年份	第二产业增加值	进出口额	社会消费品零售额	粮食产量	高速公路里程	专利申请授权量
东北地区	2002年	10.36	4.80	10.53	14.59	10.31	8.08
	2010年	8.95	4.14	9.19	17.60	8.45	3.92
	2019年	4.48	3.88	8.04	20.80	8.51	3.27

资料来源：全国和东北三省统计年鉴。

从发展环境上看，长期以来，东北地区市场意识和开放意识不够，营商环境、法治环境、创新环境和人文环境总体不利于吸引生产要素集聚。价格、财税、金融等改革起步较晚，产权保护、要素市场化等改革有待深化。一是规则意识薄弱。规则意识特别是市场经济规律、规则、制度等仍未深入人心，一些企业经济账算不清楚，有的负责人连用电成本、用工成本都说不上来。二是诚信观念薄弱。近年来陆续发生的长生疫苗造假、华晨集团破产重整、忠旺集团"爆雷"等事件，对地区诚信环境、形象声誉等造成严重不良影响。截至2021年7月底，东北地区共有6家中小银行被联合资信调低信用评级，在全国占比超过一半。三是发展理念还需要转换。尽管中央一直强调要推动产业结构升级，但一些地区在效益好的时候不想调整、效益不好的时候没能力调整。不少地方仍希望依赖高载能、高排放项目，接续替代产业培育步伐缓慢，新动能不足和旧动能减弱的结构性矛盾依然突出。这一现象既有财政体制、管理体制、投资体制等历史原因，也有思想观念层面的原因。尽管部分经济问题是客观规律导致的趋势性变化，但这些问题迟迟得不到解决，很重要的原因是没有真正理顺政府和市场的关系。

三、新时代东北振兴应处理好几个方面的关系

完善全面振兴东北老工业基地的支持政策，必须坚持发挥市场在资源配置中的决定性作用和更好地发挥政府作用相结合，符合经济全球化趋势下国际经贸合作基本规则，激励与约束并重，避免地区间的盲目攀比和恶性竞争，遏制"等、靠、要"等不良后果的发生。

1.处理好问题导向政策和目标导向政策的关系

新一轮东北振兴，既要有利于化解近期东北地区出现的突出问题，如经济下行、产业衰退、资源枯竭型城市困难加大等，避免这些问题进一步恶化蔓延。同时，更要着眼于长时期的战略目标和任务需要，超前研究谋划有利于促进东北全面振兴的各类支持性政策，做好政策的储备和滚动推出，为东北地区全面振兴提供持续不断的政策供给和支撑。

2.处理好中央支持政策和地方支持政策的关系

东北地区全面振兴的支持性政策既包括来自中央政府和部门的政策，也包括来自东北地区省市县等不同层级政府部门的政策，必须加强相互间的衔接和配套。中央支持的政策需要通过地方支持政策来落实、细化和配套，地方支持的政策需要同中央支持的政策在目标、方向和重点上形成合力，避免相互间的不衔接、不配套，影响政策实施的效果。应合理确定中央和地方支持性政策的分工，中央重点支持事关国家和区域大局的重大领域、工程和项目，如东北快速铁路网建设，基础性战略性产业发展，大小兴安岭、长白山的生态保护，三江平原的现代农业发展等，也会支持一些日益突出的问题行业和地区，如东北煤炭、石油等衰退行业、资源枯竭型城市、独立工矿区等。其他地方发展中需要支持的行业、领域和地区，原则上主要由地方支持性政策负责。

3.处理好综合性支持政策和专门性支持政策的关系

支持东北地区全面振兴的综合性政策主要是以各级人民政府或综合经济管理部门名义出台的，主要支持一些面上领域和共性问题解决，如区域政

策、产业政策、财政转移支付政策、金融信贷政策、税收减免政策等。专门性支持政策主要是指各专业部门出台的各类政策，重点支持特定领域和行业或解决一些点上的问题，如工业农业扶持政策、采煤沉陷区治理政策、解决厂办大集体政策等。综合性支持政策相对宽泛和宏观，专门性支持政策更为具体和微观，两类政策的制定和实施主体不同，需要加强相互间衔接和支撑。

4. 处理好政策设计和政策落地的关系

政策设计也就是顶层设计非常重要，必须要结合东北地区全面振兴的客观需要和战略目标，问题导向和目标导向兼顾，研究提出切实管用的支持性政策。政策落地见效更为关键，既有政策设计是否合理可行的因素，也有政策能否得到真正有效执行的因素，两者兼顾并重才能确保政策实施成效。处理好政策设计和政策落地的关系，首先要加强政策前期调研和咨询论证，提高政策设计的民主、科学和精准性，为政策落地实施创造好的条件；其次要加大对政策执行的监管，及时堵塞政策实施中的漏洞，明确政策执行的主体、对象和标准，严格执行追责和奖惩办法，为政策设计提供鲜活经验和需求。

5. 处理好政策实施和政策评估的关系

政策实施是一个动态调整的过程，需要根据东北全面振兴在不同推进阶段出现的问题和目标任务，及时进行政策的更新调整，保障政策实施的顺利推进和持续见效，为政策评估提供丰富的素材和案例。政策评估是指政策实施到一定时期以后进行的政策成效评价，既有短期的年度评估、2—3 年的中期评估，也有为期 5 年甚至更长时间的长期评估，通过不同期限和类型的政策评估，为政策设计和实施提供优化调整的方向和建议。应加强政策评估的科学性和独立性，建立规范的政策评估指标体系和量化模型，推广第三方评估模式，减少政府部门对于政策评估的干预，切实提高政策评估的权威性，促进形成有效的政策评估、反馈和奖惩机制。

四、推动东北振兴取得新突破的路径

新时代新征程推动东北全面振兴，要贯彻落实党的二十大关于推动东北全面振兴实现新突破的部署，完整准确全面贯彻新发展理念，牢牢把握东北在维护国家"五大安全"中的重要使命，牢牢把握高质量发展这个首要任务和构建新发展格局这个战略任务，统筹发展和安全，坚持目标导向和问题导向相结合，坚持锻长板、补短板相结合，坚持加大支持力度和激发内生动力相结合，咬定目标不放松，敢闯敢干加实干，努力走出一条高质量发展、可持续振兴的新路子，奋力谱写东北全面振兴新篇章。

1. 以科技创新推动产业创新，加快构建具有东北特色优势的现代化产业体系

推动东北全面振兴，根基在实体经济，关键在科技创新，方向是产业升级。要牢牢扭住自主创新这个"牛鼻子"，在巩固存量、拓展增量、延伸产业链、提高附加值上下功夫。加快传统制造业数字化、网络化、智能化改造，推动产业链向上下游延伸，形成较为完善的产业链和产业集群。主动对接国家战略需求，整合和优化科教创新资源，加大研发投入，掌握更多关键核心技术。积极培育产业园区，加强对口合作，加快科研成果落地转化。积极培育新能源、新材料、先进制造、电子信息等战略性新兴产业，积极培育未来产业，加快形成新质生产力，增强发展新动能。加快发展风电、光电、核电等清洁能源，建设风光火核储一体化能源基地。加强生态资源保护利用，依托东北的生态环境和生物资源优势，发展现代生物、大数据等新兴特色产业，发展冰雪经济和海洋经济。继续深化国有企业改革，实施国有企业振兴专项行动，提高国有企业核心竞争力，推动国有资本向重要行业和关键领域集中，强化战略支撑作用。创新央地合作模式，促进央地融合发展，更好带动地方经济发展。支持、鼓励、引导民营经济健康发展，实施更多面向中小企业的普惠性政策，形成多种所有制企业共同发展的良好局面。

2. 以发展现代化大农业为主攻方向，加快推进农业农村现代化

当好国家粮食稳产保供"压舱石"，是东北的首要担当。要始终把保障国家粮食安全摆在首位，加快实现农业农村现代化，提高粮食综合生产能力，确保平时产得出、供得足，极端情况下顶得上、靠得住。加大投入，率先把基本农田建成高标准农田，同步扩大黑土地保护实施范围，配套实施河湖连通、大型灌区续建改造工程，实施种业振兴行动，建设适宜耕作、旱涝保收、高产稳产的现代化良田。践行大食物观，合理开发利用东北各类资源，积极发展现代生态养殖，形成粮经饲统筹、农林牧渔多业并举的产业体系，把农业建成大产业。协同推进农产品初加工和精深加工，延伸产业链、提升价值链，拓展农业发展空间，促进农业增效、农民增收。

3. 加快建设现代化基础设施体系，提升对内对外开放合作水平

东北是我国向北开放的重要门户，在我国加强东北亚区域合作、联通国内国际双循环中的战略地位和作用日益凸显。要增强前沿意识、开放意识，加强与东部沿海和京津冀的联系，深度融入共建"一带一路"，在畅通国内大循环、联通国内国际双循环中发挥更大作用。要系统布局建设东北现代基础设施体系，加快论证和建设油气管道、高铁网和铁路网、新型电网和电力外送通道、新一代移动通信和数据网，加强同京津冀协同发展、长江经济带发展、长三角一体化发展、粤港澳大湾区建设、西部大开发等国家重大战略的对接，促进东北更好融入全国统一大市场。稳步扩大规则、规制、管理、标准等制度型开放。提高口岸通关能力和便利化程度。

4. 提高人口整体素质，以人口高质量发展支撑东北全面振兴

大力发展普惠托育服务，减轻家庭生育养育教育负担，保持适度生育率和人口规模。大力发展基础教育，加大对东北高校办学支持力度，提升全民特别是年轻人受教育水平，提高人口素质。优化创新产业环境，加强人力资源开发利用，加大人才振兴的政策支持力度，打造更多创业创新平台，支持东北留住人才、引进人才。加快边境地区交通、通信、能源、水利等基础设施的规划布局建设，加强边境村屯公共服务设施建设，全面推进乡村振兴，

努力留住现有人口，同时鼓励发展边境贸易、边境旅游和农产品加工等特色产业，支持在边境城市新建职业教育院校，帮助县城和小城镇提升产业承载能力和人口聚集能力。实施更有力的护边补助等支持政策。

5. 进一步优化政治生态，营造良好营商环境

大力弘扬东北抗联精神、大庆精神（铁人精神）、北大荒精神，引导党员、干部树立正确的政绩观，激发干事创业热情。加强党风廉政建设，一体推进不敢腐、不能腐、不想腐，严格落实中央八项规定精神，督促党员、干部特别是领导干部清廉自守、廉洁从政、干净做事。解放思想、转变观念，增强市场意识、服务意识，克服形式主义、官僚主义。全面构建亲清统一的新型政商关系，党员、干部既要关心支持民营企业发展，主动排忧解难，又要坚守廉洁底线。善于运用法治思维和法治方式解决问题、化解矛盾、协调关系，加强诚信建设，加强知识产权保护，常态化开展扫黑除恶，为各类经营主体创造稳定、透明、规范、可预期的法治环境。要抓紧化解地方债务风险，加快中小型金融机构风险处置，强化金融监管机制，重塑健康金融环境。要加强东北同中央和国家机关、东南沿海地区干部任职挂职和双向交流，优化干部队伍结构，提高专业化素质。要坚持严管厚爱相结合，落实"三个区分开来"，完善干部担当作为激励和保护机制，形成能者上、优者奖、庸者下、劣者汰的良好局面。

第四节　开创中部地区崛起新局面

中部地区资源丰富，历史厚重，承东启西，连南接北，区位条件优越，是我国推进新型工业化、信息化、城镇化和农业现代化的重点区域，也是我国高质量发展的战略支撑区。要立足新发展阶段，不断提高中部地区完整准确全面贯彻新发展理念和融入服务新发展格局的能力，不断增强中部地区综合实力和竞争力，促进中部地区加快高质量崛起，奋力开创中部地区崛起新局面，为我国现代化建设提供更有力的支撑。

一、中部地区崛起战略的重大意义

（一）推进中部地区加快高质量崛起是开启全面建设社会主义现代化国家新征程的战略选择

当前，我国正处在全面建成小康社会、实现第一个百年奋斗目标之后，乘势而上开启全面建设社会主义现代化国家新征程、向第二个百年奋斗目标进军的关键时期。从我国四大区域板块来看，东部地区加快推进现代化，2020年人均地区生产总值已经超过1.3万美元，成功迈过发达经济体的门槛。中部地区2020年人均地区生产总值折合成美元约为8800美元，正处在迈向发达经济体门槛的窗口期，中部地区需要加快高质量崛起，成为继东部地区之后我国现代化建设的战略支撑区。2020年中部地区经济体量占全国的比重为22%，人口规模占全国的比重为25.8%，在我国现代化建设整体格局中发挥着十分重要的战略支撑作用。促进中部地区加快高质量崛起，推进中部地区稳步跨过发达经济体门槛，将使得我国70%以上的区域经济体量迈过发达经济体门槛，中部地区将和东部地区一起成为我国现代化建设的"压舱石"。

（二）推进中部地区加快高质量崛起是完整准确全面贯彻新发展理念的内在要求

中部地区高质量崛起，既需要经济规模（量）的合理增长，更需要发展质量（质）的稳步提升，高质量发展是新发展阶段开创中部地区崛起新局面的主题。中部地区要围绕"三基地一枢纽"的战略定位，完整准确全面贯彻新发展理念，坚持创新发展、协调发展、绿色发展、开放发展、共享发展，协同发力，通过深入推进供给侧结构性改革，把新发展理念贯彻到中部地区经济社会发展全过程和各领域，围绕增强创新能力、推动协调发展、改善生态环境、提高开放水平、促进共享发展等重点领域和关键环节，继续把改革推向深入，因区施策、因业施策，不断提升区域政策的系统性、精准性和有效性，努力将中部地区的区位优势、资源优势、市场优势、文化优势转化为中部地区加快高质量崛起的优势，实现更高质量、更有效率、更加公平、更可持续、更为安全的发展。

（三）推进中部地区加快高质量崛起是融入和服务新发展格局的重大举措

近年来，国际经济循环格局发生深度调整，为了更好地应对百年未有之大变局，中共十九届五中全会对建立以国内大循环为主体、国内国际双循环相互促进的新发展格局做出全面部署，这是我国把握未来发展主动权的战略性布局和先手棋，是新发展阶段要着力推动完成的重大历史任务，也是贯彻新发展理念的重大举措。构建新发展格局，实现高水平的自立自强，需要顺畅强大的国内经济循环体系，并以此形成对全球要素资源配置的强大吸引力，从而构建开放的国内国际双循环体系。中部地区人口规模超过3.6亿人，市场潜力巨大，需要建立起扩大内需的有效制度，释放中部地区的内需潜力，在推进供给侧结构性改革的同时，加强需求侧管理，扩大居民消费，提升消费层次，助力建设超大规模的国内市场体系。我国"十纵十横"的综合运输大通道和"八横八纵"的高铁骨干网大部分从中部地区经过，中部地区是畅通国内大循环的核心枢纽和推进国内国际双循环的重要链接点。通过进一步彰显中部地区在双循环中的枢纽作用，将有利于进一步强化我国参与国际合作和竞争的新优势，推动我国产业转型升级，增强我国在全球产业链、供应链、创新链中的竞争力和影响力。

二、中部地区发展存在的问题和面临的新挑战

自2008年起，中部地区经济增长速度超过东部地区，迄今一直保持着这个状态。与此相对应的是中部地区在许多方面都出现了翻天覆地的变化，中部地区已经成为促进区域协调发展和全国社会经济发展的重要支撑。但是，从总体上看，中部地区还没有实现真正、全面的崛起，无论是基于经济发展还是基于区域协调发展，促进中部地区全面崛起都面临着一系列挑战，这些

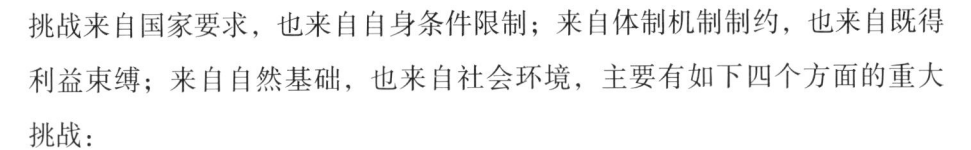

挑战来自国家要求，也来自自身条件限制；来自体制机制制约，也来自既得利益束缚；来自自然基础，也来自社会环境，主要有如下四个方面的重大挑战：

（一）一体化挑战

一体化是实现区域经济增长和协调发展的重要途径，有利于在更大范围内配置资源，形成比较完善的资源配置系统，提高发展的效率和效益；有利于避免地区间发展的低水平竞争，进一步强化彼此的比较优势；有利于区域间优势互补、互通有无，克服各自的发展"瓶颈"；有利于动员各种有效手段和创新要素，共渡难关、共克时艰，整体提高一体化区域的创新水平、竞争强度和防风险能力。当前中部地区一体化程度总体不高，进一步推进一体化发展存在不少障碍，这其中除了地区利益使然，还有区际间自然地理位置、产业结构状况等的约束。从地理环境看，中部地区板块单元的整体黏合度不强，而与其他地区板块在自然地理上则存在着密切的关联，这导致了中部地区一些省份的就近融合和"东张西望"。如湖南、江西向南，是泛珠三角合作机制的重要成员；山西向北，京津冀都市圈及环渤海地区对其有很强的吸引力；安徽向东，融入了长三角；河南则是多向发展，并且希望与湖北并驾齐驱，势头很猛。可以说，湖北和河南是两个典型的中部地区省份，但这两个省份当下在发展上呈现着你追我赶、互不相让的态势：湖北武汉是中心城市，河南郑州也是中心城市；湖北是自贸区的试验地，河南也是自贸区的试验地；等等。中部地区所处的地理位置有利于中部各省份"左右逢源"，广泛开展同周边地区的合作和一体化，这在开放经济条件下是必要的，并且是值得鼓励的。但对中部地区本身的一体化而言，这种地理环境则是一个天然的重大挑战。从产业结构看，中部地区各省份间产业的同构性比较高，而差异性则比较小。比如中部地区农业比重较高，6个省中有5个省是粮食主产区；中部地区几个省都是能源原材料基地，相应发展的产业也是能源原材料加工或支撑的产业。产业上的同构必然形成相互间合作发展和推进一体化发展的障碍。

（二）开放性挑战

在计划经济条件下，资源要素在全国统一配置。中部地区地处中心地带，在这种配置状态下可以说是承东启西、连南接北，是中心、是枢纽，区位优势明显。"雨过地皮湿"，总能得到好处。但在市场经济条件下就不一样了。市场经济是一种开放经济，沿边沿海很重要。湾区经济本身具有开放性、便利性和集聚性的特点，有利于开放合作。而中部地区在地理上不靠边不靠海，原来的中心地带就成了开放的洼地。这是由体制转换造成的挑战。从发展状态的角度讲，中部地区虽然面临长江，但是长江延绵6300多千米，横跨东中西三大地带，而东中西各地区间合作面临着发展基础不同、需求状况不一等制约。产业层次上，中部地区产业结构不高不低，与东部地区落差不大、对西部地区的优势也不显著，有点"高不成低不就"，在产业转移承接上容易形成"跨空"状态，即东部地区的产业转移容易跨过中部地区而直抵西部地区。或者说，相对中部地区而言，东西部间的产业方面的合作更为容易。而中部地区间的合作又面临着经济同构性和行政保护性等因素的影响。所以从实际情况看，中部地区的开放水平一直是比较低的，这从对外贸易比重、招商引资水平等方面能比较清楚地反映出来。还有其他一些原因，如长江水道本身和相关基础设施的制约，包括江桥高度、水面宽窄、航道深浅及港口码头条件等的制约，也影响到长江流域各省市区间的开放，包括中部地区沿长江流域省际间的开放。开放不足对于促进中部地区崛起而言是一个现实的、严峻的挑战。

（三）空间统筹挑战

在我国，全国是"一盘棋"。国家基于各地的具体情况，根据国家战略需要统筹进行区域空间布局，特别是产业布局。这样做有利于国家经济社会发展，有利于长治久安。但是国家的统筹不一定都契合地方的发展需求。从全局考量并基于区域条件，国家把中部地区的6个省份中的5个确定为主要粮食生产基地，这从国家的角度来讲是必须的。但是生产粮食的附加值低，中部地区光靠种粮难以实现跨越崛起。如何既维护国家的统一布局、建设好国家粮食生产基地，又能加快提升产业层次、努力实现跨越发展，对中部地区来讲是一个重大挑战。

（四）政策弱势挑战

这些年来，国家采取了不少重要举措，特别是在特别地区、特殊领域、特定项目方面给予了不少政策措施助推中部地区崛起，包括实施了"两个比照"政策，为中部地区和一些地区量身打造了相关国家战略规划和试验平台，但从整体上给予中部地区的政策优惠相对而言还是比较少。这一点也是由中部地区特殊的环境条件所决定的。中部地区整体发展逊于东部地区但好于东北地区和西部地区，这一点使得国家很难给中部地区比较优厚的政策支持，否则按照中部地区的发展水平，全国85%以上的地方都需要给予优惠政策，其中包括东部一部分相对欠发达的地区。这不仅从逻辑上看不甚合理，从国家财力平衡和发展需要看也不是理性的选择。国家可以继续对中部地区的一些特殊地区、特殊人群给予优惠政策支持，但是很难对中部地区整体给予全面的大力度的政策倾斜。为推进西部大开发，国家整体给予西部地区所得税按15%征收的政策优惠；为振兴东北地区和缓解近年来东北地区经济下行的压力，国家出台了一系列支持东北发展的政策措施，与中部地区形成鲜明的对照。这种状况恐怕是中部地区所要长期面对的，政策弱势的情况在很长的时期内可能不易改变。

三、新时代中部崛起战略应处理好几个方面的关系

（一）如何推动中部地区内部发展战略的协同

中部六省都承载着区域重大战略使命，安徽承担着长三角一体化发展的任务，江西、湖南、湖北承担着长江经济带发展的任务，河南、山西承担着黄河流域生态保护和高质量发展的任务，六省之间发展水平仍有差距，省际之间的合作联动还需紧密，整体合力有待进一步提升。新时代推动中部地区高质量发展，既需要推动中部六省充分发挥比较优势，各扬所长、齐头并进，不断缩小区域差距，更需要深化合作联动和协同发展，推动六省战略与

中部崛起总战略衔接和融合，切实提升中部崛起的凝聚力。

（二）如何推动中部崛起与国家重大区域战略相协同

中部地区如何充分对接国家战略部署，立足"一中心、四区"的战略定位，进一步深化体制机制改革，疏通经济发展"梗阻"，推动现代流通体系建设，让资金流、物资流、信息流顺畅循环。

一是对接融入"一带一路"。作为加强东中西互动合作、提升各区域开放型经济水平的重大顶层设计，能够带动中部地区区域经济发展，打造东西双向全面开放新格局。

二是对接融入长江、黄河战略。对于推动中部地区参与东中西互动合作、缩小区域发展差距具有重要的现实价值，是中部地区发挥"二传手"功能、更好满足国内大循环经济发展需要的关键抓手之一。

三是对接融入京津冀、长三角一体化和粤港澳大湾区战略。相关战略经贸合作、一体化、协同发展体制机制的建立，对中部地区深化体制机制改革、实现协同发展具有重要借鉴和牵引作用。

（三）如何推动中部地区发挥区域优势在新发展格局中发挥作用

一方面，"国内大循环、国内国际双循环""两横三纵"布局将深刻改变中西部地区发展的经济地理范畴。另一方面，"国内外联动、区域间协同、外部协同与内部协同并重"的理念变化，将打破单纯的行政区划，把区域经济规划扩大到跨市、跨省乃至跨国，推动生产要素摆脱行政区划束缚，在更大的空间内进行流动和组合。中部地区如何变被动为主动，变"腹地"为"核心"，强化和凸显中部地区在新发展格局中的战略枢纽地位与价值？笔者认为中部地区应牢牢把握自身通达江海、空陆一体的"祖国立交桥"区位优势，在新发展格局中探索新思路、寻求新方位、重塑新坐标，摆脱在国家区域发展战略中长期处于战略腹地的困境。

（四）如何在经济发展新常态下探索崛起新动力

中部地区作为我国经济发展的第二梯队，如何在世界经济形势复杂严峻、国内经济下行压力加剧等"新常态"下，加快发展方式转变，保持合理发展速度和发展质量是急需解决的重大现实问题。中部地区要立足国际经济发展新形势和国内经济发展新常态，向内需驱动、创新驱动转变，在关键领域实现破冰改革。

（五）如何在新型城镇化过程中释放人力资本优势

推进新型城镇化发展的战略重点，将集中在中西部地区尤其是中部地区，中部地区将成为加快城镇化建设的主战场。中部地区人力资源丰富，但中部省份城镇化率仍普遍落后于全国水平，与东部省份差距明显。中部地区要抓住国家促进新型城镇化发展的新机遇，提升城镇品质感，有序推进农业转移人口市民化。

四、开创中部崛起新局面的政策建议

在新的时期，面对与提出中部崛起战略时不同的环境和问题，促进中部地区崛起的任务重心必然要做出一定的调整。结合中部地区存在的问题、国内外经济发展环境以及国家宏观政策导向，在今后一段时间内，中部地区在以下几个方面需要予以重点关注。

（一）打造全国先进制造业中心

当前，我国区域发展格局发生很大变化：东部地区原有的低成本工业化发展模式逐步终结，正大力推动产业转型升级，更多地注重发展质量；西部地区以资源为支撑的发展模式也难以为继，发展速度也有较大幅度的回落，转型压力大；东北地区则受困于国有企业体制机制转型、产业转型、资源枯竭型城市转型等诸多矛盾，经济形势异常严峻，经济发展缓慢；中部地区表现相对较好，除山西外各省的增速回落幅度相对较低，但也面临着很大的发展压力。中部地区在与西部地区和东北地区竞争中具有明显的产业优势、结构优势、区位优势；与东部地区相比，中部地区的资源环境承载力更强，自然资源和劳动力资源更丰富，要素成本相对较低。

上述发展态势说明，中部地区应当抢抓机遇，全力以赴，打造全国先进制造业中心。一方面，中部地区要充分发挥资源优势、产业优势和临近东部地区的区位优势，积极承接东部地区的产业转移。具体来说，中部地区要切实做好承接产业转移规划，以皖江城市带、湖南湘南、湖北荆州等国家承接产业转移示范区为重点，同时打造省级承接产业转移示范区，根据地区比较优势有选择性地接收东部地区的产业转移，同时吸收东部先进的技术、管理方法和经营理念，在承接产业转移的同时完善和升级地区产业结构。另一方面，有前瞻性地推动区域创新能力建设，重点依托武汉东湖、湖南长株潭、河南郑洛新和安徽合芜蚌等国家自主创新示范区，鼓励企业创新，使企业成为创新的主体，勇于跟东部地区进行竞争，力争在光电子信息、工程机械、新能源汽车、农副食品加工、生物医药、煤化工等地区比较优势领域走在全国前列，提升地区产业竞争力和经济效益水平，打造全国先进制造业中心，提高地区经济竞争力。

（二）积极融入国家"一带一路"建设和长江经济带战略

"一带一路"建设是国家应对外贸乏力而加强同周边国家和地区经贸联系的发展战略，长江经济带则是国家依托长江黄金水道推动东中西地区互动发展、扩大内需的发展战略，两者是我国认识新常态、适应新常态、引领新常态的重大战略举措。中部地区地处丝绸之路经济带和长江经济带的重要腹地，位于东西南北各大经济区的交汇处，有着扩大开放和内需的迫切需求和参与国家战略的区位优势，必须要融入国家两大发展战略，借助国家平台发展外向型经济和提高内需，推动产业结构升级和发展动力转换。在对接"一带一路"建设方面，以河南、湖北自贸区为核心，以各个综合保税区为重点，以欧亚大陆桥、长江黄金水道为依托，充分发挥中欧（武汉、郑州、长沙）国际班列、武汉新港、岳阳港、芜湖港和九江港等通道联通中部地区和"一带一路"沿线国家的优势，打造中部地区对接"一带一路"建设的出关平台，加强与中亚、欧洲、东亚、东南亚等之间的经贸往来，提高中部地区经济外向度。在对接长江经济带战略方面，发挥中部地区承东启西的区位优势，重点加强基础设施建设、产业协调发展、产业转移、对外开放和环境保护等方面交流和合作，构建东中西互动的廊道，促进东中西部协调发展。

（三）打造有区域特色的城市群体系

城市群是地区经济发展到较高阶段后自发形成的"有机"城市结构体，通过集聚经济、城市分工等可以有效提高区域经济产出效率和竞争力，是经济发展的必然趋势和区域竞争的有效途径。中部地区已有长江中游、中原、山西中部等城市群，部分城市亦属于长三角等城市群。中部地区在建设这些城市群时，要重点提高地区市场化程度，通过市场手段提高紧密度，构建一体化的发展格局。此外，中部地区的城市群应放到全国的大格局中谋求发展，在全国的范围内参与竞争和合作。这需要各城市群根据自身比较优势打造具有明显地域特色的城市群，如长江中游城市群应打造为经济建设和生态文明建设相结合的"两型"城市群，中原城市群应打造为内陆一体化发展城市群的典范，山西中部城市群则以推动产业转型发展为主。

（四）构建经济社会的协调发展区

区域协调发展是保持地区经济社会稳定的重要基础，也是全面建设小康社会的必然要求。中部地区"塌陷"的问题已不复存在，下一步需要着重考虑地区内部的不均衡问题。对此，中部地区在交通、通信、电力、水利等基础设施领域和教育、医疗、就业、养老等公共服务领域要重点向落后地区适度倾斜，优化落后地区的发展环境。在此基础上，大力发展具有地方特色和有可持续发展能力的优势产业，如结合特色农业资源优势和劳动力优势大力发展农副食品加工业、食品制造业等劳动密集型产业，推进产业集聚形成产业集群，提升落后地区的内生发展能力，保持发展速度高于地区平均水平，不断缩小地区发展差距。

第五节　鼓励东部地区加快推进现代化

当前，我国已经进入了中国特色社会主义建设新时代，经济发展正在由高速增长向高质量发展的阶段性转变。毫无疑问，这是继改革开放之后，我国经济发展的又一个新的历史开端。与之相适应,东部地区率先发展需要有新的战略规划。

一、新时代加快推进东部地区现代化的影响因素

这里,我们重点分析对东部地区在新时代率先发展具有长远的趋势性影响的因素。概括起来,这类影响因素主要有五个。

(一)建设现代化强国

建设现代化强国是党的十九大报告提出的新时代总任务。即到 21 世纪中叶将我国建设成为"富强民主文明和谐美丽的社会主义现代化强国",实现中华民族伟大复兴。在现代化强国建设中,建设现代化经济体系是一个十分重要的组成部分,是一个必须实现的战略目标。

在新时代,东部地区率先发展必然要服务于我国建设现代化强国这个大局。换言之,建设现代化强国赋予了东部地区率先发展以新的内涵和新的使命,即东部地区要率先建成现代化经济体系。与东部地区率先发展前 10 年的实践相比,建设现代化经济体系为东部地区经济发展转型确立了更加明确的方向和更加具体的目标。

(二)实施创新驱动发展战略

创新驱动发展战略是我国在新时代实施的一个关乎国家发展前途的重大战略。自党的十八大提出实施创新驱动发展战略之后,中共中央和国务院于 2015 年 3 月 13 日发布了《关于深化体制机制改革加快实施创新驱动发展战略的若干意见》,于 2016 年发布了《国家创新驱动发展战略纲要》,大力实施创新驱动发展战略。2017 年,党的十九大报告把创新驱动发展战略列为七大发展战略之一,进一步强调了创新驱动发展战略的重要性。目前,创新驱动发展已经成为我国全社会的共识,成为新时代一项重要的国策。

实施创新驱动发展战略,必然要求东部地区率先形成以科技创新为主导,制度创新、管理创新、模式和业态创新、文化创新相互协同的经济发展新动能,加快完成经济发展动能的转换,全面形成创新发展动力。并且,要

争取走在世界新一轮科技革命和产业变革的前列，推动经济发展实现层次跃升，向全球产业链、价值链的中高端迈进。

（三）"一带一路"建设

"一带一路"倡议是我国提出和大力推进的一项具有世界意义的国际经济贸易合作计划。"一带一路"倡议自提出以来获得了沿线国家的积极响应，2023年是"一带一路"倡议提出十周年。"一带一路"建设引起世界经济发展格局发生广泛、深刻的变革，重塑世界经济地理，助推我国重回世界经济舞台的中心。因此，持续推动"一带一路"建设是我国的一项长期战略任务。

从区域经济发展看，"一带一路"建设史无前例地把我国国内的区域经济发展与世界经济发展更紧密地联系起来，形成了国内区域经济发展与世界经济发展的互动机制。对于东部地区而言，"一带一路"建设既为东部地区经济发展提供了广阔的国际空间，也对其提出了新的发展要求。即东部地区要建设成为我国推动"一带一路"建设的战略支撑区域，率先发展更高层次的开放型经济，通过构建联通国际国内的多层次经济贸易网络，在"一带一路"建设中发挥主导作用。

（四）区域协调发展

促进区域协调是我国自"九五"计划以来持续实施的一条国民经济发展方针。党的十九大报告首次提出了实施区域协调发展战略，把区域协调发展上升为新时代的全局性战略。在新时代，实施区域协调发展战略，要求东部地区一方面要继续走在全国经济发展转型的前列，为西部、东北、中部提供经验和示范，发挥好引领作用，另一方面要积极探索与西部、东北、中部建立更加有效的多样化互动协调机制，辐射带动和帮助这些区域加快发展。除此之外，东部地区还要高度重视内地区域所呈现的积极发展趋势，以及"一带一路"建设、全面对外开放所带来的内地对外开放格局的新变化，主动与内地开展合作，形成共同发展的合力，增强自身发展的动力。

（五）经济发展安全

改革开放以来，在融入世界经济体系的过程中，我国做出了积极的努力，但在战略上对经济发展安全没有给予更多的关注。国家把主要的注意力放在了防范世界经济波动、国际金融危机冲击等市场风险上，对于国家之间因经济、政治、军事安全竞争及世界秩序主导权竞争而引起的经济发展安全威胁重视不够。近年来，中美贸易冲突，尤其是"中兴通讯"事件，给我国敲响了警钟。它迫使我国必须思考和采取行动，防范和化解因国家间发展竞争特别是大国之间的竞争而导致的经济发展安全威胁。

第一，国际贸易并不是完全自由的。国家间竞争有可能使得国际贸易失去自由。全球化不仅存在着不平等，还存在着逆全球化的可能。这种状况告诫我们，我国决不能仅仅以自由贸易为前提来设计经济发展战略、谋划国际贸易布局，还必须充分重视如何应对国际贸易失序带来的巨大冲击。

第二，对少数国家的技术依赖和市场依赖，将致使我国长期处于国际贸易和分工的不利地位，而且还会抑制我国依靠自主创新向产业分工价值链高端攀升的自觉与努力，从而增大我国遭受经济发展安全威胁的概率和程度。

第三，核心技术既不可能花钱买来，也不可能用市场换来。对于一个大国而言，如果没有掌握核心技术，在国际贸易和经济合作中就没有自由，就无法摆脱受制于人的窘境，经济发展甚至会遭遇毁灭性的打击。

第四，在积极开拓国际市场的同时，要十分重视国内市场的培育和开发，以增强经济发展的稳定性和应对国际贸易冲突的能力。东部地区既是我国对外经济开放程度最大的区域，也是国家参与国际发展竞争的主要依托区域，因此，在新时代东部地区必须把有效应对经济发展安全威胁纳入率先发展的战略之中，采取相应的策略，大力提升参与国际竞争的能力。

二、新时代东部地区率先发展的战略目标取向

谋划新时代东部地区率先发展，需要考虑国家总体发展战略的几个重要时间节点安排。

一是实现中华民族伟大复兴的目标时间节点。即到2035年初步建成社会主义现代化，到2050年全面建成现代化强国。二是新时代两步走战略安排的

时间节点。即到 2035 年基本实现现代化，到 2050 年建成现代化强国。在总体上，东部地区率先发展必须按照上述时间节点做出相应的安排。在新时代东部地区率先发展宜以 2035 年为主要的战略时间节点，展望至 2050 年。初步设想，在新时代东部地区率先发展的战略目标取向是，加快推进经济发展转型，率先完成经济发展转型任务，到 2035 年左右在全国率先建成现代化经济体系，率先基本实现现代化，在全国现代化强国建设中发挥重要的引领和示范作用；到 2050 年，率先全面实现现代化，为我国建成现代化强国发挥重要的支撑作用，在世界经济发展中占据主导地位。

三、新时代加快推进东部地区现代化的路径

依据上述战略目标取向，新时代东部地区实现率先发展的路径主要有以下五个方面。

（一）健全以自主创新为主导的创新驱动发展机制

创新驱动发展是东部地区在新时代实现率先发展的必由之路。如前所述，东部地区整体上已经走在全国创新驱动发展的前列，创新驱动发展机制正在形成，创新正在成为经济发展的新动能。今后，东部地区要以提升自主创新能力为核心，进一步健全以自主创新为主导的创新驱动发展机制。

第一，大力推进自主创新。围绕产业升级和掌握关键核心技术的需要，努力实现新一代信息技术、新能源、新材料、大数据、人工智能、芯片、生物医药、现代农业等关键领域、关键技术自主创新的重大突破，显著增强创新发展的自主能力。

第二，高度重视原始创新。在全国创新发展中，东部地区要勇于担当，主动配合国家重大技术创新计划，紧跟世界科技革命趋势，在关键核心技术、大国重器研制等方面科学布局，努力占领世界技术制高点。

第三，着力改善创新要素禀赋。依靠改革事业单位科研管理制度，进一步激活高校和科研院所的创新潜力。用好我国资本相对充裕、市场潜力巨大、创新创业机会多等有利条件，在全球范围内大力吸纳创新人才，与高水平研

发机构开展创新合作。

第四，培育高效的创新生态。重点是建立有利于吸纳优质创新要素、提高创新资源配置效率的制度体系；大力营造创新文化，以创新型城市和国家自主创新示范区建设为重点，推动形成跨企业、跨部门、跨区域、跨国家的创新网络建设。

第五，促进创新转化为经济发展动力。重点消除制约创新驱动发展的各种思想认识、制度、政策、行政管理及服务等方面的障碍，切实提高创新转化为经济发展动力的效率。

（二）加快形成新型产业结构

全面完成产业结构升级，早日形成新型产业结构，是东部地区在新时代实现率先发展的首要任务。目前，东部地区仍处于产业结构调整升级的关键期。在深圳、上海等部分发达城市，新型产业结构正在形成，展现出巨大的发展活力。但总体上，东部地区离全面建成新型产业结构还有较大的距离。因此，东部地区需要从以下三个方面着手，加快形成新型产业结构。

第一，立足我国建设世界制造业强国的战略需求，要把发展实体经济作为产业发展的导向，把先进制造业、高技术制造业和生产性服务业协同发展作为新型产业结构的标志。预防产业结构调整滑向"脱实向虚"和片面追求服务业比例提升的歧途。

第二，主动适应现代科技革命催生新业态、新产业和产业融合发展的大趋势，增强赶超意识和引领意识，大力发展以现代信息技术和大规模市场为支撑的数字经济、共享经济，力争在互联网、物联网、大数据、云计算、云服务、新能源、人工智能、智能制造、智慧交通、智慧生活等新兴产业领域形成发展新优势，促进战略性新兴产业蓬勃成长，培育出新一代主导产业。

第三，巩固和增强业已形成的以制造业为基础的全产业链优势，积极引导企业之间、产业之间、城市和区域之间建立合理分工关系，打造高效的价值链、产业链，形成多层次的产业联系网络，努力建成具有世界竞争力、主导力的产业集群。

(三）大力提升开放型经济层次

以开放促进发展，建立更加有效的开放与改革、创新、发展良性互动机制，是东部地区在新时代实现率先发展的一条重要途径。东部地区需要从以下五个方面，努力提升开放型经济层次，构建高水平的全方位开放新格局。

第一，建设具有中国特色的高水平自由贸易体系。推动自由贸易区试验区围绕创新发展、产业升级、建设国际化营商环境等深化和拓展自由贸易试验，显著提升要素流动、贸易和投资的自由化水平，及时推广成功经验，全面提升东部地区的开放水平和质量。做好总体规划，总结经验和教训，有序推进海南自贸港建设，打造国际自由贸易新高地，辐射带动东部地区开放发展。推动香港、澳门融入国家发展大局，扩大中国（广东）自由贸易试验区范围，粤港澳共同谋划建设环珠江口自由贸易区，以促进科技创新和建立新型产业结构为中心，创新自由贸易模式，建设世界一流的自由贸易区。

第二，积极开展与"一带一路"沿线国家的贸易和经济合作，建立多样多元多层次的国际贸易和经济合作网，增强开放型经济的弹性和安全性。构建以我为主的国际贸易和经济合作网络，打造国际经贸生态系统，塑造互利共赢的国际贸易新格局。

第三，积极探索国际贸易新业态和新模式，形成开放型经济的新增长点和新优势。继续推动跨境电子商务发展，积极探索基于互联网、物联网、大数据和人工智能等现代科技的国际贸易，在新一轮国际贸易发展中占据先机。

第四，按照国家统一部署，扩大对外开放领域，促进货物贸易与服务贸易协调发展，促进"引进来"与"走出去"互动发展，创新开放型经济发展机制，进一步增强开放型经济活力。高度重视在"引进来"与"走出去"中，以高质量发展为导向，重点抓住国内市场开放和技术输出等环节，建立和推行中国的市场标准和经贸规则，逐步改变完全被动接受国际经贸规则的局面。

第五，预判对外开放伴随的风险，制定预防对策，提升经济发展的安全性。当前，美国政府奉行的对外战略引发了全球化的不确定性，有可能导致既有的世界贸易及经济合作失序。这是东部地区对外开放面临的前所未有新挑战。一方面，国外有竞争力的商品将越来越多地进入国内市场，这无疑将增大东部地区企业的国内市场竞争压力。外资获得在我国设立独资企业的权利，极有可能引发中外合资企业的重构，引致创新资源向外资企业流动。特别是外资企业凭借技术优势及相应的产业链控制策略，构建产业生态系统，极有可能对东部地区自主创新的成果产生前所未有的负面作用。另一方面，东部地区企业的对外贸易、对外投资、对外技术合作等遭遇其他国家贸易保护主义限制的可能性不断增大，面临的困难将会增多。这一系列的新变化都将深刻地影响到东部地区经济发展的稳定性和安全性。对此，东部地区必须未雨绸缪，制定应对之策，否则将陷入战略上的被动。

（四）优化空间发展格局

在新时代，东部地区实现率先发展还必须有相应的空间组织基础作为支撑。调整空间结构，使之与新型产业结构相匹配，从而激发出巨大的发展新能量，是东部地区率先发展的另一条重要途径。笔者认为，东部地区应按照多极网络空间组织模式，优化空间发展格局。

第一，重点建设粤港澳大湾区、长三角、京津冀三大国家增长极，以及京沪发展轴和东南沿海发展轴，形成东部地区多极网络空间格局的主体架构，建立联系有序、相对平衡的空间组织秩序。其中，要以创新发展为核心，加快推进粤港澳大湾区建设，使之成为比肩纽约湾区、旧金山湾区和东京湾区的世界级城市群。以国际视野，重新谋划和推进长三角地区发展。继续实施京津冀协同发展战略，突破发展"瓶颈"，加快发展步伐。

第二，加强全球城市建设。按照功能明确、特色鲜明、竞争力强等原则，推动上海、北京、深圳、广州规划建设全球城市。支持香港巩固和增强全球城市地位，支持澳门扩大在葡语国家的经济影响力。把这些城市建成东部地区接入全球经济网络的枢纽。

第三，发挥各类城市群的辐射带动作用，建立区域城乡协调发展机制，形成各具特色、不同层次和规模的区域城乡协调发展系统。加强现代交通网

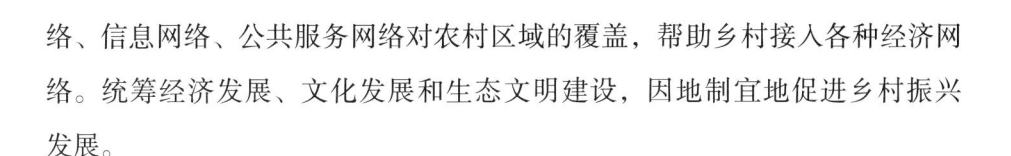

络、信息网络、公共服务网络对农村区域的覆盖，帮助乡村接入各种经济网络。统筹经济发展、文化发展和生态文明建设，因地制宜地促进乡村振兴发展。

（五）发挥和创新制度优势

探索和建立充分发挥市场作用、更好发挥政府作用的经济体制，是东部地区在新时代实现率先发展的体制保障。在这个经济体制的建设中，政府居于关键的地位。这是因为市场并不是如教科书所言的那样先天的存在和完善。在东部地区，发挥市场作用的前提是必须继续适应经济发展的需要做好市场建设，而市场建设则有赖于政府对市场制度进行改革和创新。由此可见，更好发挥政府作用是新时代东部地区率先发展所要高度重视的一项制度优势。

对于东部地区各级地方政府而言，发挥和创新上述制度优势，需要重点解决如下问题。

第一，尊重市场规律，建设与创新发展相适应、与新经济形态相适应、与要素跨区域跨国流动相适应的要素市场。重点是消除阻碍人力资源、技术和资本自由流动的落后制度及政策，特别是消除人才自由流动和科技创新资源配置中违背市场原则的显性和隐性行政干预。同时，要及时采取相应措施，预防地方政府在吸引人才、技术等方面滥用公共资源、追求表面效果的短期行为。

第二，创新政府与资本的关系，积极建立包括中央政府、各级地方政府与国有资本、私人资本、跨国资本在内的政府与多元资本协同体制。在这个方面，要敢于跳出西方理论的思维约束，以促进经济转型发展、形成新型产业结构为总目标，紧密围绕发展实体经济，厘清国有资本、私人资本、跨国资本在产业结构调整中的战略定位及功能，合理引导不同类型资本的投资方向，避免出现制造业空心化、经济虚拟化以及经济活动和人口空间过度集聚等问题，增强经济持续发展能力和国际竞争力。充分发挥中央政府的顶层设计作用，扩大地方政府创新发展的自主权，激发地方转型发展的创造力，形成中央与地方有效动员资本、驾驭资本的合力。

这里需要特别指出的是，随着外资在我国设立的独资企业不断增多、外资对合资企业的控制权不断增大，东部地区进行产业结构调整，推动供给侧结构性改革，将遇到新的挑战。对此，如何引导外资进入东部地区结构调整的轨道，发挥其促进产业升级的积极作用，控制其可能带来的负面影响，是东部地区必须解决的一个难题。

第三，加快运用"互联网+"、大数据、人工智能、云服务等现代科技手段，以提高发展效率和降低社会交易成本为核心，改革创新政府制定经济决策、服务企业和民生的方式，简化办事程序，显著提升政府服务经济发展与服务民生的能力和效率。

第四，进一步加强市场法制建设，依法保护各类企业的合法权益，增强执法力度和透明度，维护市场公平竞争秩序。加强与国际通行贸易投资规则、知识产权保护规则、环境保护规则等的对接，学习有关国际组织和发达国家进行市场法制建设的先进经验，积极开展市场法制建设领域的交流与合作，努力营造国际化营商环境。同时，要提高运用法律手段在对外开放中有效保护本地产业、企业的能力。

第五，创新政府培育战略性新兴产业的方式。改变对战略性新兴产业企业进行简单财政补贴的做法，在知识产权保护、产业标准制定、市场培育、产业链合作等方面，积极为战略性新兴产业搭建产业生态系统，营造有利于战略性新兴产业发展的外部环境，以弥补市场在战略性新兴产业发展方面存在的固有缺陷。

第六节　推进四大板块协调联动发展

2018年，中共中央、国务院印发《关于建立更加有效的区域协调发展新机制的意见》，明确提出推动国家重大区域战略融合发展，以"一带一路"建设、京津冀协同发展、长江经济带发展、粤港澳大湾区建设等重大战略为引领，以西部、东北、中部、东部四大板块为基础，促进区域间相互融通补充。2019年以来，中共中央、国务院先后出台了《关于新时代推进西部大开发形成新格局的指导意见》《关于支持东北地区深化改革创新推动高质量发展的意见》《关于新时代推动中部地区高质量发展的指导意见》，对四大区域板块的比较优势和新时代目标定位作出了明确部署。2021年全国人大审议通过的《"十四五"规划纲要》提出，深入实施区域协调发展战略，推动西部大开发形成新格局，推动东北振兴取得新突破，促进中部地区加快崛起，鼓励东部地区加快推进现代化，支持特殊类型地区加快发展，在发展中促进相对平衡，对"十四五"时期四大区域板块发展提出了新的要求。

一、建立区域协调发展新机制

第一，建立健全区域战略统筹、市场一体化发展、区域合作互助、区际利益补偿等机制，更好促进发达地区和欠发达地区、东中西部和东北地区共同发展。立足资源环境承载能力，发挥各地比较优势，研究建立新时代国土空间和区域规划体系，逐步形成城市化地区、农产品主产区、生态功能区三大空间格局，优化重大基础设施、重大生产力和公共资源布局，促进形成高质量发展的动力源、增长极和支撑区。第二，总结发达国家人均地区生产总值超过1万美元后的区域政策调整经验，健全与常住人口挂钩的基本公共服务转移支付制度，加快户籍制度改革，增强土地管理灵活性，完善能源消费双控制度，引导要素和人口稳步向东部地区和中西部地区中心城市和城市群流动，促使优势地区有更大发展空间。建立粮食、生态和能源资源供给的引导性财税制度，形成受益者付费、生产者保护者得到合理补偿的良性局面，增强中西部地区和东北地区维护国家粮食安全、生态安全、边境安全、能源资源安全等方面的功能。第三，根据不同区域的功能定位，设置各具特色、各有侧重的地方政府考核评价指标，实现人口分布、经济布局、生态环境、要素配置相协调，推动单纯的经济发展评价向现代化的综合绩效评价转变。

二、促进我国各大区域板块协调发展

进入新发展阶段，我国要进一步增强各大区域板块发展的协调性，在协调发展中提高发展质量，在加强薄弱领域过程中增强发展后劲，促进东中西、南北方经济协调高质量发展。大力推进京津冀协同发展、长江经济带发展、粤港澳大湾区建设、长三角一体化发展等，构建以科技创新为引领的现代产业体系，打造大区域创新平台和高质量发展增长极。着力推进以人为核心的新型城镇化，推进成渝地区双城经济圈建设和中部地区的高质量发展，以畅通国内国际双循环为目标打造区域发展新支点，形成新发展格局中的新增长极和新动力源。推进长江、黄河等流域生态环境保护与发展，加大长江黄河上游水源涵养、中游水土保持、下游湿地保护的力度，建设好流域生态带和流域经济带。

（一）东部地区的发展重点是巩固创新和开放优势，增强国际竞争力，打造我国高质量发展的动力源

第一，发挥创新要素集聚优势，加快在创新引领上实现突破，推动东部地区率先实现高质量发展。发展综合性国家科学中心和科技创新中心，建设一批世界一流研发机构，布局5G网络、数据中心、物联网等新型基础设施，支持发展数字经济，带动传统产业数字化、智能化转型。第二，率先探索经济一体化发展的有效途径，消除歧视性、隐蔽性区域市场壁垒，打破行政性垄断，构建统一开放竞争有序的商品和要素市场。第三，更高层次参与国际经济合作和竞争，打造对外开放新优势，率先建立全方位开放型经济体系。推进自由贸易试验区升级，营造市场化法治化国际化的全球一流营商环境，构建与国际接轨的开放型经济新体制。

（二）中部地区以及西部、东北地区中心城市的发展重点是继续提升经济和人口承载能力，完善基础设施和城镇功能，培育我国发展新的增长极

第一，培育现代化城市群，结合"十四五"时期人口、产业、城镇布

局，促进长江中游城市群和中原城市群发展，培育壮大现代化城市群，推进成渝地区双城经济圈建设，打造具有全国影响力的重要经济中心、科技创新中心、改革开放新高地、高品质生活宜居地，提升关中平原城市群建设水平，支持沈阳、大连、长春、哈尔滨等东北地区中心城市建设。推动中心城市、节点城市和重要县城各司其职、协同发展，逐步由特大城市单点辐射向多节点多通道网络状经济区转变，提高大中小城市综合承载能力。第二，加快建设现代化基础设施体系和现代流通体系，着力建设内陆地区开放高地，加快贯通沿江、京广等国土开发主通道，在长江、京广、陇海、京九等沿线建设一批中高端产业集群，积极承接新兴产业布局和转移，建设一批集聚发展、特色鲜明的产业平台和产业集群，畅通流通体系，承接产业转移，打造重要的综合制造业基地和农产品加工基地。

（三）东北地区和西部地区的发展重点是巩固维护国家粮食安全、生态安全、边境安全和能源资源安全的战略地位，增强内生发展动力，形成社会主义现代化建设的支撑带

第一，东北地区从维护国家国防、粮食、生态、能源、产业安全的战略高度，加强政策统筹，实现重点突破。西部地区积极融入"一带一路"建设，强化开放大通道建设，构建内陆多层次开放平台，集中力量巩固脱贫攻坚成果，补齐教育、医疗卫生等民生领域短板。第二，围绕生态、粮食等重点领域，加大生态资源保护，做好政策措施系统集成协同，完善生态产品价值实现机制，实施山水林田湖草一体化保护与修复行动，畅通"绿水青山"和"金山银山"双向转化路径。完善粮食主产区利益补偿机制，加大对粮食主产区和产粮大县的奖补力度，稳定强化种粮补贴，完善耕地地力补贴、最低收购价政策、生产者补贴等支持政策，推动农业大省向农业强省转变。第三，聚焦具有比较优势的产业链，改造传统优势产业，发展新兴特色产业，深化东西部协作和东北与东部对口合作，与东中部地区建立稳定的产业链、供应链、资金链对接机制，共同建设产业园区，大力发展"飞地"经济。第四，分类推进重点地区保护发展。坚持点状开发，面状保护，促进400毫米等降水量线西侧区域保护发展，多措并举支持西藏、新疆等边疆民族地区补齐民生短板。

（四）进一步加大对各类特殊问题区域的支持

促进区域协调发展，需要处理好政府与市场的关系，既做好锦上添花、培育增长极的事情，更要做好雪中送炭、增强欠发达地区发展能力的事情。我国幅员辽阔，各地情况千差万别，加上主导产业更替和要素特别是人口流动，会出现不同类型的特殊问题区域，包括资源枯竭型地区、老工业基地、原深度贫困地区、生态脆弱地区等。这些区域有的过去为国家发展作出了重大贡献，有的是服从国家生态环境保护大局而被列为禁止或限制开发的区域。促进这些区域发展，既是提高发展公平性的内在要求，也是推动高质量发展的内在需要。通过一定时期的帮扶、导入新的生产要素，可以充分激发这些区域发展的内生动力，推动解决发展不平衡不充分问题。

附　录
中共中央、国务院出台的支持四大区域板块发展的重要文件

附录1　西部大开发

附录1.1　国务院关于实施西部大开发若干政策措施的通知（国发〔2000〕33号）

各省、自治区、直辖市人民政府，国务院各部委、各直属机构：

　　实施西部大开发战略，加快中西部地区发展，是我国现代化战略的重要组成部分，是党中央高瞻远瞩、总揽全局、面向新世纪作出的重大决策，具有十分重大的经济和政治意义。为体现国家对西部地区的重点支持，国务院制定了实施西部大开发的若干政策措施。现将有关问题通知如下：

一、制定政策的原则和支持的重点

　　（一）制定政策的原则。实施西部大开发是一项宏大的系统工程和艰巨的历史任务，既要有紧迫感，又要充分做好长期艰苦奋斗的思想准备。要坚持从实际出发，按客观规律办事，积极进取、量力而行，立足当前、着眼长

远，统筹规划、科学论证，突出重点、分步实施，防止一哄而起，反对铺张浪费，不搞"大呼隆"。要加快转变观念，加大改革开放力度，贯彻科教兴国和可持续发展战略，把发挥市场机制作用同搞好宏观调控结合起来，把西部地区广大干部群众发扬自力更生精神同各方面支持结合起来。

（二）重点任务和战略目标。当前和今后一段时期，实施西部大开发的重点任务是：加快基础设施建设；加强生态环境保护和建设；巩固农业基础地位，调整工业结构，发展特色旅游业；发展科技教育和文化卫生事业。力争用5到10年时间，使西部地区基础设施和生态环境建设取得突破性进展，西部开发有一个良好的开局。到21世纪中叶，要将西部地区建成一个经济繁荣、社会进步、生活安定、民族团结、山川秀美的新西部。

（三）重点区域。西部开发的政策适用范围，包括重庆市、四川省、贵州省、云南省、西藏自治区、陕西省、甘肃省、宁夏回族自治区、青海省、新疆维吾尔自治区和内蒙古自治区、广西壮族自治区。实施西部大开发，要依托亚欧大陆桥、长江水道、西南出海通道等交通干线，发挥中心城市作用，以线串点，以点带面，逐步形成我国西部有特色的西陇海兰新线、长江上游、南（宁）贵（阳）昆（明）等跨行政区域的经济带，带动其他地区发展，有步骤、有重点地推进西部大开发。

二、增加资金投入的政策

（一）加大建设资金投入力度。提高中央财政性建设资金用于西部地区的比例。国家政策性银行贷款、国际金融组织和外国政府优惠贷款，在按贷款原则投放的条件下，尽可能多安排西部地区的项目。对国家新安排的西部地区重大基础设施建设项目，其投资主要由中央财政性建设资金、其他专项建设资金、银行贷款和利用外资解决，不留资金缺口。中央将采取多种方式，筹集西部开发的专项资金。中央有关部门在制定行业发展规划和政策、安排专项资金时，要充分体现对西部地区的支持。鼓励企业资金投入西部地区重大建设项目。

（二）优先安排建设项目。水利、交通、能源等基础设施，优势资源开发与利用，有特色的高新技术及军转民技术产业化项目，优先在西部地区布局。加强西部地区建设项目法人责任制、项目资本金制、工程招投标制、工程质量监督管理制、项目环境监督管理制等制度的建设和建设项目的前期工作。

（三）加大财政转移支付力度。随着中央财力的增加，逐步加大中央对西部地区一般性转移支付的规模。在农业、社会保障、教育、科技、卫生、计划生育、文化、环保等专项补助资金的分配方面，向西部地区倾斜。中央财政扶贫资金的安排，重点用于西部贫困地区。对国家批准实施的退耕还林还草、天然林保护、防沙治沙工程所需的粮食、种苗补助资金及现金补助，主要由中央财政支付。对因实施退耕还林还草、天然林保护等工程而受影响的地方财政收入，由中央财政适当给予补助。

（四）加大金融信贷支持。银行根据商业信贷的自主原则，加大对西部地区基础产业建设的信贷投入，重点支持铁路、主干线公路、电力、石油、天然气等大中型能源项目建设。加快国债配套贷款项目的评估审贷，根据建设进度保证贷款及早到位。对投资大、建设期长的基础设施项目，根据项目建设周期和还贷能力，适当延长贷款期限。国家开发银行新增贷款逐年提高用于西部地区的比重。扩大以基础设施项目收费权或收益权为质押发放贷款的范围。增加对西部地区农业、生态环境保护建设、优势产业、小城镇建设、企业技术改造、高新技术企业和中小企业发展的信贷支持。在西部地区积极发放助学贷款及学生公寓贷款。农村电网改造贷款和优势产业贷款中金额较大的重点项目，由农业银行总行专项安排和各商业银行总行直贷解决。有步骤地引入股份制银行到西部设立分支机构。

三、改善投资环境的政策

（一）大力改善投资的软环境。深化西部地区国有企业改革，加快建立现代企业制度，搞好国有经济的战略性调整和国有企业的资产重组。加大对西部地区国有企业减负脱困、改组改造的支持力度。加强西部地区商品和要素市场的培育和建设。积极引导西部地区个体、私营等非公有制经济加快发展,依照有关法律法规,凡对外商开放的投资领域,原则上允许国内各种所有制企业进入。加快建立中小企业信用担保体系和中小企业服务机构。除国家重大项目和有特殊规定的项目以外,凡是企业用自有资金或利用银行贷款投资于国家鼓励和允许类产业的项目,项目建议书和可行性研究报告合并一道按规定程序报批,初步设计、开工报告不再报政府审批,相应简化外商投资项目审批程序。要进一步转变政府职能,实行政企分开,减少审批事项,简化办事程序,强化服务意识,消除行政垄断、地区封锁和保护,加强依法行政,保护投资者合法权益。加强环境保护,防止盲目重复建设,依法关闭产品质量低劣、浪费资源、污染严重、不具备安全生产条件的厂矿企业。

(二)实行税收优惠政策。对设在西部地区国家鼓励类产业的内资企业和外商投资企业,在一定期限内,减按15%的税率征收企业所得税。民族自治地方的企业经省级人民政府批准,可以定期减征或免征企业所得税。对在西部地区新办交通、电力、水利、邮政、广播电视等企业,企业所得税实行两年免征、三年减半征收。对为保护生态环境,退耕还生态林、草产出的农业特产品收入,在10年内免征农业特产税。对西部地区公路国道、省道建设用地比照铁路、民航用地免征耕地占用税,其他公路建设用地是否免征耕地占用税,由省、自治区和直辖市人民政府决定。对西部地区内资鼓励类产业、外商投资鼓励类产业及优势产业的项目在投资总额内进口自用先进技术设备,除国家规定不予免税的商品外,免征关税和进口环节增值税。

(三)实行土地和矿产资源优惠政策。对西部地区荒山、荒地造林种草及坡耕地退耕还林还草,实行谁退耕、谁造林种草、谁经营、谁拥有土地使用权和林草所有权的政策。各种经济组织和个人可以依法申请使用国有荒山荒地,进行恢复林草植被等生态环境保护建设,在建设投资和绿化工作到位的条件下,可以出让方式取得国有土地使用权,减免出让金,实行土地使用权50年不变,期满后可申请续期,可以继承和有偿转让。国家建设需要收回国有土地使用权的,依法给予补偿。对于享受国家粮食补贴的退耕地种植的生态林不能砍伐。对基本农田实行严格保护，实现耕地占补平衡。进一步完善建设用地审批制度，简化程序，及时提供并保障建设用地。现有城镇建设用地的有偿使用收益，主要用于城镇基础设施建设。加大对西部地区矿产资源调查评价、勘查、开发、保护与合理利用的政策支持力度。制定促进探矿权、采矿权依法出让和转让的政策办法，培育矿业权市场。

（四）运用价格和收费机制进行调节。深化价格改革，进一步提高市场调节价格的比重。合理制定"西气东输""西电东送"价格，建立天然气、电力、石油、煤炭产销环节的价格形成机制。加快水价改革步伐，根据节水的要求，逐步将水价提高到合理水平，完善水资源费的征收和管理。加强流域水资源的统一管理，严格执行计划用水和水量分配制度，促进水资源的合理利用和开发。普遍实行城市污水和垃圾处理收费制度，收费专项用于污水和垃圾处理。加强江河上游和源头地区水资源的污染防治和保护工作。西部省际间及省、区内航空支线票价实行经营者自主定价。对西部地区新建铁路可实行特殊运价。加强西部地区邮政电信的普遍服务。

四、扩大对外对内开放的政策

（一）进一步扩大外商投资领域。鼓励外商投资于西部地区的农业、水利、生态、交通、能源、市政、环保、矿产、旅游等基础设施建设和资源开发以及建立技术研究开发中心。扩大西部地区服务贸易领域对外开放，将外商对银行、商业零售企业、外贸企业投资的试点扩大到直辖市、省会和自治区首府城市，允许西部地区外资银行逐步经营人民币业务，允许外商在西部地区依照有关规定投资电信、保险、旅游业，兴办中外合资会计师事务所、律师事务所、工程设计公司、铁路和公路货运企业、市政公用企业和其他已承诺开放领域的企业。一些领域的对外开放，允许在西部地区先行试点。

（二）进一步拓宽利用外资渠道。在西部地区进行以 BOT 方式利用外资的试点，开展以 TOT 方式利用外资的试点。允许外商投资项目开展包括人民币在内的项目融资。支持符合条件的西部地区外商投资企业在境内外股票市场上市。支持西部地区属于国家鼓励和允许类产业的企业通过转让经营权、出让股权、兼并重组等方式吸引外商投资。积极探索以中外合资产业基金、风险投资基金方式引入外资。鼓励在华外商合资企业到西部地区再投资,其再投资项目外资比例超过25%的,享受外商投资企业待遇。对外商投资西部地区基础设施和优势产业项目,适当放宽外商投资的股比限制,适当放宽国内银行提供固定资产投资人民币贷款的比例。允许西部地区的某些项目适当提高总投资中国外优惠贷款的比例。对西部地区优势产业及出口创汇项目引进国外先进技术和设备,国家在国外商业贷款指标安排上给予支持。积极争取多边、双边赠款优先安排西部地区项目。

(三)大力发展对外经济贸易。进一步扩大西部地区生产企业对外贸易经营自主权,鼓励发展优势产品出口、对外工程承包和劳务合作、到境外特别是周边国家投资办厂,放宽人员出入境限制。对西部地区经济发展急需的技术设备,在进口管理上给予适当照顾。对从西部地区重要旅游城市入境的海外旅游者,根据条件实行落地签证和其他便利入境签证政策。实行更加优惠的边境贸易政策,在出口退税、进出口商品经营范围、进出口商品配额、许可证管理、人员往来等方面,放宽限制,推动我国西部地区同毗邻国家地区相互开放市场,促进与周边国家区域经济技术合作健康发展。

(四)推进地区协作与对口支援。在防止重复建设和禁止转移落后技术与导致环境污染的前提下,在投资、财政、税收、信贷、经贸、工商、劳动、统计等方面积极采取有力措施,支持东部、中部地区企业到西部地区以投资设厂、参股入股、收购兼并、技术转让等多种方式进行合作。在中央和地方政府指导下,动员社会各方面力量加强东西对口支援,进一步加大对西部贫困地区、少数民族地区的支援力度,继续推进"兴边富民"行动。围绕西部开发的重点区域,发展多种形式的区域经济合作。

五、吸引人才和发展科技教育的政策

(一)吸引和用好人才。制定有利于西部地区吸引人才、留住人才、鼓励人才创业的政策。随着工资改革，建立艰苦边远地区津贴，提高西部地区机关和事业单位人员的工资水平，逐步使其达到或高于全国平均水平。依托西部开发的重点任务、重大建设项目及重要研究课题，提供良好的工作和生活条件，吸引国内外专门人才投身于西部开发。改革户籍管理制度，允许到西部地区投资经营和参加开发的其他地区居民保留原籍户口，凡在西部地区地级以下城市（含地级市）和小城镇有合法固定住所、稳定职业或生活来源的人员，可根据本人意愿办理城镇常住户口，鼓励农业富余劳动力合理转移和跨地区人口合理流动。扩大东部和西部地区之间的干部交流。中央有关部门、东部地区大专院校和科研机构，要加强对西部地区提供智力服务和人才支持。加强西部地区引进国外智力工作。依托中央有关部门和沿海经济较发达地区，加强对西部地区领导干部、少数民族干部的培养和公务员、专业技术人员、企业管理人员的培训。

（二）发挥科技主导作用。加大各类科技计划经费向西部地区的倾斜支持力度，逐步提高科技资金用于西部地区的数额。围绕西部开发的重点任务，加强科技能力建设，组织对关键共性技术的攻关，加快重大技术成果的推广应用和产业化步伐。支持军转民技术产业化的发展。支持西部地区科研机构、高校加强有特色的应用研究和基础研究。深化科技体制改革，加快从事应用研究的科研机构向企业转化，加强产学研联合，推动科技与经济的紧密结合。允许并提高西部地区企业在销售额中提取开发经费的比例。加大科技型中小企业创新基金对西部地区具备条件项目的支持力度。对科技人员在西部地区兴办科技型企业，简化工商登记，提高股权、期权和知识产权入股比例的上限。

（三）增加教育投入。继续实施贫困地区义务教育工程，加大国家对西部地区义务教育的支持力度，增加资金投入，努力加快实现九年义务教育。对西部地区高等学校建设予以支持，扩大东、中部地区高校在西部地区的招生规模。加大实施东部地区学校对口支援西部贫困地区学校工程以及西部地区大中城市学校对口支援农村贫困地区学校工程的力度。建设西部地区远程教育体系。加强对农村基层干部和农民的科学文化知识教育培训。

（四）加强文化卫生建设。国家安排的补助地方文化设施建设、广播电视建设投资和文物经费，向西部地区倾斜。进一步落实国家文化宣传单位经济政策，繁荣文艺创作。推进自然村"村村通"广播电视建设，进一步扩大广播电视有效覆盖面。促进边疆地区和少数民族地区文化事业发展。支持西部地区文化建设和精神文明建设。加强对西部地区卫生、计划生育建设的支持力度，重点建立健全农村初级卫生保健体系。

国务院西部开发办要会同有关部门，根据以上政策措施，在今年内抓紧研究制定有关政策细则或实施意见，经国务院批准后发布实施。西部地区各级政府，要按照国家规定，执行统一的西部大开发政策。

以上政策措施，主要适用于当前和今后10年（2001—2010年）。随着西部大开发战略的实施，将作进一步完善。所规定的各项政策措施及其细则，自2001年1月1日起开始实施。

国务院
二〇〇〇年十月二十六日

附录1.2　国务院关于进一步推进
西部大开发的若干意见（国发〔2004〕6号）

各省、自治区、直辖市人民政府，国务院各部委、各直属机构：

实施西部大开发，是关系国家经济社会发展大局，关系民族团结和边疆稳定的重大战略部署。四年来，在党中央、国务院的正确领导下，以邓小平理论和"三个代表"重要思想为指导，各地区、各部门特别是西部地区广大干部群众奋发努力，西部大开发取得重要进展。基础设施建设迈出实质性步伐，生态建设和环境保护明显加强，科技教育加快发展，人才开发力度加大，特色产业发展步伐加快，改革开放取得新的突破，推动了西部地区经济社会发展和精神文明建设。对扩大国内需求，调整经济结构，促进东西互动，保持国民经济持续快速健康增长，巩固全国改革发展稳定的大局，作出了重要贡献。实践充分证明，党中央、国务院关于实施西部大开发的战略决策是完全正确的，关于西部大开发的政策措施和重点任务是符合实际的。

实施西部大开发是一项长期艰巨的历史任务。进一步推进西部大开发还面临许多矛盾和问题。基础设施落后仍然是制约西部地区发展的薄弱环节，生态环境局部有所改善、总体恶化的趋势尚未扭转，水资源短缺矛盾突出，教育、卫生等社会事业严重滞后，人才不足、流失严重等。解决这些矛盾和问题，既要有紧迫感，又要做好长期艰苦奋斗的准备，进行持续不懈的努力。

党的十六大和十六届三中全会明确指出，积极推进西部大开发，有效发挥中部地区综合优势，支持中西部地区加快改革发展，振兴东北地区等老工业基地，鼓励东部有条件地区率先基本实现现代化，促进区域经济协调发展，是全面建设小康社会和完善社会主义市场经济体制的重大举措。统筹区域发展，加快西部地区发展至关重要。没有西部地区的小康，就没有全国的小康。没有西部地区的现代化，就不能说实现了全国的现代化。因此，要进一步提高对西部大开发重大战略意义的认识，认真研究并深刻把握西部开发工作的规律性，把实施西部大开发作为一项重大任务列入重要议事日程，不断改进和加强对西部大开发的领导，充分调动各方面积极性，开创西部大开发的新局面。

继续推进西部大开发，要以邓小平理论和"三个代表"重要思想为指导，全面贯彻党的十六大和十六届三中全会精神，认真落实党中央、国务院关于实施西部大开发的战略部署、方针政策和重点任务。坚持解放思想，实事求是，与时俱进，按照完善社会主义市场经济的改革方向，不断探索西部大开发的新路子。坚持以人为本，树立全面、协调、可持续的发展观，按照"五个统筹"的要求，使经济发展与环境保护、社会进步协调推进，促进西部地区经济社会和人的全面发展。坚持一切从实际出发，积极进取，量力而行，有重点、有步骤地解决关系西部开发全局的重大问题。坚持把西部地区自力更生、艰苦奋斗与国家政策支持结合起来，更大程度地发挥市场配置资源的基础性作用，不断增强西部地区的自我发展能力。以更大的决心、更有力的措施、更扎实的工作，推动西部地区经济持续快速协调健康发展和社会全面进步。进一步推进西部大开发，要总结经验，完善政策措施，抓好以下重点工作。

一、扎实推进生态建设和环境保护，实现生态改善和农民增收

生态建设和环境保护是西部大开发的重要任务和切入点。加强西部地区生态建设和环境保护，关系农民当前生计和长远利益，关系全国能否实现可持续发展。要以统筹实现生态改善、农民增收和地区经济发展为目标，认真搞好退耕还林、退牧还草、天然林保护、京津风沙源治理和已垦草原退耕还草等生态建设工程。

退耕还林要搞好规划，完善政策，突出重点，加强协调，稳步推进，近期要重点做好巩固成果的工作。优先治理25度以上的陡坡耕地和严重沙化耕地，特别是江河源头及两岸、湖泊水库周围的陡坡耕地。重点放在北方干旱半干旱土地沙化区、黄土高原水土流失严重区、南方岩溶石漠化集中区、长江中上游大江大湖周边区、青藏高原江河源头区和京津风沙源区等区域。要加强天然草原的恢复、治理和基本草场建设，把退牧还草工程和逐步转变牧民的生产生活方式结合起来。完善配套措施，创造条件，逐步从放牧、游牧转为舍饲和轮牧相结合，大力开发后续加工产业，不断提高广大牧民的生活水平和质量。已垦草原要加快实施退耕还草。继续推进天然林保护等工程，恢复生态系统的自我修复能力。

认真搞好"五个结合"，即把退耕还林、退牧还草与加强基本农田建设、农村能源建设、生态移民、后续产业发展、封山禁牧舍饲等配套保障措施结合起来。保持和提高粮食综合生产能力，保证国家粮食安全。继续坚持省级人民政府负总责，统筹安排各项任务，确保各项政策措施真正落实到位，切实解决农民增收和长远生计问题，保证退得下、还得上、能致富、不反弹。建立生态建设和环境保护补偿机制，鼓励各类投资主体投入生态建设和环境保护。

要从规划入手加强环境保护工作，坚持预防为主、保护优先，落实重要生态功能区的保护任务，加强重大建设项目的环境监管，加强工业污染防治，加强城市污水、垃圾、大气等环境综合整治，加大矿区环境保护与整治的力度。

二、继续加快基础设施重点工程建设，为西部地区加快发展打好基础

基础设施建设事关西部开发全局。要从战略高度着眼，注重科学布局。加强重大项目前期工作，条件成熟一批，开工一批。加大投入力度，保证工程质量，重大工程要干一项，成一项。继续集中力量建设好青藏铁路、西气东输、西电东送、水利枢纽、交通干线等重大项目。

坚持把水资源的合理开发利用和节约保护放在首要位置，加快推行节水技术和节水措施，加强各类节水设施建设。推进重点流域综合治理、水资源科学调配、水源涵养地保护。因地制宜地建设大中小型水利工程。有效防治水污染，促进污水资源化，加强地下水资源勘查和监测。以水资源的承受能力为前提，合理规划产业布局，禁止在缺水地区上高耗水项目。大力发展节水型产业，积极建设节水型社会。继续做好南水北调西线工程前期工作。加强综合交通运输网络建设，发挥综合效益。5年内建成"五纵七横"国道主干线西部路段，到2010年建成西部开发八条公路干线。加快跨区域铁路通道建设。逐步完善以干线机场为中心、干线机场与支线机场相协调的航空网络。加强内河航运基础设施建设，改善内河通航条件。加强综合能源体系建设，发挥西部地区作为全国石油天然气生产和加工基地的作用，建设一批大型高产、高效、低排污煤炭生产基地。大力开发水电，合理配置火电，建立合理的西电东送电价机制，对水电的实际税赋进行合理调整，支持西部地区水电发展。加强信息基础网络建设。加快建立电信普遍服务基金和邮政普遍服务补偿机制，支持西部地区和其他地区农村普及电信和邮政服务。继续实施"西新"工程，进一步扩大广播电视覆盖率。加强城市交通、供电、通信、给排水、环保、消防等基础设施建设。加强工程管理，建立重大项目的

后评估制度。

三、进一步加强农业和农村基础设施建设，加快改善农民生产生活条件

加强西部地区农业和农村基础设施建设，改善农民生产生活条件，是促进农村经济社会发展，加快实现小康的重大举措。要以增加农民收入为中心，加快农业结构调整，大力发展特色农业、旱作节水农业和生态农业。发挥西部地区气候多样化和生物多样性的优势，积极发展棉花、糖料、水果、肉类、奶类、毛绒类、花卉、中药材等特色农产品及其深加工。建立健全农产品市场体系。支持一批龙头企业、生产基地、农产品加工中心和市场流通基础设施建设，推进农业产业化经营。

建成通县油路，推进县际公路建设，逐步建设县乡公路。在国家给予适当资金补助的基础上，广泛动员农民和其他社会力量参与节水灌溉、人畜饮水、农村道路、农村沼气、农村水电、草场围栏等小型公共工程建设。拓宽农民参与公共工程建设、外出打工等增收渠道。继续减轻农民税费负担。办好乡镇企业，大力发展县域经济，加快城镇化进程，促进农村富余劳动力转移就业。对一些经济发展明显落后、少数民族人口较多、国防或生态位置重要的贫困地区，国家给予重点支持，进行集中连片开发。继续开展"兴边富民"行动。

四、大力调整产业结构，积极发展有特色的优势产业

调整和优化产业结构，大力发展特色经济，促进资源优势向产业优势、经济优势转化，是增强西部地区自我发展能力、扩大社会就业、改善人民生活的根本大计。要密切结合西部地区资源特点和产业优势，以市场为导向，积极发展能源、矿业、机械、旅游、特色农业、中药材加工等优势产业。促进西部地区传统优势产业参与国内外竞争，充分发挥国防科技工业优势，推广应用信息技术，在有条件的地方发展高新技术产业，探索一条适合西部地

区的新型工业化道路。把发展优势产业和调整改造西部老工业基地结合起来，提高老工业城市的经济实力和竞争能力。加强西部地区矿产资源勘探，增加公益性调查评价的资金投入。严格整顿矿业秩序，对重要矿产资源实行强制性保护，提高资源综合利用率，有序推进矿业市场改革和开放，逐步将西部地区建设成为全国能源、矿产资源主要接替区。

发展特色优势产业要因地制宜，以企业为主体、市场为导向、效益为中心、先进适用技术为支撑、保护环境为前提，切实防止盲目投资和低水平重复建设，严格控制被淘汰的生产工艺、设备转移到西部地区。合理调整全国产业分工格局，支持西部地区具备基本条件的地方发展资源深加工项目，由国家投资或需要国家批准的重点项目，只要西部地区有优势资源、有市场，优先安排在西部地区。根据不同地区的特色和比较优势，加强跨省区的经济合作与协调。

五、积极推进重点地带开发，加快培育区域经济增长极

贯彻以线串点、以点带面的区域发展指导方针，依托水陆交通干线，重点发展一批中心城市，形成新的经济增长极。积极培育并形成西陇海兰新线经济带、长江上游经济带和南贵昆经济区等重点经济区域。制订区域规划，加大交通、通信、市政等基础设施的建设力度，逐步建成通江达海的骨干交通网络、快速便捷的通信网络和生产要素集聚的城镇体系。支持重点地带优势产业及企业加快发展，在项目布局、市场体系建设、信贷投入、利用国内外资金等方面给予扶持和帮助。发挥中心城市的辐射带动作用，形成区域性的经济、交通、物流、金融、信息、技术和人才中心，带动周围地区和广大农村发展。对西部地区经济技术开发区、国家级高新技术产业开发区的园区内基础设施建设贷款，继续提供财政贴息支持。

六、大力加强科技教育卫生文化等社会事业，促进经济和社会协调发展

加强科技、教育、卫生、文化等社会事业，提高劳动者素质，促进经济社会协调发展，是进一步推进西部大开发的重要任务。要加强科普工作，加大推广先进适用技术力度。加强西部地区科技能力及重点科研基地建设，提高西部开发重点任务的技术支撑水平。要把优先发展教育作为基础性、战略性任务来抓，到2007年，西部地区普及九年义务教育人口覆盖率达到85%以上，青壮年文盲率降到5%以下。要完善教育经费保障机制，加大中央财政和省级财政对农村义务教育的支持，新增财政收入用于支持农村教育发展的部分向西部地区农村倾斜，支持中小学校建设的中央财政专项资金继续向西部地区倾斜。逐步对义务教育阶段家庭经济困难学生免除杂费、书本费，对寄宿生补助生活费。继续加强教育对口支援工作。国家继续在资金投入和政策措施上给予倾斜，支持西部地区高等教育发展。

大力支持西部地区卫生事业发展，加强公共卫生设施建设，完善疾病预防控制体系和医疗救治体系。逐步建立和完善新型合作医疗制度、贫困农民家庭医疗救助制度，建立健全县、乡、村三级卫生服务网络，重点支持以乡镇卫生院为主体的农村医疗设施建设。加强重大传染病和地方病的防治。加强人口和计划生育工作，采取经济措施建立农村部分计划生育家庭奖励扶助制度，鼓励贫困地区农民家庭"少生快富"，降低出生率，提高人口素质。继续加强西部地区文化艺术、广播影视、新闻出版和农村基层公共文化服务网络和文化设施建设，加强西部地区民族民间传统文化的保护工作。

七、深化经济体制改革，为西部地区发展创造良好环境

大力改善投资环境，充分发挥市场机制作用，吸引国内外资金、技术和人才投入西部开发，是西部地区加快发展的根本性措施。要增强紧迫感，进一步解放思想，转变观念，以深化行政审批制度改革为突破口，切实把政府

经济管理职能转变到主要为市场主体服务和创造良好发展环境上来。大力加强公务员队伍建设，依法规范行政和执法行为，强化服务意识，提高行政效率。完善市场体系，规范市场秩序，打击假冒伪劣等经济欺诈行为，依法保护知识产权。积极推行公有制特别是国有制的多种有效实现形式，加快调整国有经济布局和结构，积极鼓励、支持和引导个体、私营等非公有制经济发展。努力扩大社会就业，健全社会保障体系。进一步放宽非公有制经济投资准入领域，鼓励社会资本参与基础设施和生态环境建设、优势产业发展，参股、兼并和重组国有企业。支持国有企业改革、改组、改造的各项政策措施向西部地区倾斜。落实社会治安综合治理各项措施，维护安定团结的社会局面。

加强西部与东部、中部地区之间的经济交流与合作，建立市场化的跨地区企业协作机制，把东部、中部地区的资金、技术和人才优势与西部地区的资源、市场和劳动力优势结合起来，实现优势互补、互惠互利，共同发展。加大东部地区和中央单位对口支援西部地区的工作力度。深化涉外经济体制改革，进一步扩大对外开放，更好地利用外资加快发展。建立以企业为主体的对外招商引资新机制，提高招商引资实效，依托优势产业、重点工程、重点地带，吸引外来投资。逐步放宽西部地区保险、旅游、运输等服务领域的外资准入限制条件。采取有力措施推动西部地区发展对外贸易和经济技术合作，全方位、多形式地扩大与周边国家和地区的经济合作和技术交流，努力开拓国际贸易和边境贸易。

八、拓宽资金渠道，为西部大开发提供资金保障

建立长期稳定的西部开发资金渠道，是持续推进西部大开发的重要保障。要继续保持用长期建设国债等中央建设性资金支持西部开发的投资力度，采取多种方式筹集西部开发专项资金。中央财政性建设资金、其他专项建设资金继续向西部地区基础设施建设倾斜。创新重大基础设施建设投入机制，采取多种方式鼓励和引导社会资金和境外资金参与基础设施建设。进一

步加大中央财政对西部地区的转移支付力度。拓宽西部开发间接和直接融资渠道。鼓励各金融机构采取银团贷款、混合贷款、委托理财、融资租赁、股权信托等多种方式，加大对西部地区的金融支持。加快商业银行对西部地区国债配套贷款项目的评估审贷速度，提高贷款审核效率。支持国家政策性银行扩大贷款规模，延长贷款期限，支持西部地区基础设施建设、进出口贸易。进一步推进西部地区农村金融体系建设，加大农村信用社改革力度，继续扩大农户小额贷款和农户联保贷款，支持有生产能力、守信用的贫困农户尽快脱贫致富。加强扶贫贴息贷款管理，增加对西部地区信贷投入。积极支持西部地区符合条件的企业优先发行企业债券，支持西部地区符合条件的企业发行股票。修改、完善并适时出台产业投资基金管理暂行办法，优先在西部地区组织试点，支持西部地区以股权投资方式吸引内外资。提高西部地区利用国际组织和外国政府赠款及国外优惠贷款的比例。

九、加强西部地区人才队伍建设，为西部大开发提供有力的人才保障

西部大开发，关键在人才，特别是领导干部和高层次专业人才。要贯彻人才强国战略，认真实施《西部地区人才开发十年规划》。落实干部交流和人才培训任务，促进西部地区党政人才队伍、专业技术人才队伍和企业经营管理人才队伍协调发展。加大干部的交流力度，通过调动任职、挂职锻炼、对口支援等多种方式，每年选派相当数量和相应级别的干部到西部地区县级以上领导班子中工作，适当延长西部地区县级以上干部到东部地区、中央和国家机关单位挂职锻炼期限。逐步完善艰苦边远地区津贴制度。建立科技、教育、卫生、文化等专业人才定期到西部地区农村支援工作的制度。加快研究制定有利于西部地区留住人才、吸引人才、用好人才的政策措施，鼓励各类人才及大中专毕业生到西部地区发展、创业。把组织选派与发挥人才市场的作用结合起来，尽快建立起人才开发新机制。以就业和再就业为导向，依托西部地区现有职业教育培训资源，充分利用东部地区职业教育资源，加强西部地区各类适用人才和劳务输出人员的职业技能培训和创业培训，加强少数

民族干部和人才培养。组织和协调各地区各部门多渠道地为西部大开发提供智力服务和人才支持。对于西部地区人才培训给予资金补助，加强西部地区人才开发的国际合作。

十、加快法制建设步伐，加强对西部开发工作的组织领导

加强西部大开发的法制建设和组织领导，是进一步推进西部大开发的基本保障。要借鉴世界发达国家开发欠发达地区的经验，结合我国西部开发的实践，本着注重实效、突出重点、逐步完善的原则，加快西部开发法制建设步伐，为西部大开发提供法律保障。抓紧起草《西部开发促进法》和《西部开发生态环境保护监督条例》等法律法规，逐步建立和完善西部开发法律法规体系。西部地区各级人民政府公务人员要提高法制意识，确保法律法规的有效实施，树立诚信政府形象，为推进西部大开发打造良好的法制环境。

加强对西部开发工作的组织领导和综合协调。要建立专家咨询制度，提高科学、民主决策水平。各地区、各部门要加强和稳定西部开发工作机构和人员。要进一步增强责任感和使命感，加强对西部开发工作的领导，把实施西部大开发纳入重要议事日程，放在突出位置，加大贯彻实施西部大开发战略的工作力度，研究制定推进西部开发的具体政策措施。西部地区要认真落实中央关于西部大开发的战略决策、指导方针和各项重点任务，发扬自力更生、艰苦奋斗精神，创造性地开展工作。东部和中部地区要继续积极支持和参与西部大开发。国务院西部地区开发领导小组办公室要加强与各地区、各部门的联系和沟通，健全西部开发工作机制，加强调查研究、综合协调和督促检查，对重大问题提出政策建议，协调解决西部开发中遇到的各种问题。各方面要共同努力，团结奋斗，坚持不懈地把西部大开发扎实向前推进。

国务院

二〇〇四年三月十一日

附录1.3　中共中央 国务院关于新时代推进西部大开发形成新格局的指导意见

强化举措推进西部大开发形成新格局，是党中央、国务院从全局出发，顺应中国特色社会主义进入新时代、区域协调发展进入新阶段的新要求，统筹国内国际两个大局作出的重大决策部署。党的十八大以来，在以习近平同志为核心的党中央坚强领导下，西部地区经济社会发展取得重大历史性成就，为决胜全面建成小康社会奠定了比较坚实的基础，也扩展了国家发展的战略回旋空间。但同时，西部地区发展不平衡不充分问题依然突出，巩固脱贫攻坚任务依然艰巨，与东部地区发展差距依然较大，维护民族团结、社会稳定、国家安全任务依然繁重，仍然是全面建成小康社会、实现社会主义现代化的短板和薄弱环节。新时代继续做好西部大开发工作，对于增强防范化解各类风险能力，促进区域协调发展，决胜全面建成小康社会，开启全面建设社会主义现代化国家新征程，具有重要现实意义和深远历史意义。为加快形成西部大开发新格局，推动西部地区高质量发展，现提出如下意见。

一、总体要求

以习近平新时代中国特色社会主义思想为指导，全面贯彻党的十九大和十九届二中、三中全会精神，统筹推进"五位一体"总体布局，协调推进"四个全面"战略布局，落实总体国家安全观，坚持稳中求进工作总基调，坚持新发展理念，坚持推动高质量发展，坚持以供给侧结构性改革为主线，深化市场化改革、扩大高水平开放，坚定不移推动重大改革举措落实，防范化解推进改革中的重大风险挑战。强化举措抓重点、补短板、强弱项，形成大保护、大开放、高质量发展的新格局，推动经济发展质量变革、效率变革、动力变革，促进西部地区经济发展与人口、资源、环境相协调，实现更高质量、更有效率、更加公平、更可持续发展，确保到2020年西部地区生态环境、营商环境、开放环境、创新环境明显改善，与全国一道全面建成小康社会；到2035年，西部地区基本实现社会主义现代化，基本公共服务、基础设施通达程度、人民生活水平与东部地区大体相当，努力实现不同类型地区互补发展、东西双向开放协同并进、民族边疆地区繁荣安全稳固、人与自然和谐共生。

二、贯彻新发展理念，推动高质量发展

（一）打好三大攻坚战。把打好三大攻坚战特别是精准脱贫攻坚战作为决胜全面建成小康社会的关键任务，集中力量攻坚克难。重点解决实现"两不愁三保障"面临的突出问题，加大深度贫困地区和特殊贫困群体脱贫攻坚力度，减少和防止贫困人口返贫，确保到2020年现行标准下西部地区农村贫困人口全部实现脱贫，贫困县全部摘帽。在全面完成脱贫任务基础上压茬推进乡村振兴战略，巩固脱贫攻坚成果。结合西部地区发展实际，打好污染防治标志性重大战役，实施环境保护重大工程，构建生态环境分区管控体系。精准研判可能出现的主要风险点，结合西部地区实际，进一步完善体制机制，拿出改革创新举措。坚持底线思维，强化源头管控，有效稳住杠杆率。

（二）不断提升创新发展能力。以创新能力建设为核心，加强创新开放合作，打造区域创新高地。完善国家重大科研基础设施布局，支持西部地区在特色优势领域优先布局建设国家级创新平台和大科学装置。加快在西部具备条件的地区创建国家自主创新示范区、科技成果转移转化示范区等创新载体。进一步深化东西部科技创新合作，打造协同创新共同体。在西部地区布局建设一批应用型本科高校、高职学校，支持"双一流"高校对西部地区开展对口支援。深入推进大众创业万众创新，促进西部地区创新创业高质量发展，打造"双创"升级版。健全以需求为导向、以企业为主体的产学研一体化创新体制，鼓励各类企业在西部地区设立科技创新公司。支持国家科技成果转化引导基金在西部地区设立创业投资子基金。加强知识产权保护、应用和服务体系建设，支持开展知识产权国际交流合作。

（三）推动形成现代化产业体系。充分发挥西部地区比较优势，推动具备条件的产业集群化发展，在培育新动能和传统动能改造升级上迈出更大步伐，促进信息技术在传统产业广泛应用并与之深度融合，构建富有竞争力的现代化产业体系。推动农村一二三产业深度融合，促进农牧业全产业链、价值链转型升级。加快推进高标准农田、现代化生态牧场、粮食生产功能区和棉油糖等重要农产品生产保护区建设，支持发展生态集约高效、用地规范的设施农业。加快高端、特色农机装备生产研发和推广应用。推动发展现代制造业和战略性新兴产业。积极发展大数据、人工智能和"智能+"产业，大力发展工业互联网。推动"互联网+教育""互联网+医疗""互联网+旅游"等新业态发展，推进网络提速降费，加快发展跨境电子商务。支持西部地区发挥生态、民族民俗、边境风光等优势，深化旅游资源开放、信息共享、行业监管、公共服务、旅游安全、标准化服务等方面国际合作，提升旅游服务水平。依托风景名胜区、边境旅游试验区等，大力发展旅游休闲、健康养生等服务业，打造区域重要支柱产业。加快发展现代服务业特别是专业服务业，加强现代物流服务体系建设。

（四）优化能源供需结构。优化煤炭生产与消费结构，推动煤炭清洁生产与智能高效开采，积极推进煤炭分级分质梯级利用，稳步开展煤制油、煤制气、煤制烯烃等升级示范。建设一批石油天然气生产基地。加快煤层气等勘探开发利用。加强可再生能源开发利用，开展黄河梯级电站大型储能项目研究，培育一批清洁能源基地。加快风电、光伏发电就地消纳。继续加大西电东送等跨省区重点输电通道建设，提升清洁电力输送能力。加强电网调峰能力建设，有效解决弃风弃光弃水问题。积极推进配电网改造行动和农网改造升级，提高偏远地区供电能力。加快北煤南运通道和大型煤炭储备基地建设，继续加强油气支线、终端管网建设。构建多层次天然气储备体系，在符合条件的地区加快建立地下储气库。支持符合环保、能效等标准要求的高载能行业向西部清洁能源优势地区集中。

（五）大力促进城乡融合发展。深入实施乡村振兴战略，做好新时代"三农"工作。培养新型农民，优化西部地区农业从业者结构。以建设美丽宜居村庄为目标，加强农村人居环境和综合服务设施建设。在加强保护基础上盘活农村历史文化资源，形成具有地域和民族特色的乡村文化产业和品牌。因地制宜优化城镇化布局与形态，提升并发挥国家和区域中心城市功能作用，推动城市群高质量发展和大中小城市网络化建设，培育发展一批特色小城镇。加大对西部地区资源枯竭等特殊类型地区振兴发展的支持力度。有序推进农业转移人口市民化。推动基本公共服务常住人口全覆盖，保障符合条件的未落户农民工在流入地平等享受城镇基本公共服务。总结城乡"资源变资产、资金变股金、农（市）民变股东"等改革经验，探索"联股联业、联股联责、联股联心"新机制。统筹城乡市政公用设施建设，促进城镇公共基础设施向周边农村地区延伸。

（六）强化基础设施规划建设。提高基础设施通达度、通畅性和均等化水平，推动绿色集约发展。加强横贯东西、纵贯南北的运输通道建设，拓展区域开发轴线。强化资源能源开发地干线通道规划建设。加快川藏铁路、沿江高铁、渝昆高铁、西（宁）成（都）铁路等重大工程规划建设。注重高速铁路和普通铁路协同发展，继续开好多站点、低票价的"慢火车"。打通断头路、瓶颈路，加强出海、扶贫通道和旅游交通基础设施建设。加强综合客运枢纽、货运枢纽（物流园区）建设。完善国家物流枢纽布局，提高物流运行效率。加强航空口岸和枢纽建设，扩大枢纽机场航权，积极发展通用航空。进一步提高农村、边远地区信息网络覆盖水平。合理规划建设一批重点水源工程、江河湖泊骨干治理工程和大型灌区工程，加强大中型灌区续建配套与现代化改造、中小河流治理和病险水库除险加固、抗旱水源工程建设和山洪灾害防治。推进城乡供水一体化和人口分散区域重点小型标准化供水设施建设，加强饮用水水源地规范化建设。

（七）切实维护国家安全和社会稳定。统筹发展与安全两件大事，更好发挥西部地区国家安全屏障作用。巩固和发展平等团结互助和谐的社会主义民族关系，促进各民族共同团结奋斗和共同繁荣发展。深入推进立体化社会治安防控，构建坚实可靠的社会安全体系。

三、以共建"一带一路"为引领，加大西部开放力度

（八）积极参与和融入"一带一路"建设。支持新疆加快丝绸之路经济带核心区建设，形成西向交通枢纽和商贸物流、文化科教、医疗服务中心。支持重庆、四川、陕西发挥综合优势，打造内陆开放高地和开发开放枢纽。支持甘肃、陕西充分发掘历史文化优势，发挥丝绸之路经济带重要通道、节点作用。支持贵州、青海深化国内外生态合作，推动绿色丝绸之路建设。支持内蒙古深度参与中蒙俄经济走廊建设。提升云南与澜沧江—湄公河区域开放合作水平。

（九）强化开放大通道建设。积极实施中新（重庆）战略性互联互通示范项目。完善北部湾港口建设，打造具有国际竞争力的港口群，加快培育现代海洋产业，积极发展向海经济。积极发展多式联运，加快铁路、公路与港口、园区连接线建设。强化沿江铁路通道运输能力和港口集疏运体系建设。依托长江黄金水道，构建陆海联运、空铁联运、中欧班列等有机结合的联运服务模式和物流大通道。支持在西部地区建设无水港。优化中欧班列组织运营模式，加强中欧班列枢纽节点建设。进一步完善口岸、跨境运输和信息通道等开放基础设施，加快建设开放物流网络和跨境邮递体系。加快中国—东盟信息港建设。

（十）构建内陆多层次开放平台。鼓励重庆、成都、西安等加快建设国际门户枢纽城市，提高昆明、南宁、乌鲁木齐、兰州、呼和浩特等省会（首府）城市面向毗邻国家的次区域合作支撑能力。支持西部地区自由贸易试验区在投资贸易领域依法依规开展先行先试，探索建设适应高水平开放的行政管理体制。加快内陆开放型经济试验区建设，研究在内陆地区增设国家一类口岸。研究按程序设立成都国际铁路港经济开发区。有序推进国家级新区等功能平台建设。整合规范现有各级各类基地、园区，加快开发区转型升级。鼓励国家级开发区实行更加灵活的人事制度，引进发展优质医疗、教育、金

融、物流等服务。办好各类国家级博览会，提升西部地区影响力。

（十一）加快沿边地区开放发展。完善沿边重点开发开放试验区、边境经济合作区、跨境经济合作区布局，支持在跨境金融、跨境旅游、通关执法合作、人员出入境管理等方面开展创新。扎实推进边境旅游试验区、跨境旅游合作区、农业对外开放合作试验区等建设。统筹利用外经贸发展专项资金支持沿边地区外经贸发展。完善边民互市贸易管理制度。深入推进兴边富民行动。

（十二）发展高水平开放型经济。推动西部地区对外开放由商品和要素流动型逐步向规则制度型转变。落实好外商投资准入前国民待遇加负面清单管理制度，有序开放制造业，逐步放宽服务业准入，提高采矿业开放水平。支持西部地区按程序申请设立海关特殊监管区域，支持区域内企业开展委内加工业务。加强农业开放合作。推动西部优势产业企业积极参与国际产能合作，在境外投资经营中履行必要的环境、社会和治理责任。支持建设一批优势明显的外贸转型升级基地。建立东中西部开放平台对接机制，共建项目孵化、人才培养、市场拓展等服务平台，在西部地区打造若干产业转移示范区。对向西部地区梯度转移企业，按原所在地区已取得的海关信用等级实施监督。

（十三）拓展区际互动合作。积极对接京津冀协同发展、长江经济带发展、粤港澳大湾区建设等重大战略。支持青海、甘肃等加快建设长江上游生态屏障，探索协同推进生态优先、绿色发展新路径。依托陆桥综合运输通道，加强西北省份与江苏、山东、河南等东中部省份互惠合作。加快珠江—西江经济带和北部湾经济区建设，鼓励广西积极参与粤港澳大湾区建设和海南全面深化改革开放。推动东西部自由贸易试验区交流合作，加强协同开放。支持跨区域共建产业园区，鼓励探索"飞地经济"等模式。加强西北地区与西南地区合作互动，促进成渝、关中平原城市群协同发展，打造引领西部地区开放开发的核心引擎。推动北部湾、兰州—西宁、呼包鄂榆、宁夏沿黄、黔中、滇中、天山北坡等城市群互动发展。支持南疆地区开放发展。支持陕甘宁、川陕、左右江等革命老区和川渝、川滇黔、渝黔等跨省（自治区、直辖市）毗邻地区建立健全协同开放发展机制。加快推进重点区域一体化进程。

四、加大美丽西部建设力度，筑牢国家生态安全屏障

（十四）深入实施重点生态工程。坚定贯彻绿水青山就是金山银山理念，坚持在开发中保护、在保护中开发，按照全国主体功能区建设要求，保障好长江、黄河上游生态安全，保护好冰川、湿地等生态资源。进一步加大水土保持、天然林保护、退耕还林还草、退牧还草、重点防护林体系建设等重点生态工程实施力度，开展国土绿化行动，稳步推进自然保护地体系建设和湿地保护修复，展现大美西部新面貌。加快推进国家公园体系建设。

（十五）稳步开展重点区域综合治理。大力推进青海三江源生态保护和建设、祁连山生态保护与综合治理、岩溶地区石漠化综合治理、京津风沙源治理等。以汾渭平原、成渝地区、乌鲁木齐及周边地区为重点，加强区域大气污染联防联控，提高重污染天气应对能力。开展西部地区土壤污染状况详查，积极推进受污染耕地分类管理和安全利用，有序推进治理与修复。

（十六）加快推进西部地区绿色发展。落实市场导向的绿色技术创新体系建设任务，推动西部地区绿色产业加快发展。实施国家节水行动以及能源消耗总量和强度双控制度，全面推动重点领域节能减排。大力发展循环经济，推进资源循环利用基地建设和园区循环化改造，鼓励探索低碳转型路径。全面推进河长制、湖长制，推进绿色小水电改造。加快西南地区城镇污水管网建设和改造，加强入河排污口管理，强化西北地区城中村、老旧城区和城乡结合部污水截流、收集、纳管工作。加强跨境生态环境保护合作。

五、深化重点领域改革，坚定不移推动重大改革举措落实

（十七）深化要素市场化配置改革。探索集体荒漠土地市场化路径，设定土地用途，鼓励个人申领使用权。深入推进主业为充分竞争行业的商业类地方国有企业混合所有制改革。深化资源性产品等要素价格形成机制改革，建立健全定价成本信息公开制度。有序放开竞争性环节电价，深化输配电价改革。推进增量配电业务改革试点，开展电力现货交易试点。实施丰水期居民

生活电能替代等电价政策，促进西部地区清洁能源消纳。建立健全天然气弹性价格机制和上下游价格传导机制。建立健全市场化、多元化生态保护补偿机制，进一步完善生态保护补偿市场体系。构建统一的自然资源资产交易平台，健全自然资源资产收益分配制度。提高西部地区直接融资比例，支持符合条件的企业在境内外发行上市融资、再融资，通过发行公司信用类债券、资产证券化产品融资。西部贫困地区企业首次公开发行上市、新三板挂牌、发行债券、并购重组等适用绿色通道政策。

（十八）积极推进科技体制改革。开展探索赋予科研人员职务科技成果所有权或长期使用权试点工作。支持扩大科研经费使用自主权，提高智力密集型项目间接经费比例并向创新绩效突出的团队和个人倾斜。加快科技人员薪酬制度改革，扩大高校和科研院所工资分配自主权，健全绩效工资分配机制。

（十九）持续推进信用体系建设。建立健全地方信用法规体系。加强政务诚信建设，建立健全政府失信责任追究制度。完善省市县信用信息共享平台。加快征信市场建设，培育有良好信誉的信用服务机构，鼓励研发适合西部地区的征信产品。

（二十）努力营造良好营商环境。深化"放管服"改革，加快建设服务型政府。落实全国统一的市场准入负面清单制度，推动"非禁即入"普遍落实。推行政务服务"最多跑一次"和企业投资项目承诺制改革，大幅压缩工程建设项目审批时间。落实减税降费各项政策措施，着力降低物流、用能等费用。实施"双随机、一公开"监管，对新技术、新业态、新模式实行审慎包容监管，提高监管效能，防止任意检查、执法扰民。强化竞争政策的基础性地位，进一步落实公平竞争审查制度，加快清理废除妨碍统一市场和公平竞争的各种规定和做法，持续深入开展不正当竞争行为治理，形成优化营商环境长效机制。

六、坚持以人民为中心,把增强人民群众获得感、幸福感、安全感放到突出位置

(二十一)着力强化公共就业创业服务。完善城乡劳动者终身职业技能培训政策和组织实施体系。强化就业和国家通用语言培训。加大对高校毕业生在西部地区就业的扶持力度。积极引导农村劳动力转移就业和农民工返乡创业就业。妥善做好化解过剩产能中的职工分流安置工作。加大力度支持灵活就业和新就业形态。

(二十二)支持教育高质量发展。加强普惠性幼儿园建设,大力培养培训贫困地区幼儿园教师。加快改善贫困地区义务教育薄弱学校基本办学条件,全面加强乡村小规模学校、乡镇寄宿制学校建设。在县域义务教育学校学位供需矛盾突出地区有序增加义务教育供给,有效解决"大班额"问题,做好控辍保学工作。发展现代职业教育,推进职业教育东西协作,促进产教融合、校企合作。逐步普及高中阶段教育。加强学校语言文字工作,确保国家通用语言文字作为教育教学基本用语用字。支持探索利用人工智能、互联网开展远程教育,促进优质教学资源共享。支持西部地区高校"双一流"建设,着力加强适应西部地区发展需求的学科建设。持续推动东西部地区教育对口支援,继续实施东部地区高校对口支援西部地区高校计划、国家支援中西部地区招生协作计划,实施东部地区职业院校对口西部职业院校计划。促进西部高校国际人才交流,相关人才引进平台建设向西部地区倾斜。鼓励支持部委属高校和地方高校"订单式"培养西部地区专业化人才。

(二十三)提升医疗服务能力和水平。重点加强西部地区县级(含兵团团场)医院综合能力建设,持续改善农村医疗卫生条件,加快基层医疗卫生机构标准化建设。改善医疗基础设施和装备条件,提高医护人员专业技术水平。支持在西部地区建立若干区域医疗中心。探索利用人工智能、互联网等开展远程医疗,支持宁夏建设"互联网+医疗健康"示范区。充分发挥中医药在医疗卫生服务中的作用。加快补齐3岁以下婴幼儿照护服务短板。支持

西部地区医疗机构与东中部地区医疗机构间开展双向交流。

（二十四）完善多层次广覆盖的社会保障体系。加快推进养老保险省级统筹，推进落实城乡居民基本养老保险待遇确定和基础养老金正常调整机制。合理确定基本医疗保险保障水平，完善医疗保险关系转移接续措施。完善失业保险制度，逐步提高失业保障水平。科学制定低保标准，逐步拓展低保覆盖范围。建设统一的社会保险公共服务平台，推广以社会保障卡为载体的"一卡通"服务管理模式。

（二十五）健全养老服务体系。加快构建以居家为基础、社区为依托、机构为补充、医养相结合的养老服务体系。稳步推进公办养老机构改革和建设，全面放开养老服务市场，积极引导社会资本进入养老服务业，扩大西部地区养老服务有效供给，探索建立长期照护保障体系。加大对养老服务设施建设支持力度，加强农村特困人员供养服务机构建设管理，稳步提高托底保障能力和服务质量。实施养老服务专业人才培养等工程。

（二十六）强化公共文化体育服务。完善公共文化服务设施网络，强化数字技术运用，推动文化惠民工程整合创新、提档升级。推进县级融媒体中心建设，推动广播电视户户通，建立健全应急广播平台及传输覆盖网络。鼓励发展含少数民族传统体育在内的群众体育。加强公共体育场馆建设，推进相关场馆免费或低收费开放。

（二十七）改善住房保障条件。完善分类分级补助标准，加大对农村危房改造补助资金倾斜支持力度。鼓励通过闲置农房置换或长期租赁等方式，解决农村特困群体基本住房安全问题。落实易地扶贫搬迁政策，完善安置区配套基础设施和公共服务设施。积极改善城镇中等偏下及以下收入住房困难家庭、新就业无房职工和城镇稳定就业的无房外来务工人员居住条件。

（二十八）增强防灾减灾与应急管理能力。推进西部地区城乡基层防灾减灾救灾能力建设，完善事故灾害综合风险评估技术标准体系，推进事故灾害综合风险评估和隐患排查治理。结合西部地区实际，推进实施灾害风险防控、监测预警、应急抢险救援、信息服务保障、救灾物资储备以及防灾减灾救灾科技支撑、宣传教育等能力建设工程。实施地震易发区房屋设施加固工程。推进西部地区灾害应急救援联动指挥平台建设，建立应急救援资源共享及联合处置机制。打造符合西部地区需求的防灾减灾救灾科技创新团队、实验基地和实验平台。加快提高骨干救援队伍专业化技术装备水平。

七、加强政策支持和组织保障

（二十九）分类考核。参照高质量发展综合评价指标和分领域评价指标，根据西部地区不同地域特点，设置各有侧重、各具特色的考核内容和指标，实施差异化考核。深入研究制定分类考核的具体措施。

（三十）财税支持。稳妥有序推进中央和地方收入划分改革。中央财政在一般性转移支付和各领域专项转移支付分配中，继续通过加大资金分配系数、提高补助标准或降低地方财政投入比例等方式，对西部地区实行差别化补助，加大倾斜支持力度。考虑重点生态功能区占西部地区比例较大的实际，继续加大中央财政对重点生态功能区转移支付力度，完善资金测算分配办法。考虑西部地区普遍财力较为薄弱的实际，加大地方政府债券对基础设施建设的支持力度，将中央财政一般性转移支付收入纳入地方政府财政承受能力计算范畴。指导推动省以下财政事权和支出责任划分，调动市县积极性。对设在西部地区的鼓励类产业企业所得税优惠等政策到期后继续执行。赋予西部地区具备条件且有需求的海关特殊监管区域内企业增值税一般纳税人资格。对西部地区鼓励类产业项目在投资总额内进口的自用设备，在政策规定范围内免征关税。

（三十一）金融支持。支持商业金融、合作金融等更好为西部地区发展服务。引导金融机构加大对西部地区小微企业融资支持力度。落实无还本续贷、尽职免责等监管政策，在风险总体可控前提下加大对西部地区符合条件的小微企业续贷支持力度。引导和鼓励银行业金融机构合理调配信贷资源，加大对西部贫困地区扶贫产业支持力度。支持轻资产实体经济企业或项目以适当方式融资。增加绿色金融供给，推动西部地区经济绿色转型升级。依法合规探索建立西部地区基础设施领域融资风险分担机制。

（三十二）产业政策。实行负面清单与鼓励类产业目录相结合的产业政策，提高政策精准性和精细度。在执行全国统一的市场准入负面清单基础上，对西部地区鼓励类产业目录进行动态调整，与分类考核政策相适应。适时修订中西部地区外商投资优势产业目录并进行动态调整。继续完善产业转移引导政策，适时更新产业转移指导目录。加大中央财政对西部地区自然资源调查评价的支持力度，自然资源调查计划优先安排西部地区项目。凡有条件在西部地区就地加工转化的能源、资源开发利用项目，支持在当地优先布局建设并优先审批核准。鼓励新设在西部地区的中央企业及其分支机构在当地注册。适当降低社会保险费率，确保总体上不增加企业负担。

（三十三）用地政策。继续实施差别化用地政策，新增建设用地指标进一步向西部地区倾斜，合理增加荒山、沙地、戈壁等未利用土地开发建设指标。加强对基础设施领域补短板项目的用地保障。支持西部地区开放平台建设，对国家级新区、开发区利用外资项目以及重点开发开放试验区、边境经济合作区、跨境经济合作区产业发展所需建设用地，在计划指标安排上予以倾斜支持。推进耕地指标和城乡建设用地指标在国家统筹管理下实现跨省域调剂。

（三十四）人才政策。努力造就忠诚干净担当的西部地区高素质干部队伍，注重选拔符合西部地区需要的专业化人才，建立健全有利于吸引、激励和留住人才的体制机制。落实完善工资待遇倾斜政策，结合事业单位改革，鼓励引导机关事业单位人员特别是基层公务员、教师、医护人员、科技人员等扎根西部。鼓励符合条件的企业实施股权激励、分红等中长期激励。允许国有企事业单位专业技术和管理人才按有关规定在西部地区兼职并取得合法报酬。允许退休公职人员按有关规定在西部地区创业。

（三十五）帮扶政策。深入开展对口支援新疆、西藏和青海等省藏区以及对口帮扶贵州等工作。继续实施中央和国家机关及企事业单位等定点帮扶。支持军队发挥优势，积极参与西部大开发。推动统一战线继续支持毕节试验区改革发展。鼓励东中部城市帮助边境城市对口培训急需的管理和技术人才。鼓励企业结对帮扶贫困县（村）。进一步推动从中央和国家机关、东部地区选派优秀干部到西部地区挂职任职，注重提拔使用在西部地区作出突出贡献的优秀干部。继续做好公务员对口培训工作。

（三十六）组织保障。加强党对西部大开发工作的领导，强化各级党组织在推进西部大开发形成新格局进程中的领导作用。强化基层党组织建设，健全以党组织为领导的组织体系，着力提升基层党组织的组织力，引导广大党员干部在西部大开发中发挥先锋模范作用。激励干部担当作为，鼓励创造性贯彻落实。国务院西部地区开发领导小组要加强统筹指导，各成员单位和有关部门要各司其职、压实责任，密切配合、通力协作，制定配套政策措施并推进落实。国家发展改革委要切实承担国务院西部地区开发领导小组办公室职责，适时对政策实施情况进行评估，发挥好督查促落实作用。西部地区各级党委和政府要切实承担主体责任，主动作为、真抓实干，结合本地区实际出台贯彻落实本意见的具体举措，团结带领广大干部群众认真抓好各项任务落实。要切实解决困扰基层的形式主义问题，让西部地区基层干部腾出更多精力干实事。东中部地区及社会各界要继续支持和参与西部大开发。

各地区各部门要在以习近平同志为核心的党中央坚强领导下，增强"四个意识"、坚定"四个自信"、做到"两个维护"，认真落实党中央、国务院决策部署，解放思想、锐意进取、深化改革、破解矛盾，加快建立更加有效的区域协调发展新机制，以更大力度、更强举措推进西部大开发形成新格局。

附录2　东北等老工业基地振兴

附录2.1　中共中央、国务院关于实施东北地区等老工业基地振兴战略的若干意见（中发〔2003〕11号）

支持东北地区等老工业基地加快调整改造，是党的十六大提出的一项重要任务，是党中央从全面建设小康社会全局着眼作出的又一重大战略决策。各地区各部门要充分认识实施东北地区等老工业基地振兴战略的重要性和紧迫性，要像当年建设沿海经济特区、开发浦东新区和实施西部大开发战略那样，齐心协力，扎实推进，确保这一战略的顺利实施。

一、加快东北地区等老工业基地振兴具有重大战略意义

老工业基地是新中国工业的摇篮。新中国成立后，国家在东北等地区集中投资建设了具有相当规模的以能源、原材料、装备制造为主的战略产业和骨干企业，为我国形成独立、完整的工业体系和国民经济体系，为改革开放和现代化建设，作出了历史性重大贡献。随着改革开放的不断深入，老工业基地的体制性、结构性矛盾日益显现，进一步发展面临着许多困难和问题，主要是：市场化程度低，经济发展活力不足；所有制结构较为单一，国有经济比重偏高；产业结构调整缓慢，企业设备和技术老化；企业办社会等历史包袱沉重，社会保障和就业压力大；资源型城市主导产业衰退，接续产业亟待发展。

老工业基地特别是东北地区拥有丰富的自然资源、巨大的存量资产、良好的产业基础、明显的科教优势、众多的技术人才和较为完整的基础条件，具有投入少、见效快、潜力大的特点，是极富后发优势的地区。目前，我国

正处于完善社会主义市场经济体制、全面建设小康社会的新的发展阶段，支持老工业基地加快调整改造，有利于实现十六大提出的翻两番目标；有利于促进地区经济社会协调发展；有利于推进国有经济结构的战略性调整；有利于提高我国产业和企业的国际竞争力；有利于维护社会稳定和保障国防安全。

党中央、国务院高度重视东北地区等老工业基地的改革和发展，采取了一系列推进国有企业改革、建立社会保障体系、加快结构调整的措施。东北地区等老工业基地在调整改造中探索了经验，打下了工作基础。面对经济全球化和我国加入世贸组织后日益激烈的国际国内竞争挑战与世界经济结构调整、产业转移的战略机遇，中央认为实施东北地区等老工业基地振兴战略的条件已经具备、时机已经成熟。经过一段时期坚持不懈的努力，要将老工业基地调整改造、发展成为技术先进、结构合理、功能完善、特色明显、机制灵活、竞争力强的新型产业基地，使之逐步成为我国经济新的重要增长区域。

振兴老工业基地是一项十分艰巨的任务，要统筹规划、分步实施。当前重点是要做好东北地区老工业基地的调整改造工作。中部地区的一些老工业城市要充分发挥自身优势，加快发展，条件成熟时比照东北老工业基地有关政策给予适当支持。西部地区老工业基地应充分利用西部大开发政策，实现振兴。东部地区老工业基地要利用好沿海对外开放的政策环境，继续发挥地方经济实力较强的优势。

二、振兴东北地区等老工业基地的指导思想和原则

振兴东北地区等老工业基地的指导思想是：以"三个代表"重要思想为指导，全面贯彻十六大精神，进一步解放思想、深化改革、扩大开放，着力推进体制创新和机制创新，形成新的经济增长机制；按照走新型工业化道路的要求，坚持以市场为导向，推进产业结构优化升级，提高企业的整体素质和竞争力；坚持统筹兼顾，实现东北地区等老工业基地经济和社会全面、协调和可持续发展，为全面建设小康社会和实现社会主义现代化作出新贡献。

振兴东北地区等老工业基地要重点把握好以下原则：

一是坚持深化改革、扩大开放，以改革开放促进调整改造。加快国有经济的战略性调整，继续推进国有企业改革，积极发展非公有制经济，通过扩大开放，拓展发展空间。

二是坚持主要依靠市场机制，正确发挥政府作用。产业结构调整、生产要素整合、技术改造、企业改组，应主要由市场决定和选择，同时发挥政府规划引导和政策导向作用，创造良好的发展环境和公平竞争的市场秩序。

三是坚持有所为、有所不为，充分发挥比较优势。振兴老工业基地绝不是不加区别地振兴所有产业和企业，要立足于整合现有资源，集中力量使重点地区、重点优势产业以及重点行业和企业得到振兴和发展，在市场竞争中实现优胜劣汰，避免盲目重复建设和产业趋同化。

四是坚持统筹兼顾，注重协调发展。促进工业与农业、服务业协调发展，城市与农村协调发展，经济与社会协调发展，人与自然协调发展。

五是坚持自力更生为主，国家给予必要扶持。挖掘自身潜力，激发内在活力，充分发挥老工业基地广大干部和群众的积极性、创造性，同时国家在完善社会保障体系、解决企业历史遗留问题、支持重点企业技术改造、重大基础设施建设和改善生态环境等方面给予支持。

六是坚持从实际出发，讲求实效。充分认识振兴老工业基地任务的艰巨性、复杂性和长期性，统筹规划，从长计议，量力而行，分步实施，切忌追求过高目标和提出不切实际的口号。在实施调整改造的各项措施时，要始终关心群众的切身利益，高度重视扩大就业和社会保障体系建设，妥善处理好改革、发展和稳定的关系，使人民群众在实施老工业基地振兴战略中得到实惠。

三、加快体制创新和机制创新

进一步深化经济体制改革，着力推进体制创新和机制创新，消除不利于经济发展和调整改造的体制性障碍，增强老工业基地调整改造的内在动力，是实现老工业基地振兴的关键和前提。

加快国有经济战略性调整。完善国有资本有进有退、合理流动的机制，推动国有资本向关系国民经济命脉的重要行业、关键领域和优势产业集中；其他行业和领域的国有企业，在市场竞争中优胜劣汰。除极少数必须由国家独资经营的企业外，积极推行投资主体多元化，大力发展混合所有制经济和非公有制经济。打破地区、部门、所有制界限，推动钢铁、汽车、石化和重型装备制造等重点行业的战略性重组。改革国有资产管理体制，提高国有资本运营效率。

继续深化国有企业改革。积极推行公有制的多种有效实现形式，大力推进国有大中型企业公司制改革，按照建立现代企业制度的要求，完善法人治理结构。继续推进企业替换经营机制，深化劳动用工、人事和收入分配制度改革，选配好企业领导班子，扩大企业经营者的选择视野，从国内外招聘优秀的企业经营者。继续加强企业管理，建立重大决策责任制度和风险内控机制，强化财务、质量、采购和营销管理。培育具有国际竞争力的大公司和大企业集团，鼓励国有企业与国际资本组建合资、合作企业。进一步放开搞活国有小企业。

营造非公有制经济发展的良好环境。允许非公有资本进入基础设施、公用事业以及法律法规没有禁止的其他行业和领域。积极扶持中小企业发展，鼓励同大企业建立密切协作关系。鼓励民间资本参与老工业基地国有、集体企业改制，盘活国有资产。借助老工业基地的产业基础和优势，培育一批经济实力强、技术水平高、地区经济特色突出的大型民营企业。加大金融对非公有制企业发展的支持力度，建立为民营企业融资提供担保的机制，鼓励民间资本向股份制银行和中小金融机构投资入股，在股票上市、发行债券等方面给予民营企业平等的机会，鼓励个人创业，切实落实国家对下岗失业人员创办个体私营企业在税收、贷款等方面给予的支持政策。

进一步转变政府职能，坚决实行政企分开，切实改变政府主导结构调整和对经济运行直接干预过多的状况，把政府经济管理职能的着力点转到主要为各类市场主体服务和建立健全与市场经济相适应的体制、政策、法律环境上来，营造有竞争力的投资、创业和发展环境。继续推进行政审批制度改革，减少审批项目，把政府不该管的事交给企业、市场、社会组织和中介机构管理，更大程度地发挥市场在资源配置中的基础性作用。同时，要不断完善政府的经济调节、市场监管、社会管理和公共服务职能，逐步建立行为规范、运转协调、公开透明、廉洁高效的行政管理体制。

四、全面推进工业结构优化升级

走新型工业化道路，全面提升和优化第二产业，是振兴老工业基地的主要任务。按照以信息化带动工业化，以工业化促进信息化，走科技含量高、经济效益好、资源消耗低、环境污染少、人力资源优势得到充分发挥路子的要求，培育支柱产业和优势产业，防止单纯扩大生产规模和盲目重复建设。立足现有基础，以提高国内外两个市场竞争力为目标，在搞好企业改革和改组的基础上，围绕提高质量、增加品种、降低消耗、替代进口、改善环境和安全生产，加快重点行业、重点骨干企业的技术改造。引导企业按集团化、专业化模式进行重组、联合和分工，鼓励发展专业配套协作生产体系，解决企业"大而全、小而全"问题。

东北地区要充分挖掘和发挥现有工业基础优势，提高企业自主创新能力和技术装备水平，促进产业结构优化升级，形成具有较强竞争力的现代产业基地。要加大对老油田的勘探力度，争取在周边及深层发现新的储量，延缓老油田产量递减速度，加快在煤炭资源丰富的地区建设大型煤炭生产基地，促进煤电联营和综合开发；要引导炼油、乙烯向集约化、大型化发展，积极发展合成材料及精细化工，建设大型石化生产基地；要鼓励骨干钢铁企业联合重组，建成具有国际一流水平的北方精品钢材生产基地；要以提高国际竞争力为目标，重点发展数控机床、输变电设备、轨道车辆、发电设备、重型机械等重大装备产品，把东北地区建成我国重要的现代装备制造业基地；要加快现有造船企业改造，建成具有国际先进水平的船舶生产基地；要以大企业集团为龙头，鼓励现有汽车和零部件生产企业联合重组，做强做大，参与国际分工和竞争；要积极发展与军工产品关联度高的民用飞机、民用船舶、燃气轮机等民品，走"军民结合、寓军于民"的发展道路；要加快发展农产品深加工产业，建成面向国内外市场的优质、安全农副产品生产基地；要在初步形成的电子及通讯设备制造业、软件开发、生物技术、航空航天、医疗设备等高技术产业的基础上，加快科技成果产业化，在优势领域形成规模；要发展以现代中药、化学原料药、医药中间体、生物制药为主体的医药工业，培育新的支柱产业。

其他地区老工业基地要按照立足现有基础，发挥比较优势的原则，加快培育本地区优势产业和支柱产业，避免产业趋同。

五、大力发展现代农业

巩固农业的基础地位是振兴东北地区老工业基地的重要条件。坚持统筹城乡经济社会协调发展，实现工业与农业、城市与农村发展的良性互动。发挥东北地区农业优势，加大对粮食生产区的扶持力度，加强农田水利建设，改善农业生产条件，巩固东北地区国家重要商品粮基地地位。发展优质、生态、安全的现代农业，建设绿色、无公害农产品优势产业带，向专业化、标准化、特色化和规模化方向发展，扩大农产品出口。利用丰富的粮食资源，大力发展畜牧业。发挥农垦系统优势，壮大农业产业化龙头企业，延长产业链。加强农产品市场体系和农业市场信息体系建设，提高农业市场化水平。鼓励工矿企业参与农业资源开发。

保护东北地区较好的生态环境。继续组织实施天然林资源保护、退耕还林、天然草原恢复和建设、东北黑土区水土流失综合防治等生态建设工程，加快小流域治理，加强自然保护区建设，保护好森林资源和湿地，合理开发利用草地资源，减少水土流失。将矿山生态环境恢复治理纳入当地生态建设规划，给予支持。

六、积极发展第三产业

大力发展第三产业是老工业基地结构调整的重要内容，也是在调整中增加劳动力就业的主要途径。以剥离企业办社会职能为契机，大力推进服务业的社会化、市场化和产业化。加大老工业基地中心城市土地置换、"退二进三"等政策的实施力度。继续发展商贸、餐饮、仓储、交通运输等传统服务业，以及与人民群众生活紧密相关的生活服务业和社区服务业。加快建立和完善大宗农产品流通体系。适应老工业基地优势产业发展和城市功能转换的需要，积极发展电子商务、连锁经营、物流配送等现代流通方式，加快发展银行、证券、保险等金融服务、信息服务、中介服务等现代服务业。充分发挥东北地区旅游资源丰富、独具特色的优势，大力发展旅游业。

七、推进资源型城市经济转型

资源型城市实现经济转型是老工业基地调整改造的一个重点和难点。对资源仍较丰富的，要加强资源的综合利用和精深加工，拉长发展链条；对资源近期可能走向衰竭的，要抓紧研究接续产业发展问题；对资源已经枯竭和接近枯竭的，要加快发展接续产业。东北地区石油、煤炭、森工等资源型城市要着力调整单一类型的产业结构，大力发展石油化工、煤化工、林木产品深加工、林下产业等资源精深加工和新的接续产业，扶持共伴生资源综合开发利用和废弃物资源化，支持油页岩、煤矸石的综合利用。鼓励石油企业开发低产、低渗、低效油田和周边低丰度油田。加快矿区环境修复和污染治理，解决好矿山关闭破产、职工安置、沉陷区居民搬迁等紧迫问题。加大对采煤沉陷区治理的支持力度，对原国有重点煤矿历史遗留的采煤沉陷区治理问题，中央对东北三省的补助比例提高到50%，各省的补助也要相应提高。继续做好辽宁省阜新市经济转型试点工作，总结经验，加以推广。研究建立资源开发补偿机制和衰退产业援助机制，促进资源型城市经济转型和可持续发展。

八、加强基础设施建设

加强交通、水利、电力等基础设施建设，是振兴老工业基地的重要支撑。

东北地区要加强与华北地区的交通、电网联系；规划建设现代化港口，对现有铁路进行电气化提速改造，建设纵贯东北东部地区的铁路工程，形成东北新的出海通道；改造对俄贸易铁路通道和边境口岸设施；建设大型水利枢纽和输水工程等水利设施，提高水资源供给和合理利用能力。加强老工业基地城市基础设施建设，改善资源型城市电力、交通、供水等基础设施。推进城市污水、垃圾处理产业化，建设一批重大污染治理、综合利用和与居民生活相关的环保设施项目。加大公共卫生基础设施建设的投入，加快突发公共卫生事件医疗救治体系基础设施建设。

九、进一步扩大对外对内开放

进一步扩大开放领域，大力优化投资环境，是振兴老工业基地的重要途径。扩大老工业基地的金融、保险、商贸、旅游等服务领域的对外开放。着力提高利用外资的质量和水平，积极吸收外资参与老工业基地调整改造，承接国际产业转移。鼓励外资以并购、参股等多种方式参与国企改制和不良资产处置。东北地区要发挥与俄罗斯、日本、韩国、朝鲜等国毗邻的区位优势，加强同周边国家的合作。充分利用东北地区现有港口条件和优势，把大连建成东北亚重要的国际航运中心。依托黑河、绥芬河、珲春等对俄边境口岸，扩大与俄罗斯等国的经贸合作。在"引进来"的同时，加快实施"走出去"的战略，鼓励有实力的各类所有制企业进行跨国投资与经营，积极开展多种形式的国际经济合作，建立海外能源、原材料和生产制造基地，带动商品、技术和劳务出口。

大力推进对内开放，打破地区封锁和市场分割，积极吸引国内其他地区的各类生产要素进入东北地区等老工业基地市场，鼓励各类所有制企业积极参与老工业基地调整改造。

十、加快发展科技教育文化事业

依靠科技进步和创新，培养和造就大批高素质的劳动者和各类专门人才，是振兴老工业基地的重要保证。充分发挥老工业基地特别是东北地区高等院校集中、科技力量雄厚的优势，加强"产学研"联合，加快科技进步，努力在支柱产业和重点企业中培育自主开发能力，形成一批具有自主知识产权的关键技术和名牌产品。大力引进国外先进技术，增强消化、吸收能力，提高产品的科技含量和市场竞争力。创造让优秀人才脱颖而出的体制和环境。培养和吸引人才，采取持股、技术入股、提高薪酬等更加灵活的政策吸引国内外专业人才和技术，以人兴企，以人创业。优化高、中等专业院校和职业学校学科专业结构，大力发展多种形式和多层次的职业培训，培养适应老工业基地产业结构优化升级需要的复合型人才和实用型人才，重视培养高级技术工人和技师队伍，全面提高劳动者素质与技能。牢牢把握先进文化的前进方向，切实加强思想道德建设，积极发展文化事业和文化产业，建设社会主义精神文明。

十一、制定完善相关政策措施

国务院各职能部门要制定切实可行的政策措施，为国有企业改革和老工业基地调整改造创造条件。创造有利于扩大就业的环境，完善城镇社会保障体系。全面贯彻落实党中央、国务院关于就业和再就业的方针和政策措施，进一步做好国有大中型企业主辅分离、辅业改制和分流安置富余人员工作，继续做好"两个确保"和城市"低保"工作，做好"三条保障线"的衔接工作，精心组织实施完善社会保障体系试点，在总结辽宁省社会保障体系试点经验的基础上，明年将试点范围扩大到吉林、黑龙江两省，并适时推广。充分发挥中央和地方的积极性，多渠道筹措社会保障资金。

选择部分老工业基地城市进行分离企业办社会职能试点，有步骤地剥离重点大企业办社会职能，中央企业分离办社会职能所需费用由中央财政予以适当补助。妥善解决厂办"大集体"问题。对老工业基地符合破产条件的企业，优先列入全国企业兼并破产工作计划。允许商业银行进一步采取灵活措施处置不良资产和自主减免贷款企业表外欠息，同时加强债权管理，防止逃废债务。

在财政税收政策方面对老工业基地予以适当支持。对部分企业历史形成、确实难以归还的历史欠税,按照规定条件经国务院批准后给予豁免。研究制定支持资源型城市经济转型的政策措施,对资源开采衰竭期的矿山企业,以及对低丰度油田开发,在地方具备承受能力的条件下,适当降低资源税税额标准。对装备制造业、石油化工业、冶金工业、船舶制造业、汽车制造业、高新技术产业、军品工业和农产品加工业等行业,允许新购进机器设备所含增值税税金予以抵扣。实施提高固定资产折旧率和缩短无形资产摊销期限、扩大企业研发经费加计扣除优惠政策适用范围、提高计税工资税前扣除标准等减轻企业负担的政策。中央政府在一般转移支付时适当考虑对老工业基地实施税收优惠政策造成地方财政减收的因素。

深化投资体制改革,简化老工业基地调整改造项目审批程序。加大国债或专项资金对老工业基地调整改造的支持力度。国家在安排重大产业结构调整、重大装备本地化、高技术产业化等项目时,应充分利用和发挥东北地区等老工业基地装备制造业基础较好的优势,营造有利于使用国产重大装备的市场环境,对重大装备科研、攻关设计要给予必要扶持,鼓励企业使用先进适用的国产装备进行技术改造。农业、社会保障、教育、科技、卫生、计划生育、文化、环保等领域的专项资金安排,要支持老工业基地调整改造和资源型城市转型。

十二、加强组织领导

振兴老工业基地是一项长期的战略任务,是一项涉及诸多方面的宏大系统工程。各级党委和政府要统一思想,发挥政治优势,精心安排,加强协调,切实将各项工作落到实处,中央决定成立国务院老工业基地调整改造领导小组,具体办事机构设在国家发展改革委,负责协调有关政策措施的制定和组织实施。

各级领导干部和广大群众要牢固树立主要靠改革开放、靠市场机制、靠自力更生实现老工业基地振兴的思想。要在广大企业和干部群众中开展进一步解放思想、明确基本思路的教育，以及改革创新、第二次创业的教育，使社会各界达成共识。要在老工业基地形成与改革开放新形势相适应的思想观念和调整改造机制，营造深化改革、扩大开放、推进调整改造的良好社会氛围。

东北地区等老工业基地要依据本《意见》精神以及国家有关行业、专项规划和产业政策，在深入调查研究的基础上编制本地区调整、改造、振兴的总体规划和专项规划。资源枯竭型城市要结合本地区实际，制定切实可行的经济转型规划。其他地区，特别是经济发达地区要积极支持老工业基地振兴战略的实施。国务院老工业基地调整改造领导小组办公室要加强对各地区振兴规划的指导，并组织进行必要的论证，搞好规划的综合平衡和衔接。在老工业基地调整改造中，要加强领导班子建设，把锐意改革、勇于创新、德才兼备的优秀人才选配进领导班子，加大干部交流力度。各级党委和政府要勤政廉政，始终把群众利益放在突出位置，切实关心群众疾苦，妥善解决困难群体的生活问题。充分发挥各级党组织和工会、共青团、妇联等群众组织的作用，加强思想政治工作，及时发现和化解各种矛盾和隐患，保持社会稳定。

振兴老工业基地，不仅是东北地区等老工业基地自身改革发展的迫切要求，也是实现全国区域经济社会协调发展的重要战略举措，事关改革发展稳定的大局，对全面建设小康社会和实现现代化建设目标有着十分重要的意义。全党同志和各地区各部门要牢固树立全国一盘棋的思想，统一认识，积极推进东北地区等老工业基地振兴战略的实施。同时，要继续鼓励东部地区加快发展并使有条件的地方率先实现现代化，充分发挥中部地区的优势，坚定不移地实施西部大开发战略，实行东中西互动，促进区域经济社会协调发展，全面贯彻落实党中央作出的我国现代化建设重大战略布局的决策。

团结带领广大党员和干部群众，解放思想，开拓创新，艰苦奋斗，狠抓落实，为振兴老工业基地而努力奋斗。

附录2.2　国务院关于进一步实施东北地区等老工业基地振兴战略的若干意见（国发〔2009〕33号）

各省、自治区、直辖市人民政府，国务院各部委、各直属机构：

实施东北地区等老工业基地振兴战略五年多来，振兴东北地区等老工业基地工作取得了重要的阶段性成果。以国有企业改革为重点的体制机制创新取得重大突破，多种所有制经济蓬勃发展，经济结构进一步优化，自主创新能力显著提升，对外开放水平明显提高，基础设施条件得到改善，重点民生问题逐步解决，城乡面貌发生很大变化。实践证明，中央实施振兴东北地区等老工业基地战略的决策是及时的、正确的。但也要清醒看到，东北地区等老工业基地体制性、结构性等深层次矛盾有待进一步解决，已经取得的成果有待进一步巩固，加快发展的巨大潜力有待进一步发挥。在当前形势下，认真总结振兴工作实践经验，进一步充实振兴战略的内涵，及时制定新的政策措施，既是应对国际金融危机、促进全国经济平稳较快发展的需要，也是推进东北地区等老工业基地全面振兴的需要。为此，现提出以下意见：

一、优化经济结构，建立现代产业体系

（一）加快推进企业兼并重组。要坚持市场主导和政府引导相结合，进一步打破地区、行业、所有制界限，优化资源配置，推动企业兼并重组，培育具有国际竞争力的大型企业集团。东北地区企业联合重组涉及"债转股"资产处置的，应根据实际情况试行新的处置方式，合理处置"债转股"股权。支持中央大型企业集团和地方企业相互联合重组。鼓励民营企业、外资企业等各类投资主体参与老工业基地企业改革重组。优先支持实现兼并重组的企业进行技术改造。

（二）大力发展非公有制经济和中小企业。创造公平竞争环境，平等保护各类产权，促进非公有制经济加快发展。落实融资、财税及市场准入等方面

的政策，积极支持民间资本进入基础设施、公用事业、金融服务和社会事业等领域。推动国有资本、民营资本和外资经济的融合，积极发展混合所有制经济。允许职工在企业改制中持有一定比例股份。引导中小企业创新体制机制，提高经营管理水平和市场竞争力。充分发挥东北地区等老工业基地大企业聚集的优势，鼓励中小企业与大企业形成产业链的协作配套关系，促进其向"专精特优"方向发展。完善中小企业创业融资服务，继续推动中小企业信用体系和信用担保体系建设，支持东北中小企业信用再担保公司及其分支机构扩展业务。

（三）做优做强支柱产业。贯彻落实重点产业调整振兴规划，加大结构调整力度，加快淘汰落后，防止重复建设。积极推进信息化与工业化融合，用现代信息手段改造传统产业，提高数字化、智能化水平。提高对东北老工业基地调整改造项目的中央预算内资金支持比例。支持东北老工业基地优势产业、骨干企业、重要品牌扩大市场份额。大力发展东北地区具有优势的大型铸锻件、核电设备、风电机组、盾构机械、先进船舶和海洋工程装备、大型农业机械、高速动车组、大功率机车、高档数控机床等市场急需产品及关键配套件。鼓励采购国产设备和推广应用首台（套）重大技术装备。进出口银行每年安排一定的信贷额度用于支持东北地区重大技术装备出口，人民银行和外汇局要在政策上给予支持。努力促进东北地区汽车产业调整结构，重点发展自主品牌汽车、小排量汽车、新能源汽车及关键零部件。继续调整钢铁工业产品结构，加强节能减排，淘汰落后产能，提高市场竞争力，同时加大资源勘探开发和对外合作力度，提高矿石资源的保障水平。优化提升石化产业，抓紧组织实施大型炼油、乙烯项目，提高加工度，发展精细化工、化肥等。

（四）积极培育潜力型产业。依托装备制造业整机制造能力强的优势，发展基础配套零部件、加工辅具和特殊原材料等。依托国防军工企业汇集的优势，发展军民两用技术，促进军民融合，增强军工企业的辐射带动作用。依托原材料加工基地的优势，努力发展下游特色轻工产业。依托农林产品商品量大、品质好，畜牧养殖业发达的优势，大力发展农林畜产品精深加工业。

依托北方中药材资源优势，发展现代中药（北药）产业。依托地处东北亚中心的地缘优势，加强与周边国家的能源和资源开发合作。积极发展航空航天、电子信息、生物医药、新能源、新材料等新兴产业。鼓励地方政府设立专项扶持资金，支持潜力型产业发展。

（五）加快发展现代服务业。继续支持中外金融机构在东北地区设立分支机构和办事机构。鼓励有条件的城市进行金融改革创新，积极稳妥地发展中小金融机构。推动设立汽车金融公司，拓宽汽车消费融资渠道。推进东北产权交易平台互联互通、区域整合和功能拓展。支持大连商品交易所建设亚洲重要期货交易中心，在做精做细现有上市期货品种的基础上，推出东北地区具有优势、符合大连商品交易所功能定位的期货品种。推进现代物流业发展，研究制定东北地区物流业发展专项规划，统筹建设一批重点区域物流园区。加快发展软件和服务外包产业，重点建设好大连、哈尔滨、大庆三个服务外包示范城市，积极支持延吉、绥芬河等城市利用独特区位优势发展软件和服务外包产业。贯彻落实文化产业调整振兴规划，支持文化创意、出版发行、影视制作、演艺娱乐、文化会展、数字内容和动漫等文化产业加快发展，打造具有东北地方特色的文化品牌。加强公共文化基础设施和文化惠民工程建设，完善公共文化服务体系。加大文化遗产保护力度，扩大对外文化交流。大力发展旅游业，抓紧研究出台东北地区旅游业发展专项规划，加强旅游基础设施建设，发展一批特色鲜明、吸引力强的旅游目的地，提高管理服务水平，建立大东北无障碍旅游区。

（六）扶持重点产业集聚区加快发展。推动辽宁沿海经济带、沈阳经济区、哈大齐工业走廊、长吉图经济区加快发展，建设国内一流的现代产业基地。组织编制发展规划，支持沈阳铁西老工业基地调整改造暨装备制造业发展示范区和大连"两区一带"等装备制造业集聚区发展，打造具有国际竞争力的先进装备制造业基地。推进内蒙古东部地区能源重化工基地、黑龙江东部煤电化工基地和辽西北煤化工基地建设，提高资源转化利用水平。充分发挥沈阳、长春、哈尔滨、大连和通化等高技术产业基地的辐射带动作用，形

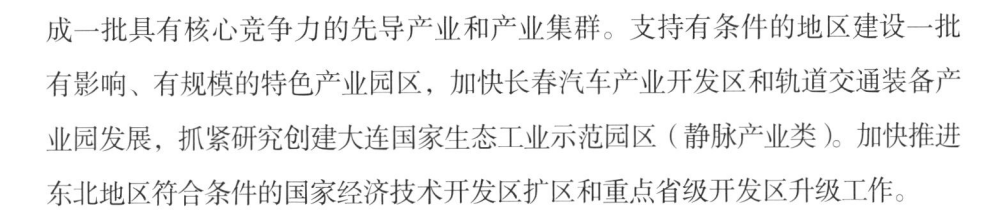

成一批具有核心竞争力的先导产业和产业集群。支持有条件的地区建设一批有影响、有规模的特色产业园区，加快长春汽车产业开发区和轨道交通装备产业园发展，抓紧研究创建大连国家生态工业示范园区（静脉产业类）。加快推进东北地区符合条件的国家经济技术开发区扩区和重点省级开发区升级工作。

二、加快企业技术进步，全面提升自主创新能力

（七）加大企业技术改造力度。企业技术改造是老工业基地调整改造的重要内容，也是振兴工作取得成效的一条重要经验。要继续加大对企业技术改造的支持力度，从现有相关投资专项中分离设立东北地区等老工业基地调整改造专项，以及利用新增中央预算内投资，支持东北地区等老工业基地企业技术改造和技术进步，近期筛选一批项目予以重点支持。中央国有资本经营预算资金用于东北老工业基地中央企业的比例应有所增加。抓紧完成装备制造产业投资基金设立工作，重点支持东北地区装备制造企业技术改造和兼并重组。

（八）提高自主创新能力。充分发挥东北地区等老工业基地的人才优势，建立健全鼓励自主创新的体制机制。要在老工业基地重点发展领域，依托重要骨干企业、重大工程项目，组织实施一批带动力强、影响面广、见效快的技术创新和高技术产业化项目。要充分利用东北地区等老工业基地的科研和产业优势，通过国家重大科技专项和创新能力建设专项，支持建设一批工程研究中心、工程实验室和企业技术中心，突破一批核心技术和关键共性技术。支持企业有效吸纳利用国际创新资源，提高集成创新和引进消化吸收再创新能力。支持老工业基地引进一批重点行业发展急需的创业、研发领军人物及团队。国家"千人计划""百人计划"等项目要重点支持东北老工业基地的海外高层次人才引进工作。鼓励采取技术入股、期权激励等更加灵活的政策措施，为引进高端人才并使其发挥作用创造良好的环境。

（九）促进自主创新成果产业化。大力推广应用自主创新成果，努力将其转化为先进生产力，培育新的经济增长点。加大对新能源、新材料、生物、

信息、航空航天、高速铁路等高技术领域自主创新成果产业化的支持力度。积极推动产学研用相结合，鼓励高等院校和科研机构向企业转移自主创新成果，鼓励更多科技人员创办科技型企业。优先支持符合条件的科技型企业在创业板上市融资。继续组织实施振兴东北老工业基地高技术产业发展专项，重点用于东北老工业基地国家高技术产业基地建设、自主创新成果产业化和创新能力建设等。有关地方政府要制定政策，支持老工业基地自主创新成果产业化。

三、加快发展现代农业，巩固农业基础地位

（十）大力发展现代农业。东北地区具有发展现代农业得天独厚的条件。要围绕提高土地产出率、资源利用率和劳动生产率，抓紧研究制定加快东北地区现代农业发展的政策措施。结合实施全国新增1000亿斤粮食生产能力规划，加强东北地区粮食生产能力建设，形成稳固的国家粮食战略基地。加大粮食丰产科技工程实施力度，大力推广高产优质、节本增效新技术。优化农机结构，提高农业机械化水平。加大农机具停放场库和机耕道建设力度。研究实施深松等重点环节农机作业补贴。抓紧研究稳定玉米、大豆生产的长效机制，适时对东北地区玉米、大豆继续实行国家收储政策。发挥国有农场在建设现代农业、保障国家粮食安全等方面的积极作用，大力开展"场县共建"，为地方农业发展提供示范和社会化服务。加强东北地区农业对外合作，支持有条件的企业到周边国家和地区从事农业合作开发。

（十一）加强农业和农村基础条件建设。开展以水利为重点的农业基础设施建设和以水、电、路、气等为重点的村镇基础设施建设。推进引嫩入白、三江平原灌区、尼尔基水库下游灌区、绰勒水利枢纽下游灌区、大安灌区、大型灌溉排水泵站更新改造等重大水利工程建设，加快实施病险水库除险加固、节水灌溉示范和小型农田水利工程。实施农户科学储粮专项，推广科学储粮技术，支持粮食银行等新型粮食仓储流通业态发展。推进散粮"入关"铁路直达，提高散粮铁水联运比例，建设大型粮食物流基地、节点和战略装

车点，以及粮食仓储和烘干设施。积极推进农业信息化，建立和完善农业科技支撑和社会化服务体系，提高服务水平。统筹城乡发展，结合社会主义新农村建设，加快小城镇和中心村发展，全面改善村镇居民生产生活条件。加快解决农村饮水安全问题。取消农村公益性建设项目县及县（场）以下资金配套。

四、加强基础设施建设，为全面振兴创造条件

（十二）加快构建综合交通运输体系。开工建设京沈、沈丹、哈齐客运专线和吉图、大丹、哈牡、哈佳等铁路，推进牡绥等既有线路改造和东北沿边铁路、伊尔施—阿日哈沙特铁路、白音华—赤峰—锦州港煤运专线、同江铁路大桥、沿海疏港铁路建设。统筹干线和支线机场建设，完善东北地区机场布局，抓紧推进"十一五"期间东北地区机场的改扩建和新建迁建工作，做好"十二五"期间机场改扩建、新建迁建的前期工作。根据东北地区公路建设相对滞后和高寒地区的特点，进一步加大对黑龙江、吉林和内蒙古东部地区的高速公路和"村村通"公路建设投资力度。成立东北地区交通基础设施建设协调推进组，协调、指导和推进东北地区交通设施建设，组织编制东北地区综合交通运输规划。

（十三）优化能源结构。抓紧开工建设内蒙古东部和东北两大千万千瓦级风电基地、内蒙古东部和黑龙江煤电外送通道等项目，加快辽宁红沿河二期工程、徐大堡和吉林核电项目的前期工作。加强东北地区电网建设，大力推进既有电网改造，提升骨干电网送电能力。加大农村电网特别是粮食主产区和林区的电网改造力度。研究解决风电等分散电源上网问题。率先在东北电网开展智能电网建设试点。

五、积极推进资源型城市转型，促进可持续发展

（十四）培育壮大接续替代产业。发展接续替代产业是资源枯竭城市实现经济转型的根本出路。组织实施好资源型城市吸纳就业、资源综合利用和发

展接续替代产业专项，扶持引导资源型城市尽快形成新的主导产业。鼓励开发银行等各类金融机构加大对资源型城市可持续发展的支持。对资源型城市发展接续替代产业，在产业布局、项目审核、土地利用、贷款融资、技术开发、市场准入等方面给予支持。支持资源型城市接续替代产业园区建设，积极承接产业转移。组织研究制定资源型城市接续替代产业发展规划并做好实施工作。

（十五）构建可持续发展长效机制。抓紧出台资源型城市可持续发展准备金制度，由政府统筹部分准备金专项用于解决资源型城市环境治理等问题。在资源开采处于成长期或成熟期的资源型城市开展可持续发展试点。抓紧研究制定《资源型城市可持续发展条例》。省级人民政府要切实负起责任，出台支持资源型城市可持续发展的政策措施，并将转型工作情况纳入资源型城市人民政府主要领导干部综合考核评价体系。

（十六）进一步加大财政政策支持力度。加强对资源枯竭城市转型工作的指导，提高资源枯竭城市财力性转移支付使用效益。中央财政要加大对资源型城市特大型矿坑、深部采空区治理的支持力度。危机矿山接替资源找矿专项资金在安排上要向东北老工业基地资源枯竭城市倾斜。支持资源枯竭城市资源型企业开发利用区外、境外资源。

六、切实保护好生态环境，大力发展绿色经济

（十七）加强生态建设。坚持以生态为主导的林业和林区经济发展方向，进一步调减东北地区国有重点林区木材采伐量，促进林区经济转型和可持续发展。继续实施天然林保护工程，完善政策措施，加大支持力度。巩固退耕还林成果，加强育林和管护。高度重视大小兴安岭的生态屏障作用，组织编制大小兴安岭林区生态保护与经济转型规划。全面推进集体林权制度改革，稳步推进国有林权制度改革试点。切实加强天然草场恢复和保护、黑土区水土流失综合防治等生态工程建设。切实加强湿地保护与恢复、沙化土地治理和矿山环境整治等生态工程建设，组织实施黑龙江扎龙湿地核心区生态移民。

（十八）积极推进节能减排。严格执行相关法律法规、规划和产业政策，加强重点污染源总量控制。限制高耗能、高污染行业扩张，关停小火电、小钢铁、小造纸、小水泥等污染严重的小企业。以能源、原材料、装备制造和农产品加工等行业为重点，加强对各类工业园区的建设管理，推行清洁生产。支持开发和应用低碳技术。鼓励发展循环经济。大力推广应用节能技术产品，发展节约能源、节省土地的环保型建筑和绿色建筑，组织实施好节能产品惠民工程。

（十九）加强环境污染治理。加强松花江、辽河等重点流域的水污染防治，支持松花江流域开展主要污染物排放量有偿取得和排污权交易试点。加大城市垃圾和污水处理设施建设力度，推广垃圾分类回收、清洁焚烧，逐步提高城镇污水、垃圾处理以及排污收费标准。严格监控和防治工业污染，统筹解决农业面源污染。全面推进农村环境综合整治工作，创建环境优美的农村新面貌。

七、着力解决民生问题，加快推进社会事业发展

（二十）千方百计扩大就业。要切实把就业工作摆在更加突出的重要位置，落实促进大学生、农民工和困难群体的就业政策，确保就业形势稳定。发挥好政府投资和重大建设项目带动就业的作用，积极开发公益性工作岗位，努力使"零就业家庭"实现至少一人就业。积极落实扶持创业的各项政策措施，以创业带动就业。鼓励服务业、中小企业、非公有制经济更多吸纳就业，引导和支持困难企业采取灵活用工、弹性工时、技能培训等办法，尽量不裁员。

（二十一）积极完善社会保障体系。加快推进城镇职工养老保险省级统筹，适当提高企业退休人员基本养老金标准。进一步完善城乡最低生活保障制度。积极推进农村新型养老保险试点，全面提高新农村合作医疗保险覆盖面。做好被征地农民社会保障工作。完善工伤保险政策法规，进一步扩大工伤保险覆盖面，抓紧解决"老工伤"人员待遇纳入工伤保险统筹管理问题。

（二十二）解决好住房、冬季取暖等突出民生问题。做好群众来信来访工作，下大力气解决好群众反映强烈的民生问题。加大城镇廉租房、经济适用房建设规模和国有林区棚户区、国有垦区危房、农村危房、危旧校舍改造力度，继续做好煤矿棚户区改造工作。支持开展城市棚户区改造工作。加大对东北高寒地区热电联产项目支持力度，加快东北地区城市集中供热管网改造，解决好城市低保户冬季取暖问题。推进农村开发式扶贫，扶持更多农村贫困人口脱贫致富。

（二十三）促进教育、卫生等社会事业发展。研究和推进各级各类教育改革，提高办学质量，为老工业基地全面振兴提供人才支撑。充分发挥东北地区高等教育资源丰富的优势，提高重点高校的办学层次和水平。结合老工业基地产业结构优化升级，合理确定职业教育专业和办学规模。继续加大对东北地区职业教育实训基地、职业教育基础能力建设支持力度。推进医疗卫生体制改革，加快建立覆盖城乡居民的基本医疗保障体系，健全基层医疗卫生服务体系，扩大城镇职工和居民的医疗保险覆盖面。

八、深化省区协作，推动区域经济一体化发展

（二十四）推进区域一体化发展。鼓励东北地区实行跨省（区）经济合作，促进生产要素合理流动，提高一体化发展水平，近期先行组织开展旅游、物流、交通和科技方面的一体化协作。认真组织实施《东北地区振兴规划》，做好规划任务落实、督促检查工作，加快规划内重大基础设施一体化建设。推进内蒙古东部地区与东北三省的产业对接和合理分工。进一步研究支持东北地区等老工业基地调整改造的税收政策。

（二十五）建立东北地区合作机制。建立东北地区四省（区）行政首长协商机制，定期研究协调跨省（区）重大基础设施项目建设、产业布局，以及区域协调发展等问题，并对老工业基地调整改造的重大事项提出意见建议。

九、继续深化改革开放，增强经济社会发展活力

（二十六）深化国有企业改革。加快推进国有企业改革，努力建立健全现代企业制度，进一步增强老工业基地经济活力。在企业改制过程中，要坚持依法按程序办事，公开透明操作，切实维护职工的合法权益，防止国有资产流失。东北地区各级人民政府要加快推进厂办大集体改革试点工作，有关部门要抓紧总结前期试点工作，进一步完善试点政策。妥善处理中央企业和中央下放地方政策性关闭破产企业及地方依法破产国有企业退休人员医疗、工伤保障和社会职能移交等问题。抓紧完成东北地区装备制造业银行不良贷款处置工作。加快推进粮食、商贸、建筑、农垦、森工、文化等领域的国有企业改革。

（二十七）加快推进其他领域改革。尽快确定东北符合条件的地区开展国家综合配套改革试点。积极推进省直管县财政管理方式改革，研究建立县级基本财力保障机制。完善企业债券发行政策，探索多样化的企业债信用增级方式。大力发展多种形式的新型农村金融机构，推进农村金融产品和服务创新。加快发展农业保险，扩大试点范围、增加险种，加大中央财政保费补贴力度。建立健全农村土地承包经营权流转和林业要素交易市场，规范管理，加强服务。清理涉及企业的行政事业性收费，落实好符合条件企业缓缴社会保险费、降低费率和扩大失业保险基金支出范围等政策措施，进一步减轻企业负担。推进城市供热体制、农村水利管理体制改革。

（二十八）进一步扩大对外开放。加快推进辽宁沿海经济带和长吉图地区开发开放。推动《中国东北地区老工业基地与俄罗斯远东地区合作规划纲要》早日签署并协调组织实施。抓紧编制实施黑瞎子岛保护与开放开发规划。把沿海沿边开放和境外资源开发、区域经济合作、承接国内外产业转移结合起来，支持符合条件的地区建设边境贸易中心、经济合作区、出口加工区、进口资源加工区。研究建立中俄地方合作发展基金，支持中俄地区合作规划纲要项目的实施。利用境外港口开展内贸货物跨境运输合作，推进黑龙

江、吉林江海陆海联运通道常态化运营。积极探索海关特殊监管区域管理制度创新，加快推动以大连大窑湾保税港区为核心的大连东北亚国际航运中心建设，抓紧建设好绥芬河综合保税区和沈阳保税物流中心，促进东北地区保税物流和保税加工业的发展。开展货物贸易人民币结算试点。推动东北地区与港澳台地区加强经贸合作。

实现东北地区等老工业基地全面振兴是一项长期艰巨的历史任务。东北地区等老工业基地各级人民政府和国务院有关部门要深入贯彻落实科学发展观，进一步解放思想，开拓创新，齐心协力，真抓实干，推动东北地区等老工业基地在应对国际金融危机中实现新的跨越，加快形成具有独特优势和竞争力的新的增长极，为全国经济发展做出更大贡献。

国务院
二〇〇九年九月九日

附录2.3　国务院关于近期支持东北振兴若干重大政策举措的意见（国发〔2014〕28号）

各省、自治区、直辖市人民政府，国务院各部委、各直属机构：

党中央、国务院决定实施东北地区等老工业基地振兴战略以来，东北地区经济社会发展取得巨大成就。但目前也面临新的挑战，去年以来经济增速持续回落，部分行业生产经营困难，一些深层次体制机制和结构性矛盾凸显。为巩固扩大东北地区振兴发展成果、努力破解发展难题、依靠内生发展推动东北经济提质增效升级，现就近期支持东北振兴提出以下意见。

一、着力激发市场活力

以简政放权为突破口，促进各类市场主体竞相迸发发展活力。

（一）进一步简政放权。对已下放地方的投资项目审批事项，按照"同级审批"原则，依法将用地预审等相关前置审批事项下放地方负责。将列入石化产业规划布局方案的大连长兴岛石化产业基地等相关项目核准及用地预审等前置审批委托省级政府负责。鼓励辽宁省开展投资领域简政放权改革试点，对属于省级审批的投资项目，在依法合规的前提下，尽量减少前置审批事项。将在中关村国家自主创新示范区开展的境外并购外汇管理试点政策拓展至东北地区重点装备制造企业。

（二）促进非公有制经济大发展。在东北地区开展民营经济发展改革试点，创新扶持模式与政策，壮大一批民营企业集团，开展私营企业建立现代企业制度示范，探索老工业基地加快发展民营经济的有效途径。进一步放宽民间资本进入的行业和领域，抓紧实施鼓励社会资本参与的国家级重大投资示范项目，同时，要在基础设施、基础产业等领域推出一批鼓励社会资本参与的地方重大项目。在东北地区试点民间资本发起设立民营银行等金融机构。鼓励民间资本、外资以及各类新型社会资本，以出资入股等方式参与国有企业改制重组。在城市基础设施建设、环境治理等领域，积极推广政府与社会资本合作（PPP）等模式。

二、进一步深化国有企业改革

进一步深化东北地区国有企业和国有资产管理体制改革，支持东北在国有企业改革方面先行先试，大力发展混合所有制经济，切实增强国有经济发展活力。

（三）深化地方国有企业改革。地方政府要分类推进国有企业改革，拿出本级国有企业部分股权转让收益和国有资本经营收益，专项用于支付必需的改革成本。充分利用各类资本市场，大力推进国有资产资本化、证券化。有序推进混合所有制企业管理层、技术骨干、员工出资参与本企业改制。

（四）大力推进中央国有企业改革。根据党中央、国务院的统一部署，结合东北地区国有资本总量和分布情况，组建跨省的区域性（或省级）国有资本投资公司和运营公司，加快经营不善国有企业重组和退出。条件成熟时，通过股权多元化等方式整合中央企业在东北地区的资源，推动国有资本向关键性、战略性、基础性和先导性行业领域集中，允许拿出部分股权转让收益用于支付必需的改革成本，妥善安置企业职工。研究中央企业和地方协同发展政策，支持中央企业与地方共建产业园区。

（五）妥善解决国有企业改革历史遗留问题。尽快出台分类处理的政策措施，加大支持力度，力争用2—3年时间，妥善解决厂办大集体、分离企业办社会职能、离退休人员社会化管理等历史遗留问题。在东北地区全面推进中央企业分离移交"三供一业"（供水、供电、供热、物业管理）工作，地方国有企业也要积极开展相关工作。

三、紧紧依靠创新驱动发展

要总结经验、完善政策，深化科技体制改革，健全区域创新体系，推动经济转型升级。

（六）开展产学研用协同创新改革试验。打破制约科技与经济结合的体制机制障碍，打通产学研用之间的有效通道，统筹各方面资金并切实提高分配和使用效率。围绕重大技术装备和高端智能装备、新材料、生物等东北地区具有优势和潜力的产业链，以国家重点工程为依托，以骨干企业为主体，以利益为纽带，整合创新资源组建若干产业技术创新战略联盟，设立引导东北地区创新链整合的中央预算内投资专项，加大资金支持力度，集中实施一批重大创新工程，力争在关键核心技术方面取得突破。在东北地区组织实施一批重大技术装备首台（套）示范项目。

（七）完善区域创新政策。研究将中关村国家自主创新示范区有关试点政策向东北地区推广，鼓励在科技成果处置权、收益权、股权激励等方面探索试验。研究在东北地区设立国家自主创新示范区。研究利用国家外汇储备资金支持企业并购国外科技型企业的具体办法。研究支持东北地区创新驱动发展的措施。

（八）加强创新基础条件建设。研究在吉林省布局综合极端条件试验装置、在黑龙江省布局空间环境地面模拟装置重大科技基础设施，支持东北地区建设一批国家工程（技术）研究中心、国家工程（重点）实验室等研发平台。推动大型企业向社会和中小企业开放研发和检验检测设备，研究给予相应优惠政策。在东北地区率先启动创新企业百强试点工作。支持中科院与东北地区加强"院地合作"，建设产业技术创新平台。继续组织开展东北地区等老工业基地院士专家科技咨询活动。国家"千人计划""万人计划"等重大人才工程要对东北地区给予重点支持，对高端装备制造、国防科技等领域予以倾斜。

四、全面提升产业竞争力

进一步调整优化生产力布局，加快改造提升传统产业，积极发展战略性新兴产业，大力发展现代服务业，构建产业发展新格局。

（九）做强传统优势产业。积极支持重大技术装备拓展市场，鼓励引导国家重点工程优先采用国产装备，扶持核电、火电、轨道交通、石化冶金、高档机床等优势装备走出去。科学布局一批产业关联度高的重大产业项目，地方和企业要做好恒力炼化一体化、中石油长兴岛炼化一期项目前期工作并力争尽早开工。加快推进中石油辽阳石化结构调整、中国兵器辽宁华锦石化改扩建等项目前期工作。鼓励大型农产品加工企业在东北地区布局生产基地，允许地方现有玉米深加工企业根据供需状况适度增加玉米加工量，中央财政对吉林、黑龙江、内蒙古3省区规模较大、信誉较好的玉米深加工企业，在规定期限内竞购加工国家临时收储玉米，超过一定数量部分给予一次性补贴。

（十）加快培育新兴产业。支持战略性新兴产业加快发展，对东北地区具有发展条件和比较优势的领域，国家优先布局安排。积极推动设立战略性新兴产业创业投资基金。国家集中力量扶持东北地区做大做强智能机器人、燃气轮机、高端海洋工程装备、集成电路装备、高性能纤维及复合材料、石墨新材料、光电子、卫星及应用、生物医药等产业，形成特色新兴产业集群。支持沈阳、哈尔滨航空企业与国际大型航空企业开展总装、发动机、零部件等重大合作项目。推动在沈阳、大连、哈尔滨等地设立军民融合发展示范园区，发展军民两用高技术产业。鼓励吉林开展非粮生物质资源高端化利用。设立国家级承接产业转移示范区，承接国内外产业转移。

（十一）推进工业化与信息化融合发展。加快信息化与工业化深度融合，适度超前建设智能化、大容量骨干传输网络，加快沈阳互联网骨干直联点建设，依托哈尔滨区域性国际通信业务出入口局，扩容中俄、中蒙跨境信息通道。支持东北地区开展工业化与信息化融合发展试点，用信息技术改造提升制造业。培育发展新一代信息技术、云计算、物联网等产业。

（十二）大力发展现代服务业。加快东北地区生产性服务业发展，在用电、用水、用气等方面与工业企业实行相同价格，在用地方面给予重点支持。加强旅游设施建设，提升旅游业竞争力，打造大东北旅游品牌。扶持东北地区文化创意、影视出版、演艺娱乐等文化产业发展。支持沈阳铁西、长春净月开发区和哈尔滨等国家服务业综合改革试点区域创新服务业发展模式。推进东北地区电子商务试点城市和服务外包示范城市建设。积极支持产品和技术交易平台建设。

五、增强农业可持续发展能力

要夯实农业发展基础，转变农业发展方式，积极探索现代农业发展之路。

（十三）巩固提升商品粮生产核心区地位。大力开展高标准基本农田建设，继续支持吉林西部和黑龙江三江平原东部等地实施土地整治重大工程。今年全国1亿亩深松整地试点重点安排在东北地区。组织实施黑土地保护工程，加大对土壤有机质提升、养分平衡、耕地质量检测以及水土流失治理等的资金支持力度。积极推进东北四省区节水增粮行动项目建设，到2015年建成3800万亩集中连片高效节水灌溉工程。通过大力发展节水农业，带动东北地区节水技术和设备制造业发展。

（十四）创新现代农业发展体制。加快推进黑龙江"两大平原"现代农业综合配套改革试验，研究解决涉农资金整合中遇到的新情况新问题。完善粮食主产区利益补偿机制，国家涉农资金进一步加大对东北地区倾斜力度，按粮食商品量等因素对地方给予新增奖励，视中央财力状况，增加中央财政对产粮大县奖励资金。推动粮食主销区建立产销合作基金，鼓励引导主销区到主产区投资建设生产基地。鼓励地方政府结合实际，建立财政贴息等现代农业发展金融扶持机制，引导农村金融机构开展金融创新。

（十五）加强粮食仓储和物流设施建设。今年中央预算内投资安排14亿元，支持东北地区新建64亿斤粮食标准化仓储设施和一批散粮物流设施；中央财政安排5亿元，维修改造200亿斤仓容危仓老库。改革创新粮食仓储设施建设投资方式，充分发挥地方和社会建仓积极性，鼓励支持农户特别是种粮大户、家庭农场、农民合作社等新型经营主体储粮。同时，对吉林、黑龙江等仓容紧张地区，抓紧进行跨省移库腾仓。下一步全国新建1000亿斤仓容重点向东北地区倾斜，争取用2—3年基本解决东北地区粮食仓储难问题。畅通"北粮南运"，加强运粮通道及物流基础设施建设，继续推进粮食大型装车点建设，完善粮食物流体系和节点布局。

六、推动城市转型发展

要完善城市功能，支持城区老工业区和独立工矿区搬迁改造，促进资源型城市转型，建设宜产宜居的现代城市。

（十六）全面推进城区老工业区和独立工矿区搬迁改造。从2014年起扩大中央预算内投资相关专项规模，每年安排20亿元专门用于东北地区城区老工业区和独立工矿区搬迁改造。今年年内集中力量支持问题突出、前期工作基础较好的10个城区老工业区和10个独立工矿区实施搬迁改造工程，明后两年力争全面展开。坚持先规划后改造，提前制定搬迁改造实施方案，积极稳妥推进搬迁改造。加大城镇低效用地再开发等土地政策支持力度，研究制定通过开发性金融支持城区老工业区和独立工矿区搬迁改造的措施，支持发行城区老工业区和独立工矿区搬迁改造企业债券。

（十七）加快城市基础设施改造。加大中央预算内投资支持力度，大力推进东北地区城市供热、供水等管网设施改造。结合既有建筑节能、供热管网改造以及热电联产机组建设,组织实施东北地区"暖房子"工程。中央预算内投资和财政专项资金支持东北地区污水垃圾处理设施和配套污水管网建设。鼓励利用特许经营、投资补助、政府购买服务等方式,改善城市基础设施的薄弱环节。

(十八)促进资源型城市可持续发展。在东北地区启动资源型城市可持续发展试点,健全资源开发补偿机制和利益分配共享机制。以黑龙江省鸡西、双鸭山、鹤岗、七台河四大煤城为重点,研究布局若干现代煤化工及精深加工项目,实施资源型城市产业转型攻坚行动计划。组织实施资源枯竭城市吸纳就业产业重点培育工程,支持建设一批再就业项目,重点培育阜新皮革、辽源袜业、大小兴安岭蓝莓等能充分吸纳就业的产业。加大中央预算内投资资金支持力度,在东北资源型城市建设一批接续替代产业园区和集聚区。对黑龙江省四大煤城等地区原中央下放煤矿继续实施采煤沉陷区治理。

七、加快推进重大基础设施建设

要规划建设一批重大基础设施工程,破解发展瓶颈制约。

(十九)加快综合交通网络建设。铁路方面,加快京沈高铁、哈佳、沈丹、丹大、吉图珲、哈齐、哈牡等快速铁路建设,推进赤峰、通辽与京沈高铁连接线前期工作;贯通东北东部铁路,研究建设黑龙江省沿边铁路;实施滨洲铁路、哈牡铁路等电化扩能提速改造;加快推进渤海跨海通道工程前期工作。公路方面,启动京哈高速公路扩容改造,加快辽宁铁岭至本溪、吉黑高速吉林至荒岗段等国家高速公路"断头路"建设,推进国道203线吉林段、国道201线鹤岗段等普通国省干线公路改扩建,消除瓶颈路段,加大国边防公路和林区森林防火应急道路建设。机场方面,加快哈尔滨机场改扩建工程建设,推进大连新机场、沈阳机场二跑道、长春机场二期扩建、长海机场扩建、延吉机场迁建,以及松原、建三江、五大连池、绥芬河等支线机场前期工作。城市轨道交通方面,重点推进大连、沈阳、长春、哈尔滨及其他符合条件城市轨道交通建设。加大国际运输通道建设力度,打通经俄罗斯的中欧铁路大通道，重点推进中俄同江铁路大桥、中朝丹东鸭绿江界河公路大桥、集安公路大桥等重点项目建设，开展中俄抚远、黑河等跨境铁路项目前期研究，积极推进中蒙铁路通道建设。

（二十）构建多元清洁能源体系。加快电力外送通道建设，切实解决东北地区"窝电"问题。尽快开工内蒙古锡盟至山东交流特高压、锡盟至江苏直流特高压、辽宁绥中电厂改接华北电网等输电工程，加快推进黑龙江经吉林、辽宁至华北输电工程前期工作。研究在黑龙江、吉林开展竞价上网电力改革试点，推动在内蒙古通辽开展区域微型电网试点。优化东北地区能源结构，开工建设辽宁红沿河核电二期项目，适时启动辽宁徐大堡核电项目建设。在东北地区加快审批建设一批热电联产集中供热项目。加快地热能开发利用。支持工业燃煤锅炉节能减排改造、余热余压利用示范工程。支持吉林省开展油页岩综合开发利用示范工程。加快实施中俄原油管道复线、中俄东线天然气管道、黑河与俄阿穆尔州炼化及成品油储输项目等一批重大合作项目。

（二十一）大力发展水利设施。重点推进黑龙江、松花江、嫩江等主要干流、支流综合整治，完善防洪减灾体系。加快推进辽西北供水二期、吉林中部引松供水、哈达山水利枢纽（一期）、引嫩入白、尼尔基引嫩扩建一期、引绰济辽以及黑龙江、松花江、乌苏里江"三江连通"等重大水利工程建设。尽快开工黑龙江阁山、奋斗和吉林松原灌区、辽宁猴山水库等重点工程。在水土资源条件具备的地区发展现代灌溉设施，加快三江平原及尼尔基、大安、绰勒水库下游等灌区建设。

八、切实保障和改善民生

要推进重点民生工程建设，使振兴成果更多更公平地惠及广大群众。

（二十二）加快推进棚户区改造。打好棚户区改造攻坚战，2014年东北地区开工改造70万套，力争再用2—3年，在全国率先基本完成现有棚户区改造计划。中央财政继续加大对东北地区棚户区改造支持力度，中央预算内投资进一步向东北地区工矿（含煤矿）、国有林区、国有垦区棚户区改造配套基础设施建设倾斜。更好运用金融手段支持棚户区改造，鼓励开发银行进一步加大对东北地区棚户区改造支持力度，今年安排信贷规模600亿元左右，确保列入改造计划项目建设资金需求。开发银行项目资本金过桥贷款（软贷款回收再贷）对东北地区支持标准按西部地区执行。同等条件下优先支持棚户区改造的企业发行债券融资。扩大东北地区棚户区改造项目"债贷组合"债券发行规模。对棚户区改造工程所需新增建设用地实行应保尽保。

（二十三）完善社会保障体系。中央财政对企业职工基本养老保险的投入继续向东北地区倾斜，进一步提高企业退休人员基本养老金水平。妥善解决厂办大集体职工的社会保障问题。落实将关闭破产企业退休人员和困难企业职工纳入基本医疗保险的政策。

（二十四）努力促进就业稳定。加强对就业形势分析研判，及时采取有针对性举措，防止经济下滑造成大规模职工失业。帮助就业困难人员实现就业，确保零就业家庭实现至少一人就业。鼓励高校毕业生到东北地区就业和创业。

九、加强生态环境保护

要着力推进绿色循环低碳发展，建设天蓝水绿山青的美丽家园和稳固的北方生态安全屏障。

（二十五）推进重点生态功能区建设。继续实施天然林保护工程，进一步大幅调减林木采伐量，2014年起中央财政每年安排天然林资源保护工程财政资金23.5亿元，支持在黑龙江重点国有林区率先启动全面停止商业性采伐试点。争取尽快将东北其他国有林区纳入停止商业性采伐范围。研究在内蒙古大兴安岭林区开展国有林区综合配套改革试验。加大水土流失综合治理力度。推进三江平原、松辽平原等重点湿地保护，实施流域湿地生态补水工程，在有条件的区域开展退耕还湿和湿地生态移民试点。支持黑龙江兴凯湖、吉林查干湖、辽宁大伙房水源保护区等开展湖泊生态环境保护。实施科尔沁沙地等专项治理工程。支持吉林、黑龙江西部地区等加快盐碱地治理，实施河湖连通工程，建设生态经济区。支持东北地区生态文明先行示范区建设，开展节能减排财政政策综合示范。

（二十六）推进工业废弃地和老矿区环境治理。开展工业废弃地环境调查、风险评估和治理修复。加强矿区生态和地质环境整治，全面开展老矿区沉陷区、露天矿坑、矸石山、尾矿库等综合治理，控制和消除重大地质灾害和环境安全隐患。推进工矿废弃地复垦利用。按照"政府支持、市场化运作"方式，对工业废弃地和矿区历史遗留问题实施专项治理工程。开展工业废弃地和矿区环境治理国际合作。

十、全方位扩大开放合作

要实施更加积极主动的开放战略，全面提升开放层次和水平，不断拓展发展领域和空间。

（二十七）扩大向东北亚区域及发达国家开放合作。加强东北振兴与俄远东开发的衔接，启动中俄远东开发合作机制，推动在能源、矿产资源、制造业等领域实施一批重大合作项目，按照国务院批复方案加快筹备中俄地区合作发展（投资）基金，支持哈尔滨打造对俄合作中心城市。发挥地缘和人文优势，务实推进对韩、蒙、日、朝合作，支持大连设立中日韩循环经济示范基地。扩大面向发达国家合作，建立中德政府间老工业基地振兴交流合作机制，推动中德两国在沈阳共建高端装备制造业园区。提升中新吉林食品区合作层次。

（二十八）打造一批重大开放合作平台。支持大连金普新区建设成为我国面向东北亚区域开放合作的战略高地，根据需要将省、市经济管理权限下放至新区。研究设立绥芬河（东宁）、延吉（长白）、丹东重点开发开放试验区，支持满洲里、二连浩特重点开发开放试验区和中国图们江区域（珲春）国际合作示范区建设，在具备条件的地区建设综合保税区和跨境经济合作区。加强重点边境城市建设，增强对周边地区的辐射力和吸引力。支持铁岭等地建设保税物流中心，促进东北腹地与沿海产业优势互补、良性互动。

（二十九）完善对外开放政策。给予东北地区符合条件的企业原油进口及使用资质，赋予黑龙江农垦粮食自营进出口权。增加从周边国家进口石油、粮食等权益产品配额，鼓励在边境地区开展进口资源深加工。完善边境小额贸易专项转移支付资金政策。优先支持东北地区项目申请使用国际金融组织和外国政府优惠贷款。推动哈尔滨、长春机场等对部分国家和地区实行 72 小时过境免办签证政策。加快建设大连东北亚国际航运中心。

（三十）加强区域经济合作。推动东北地区与环渤海、京津冀地区统筹规划，融合发展。完善东北四省区区域合作与协同发展机制，探索部门与地方协同推进合作的有效渠道，健全推进落实措施，深化多领域务实合作。大力推进东北地区内部次区域合作，编制相关发展规划，推动东北地区东部经济带，以及东北三省西部与内蒙古东部一体化发展。

十一、强化政策保障和组织实施

要结合新形势、新要求，强化政策支持，创造良好政策环境，加大工作力度，确保各项政策措施落实到位。

（三十一）财政政策。中央财政进一步加大对东北地区一般性和专项转移支付力度。研究加大对资源枯竭城市转移支付力度。研究将东北地区具备条件的省市纳入地方政府债券自发自还试点范围。

（三十二）金融政策。加大对东北地区支农再贷款和支小再贷款支持力度。鼓励政策性金融、商业性金融探索支持东北振兴的有效模式。优先支持东北地区符合条件企业发行企业债券，允许符合条件的金融机构和企业到境外市场发行人民币债券。统筹研究设立东北振兴产业投资基金。加快中小企业信用担保体系和服务体系建设，继续扶持东北地区担保和再担保机构发展。允许符合条件的重点装备制造企业设立金融租赁公司开展金融租赁业务。

（三十三）投资政策。在基础设施、生态建设、环境保护、扶贫开发和社会事业等方面安排中央预算内投资时，比照西部地区补助标准执行。

中央加大对东北高寒地区和交通末端干线公路建设的项目补助和资本金倾斜。中央安排的东北地区公益性建设项目，取消边境地区和贫困地区县及县以下配套资金。中央预算内投资专门安排资金支持东北地区重大项目和跨省区合作项目前期工作，东北各地也要安排专门资金支持做好重大项目前期工作。

（三十四）抓好组织实施。发展改革委要认真落实国务院振兴东北地区等老工业基地领导小组部署，统筹做好支持东北振兴各项工作，加强跟踪研判，推进重点工作。国务院各有关部门要加强指导、密切配合，抓紧研究出台实施细则，形成政策合力。对于重点建设项目，发展改革、国土、环保、财政、金融等各有关部门要给予重点支持。东北四省区要充分发挥主体作用，守土有责、守土尽责，采取有力举措，制定具体方案，落实工作责任，确保各项政策措施落到实处。

（三十五）加强督促检查。各有关部门要按照职责分工，建立动态反馈机制，深入实地开展督查调研，每半年将支持东北振兴工作进展情况送发展改革委，对发现的问题要及时研究提出整改建议。发展改革委要及时协调解决重大事项，督促各有关部门和地区落实各项重大政策举措，每半年要将落实进展情况及相关工作考虑汇总上报国务院，重大问题及时向国务院报告。

支持东北地区全面深化改革、创新体制机制、实现经济社会持续健康发展，是新时期新阶段实施东北地区等老工业基地振兴战略的必然要求，对于稳增长、促改革、调结构、惠民生具有重大意义。各有关方面要切实增强责任意识和忧患意识，坚定信心，迎难而上，奋发有为，真抓实干，为促进东北地区全面振兴、培育中国新的经济支撑带作出更大贡献。

国务院
二〇一四年八月八日

附录2.4　中共中央、国务院关于全面振兴东北地区等老工业基地的若干意见

实施东北地区等老工业基地振兴战略，是党中央、国务院在新世纪作出的重大决策。当前和今后一个时期是推进老工业基地全面振兴的关键时期。为适应把握引领经济发展新常态，贯彻落实发展新理念，加快实现东北地区等老工业基地全面振兴，现提出如下意见。本意见主要针对东北地区，全国其他老工业基地参照执行。

一、重大意义和总体要求

（一）面临形势。党中央、国务院对东北地区发展历来高度重视，2003年作出实施东北地区等老工业基地振兴战略的重大决策，采取一系列支持、帮助、推动振兴发展的专门措施。10多年来，在各方面共同努力下，东北老工业基地振兴取得明显成效和阶段性成果，经济总量迈上新台阶，结构调整扎实推进，国有企业竞争力增强，重大装备研制走在全国前列，粮食综合生产能力显著提高，社会事业蓬勃发展，民生有了明显改善。实践证明，党中央、国务院关于实施东北地区等老工业基地振兴战略重大决策是正确的，东北老工业基地实现全面振兴的前景是广阔的。当前，国际政治经济形势纷繁复杂，我国经济发展进入新常态，东北地区经济下行压力增大，部分行业和企业生产经营困难，体制机制的深层次问题进一步显现，经济增长新动力不足和旧动力减弱的结构性矛盾突出，发展面临新的困难和挑战，主要是：市场化程度不高，国有企业活力仍然不足，民营经济发展不充分；科技与经济发展融合不够，偏资源型、传统型、重化工型的产业结构和产品结构不适应市场变化，新兴产业发展偏慢；资源枯竭、产业衰退、结构单一地区（城市）转型面临较多困难，社会保障和民生压力较大；思想观念不够解放，基层地方党委和政府对经济发展新常态的适应引领能力有待进一步加强。这些矛盾

和问题归根结底是体制机制问题，是产业结构、经济结构问题，解决这些问题归根结底要靠全面深化改革。

（二）重大意义。东北地区是新中国工业的摇篮和我国重要的工业与农业基地，拥有一批关系国民经济命脉和国家安全的战略性产业，资源、产业、科教、人才、基础设施等支撑能力较强，发展空间和潜力巨大。东北地区区位条件优越，沿边沿海优势明显，是全国经济的重要增长极，在国家发展全局中举足轻重，在全国现代化建设中至关重要。加快东北老工业基地全面振兴，是推进经济结构战略性调整、提高我国产业国际竞争力的战略举措，是促进区域协调发展、打造新经济支撑带的重大任务，是优化调整国有资产布局、更好发挥国有经济主导作用的客观要求，是完善我国对外开放战略布局的重要部署，是维护国家粮食安全、打造北方生态安全屏障的有力保障。要充分认识推进东北老工业基地全面振兴的重要性和紧迫性，坚定不移地把这项宏伟事业推向新阶段。

（三）总体思路。全面贯彻落实党的十八大和十八届三中、四中、五中全会精神，以邓小平理论、"三个代表"重要思想、科学发展观为指导，深入学习贯彻习近平总书记系列重要讲话精神，坚持"四个全面"战略布局，按照党中央、国务院决策部署，牢固树立并切实贯彻创新、协调、绿色、开放、共享的发展理念，适应和把握我国经济进入新常态的趋势性特征，坚持稳中求进工作总基调，做好与"一带一路"建设、京津冀协同发展、长江经济带发展"三大战略"互动衔接，以提高经济发展质量和效益为中心，保持战略定力，增强发展自信，坚持变中求新、变中求进、变中突破，着力完善体制机制，着力推进结构调整，着力鼓励创新创业，着力保障和改善民生，加大供给侧结构性改革力度，解决突出矛盾和问题，不断提升东北老工业基地的发展活力、内生动力和整体竞争力，努力走出一条质量更高、效益更好、结构更优、优势充分释放的发展新路，推动我国经济向形态更高级、分工更优化、结构更合理的阶段演进，为实现"两个一百年"奋斗目标作出更大贡献。

（四）发展目标。到 2020 年，东北地区在重要领域和关键环节改革上取得重大成果，转变经济发展方式和结构性改革取得重大进展，经济保持中高速增长，与全国同步实现全面建成小康社会目标。产业迈向中高端水平，自主创新和科研成果转化能力大幅提升，重点行业和企业具备较强国际竞争力，经济发展质量和效益明显提高；新型工业化、信息化、城镇化、农业现代化协调发展新格局基本形成；人民生活水平和质量普遍提高，城乡居民收入增长和经济发展同步，基本公共服务水平大幅提升；资源枯竭、产业衰退地区转型发展取得显著成效。在此基础上，争取再用10年左右时间，东北地区实现全面振兴，走进全国现代化建设前列，成为全国重要的经济支撑带，具有国际竞争力的先进装备制造业基地和重大技术装备战略基地，国家新型原材料基地、现代农业生产基地和重要技术创新与研发基地。

二、着力完善体制机制

全面深化改革、扩大开放是振兴东北老工业基地的治本之策，要以知难而进的勇气和战胜困难的信心坚决破除体制机制障碍，加快形成同市场完全对接、充满内在活力的新体制和新机制。

（五）加快转变政府职能。进一步理顺政府和市场关系，着力解决政府直接配置资源、管得过多过细以及职能错位、越位、缺位、不到位等问题。以建设法治政府、创新政府、廉洁政府、服务型政府为目标，进一步推动简政放权、放管结合、优化服务。继续深化行政审批制度改革，大幅减少行政审批事项，凡能取消的一律取消，凡能下放的一律下放，着力简化办事流程，压缩审批时限，提高审批效率，同步强化事中事后监管。深入推进商事制度改革，优化营商环境，进一步放开放活市场，激发市场内在活力。大力推进投融资体制改革，积极推广政府和社会资本合作（PPP）模式。依法履行政府职能，加快建立和完善权力清单、责任清单、负面清单管理模式。健全依法决策机制，强化对权力的约束和监督。完善地方政府绩效评价体系和评估机制。

（六）进一步推进国资国企改革。深化国有企业改革，完善国有企业治理模式和经营机制，真正确立企业市场主体地位，解决好历史遗留问题，切实增强企业内在活力、市场竞争力和发展引领力，使其成为东北老工业基地振兴的重要支撑力量。东北各省区要根据党中央、国务院统一部署，研究制定深化国有企业改革具体实施意见。按照不同国有企业功能类别推进改革，以产业转型升级为引领，改组组建国有资本投资、运营公司，扎实推进国有经济布局战略调整，创新发展一批国有企业，重组整合一批国有企业，促进国有资产保值增值。支持人才资本和技术要素贡献占比较高的转制科研院所、高新技术企业和科技服务型企业通过增资扩股、出资新设等方式开展员工持股试点。加强国有企业党的建设，强化国有资产监督，严格责任追究，防止国有资产流失。支持总部设在东北地区的中央企业先行开展改革试点。研究中央企业与地方协同发展、融合发展的政策，支持共建一批产业园区。加大中央国有资本经营预算对东北地区中央企业的支持力度。加快推进地方国有企业改革，支持探索发展混合所有制经济的具体模式和途径。

（七）大力支持民营经济发展。加快转变发展理念，建立健全体制机制，支持民营经济做大做强，使民营企业成为推动发展、增强活力的重要力量。进一步放宽民间资本进入的行业和领域，促进民营经济公开公平公正参与市场竞争。支持民营企业通过多种形式参与国有企业改制重组。改善金融服务，疏通金融进入中小企业和小微企业的通道，鼓励民间资本依法合规投资入股金融法人机构，支持在东北地区兴办民营银行、消费金融公司等金融机构。壮大一批主业突出、核心竞争力强的民营企业集团和龙头企业，支持建立现代企业制度。推进民营企业公共服务平台建设。

（八）深入推进重点专项领域改革。加大中央支持力度，允许国有企业划出部分股权转让收益、地方政府出让部分国有企业股权，专项解决厂办大集体和分离企业办社会职能等历史遗留问题。中央财政继续对厂办大集体改革实施"奖补结合"政策，允许中央财政奖励和补助资金统筹用于支付改革成本。稳步推进国有林区、林场改革，统筹考虑改革成本，加快构建政事企分开的国有林区管理体制。推进重点国有林区深山远山林业职工搬迁和林场调整，支持重点国有林业局和森工城市开展生态保护与经济转型试点。进一步推进农垦系统改革发展，理顺政企、社企关系，深化农场企业化、垦区集团化、股份多元化改革，推进分离办社会职能改革，提高垦区公共服务水平，支持农垦企业按规定参与国家大宗农产品政策性收储和境外农业综合开发。

（九）主动融入、积极参与"一带一路"建设战略。协同推进战略互信、经贸合作、人文交流，加强与周边国家基础设施互联互通，努力将东北地区打造成为我国向北开放的重要窗口和东北亚地区合作的中心枢纽。推动丝绸之路经济带建设与欧亚经济联盟、蒙古国草原之路倡议的对接，推进中蒙俄经济走廊建设，加强东北振兴与俄远东开发战略衔接，深化毗邻地区合作。以推进中韩自贸区建设为契机，选择适宜地区建设中韩国际合作示范区，推进共建中日经济和产业合作平台。推动对欧美等国家（地区）相关合作机制和平台建设，高水平推进中德（沈阳）高端装备制造产业园建设。推进沿边重点开发开放试验区建设，推动黑瞎子岛保护与开发开放。提升边境城市规模和综合实力。进一步加大对重点口岸基础设施建设支持力度。在中央预算内投资中安排资金支持东北地区面向东北亚开放合作平台基础设施建设。提高边境经济合作区、跨境经济合作区发展水平。积极扩大与周边国家的边境贸易，创新边贸方式，实现边境贸易与东北腹地优势产业发展的互动，促进东北进出口贸易水平不断提高。支持有实力的企业、优势产业、骨干产品走出去，重点推进国际产能和装备制造合作，培育开放型经济新优势。

（十）对接京津冀等经济区构建区域合作新格局。推动东北地区与京津冀地区融合发展，在创新合作、基础设施联通、产业转移承接、生态环境联合保护治理等重点领域取得突破，加强在科技研发和成果转化、能源保障、统一市场建设等领域务实合作，建立若干产业合作与创新转化平台。支持辽宁西部地区加快发展，打造对接京津冀协同发展战略的先行区。加强与环渤海地区的经济联系，积极推进东北地区与山东半岛经济区互动合作。支持东北地区与长江经济带、港澳台地区加强经贸投资合作。深化东北地区内部合作，完善区域合作与协同发展机制，支持省（区）毗邻地区探索合作新模式，鼓励开展协同创新，规划建设产业合作园区。加快推动东北地区通关一体化。

三、着力推进结构调整

坚持多策并举，"加减乘除"一起做，全面推进经济结构优化升级，加快构建战略性新兴产业和传统制造业并驾齐驱、现代服务业和传统服务业相互促进、信息化和工业化深度融合的产业发展新格局。

（十一）促进装备制造等优势产业提质增效。准确把握经济发展新常态下东北地区产业转型升级的战略定位，控制重化工业规模、练好内功、提高水平、深化改革，提高制造业核心竞争力，再造产业竞争新优势，努力将东北地区打造成为实施"中国制造2025"的先行区。做优做强电力装备、石化和冶金装备、重型矿山和工程机械、先进轨道交通装备、新型农机装备、航空航天装备、海洋工程装备及高技术船舶等先进装备制造业，提升重大技术装备以及核心技术与关键零部件研发制造水平，优先支持东北装备制造业走出去，推进东北装备"装备中国"、走向世界。提升原材料产业精深加工水平，推进钢铁、有色、化工、建材等行业绿色改造升级，积极稳妥化解过剩产能。推进国防科技工业军民融合式发展，开展军民融合创新示范区建设。加快信息化和工业化深度融合，推进制造业智能化改造，促进工业互联网、云计算、大数据在企业研发设计、生产制造、经营管理、销售服务的综合集成应用。加强质量、品牌和标准建设，打造一批具有国际竞争力的产业基地和区域特色产业集群。设立老工业基地产业转型升级示范区和示范园区，促进产业向高端化、集聚化、智能化升级。研究制定支持产业衰退地区振兴发展的政策措施。

（十二）积极培育新产业新业态。大力促进产业多元化发展，努力改变许多地区（城市）"一企独大、一业独大"状况，尽快形成多点多业支撑的新格局。制定实施东北地区培育发展新兴产业行动计划，发展壮大高档数控机床、工业机器人及智能装备、燃气轮机、先进发动机、集成电路装备、卫星应用、光电子、生物医药、新材料等一批有基础、有优势、有竞争力的新兴产业。支持沈阳、大连、长春、哈尔滨等地打造国内领先的新兴产业集群。充分发挥特色资源优势，积极支持中等城市做大做强农产品精深加工、现代中药、高性能纤维及高端石墨深加工等特色产业集群。积极支持产业结构单一地区（城市）加快转型，研究制定促进经济转型和产业多元化发展的政策措施，建立新兴产业集聚发展园区，安排中央预算内投资资金支持园区基础设施和公共平台建设。积极推进落实"互联网+"行动。依托本地实体经济积极发展电子商务、供应链物流、互联网金融等新兴业态，支持跨境电子商务发展。

（十三）大力发展以生产性服务业为重点的现代服务业。实施老工业基地服务型制造行动计划，引导和支持制造业企业从生产制造型向生产服务型转变。开展生产性服务业发展示范工作，鼓励企业分离和外包非核心业务，向价值链高端延伸。积极发展金融业，鼓励各类金融机构在东北地区设立分支机构，支持地方金融机构发展，加快建立健全多层次的资本市场，拓宽企业直接融资渠道。大力发展现代物流业，提高物流社会化、标准化、信息化、专业化水平。积极发挥冰雪、森林、草原、湖泊、湿地、边境、民俗等自然人文资源和独特气候条件优势，加快发展旅游、养老、健康、文体、休闲等产业，把东北地区建成世界知名生态休闲旅游目的地。

（十四）加快发展现代化大农业。率先构建现代农业产业体系、生产体系、经营体系，着力提高农业生产规模化、集约化、专业化、标准化水平和可持续发展能力，使现代农业成为重要的产业支撑。进一步提升国家商品粮生产核心区地位，加快实施高标准农田建设、黑土地保护等重大工程，支持开展定期深松整地、耕地质量保护与提升补贴试点，研究开展黑土地轮种试点。重点支持东北地区加快推进重大水利工程建设，完善大型灌区基础设施。探索划定粮食生产功能区，加快建设国家现代农业示范区。在稳定粮食生产、确保粮食安全的基础上，发展现代畜牧业、园艺业、水产业以及农畜产品加工和流通业，优化农业产业结构和区域布局，提高农业整体效益和竞争力。深入推进对粮食生产关键环节农机具购置实施敞开补贴。加快发展现代种业，推广一批突破性新品种。健全农业社会化服务体系，提高农业机械化、信息化、标准化水平，提高农业生产效率。鼓励发展专业大户、农民合作社、家庭农场、农业企业等新型经营主体，积极培育绿色生态农产品知名品牌，大力发展"互联网+"现代农业。继续实施农产品产地初加工补助，提升就地加工转化水平，培育一批农产品加工产业集群和绿色食品加工产业基地。加强东北地区粮食仓储和物流设施建设，完善粮食物流体系。创新涉农金融产品和服务，加大对新型农业经营主体的金融支持力度。加快推进黑龙江省"两大平原"现代农业综合配套改革试验和吉林省农村金融综合改革试验。坚持规划先行，科学推进新农村建设。

（十五）不断提升基础设施水平。实施东北地区低标准铁路扩能改造工程，改善路网结构，提升老旧铁路速度和运力。科学规划建设快速铁路网，尽早建成京沈高铁及其联络线，研究建设东北地区东部和西部快速铁路通道。规划建设东北地区沿边铁路。加快推进国家高速公路和国省干线公路建设。加大对东北高寒地区和交通末端干线公路建设支持力度。研究新建、扩建一批干支线机场，鼓励中外航空公司开辟至东北地区的国际航线，支持哈尔滨建设面向东北亚地区的航空枢纽。研究加快大连东北亚国际航运中心建设的政策。加快黑龙江等河流高等级航道建设，推进国际陆海联运、江海联运。加强油气资源勘探开发利用，推进蒙东、黑龙江东部等地区大型煤炭和火电基地、现代煤化工基地及吉林千万吨级油页岩综合利用基地建设。适当扩大东北地区燃料乙醇生产规模，研究布局新的生产基地。控制新增火电装机，有序发展清洁能源，研究建设电力外送通道，从供需两侧推动解决东北地区"窝电"问题。加快中俄原油管道二线和东线天然气管道建设。要千方百计加快重大项目落地，增加有效合理投资，充分发挥对稳增长的关键作用。

四、着力鼓励创新创业

抓创新就是抓发展，谋创新就是谋未来。要大力实施创新驱动发展战略，把创新作为培育东北老工业基地内生发展动力的主要生成点，加快形成以创新为主要引领和支撑的经济体系和发展模式。

（十六）完善区域创新体系。把鼓励支持创新放在更加突出的位置，激发调动全社会的创新激情，推动科技创新、产业创新、企业创新、市场创新、产品创新、业态创新、管理创新。积极营造有利于创新的政策和制度环境，研究制定合理的、差别化的激励政策，完善区域创新创业条件，全面持续推动大众创业、万众创新。支持东北地区推进创新链整合，加快构建以企业为主体，科研院所、高校、职业院校、科技服务机构等参加的产业技术创新联盟，打通基础研究、应用开发、中试和产业化之间的有效通道。组织实施东北振兴重大创新工程。支持老工业城市创建国家创新型城市和设立国家高新技术产业开发区。支持沈阳市开展全面创新改革试验，加快完善创新政策和人才政策，打破制约科技与经济结合的体制机制障碍。在沈阳—大连等创新资源集聚地区布局国家自主创新示范区。依托城区老工业区或其搬迁改造承接地，建设创新创业发展示范区，开展老工业城市创新发展试点。落实支持自主创新的有关政策，鼓励在促进科技成果转化、股权激励等方面探索试验。制定支持东北老工业基地振兴的知识产权政策。

（十七）促进科教机构与区域发展紧密结合。扶持东北地区科研院所和高校、职业院校加快发展，支持布局建设国家重大科技基础设施。深化中国科学院与东北地区"院地合作"，组织实施东北振兴科技引领行动计划。提高高校、职业院校办学水平，支持高校、职业院校建设研发转化平台。引导各类院校办出特色，支持引导一批地方本科高校向应用型高校转变，建设一批高水平应用技术型大学。大力推进现代职业教育改革创新，探索行业、企业参与职业教育的新模式。支持高校、职业院校加强国际交流与合作，引进国外优质教育资源开展合作办学。

（十八）加大人才培养和智力引进力度。把引进人才、培养人才、留住人才、用好人才放在优先位置。研究支持东北地区吸引和用好人才的政策措施。完善人才激励机制，鼓励高校、科研院所和国有企业强化对科技、管理

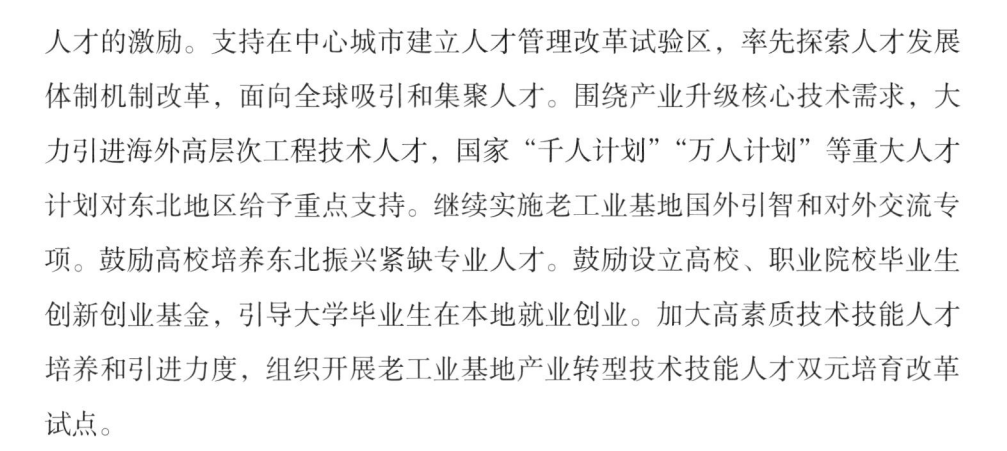

人才的激励。支持在中心城市建立人才管理改革试验区，率先探索人才发展体制机制改革，面向全球吸引和集聚人才。围绕产业升级核心技术需求，大力引进海外高层次工程技术人才，国家"千人计划""万人计划"等重大人才计划对东北地区给予重点支持。继续实施老工业基地国外引智和对外交流专项。鼓励高校培养东北振兴紧缺专业人才。鼓励设立高校、职业院校毕业生创新创业基金，引导大学毕业生在本地就业创业。加大高素质技术技能人才培养和引进力度，组织开展老工业基地产业转型技术技能人才双元培育改革试点。

五、着力保障和改善民生

抓民生也是抓发展，人民生活水平不断提高是判断东北老工业基地振兴成功的重要标准。要坚持把保障和改善民生作为推动东北老工业基地振兴的出发点和落脚点，使发展成果更多更公平惠及全体人民，让人民群众有更多获得感。

（十九）切实解决好社保、就业等重点民生问题。加大民生建设资金投入，全力解决好人民群众关心的教育、就业、收入、社保、医疗卫生、食品安全等问题，保障民生链正常运转。要坚决守住民生底线，防止经济发展下行压力传导到民生领域。采取务实举措，做好增收节支，坚决压缩一般性支出，切实保障各项民生重点支出。中央财政对企业职工基本养老保险的投入继续向东北地区倾斜，进一步提高企业退休人员基本养老金水平，妥善解决厂办大集体职工的生活困难和社会保障问题。坚持就业优先，制定具体措施，加强专业培训，重点做好高校毕业生就业和失业人员再就业工作，帮助就业困难人员实现就业，确保零就业家庭实现至少一人就业。稳定城乡居民就业和收入，确保社会和谐稳定。

（二十）全面实施棚户区、独立工矿区改造等重大民生工程。中央财政和中央预算内投资继续加大对棚户区改造支持力度，鼓励国家开发银行、中国农业发展银行等加强金融支持，重点推进资源枯竭城市及独立工矿区、老工业城市、国有林区和垦区棚户区改造。继续推进"暖房子"工程。继续安排中央预算内投资,因地制宜加快推进独立工矿区搬迁改造工程,切实改善矿区发展条件和居民生产生活条件。制定采煤沉陷区综合治理政策,在中央预算内投资中安排资金,加快采煤沉陷区居民避险安置及配套基础设施、公共服务设施和接续替代产业平台建设。加强矿区生态和地质环境整治,开展露天矿坑、矸石山、尾矿库等综合治理。

(二十一)推进城市更新改造和城乡公共服务均等化。针对城市基础设施老旧问题,加大城市道路、城市轨道交通、城市地下综合管廊等设施建设与更新改造力度,改善薄弱环节,优化城市功能,提高城市综合承载和辐射能力。对城市内部二元结构明显的城市,组织开展更新改造试点。积极稳妥推进城区老工业区搬迁改造,对相关企业视情况实施异地迁建、就地改造和依法关停,促进调整产业结构、完善功能布局、修复生态环境和改善民生。以哈(尔滨)长(春)沈(阳)大(连)为主轴,做好空间规划顶层设计,培育形成东北地区城市群,促进大中小城市和小城镇协调发展。积极推进建设大连金普新区、哈尔滨新区、长春新区,努力打造转变政府职能和创新管理体制的先行区。扶持条件好、潜力大的县城、中心镇和重要边境口岸发展成为中小城市。依托自然、历史、文化、民族等优势,加快发展一批特色魅力城镇。支持林区、垦区城镇化建设。加快农村饮水、电网、道路、污水和垃圾处理等基础设施建设,推进城乡规划、建设和基本公共服务一体化,建设美丽宜居乡村。

(二十二)促进资源型城市可持续发展。资源型城市是保障和改善民生的重点区域。完善资源型城市可持续发展的长效机制,促进资源产业与非资源产业、城区与矿区、经济与社会协调发展。进一步完善对资源枯竭城市财政转移支付制度,支持资源枯竭城市、独立工矿区等加快解决社会民生和生态环境方面的历史遗留问题。鼓励地方设立资源型城市接续替代产业投资基金,支持东北地区资源枯竭城市实施产业转型攻坚行动计划。完善资源枯竭城市转型绩效评价制度,支持创建可持续发展示范市,选择典型资源富集地区创建转型创新试验区。探索建立资源开发与城市可持续发展协调评价制度,加快资源型城市可持续发展立法工作。

(二十三)打造北方生态屏障和山青水绿的宜居家园。生态环境也是民生。牢固树立绿色发展理念,坚决摒弃损害甚至破坏生态环境的发展模式和做法,努力使东北地区天更蓝、山更绿、水更清,生态环境更美好。推进大小兴安岭和长白山等重点林区保护,坚持以生态建设为主的林业发展战略,全面停止重点国有林区天然林商业采伐。推进呼伦贝尔、锡林郭勒等重点草原保护,继续实施退牧还草工程。推进三江平原、松辽平原等重点湿地保护,全面禁止湿地开垦,在有条件的地区开展退耕还湿。开展林区、草原、湿地、沙地等生态脆弱区生态移民试点。支持兴凯湖、呼伦湖等开展流域生态和环境综合治理工程。加大自然保护区建设力度,加强野生东北虎等珍稀物种保护。完善对重点生态功能区的补偿机制。支持创建国家生态文明试验区。全面推行绿色制造,强化节能减排,推进清洁生产,构建循环链接的产业体系,严格控制高耗能、高排放和产能过剩产业发展。搞好大气、水和土壤污染防治,进一步改善辽河、松花江等重点流域水质。加快实施近岸海域污染防治方案,加强渤海入海河流及排污口的环境治理。加强边境地区跨界水质监测和应急能力建设,推动边境地区开展环境保护国际合作。

六、切实抓好组织落实

(二十四)明确主体责任。东北各省区党委和政府是推进东北老工业基地振兴的责任主体,要守土有责、守土尽责,更多从内因着眼、着手、着力,进一步提高认识、求真务实、精心组织、主动作为,团结带领广大干部群众,形成新一轮东北振兴的好势头,打赢全面振兴这场硬仗。要解放思想、振奋精神、攻坚克难、锐意改革,下大力气摆脱计划经济思维束缚,下决心破解体制机制障碍。要强化责任落实,以踏石留印、抓铁有痕的精神,认真细化实际举措并一项一项予以落实,确保党中央、国务院各项部署落到实处,取得实效。要按照好干部标准和"三严三实"的要求,着力加强地方领导班子和干部队伍建设，大力选拔忠诚、干净、担当的优秀干部进入各级领导班子。要切实改进工作作风，把群众利益和民生改善放在突出位置，及时发现新情况，勇于解决新问题。要大力弘扬艰苦奋斗、开拓进取、甘于奉献、勇于担当精神，充分发挥大庆精神、铁人精神、北大荒精神等激励作用，大力宣传振兴成就和先进典型，调动广大人民群众特别是工人群众的积极性，广泛凝聚正能量，努力营造全社会支持参与东北振兴的良好氛围。驻东北地区的中央企业要带头深化改革，积极履行社会责任，支持地方振兴发展。

我国中西部和东部地区也有不少典型的老工业城市和资源枯竭城市，他们与东北老工业基地一样，是当前推进结构性改革的重点和难点地区。要统筹支持全国其他地区老工业基地振兴发展，相关地区党委和政府要把本地区老工业基地振兴工作纳入重要议事日程，落实具体政策，加大支持力度，积极探索各具特色的转型发展道路。

（二十五）加大政策支持。要研究在注重质量和效益前提下保持经济稳定增长的举措和办法。中央财政要进一步加大对东北地区一般性转移支付和社保、教育、就业、保障性住房等领域财政支持力度。完善粮食主产区利益补偿机制，按粮食商品量等因素对地方给予新增奖励。资源税分配向资源产地基层政府倾斜。进一步加大信贷支持力度，鼓励政策性金融、开发性金融、商业性金融机构探索支持东北振兴的有效模式，研究引导金融机构参与资源枯竭、产业衰退地区和独立工矿区转型的政策。推动产业资本与金融资本融合发展，允许重点装备制造企业发起设立金融租赁和融资租赁公司。要进一步加大中央预算内投资对资源枯竭、产业衰退地区和城区老工业区、独立工矿区、采煤沉陷区、国有林区等困难地区支持力度。制定东北地区产业发展指导目录，设立东北振兴产业投资基金。国家重大生产力布局特别是战略性新兴产业布局重点向东北地区倾斜。实施差别化用地政策，保障重大项目建设用地。支持城区老工业区和独立工矿区开展城镇低效用地再开发和工矿废弃地复垦利用。

（二十六）强化组织协调。国务院振兴东北地区等老工业基地领导小组要加强领导，研究审议重大政策和重点规划，协调解决重大问题，督促推进重大事项。中央和国家机关有关部门要加强指导，抓紧出台落实本意见的具体措施和实施细则，加大政策支持和推进落实工作力度。国家发展改革委要加强综合协调和调查研究，制定重点任务分工方案，牵头推进重点工作，强化督促检查，及时发现问题并提出整改建议，重大事项向党中央、国务院报告。

全面振兴东北地区等老工业基地是一项伟大而艰巨的任务，事关我国区域发展总体战略的实现，事关我国新型工业化、信息化、城镇化、农业现代化的协调发展，事关我国周边和东北亚地区的安全稳定，意义重大，影响深远。各地区各部门要高举中国特色社会主义伟大旗帜，紧密团结在以习近平同志为总书记的党中央周围，凝神聚力、开拓创新、敢于担当、扎实工作，要像抓"三大战略"一样，持续用力，抓好新一轮东北地区等老工业基地振兴战略的实施，加快实现全面振兴，为全面建成小康社会、不断夺取中国特色社会主义新胜利、实现中华民族伟大复兴的中国梦作出新的更大贡献。

附录2.5　国务院关于深入推进实施新一轮东北振兴战略加快推动东北地区经济企稳向好若干重要举措的意见（国发〔2016〕62号）

各省、自治区、直辖市人民政府，国务院各部委、各直属机构：

为深入推进实施党中央、国务院关于全面振兴东北地区等老工业基地的战略部署，按照立足当前、着眼长远、标本兼治、分类施策的原则，现就积极应对东北地区经济下行压力、推动东北地区经济企稳向好提出以下意见。

一、全面深化改革，激发内在活力

（一）推进行政管理体制改革。东北三省要全面对标国内先进地区，加快转变政府职能，进一步推进简政放权、放管结合、优化服务改革。积极推广"一个窗口受理、一站式办理、一条龙服务"，简化流程，明确时限，提高效率。先行试点企业投资项目承诺制,探索创新以政策性条件引导、企业信用承诺、监管有效约束为核心的管理模式。开展优化投资营商环境专项行动,推进"法治东北""信用东北"建设,实行企业投资项目管理负面清单制度,试点市场准入负面清单制度,加强各种所有制经济产权保护,完善政府守信践诺机制。(辽宁、吉林、黑龙江省人民政府〔以下称三省人民政府〕负责)对东北地区投资营商环境定期进行督查评估。(国家发展改革委、全国工商联负责)

(二)全面深化国有企业改革。2016年底前出台深化东北地区国有企业改革专项工作方案。推动驻东北地区的中央企业开展国有资本投资运营公司试点,选择部分中央企业开展综合改革试点,支持部分中央企业开展混合所有制改革试点,引导中央企业加大与地方合作力度。(国务院国资委牵头,国家发展改革委、财政部和三省人民政府分工负责)在东北三省各选择10—20家地方国有企业开展首批混合所有制改革试点。组建若干省级国有资本投资运营公司,研究推动若干重大企业联合重组。有序转让部分地方国有企业股权,所得收入用于支付必需的改革成本、弥补社保基金缺口。加快解决历史遗留问题,2017年底前推动厂办大集体改革取得实质性进展,2018年底前基本完成国有企业职工家属区"三供一业"分离移交工作。(三省人民政府组织实施,国务院国资委、财政部、国家发展改革委、人力资源社会保障部指导支持)加快推动东北地区国有林区、国有林场改革,提出分类化解林区林场金融债务的意见。(国家发展改革委、财政部、国家林业局按职责分工负责,东北三省和内蒙古自治区人民政府〔以下称三省一区人民政府〕组织实施)

(三)加快民营经济发展。在东北地区开展民营经济发展改革示范,重点培育有利于民营经济发展的政策环境、市场环境、金融环境、创新环境、法治环境等,增强民营企业发展信心,加快构建"亲""清"新型政商关系。(三省一区人民政府负责,国家发展改革委、工业和信息化部、全国工商联等指导支持)2017年6月底前,在东北地区至少设立一家民营银行。(银监会指

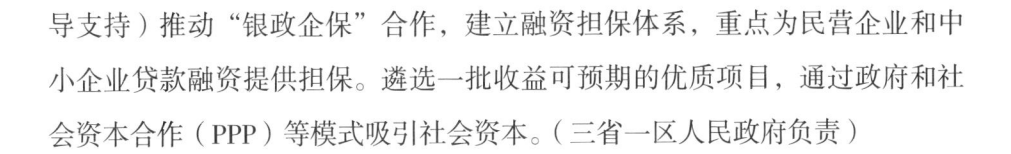

导支持）推动"银政企保"合作，建立融资担保体系，重点为民营企业和中小企业贷款融资提供担保。遴选一批收益可预期的优质项目，通过政府和社会资本合作（PPP）等模式吸引社会资本。（三省一区人民政府负责）

二、推进创新转型，培育发展动力

（四）加快传统产业转型升级。支持东北地区开展"中国制造2025"试点，提高智能制造、绿色制造、精益制造和服务型制造能力，鼓励国家重点工程优先采用国产装备，在实施"中国制造2025"中重塑东北装备竞争力，积极开拓重大装备国际市场，推动国际产能和装备制造合作。建设一批产业转型升级示范区和示范园区。加大先进制造产业投资基金在东北地区投资力度，抓紧设立东北振兴产业投资基金。建立"市场化收购＋补贴"的粮食收储新机制，积极引导多元化市场主体入市收购。支持建立线上销售渠道，扩大东北地区优质特色农产品销售市场，打造东北农产品品牌和地理标志品牌。适当扩大东北地区燃料乙醇生产规模。（国家发展改革委、工业和信息化部、财政部、农业部、国家粮食局、国家能源局按职责分工负责，三省一区人民政府组织实施）

（五）支持资源枯竭、产业衰退地区转型。加快推进黑龙江龙煤集团、吉林省煤业集团、阜新矿业集团等重点煤炭企业深化改革，有序退出过剩产能，在专项奖补资金安排等方面给予重点支持。（三省人民政府负责，国家发展改革委、财政部、工业和信息化部指导支持）以黑龙江省鸡西、鹤岗、双鸭山、七台河四大煤城为重点，实施资源型城市产业转型攻坚行动计划，研究通过发展新产业转岗就业、易地安置转移等方式统筹安排富余人员。（黑龙江省人民政府负责，国家发展改革委、财政部、人力资源社会保障部等部门指导支持）将东北地区国有林区全部纳入国家重点生态功能区，支持开展生态综合补偿和生态移民试点，尽快落实停止天然林商业性采伐相关支持政策。支持林区发展林下经济。结合林场布局优化调整，建设一批特色宜居小镇。全面推进城区老工业区和独立工矿区搬迁改造，支持开展城镇低效用地再开发试点和工矿废弃地治理。中央预算内投资设立采煤沉陷区综合治理专项。(国家发展改革委、财政部、国土资源部、国家林业局按职责分工负责,三省一区人民政府组织实施)

(六)大力培育新动能。实施好东北地区培育和发展新兴产业三年行动计划。加大对东北地区信息产业发展和信息基础设施建设的支持力度,大力发展基于"互联网+"的新产业新业态,支持打造制造业互联网双创平台,引导知名互联网企业深度参与东北地区电子商务发展,支持互联网就业服务机构实施东北地区促进就业创业专项行动。支持东北地区建设国家大数据综合试验区。(三省一区人民政府负责,国家发展改革委、工业和信息化部、商务部等部门指导支持)支持东北地区积极发展服务业,培育养老、旅游、文化等新消费增长点,出台推动东北地区旅游业转型升级发展的工作方案,完善旅游服务设施,新建一批5A级景区和全域旅游示范区。(国家发展改革委、民政部、文化部、国家旅游局按职责分工负责,三省一区人民政府组织实施)中央预算内投资设立东北振兴新动能培育专项。(国家发展改革委负责)

(七)加强创新载体和平台建设。深入推进沈阳全面创新改革试验,加快建设沈阳浑南区双创示范基地,推进哈尔滨、长春等城市双创平台建设。鼓励地方设立新兴产业创业投资基金。中央预算内投资设立东北地区创新链整合专项。(国家发展改革委牵头负责,三省一区人民政府组织实施)加快沈大国家自主创新示范区建设,支持吉林长春、黑龙江哈大齐工业走廊培育创建国家自主创新示范区。(科技部牵头负责,三省人民政府组织实施)支持东北地区开展科创企业投贷联动等金融改革试点。(银监会、科技部、人民银行按职责分工负责,三省一区人民政府组织实施)在布局国家实验室、大科学装置等重大创新基础设施时向东北地区倾斜。支持在东北地区组建国家机器人创新中心。(科技部、国家发展改革委、工业和信息化部、中科院按职责分工负责,三省人民政府组织实施)

(八)加快补齐基础设施短板。抓紧推进已纳入各领域"十三五"专项规划和推进东北地区等老工业基地振兴三年滚动实施方案的铁路、公路、机场、水利、农业、能源等重大基础设施项目建设。加快东北地区高速铁路网建设和既有铁路扩能改造,对东北地区支线机场建设补助标准参照中西部地区执行。研究建设新的特高压电力外送通道。制定东北地区电力体制改革专项工作方案,切实降低企业用电成本。扩大电能替代试点范围,全面实施风电清洁供暖工程,在有条件的地区开展光伏暖民示范工程。在光伏电站年度建设规模中对东北地区予以倾斜。支持吉林省开展可再生能源就近消纳试点。支持多元化投资主体参与抽水蓄能电站建设。提高东北地区农网改造升级工程中央预算内资金补助比例。对东北地区新型城镇化试点、棚户区改造、老旧小区节能宜居综合改造、重点城市"煤改气"和燃煤机组改造等给予倾斜支持。各地建立项目负责和服务推进机制,挂牌督办、包干推进。加快全光纤网络城市建设和无线宽带网络建设。(三省一区人民政府组织实施,国家发展改革委、工业和信息化部、国土资源部、环境保护部、住房城乡建设部、交通运输部、水利部、农业部、国家能源局、中国民航局、中国铁路总公司按职责分工负责)

三、扩大开放合作,转变观念理念

(九)打造重点开发开放平台。指导辽宁省做好新设自由贸易试验区总体方案起草工作,加快在东北地区推广中国(上海)等自由贸易试验区经验。(商务部牵头)创新完善大连金普新区、哈尔滨新区、长春新区管理体制机制,充分发挥引领带动作用。加快中德(沈阳)高端装备制造产业园、珲春国际合作示范区建设,规划建设中俄、中蒙、中日、中韩产业投资贸易合作平台以及中以、中新合作园区。支持大连东北亚国际航运中心建设,加快东北沿边重点开发开放试验区和边境经济合作区建设。(三省一区人民政府负责,国家发展改革委、商务部等部门指导支持)在符合条件的地区设立综合保税区等海关特殊监管区域。支持中国(大连)跨境电子商务综合试验区建设。研究设立汽车整车进口口岸。(海关总署、商务部牵头负责,三省一区人民政府组织实施）支持东北地区对接京津冀协同发展战略，推进与环渤海地区合作发展。进一步加强东北三省一区合作。（国家发展改革委牵头负责，三省一区人民政府组织实施）

（十）开展对口合作与系统培训。组织辽宁、吉林、黑龙江三省与江苏、浙江、广东三省，沈阳、大连、长春、哈尔滨四市与北京、上海、天津、深圳四市建立对口合作机制，开展互派干部挂职交流和定向培训，通过市场化合作方式积极吸引项目和投资在东北地区落地，支持东北装备制造优势与东部地区需求有效对接，增强东北产业核心竞争力。2017年2月底前将对口合作工作方案报国务院审定后实施。（国家发展改革委、中央组织部指导协调，相关省市人民政府组织实施）依托国家级干部教育培训机构，组织老工业基地振兴发展专题培训，重点加强对省部级领导干部和地市党政主要负责同志、省（区）属国有企业主要领导人员的培训，并在其他相关调训名额分配上给予倾斜支持。指导地方分级加强县处级以上干部培训。组织全国标杆企业、先进园区、服务型政府、创新院所、金融机构等系列"东北行"活动。（中央组织部、国家发展改革委按职能分工负责，三省一区人民政府组织实施）东北三省要组织省内城市、企业的管理和技术人员走出去，学习国内其他老工业城市、资源型城市转型成功经验。（三省人民政府组织实施，国家发展改革委指导协调）

四、切实加强组织协调，充分调动两个积极性

（十一）强化地方主体责任。三省一区人民政府要强化东北振兴的主体责任，转变观念、振奋精神、扎实苦干，创造性开展工作。对《中共中央国务院关于全面振兴东北地区等老工业基地的若干意见》《国务院关于近期支持东北振兴若干重大政策举措的意见》（国发〔2014〕28号）等政策文件提出的重大政策措施、重点任务和重大工程，要逐项明确责任、提出要求、规定时限，确保各项措施任务落实到位。完善老工业基地振兴工作的领导、协调、推进和督查考核机制，充分发挥各省（区）老工业基地振兴工作领导小组作用，设立办公室，充实地方各级政府老工业基地振兴工作力量。加强重大项目储备，安排专项资金支持重大项目前期工作。组织党员领导干部下基层下企业，帮助重点企业和特殊困难地区，协调解决突出困难和问题。创新招商方式，着力通过优化营商环境等措施加大引资工作力度。（三省一区人民政府负责）

（十二）加大财政金融投资支持力度。中央财政提高对东北地区民生托底和省内困难地区运转保障水平。对东北地区主导产业衰退严重的城市，比照实施资源枯竭城市财力转移支付政策。在加快养老保险制度改革的同时，制定实施过渡性措施，确保当期支付不出现问题。加快推进东北三省地方政府债务置换。（财政部会同人力资源社会保障部、国家发展改革委等部门负责）引导银行业金融机构加大对东北地区信贷支持力度，对有效益、有市场、有竞争力的企业，应满足其合理信贷需求，避免"一刀切"式的抽贷、停贷。对暂时遇到困难的优质大中型骨干企业，要协调相关金融机构积极纾解资金紧张等问题。鼓励各地建立应急转贷、风险补偿等机制。推进不良贷款处置。（银监会、人民银行、国家发展改革委和相关金融机构按职能分工负责，三省一区人民政府组织实施）对符合条件的东北地区企业申请首次公开发行股票并上市给予优先支持。（证监会牵头负责，三省一区人民政府做好组织和服务工作）推进实施市场化、法治化债转股方案并对东北地区企业予以重点考虑。支持企业和金融机构赴境外融资，支持东北地区探索发行企业债新品种，扩大债券融资规模。推出老工业基地调整改造重大工程包。（国家发展改革委、人民银行、财政部、银监会、证监会、国家外汇局按职责分工负责，三省一区人民政府组织实施）

（十三）加强政策宣传和舆论引导。有关部门和东北三省要建立东北振兴宣传工作定期沟通协调机制。加大信息发布和政策解读力度，组织各类媒体赴东北开展深度采访报道，营造良好社会氛围，增强发展信心。加强舆情监测，对不实报道等负面信息，要快速反应、及时发声、澄清事实，防止"唱衰东北"声音散播蔓延，赢得公众理解和支持。发挥社会监督作用，畅通群众投诉举报渠道，完善举报受理、处理和反馈机制，及时解决群众反映的困难和问题，妥善回应社会关切。（中央宣传部、中央网信办、国家发展改革委牵头负责，三省人民政府组织实施）

（十四）强化统筹协调和督促检查。国务院振兴东北地区等老工业基地领导小组各成员单位要积极主动开展工作，国家发展改革委要切实承担领导小组办公室工作，加强综合协调和调查研究，牵头推进重点任务落实。研究组建东北振兴专家顾问团。（国家发展改革委牵头）有关部门原则上要在2016年底前出台加快推动东北地区经济企稳向好的具体政策措施。各部门组织制定的稳增长、促改革、调结构、惠民生、防风险政策要优先考虑在东北地区试行，组织开展各类改革创新试点原则上要包含东北地区。（国务院振兴东北地区等老工业基地领导小组成员单位按职责分工负责）适时对东北振兴相关政策措施落实情况开展专项督查。（国务院办公厅、国家发展改革委牵头负责）

加快推动东北地区经济企稳向好，对于促进区域协调发展、维护全国经济社会大局稳定，意义十分重大。各有关方面要切实增强责任意识和忧患意识，充分调动中央和地方两个积极性，拿出更有力措施，打一场攻坚战，闯出一条新形势下老工业基地振兴发展新路，努力使东北地区在改革开放中重振雄风。

国务院

二〇一六年十一月一日

附录3　中部地区崛起

附录3.1　中共中央、国务院关于促进中部地区崛起的若干意见

促进中部地区崛起，是继鼓励东部地区率先发展、实施西部大开发、振兴东北地区等老工业基地的战略后，党中央、国务院从我国现代化建设全局出发作出的又一重要决策，是我国新阶段总体发展战略布局的重要组成部分，对于形成东中西互动、优势互补、相互促进、共同发展的新格局，对于贯彻落实科学发展观、构建社会主义和谐社会，具有重大的现实意义和深远的历史意义。

一、促进中部地区崛起的总体要求和原则

（一）中部地区（包括山西、安徽、江西、河南、湖北、湖南6省）在我国经济社会发展中具有重要地位。中部地区位于我国内陆腹地，人口众多，自然、文化和旅游资源丰富，科教基础较好；初步形成便捷通达的水陆空交通网络，具有承东启西、连南通北的区位优势；农业特别是粮食生产有明显优势，拥有比较雄厚的工业基础，产业门类齐全；生态环境条件总体较好，承载能力较高。中华人民共和国成立以来，中部地区作为我国重要的农产品、能源、原材料和装备制造业基地，为全国经济发展作出了重要贡献。促进中部地区崛起，有利于提高我国粮食和能源保障能力，缓解资源约束；有利于深化改革开放，不断扩大内需，培育新的经济增长点；有利于实现国民经济和社会发展第十一个五年规划的宏伟目标，促进城乡区域协调发展，构建良性互动的发展新格局。

（二）促进中部地区崛起是一项重要而紧迫的战略任务。当前，中部地区的发展面临一些突出困难。主要是：稳定粮食生产的长效机制尚未形成，"三农"问题突出；工业结构调整的任务相当繁重，第三产业发展缓慢；城镇化水平低，人口、就业和生态环境压力大，对外开放程度不高，体制机制性障碍较多；自然灾害频发；抗灾能力较弱等。这些问题严重影响了中部地区的发展，也不利于我国新阶段区域发展总体战略的实施，为此，必须增强责任感和紧迫感，逐步解决中部地区发展面临的突出矛盾和问题，使中部地区在我国经济社会发展中发挥更大作用，使这一地区的广大人民群众能够更好地分享改革开放和现代化建设的成果。

（三）促进中部地区崛起的总体要求是：以邓小平理论和"三个代表"重要思想为指导，全面贯彻落实科学发展观，坚持把改革开放和科技进步作为动力，着力增强自主创新能力、提升产业结构、转变增长方式、保护生态环境、促进社会和谐，建设全国重要的粮食生产基地、能源原材料基地、现代装备制造及高技术产业基地和综合交通运输枢纽，在发挥承东启西和产业发展优势中崛起，实现中部地区经济社会全面协调可持续发展，为全面建设小康社会作出新贡献。

（四）促进中部地区崛起的原则是：坚持深化改革和扩大对内对外开放，推进体制机构创新，发挥市场配置资源的基础性作用；坚持依靠科技进步和自主创新，走新型工业化道路；坚持突出重点，充分发挥比较优势，巩固提高粮食、能源原材料、制造业等优势产业，稳步推进城市群的发展，增强对全国发展的支撑能力，坚持以人为本，统筹兼顾，努力扩大就业，逐步减少贫困人口，提高城乡经济与社会、人与自然和谐发展，坚持立足现有基础，自力更生，国家给予必要的支持，着力增强自我发展能力。

二、加快建设全国重要粮食生产基地，扎实稳步推进社会主义新农村建设

（五）加大对粮食生产的支持力度，完善扶持粮食生产的各项政策。把

严格保护耕地放在突出地位，稳定粮食种植面积，提高粮食单产水平和商品率。完善对种粮农民直接补贴制度，继续安排资金支持良种补贴和农机具购置补贴。中央财政加大对产粮大县奖励政策的实施力度。逐步解决中部地区粮食主产区粮食流通领域的历史遗留问题。加快制定促进粮食产区与销区建立稳定购销协作机制的政策措施。

（六）加大农业基础设施投放，改善生产生活条件。进一步搞好大型灌区续建配套，抓紧实施中部粮食主产省大型排涝设施更新改造。加强病险水库除险加固，继续开展节水改造、干旱山区雨水集蓄利用项目建设。逐步建立起保障农田水利建设健康发展的长效机构。加大对农业综合开发、土地整理、中低产田改造、大型商品粮生产基地建设、旱作农业的投入。继续实施优质粮食产业工程、畜禽良种工程、超杂交水稻等种子工程和动植物保护工程。加强动物疫病防治，推进农业科技推广、应用和服务体系建设。加大对农村安全饮水工程的支持力度。加强公路建设，基本实现具备条件的乡镇、建制村通油（水泥）路。积极发展农村沼气、秸秆发电、小水电等可再生能源，完善农村电网。

（七）加强农村劳动力技能培训，促进富余劳动力转移。扩大农村劳动力转移培训阳光工程实施规模，提高补助标准，支持中部地区加大农村劳动力职业技能培训力度，增强农民转产转岗就业的能力。建立和完善农民外出就业服务体系和可靠信息渠道，加强对农民外出就业的管理和服务。发挥中部地区农村劳动力资源丰富的优势，引导富余劳动力向沿海发达地区、非农产业和城镇有序转移。以属地化管理为主，加强流动人口的管理与服务网络建设。

（八）大力发展农业产业化经营，推进农村结构调整。加大对农业产业化龙头企业和农民专业合作经济组织的支持力度，落实对内资重点龙头企业从事种植业、养殖业和农林产品初加工业所得暂免征收企业所得税政策。引导龙头企业、合作组织与农户建立利益联结关系，发展有优势的农产品加工业，重点建设一批优质、专用、规模化和标准化的产品加工基地，延长产业链，增加农民收入。

（九）加大金融支农力度，深化农村信用社改革。政策性金融机构要增加支持农业和农村发展的中长期贷款，引导商业银行加大对农业产业化、农业基础设施、农村公共服务设施等领域的金融服务力度。进一步完善扶贫贴息贷款运作模式。培育和发展农村竞争性金融市场。推行农村小额信贷。支持在中部地区进行政策性农业保险试点，引导商业性保险机构进一步开展"三农"保险业务。

（十）加快发展农村教育、卫生、文化事业，提高农村公共服务水平。改善农村中小学办学条件，落实"两免一补"政策（对农村义务教育阶段学生免收杂费，对贫困家庭学生提供免费课本和寄宿生活费补贴），加大对财政困难县义务教育经费的转移支付力度。加强以乡镇卫生院为重点的农村卫生基础设施建设。发展农村文化事业，大力推进广播电视进村入户。

三、加强能源原材料基地和现代装备制造及高技术产业基地建设，推进工业结构优化升级

（十一）加强能源基地建设。按照科学规划、合理布局的原则，稳步推进山西、河南、安徽等煤炭资源丰富地区的大型煤炭基地建设，搞好矿井设备更新和安全改造，大力发展煤矸石、煤层气、矿井水等资源的综合利用。建设在全国能源规划布局中确定的火电、水电等电源项目，发展坑口电站，促进煤电联营和综合开发。加快抽水蓄能电站建设。支持骨干电网建设，提高外送能力。因地制宜，积极稳妥地推进生物质能发电和风电建设工作。

（十二）加强原材料基地建设。发挥中部地区铁矿石、有色金属、黄金、磷和石灰石等矿产资源优势，建设综合开发利用基地。优先支持中部地区重要矿产资源的勘查，鼓励重点矿山加快技术改造，提高资源综合回收率。重点支持钢铁、石化、化肥、有色、建材等优势产业的结构调整，形成精品原材料基地。国家对优势企业的联合、重组给予必要的政策支持。

（十三）支持中部地区老工业基地振兴和资源型城市转型。积极推进国有经济战略性调整，选择部分老工业基地城市，在增值税转型、厂办大集体改

革和社会保障等方面，比照振兴东北地区等老工业基地有关政策给予支持。支持资源型城市和资源型企业加快经济转型，培育、发展循环经济和接续产业，研究建立资源开发补偿机制和衰退产业援助机制。对重点资源枯竭型企业关闭破产、分离办社会职能、职工安置、沉陷区居民搬迁给予扶持。

（十四）建设具有自主创新能力的现代装备制造基地。依托骨干企业，重点发展清洁高效发电技术装备、高压输变电设备、大型矿山开采设备、石化装备、大型施工机械、数控机床及关键功能部件、新型农业装备、高速铁路列车、大功率铁路机车、新型地铁车辆、汽车及零部件、高附加值船舶及配套等领域。国家加大对重点企业技术改造的支持力度，并通过科研投入、工程设备采购以及税收政策等。支持重大成套装备技术研制和重大产业技术开发。

（十五）建设高技术产业基地，加快发展新兴产业。国家对电子信息、生物工程、现代中药、新材料等领域的研发和产业化给予重点支持。加强高等学校、科研院所与企业的技术合作，促进企业成为技术创新的主体。建立一批特色产业基地，形成产业链和产业体系，逐步实现优势高技术产业集群，形成若干高技术产业增长点。加强技术创新服务体系建设，加快科技成果转化。在有优势的领域建设和完善国家工程中心、国家工程实验室、国家重点实验室和企业技术中心，支持建设若干科技基础平台，实施一批重大科技项目，加大关键技术的攻关力度。

四、提升交通运输枢纽地位，促进商贸流通旅游业发展

（十六）加快综合交通运输体系规划实施。按照统筹规划、合理布局、突出重点的原则，加强铁路、高速公路、干线公路、民航、长江黄金水道、油气管道等建设，优先解决中部地区与沿海地区以及中部地区内部的连通，着力构建连接东西、纵贯南北的综合交通运输体系，全面加强中部地区综合交通运输能力建设。

（十七）推进交通运输重点项目建设。重点加快铁路客运专线和开发性新线建设，加强现有铁路的电气化改造及复线建设，强化中部地区煤运通道，

推进铁路站场建设和改造，完善铁路枢纽工程。加快高速公路建设及扩容改造，加大省际间公路干线建设和国省道升级改造力度。扩建省会城市枢纽机场，增加中小型机场。加强长江中游及淮河中上游地区航道疏浚治理，改善航运条件，实施"航电结合、滚动开发"。加强内河港口设施建设，发展集装箱、大宗散货运输。

（十八）进一步推进商贸流通体系建设。构建以武汉、郑州等全国性市场为中心，以区域性重点市场为骨干，以具有地方特色的专业市场为补充，现货市场和期货市场相结合的市场体系。重点发展粮食及鲜活农产品、重要生产资料和工业品交易市场，加大传统零售业态改造力度，推动农村商业网点建设。鼓励发展所有制形式和经营业态多样化、有利于吸纳就业、诚信便民的零售、餐饮、修理等商贸服务。积极发展连锁经营、电子商务等现代流通方式，加强物流基础设施建设，支持大型流通企业集团发展。

（十九）把旅游业培育成中部地区的重要产业。加强旅游景区的基础设施建设，挖掘、整合各类特色旅游资源，加快建设一批优秀旅游城市、旅游名县、旅游名镇。广泛吸纳社会投资，高水平开发一批有国际影响、带动性强、效益好的旅游项目，发展红色旅游，打造精品旅游景区及线路。国家要加强黄河中游、长江中游等集中连片旅游区的规划，推进跨省区域旅游合作。提高服务质量，规范旅游市场秩序，增加旅游收入。

五、增强中心城市辐射功能，促进城市群和县域发展。

（二十）构建布局完善、大中小城市和小城镇协调发展的城镇体系。以省会城市和资源环境承载力较强的中心城市为依托，加快发展沿干线铁路经济带和沿长江经济带。以武汉城市圈、中原城市群、长株潭城市群、皖江城市带为重点，形成支撑经济发展和人口集聚的城市群，带动周边地区发展。支持城市间及周边地区基础设施建设，引导资源整合、共建共享，形成共同发展的合作机制。

（二十一）大力发展县域经济。根据当地资源优势，培育和发展各具特色的优势产业，形成产业集群，扩大社会就业，增加财政收入。加大对县城、中心镇基础设施建设的支持力度，发挥其集聚和辐射作用。科学合理地调整乡镇设置，优化布局，促进人口和产业的适度集聚，开展村庄整治试点，逐步改善生产生活设施，推进社会主义新农村建设。扩大国家"科技富民强县专项行动计划"在中部地区的试点范围，对特色产业项目给予专项支持。

（二十二）改革和完善县乡管理体制。积极推行"省直管县"财政管理体制和"乡财县管乡用"财政管理方式改革试点，加大对财政困难县乡的财政转移支付力度。规范县级政府经济社会管理权限，完善公共财政体制，加大对社会事业发展的支持力度，增强县级政府面向农村提供公共服务的能力。

（二十三）加大对贫困地区的扶持力度。对贫困人口集中分布地区、革命老区和少数民族地区，实行集中连片开发，增加支援欠发达地区资金和以工代赈资金的投入，在扶贫开发、金融信贷、建设项目安排、教育卫生事业等方面比照西部大开发政策执行。对干旱缺水、水土流失严重、行蓄（滞）洪区等特殊困难地区加大扶持力度。推动村村通电话工程，提高欠发达地区的通信水平。

六、扩大对内对外开放，加快体制机制创新

（二十四）着力扩大对内开放。发挥承东启西的区位优势，促进中部地区与东、西部地区协调互动发展。加强政策引导和组织协调，为中部地区企业与东部地区企业、跨国公司对接搭建平台，更好地承接东部地区和国际产业的转移。支持中部地区与东、西部地区在粮食、能源、原材料等方面建立长期稳定的合作关系。推动中部地区与东、西部地区在人口流动与就业方面加强合作。鼓励中部地区与毗邻的沿海地区推进区域经济一体化建设。

（二十五）努力提高对外开放水平。加强进出口协调和服务，加大中央外贸发展基金政策支持力度，转变贸易增长方式，优化贸易结构，开拓国际市场。支持一类口岸建设，建好出口加工区，引导加工贸易向中部地区转移。加强指导和服务，鼓励有条件的企业"走出去"，扩大对外劳务输出的规模。

（二十六）搞好中部地区开发区建设。支持发展势头好、产业特色明显、带动力较强的国家级开发区和省级开发区加快发展，鼓励工业项目向开发区集中，促进优势产业集聚、土地集约使用、资源综合利用和环境保护，努力提高园区土地利用效率。

（二十七）加快完善现代企业制度和市场体系。着力改革行政管理体制，转变政府职能，优化组织结构，构建服务政府、责任政府、法治政府。加快大中型国有企业股份制改革，深化完善相关配套改革，着力解决历史负担，支持军工企业加快调整改造步伐。鼓励和支持社会资本和境外投资者以多种方式参与国有企业改组改造。鼓励优秀上市企业开展多种形式的资产收购、合并和重组，大力发展资本、产权、土地、技术、劳动力等要素市场。充分发挥地方金融机构的作用。引导和支持外资银行、国内股份制金融机构到中部地区设立机构。在国外政府和国际金融组织贷款的使用上继续向中部地区倾斜。

（二十八）大力发展非公有制经济。落实鼓励、支持和引导非公有制经济发展的方针政策，切实消除体制性障碍，允许非公有资本进入法律法规未禁止的行业和领域。放宽从业条件，简化审批手续，鼓励各类人员从事非公有制经济，充分发挥非公有制经济吸纳劳动力就业的功能。各地可根据实际情况，研究制定促进非公有制经济发展的具体政策措施，引导、规范非公有制经济的发展。

七、加快社会事业发展，提高公共服务水平

（二十九）把人力资源开发放在首位。切实落实普及和巩固九年义务教育的各项政策措施。加大对中等职业教育和培训的支持力度，积极调整高等教育人才培训结构，稳步扩大招生规模。加强人才队伍建设，进一步扩大与东部发达地区人才交流的规模，吸引各类人才到中部地区创业。在国家级专家选拔、博士后工作、留学人员回国创业等方面，向中部地区的特色和优势产业倾斜。落实并完善城镇就业再就业各项优惠政策，促进下岗失业人员再就

业。建立覆盖城乡的就业管理服务体系，将农村劳动力纳入公共就业服务范围。增加财政对社会保障的投入，加大中央财政对中部地区的专项转移支付力度。

（三十）加强公共卫生服务体系建设。建立健全疾病预防控制和医疗救治体系。加强艾滋病、血吸虫病、结核病等传染病和地方病的预防控制工作。深化医疗卫生体制改革，加强城市社区卫生服务体系建设。加强农村计划生育服务体系建设，扩大农村计划生育家庭奖励扶助制度试点范围，稳定低生育水平。

（三十一）发展文化事业和文化产业。积极稳妥推进文化体制改革，支持基层文化设施建设，推广文化信息资源共享。加强自然和文化遗产的有效保护和合理开发利用。发展有地方特色的文化产业。积极推进城市社区文化建设。

八、加强资源节约、生态建设和环境保护，实现可持续发展

（三十二）加强水污染防治和生态建设。继续支持长江中游干支流、黄河中游干支流，特别是海河和淮河上中游、巢湖、丹江口库区及上游、三峡库区、南水北调工程影响区的水污染防治项目建设，支持重点城市的污水与垃圾处理设施建设。加强流域、区域水资源开发利用和水环境保护的统一管理，提高水资源利用综合效益，建立大江大河上下游之间生态环境保护的协调和补偿机制。继续实施长江中游天然林资源保护、长江流域防护林二期等重点防护林体系建设。加强湿地保持与恢复工程和水土保持工程建设。加大野生动植物保护和自然保护区建设力度。

（三十三）加大资源节约和工业污染防治力度。支持工业污染防治、节能节水改造、资源综合利用，发展循环经济。解决好产业转移过程中的污染转移问题。加强"两控区"大气污染防治，加快"三废"无害化处理和再生利用设施建设。切实做好工矿废弃土地复垦和矿山生态环境恢复。加强环境保护和水资源保护监管与执法力度，落实污染治理达标责任制。

（三十四）提高防灾减灾能力。加快对自然灾害频发地区防灾减灾体系建

设。重点加强长江中下游、黄河中游、淮河等重要流域的干支流，洞庭湖、鄱阳湖水系和局部山洪频发地区的防洪工程建设。

九、加强领导，狠抓落实

（三十五）中部地区各级党委和政府要提高认识，进一步解放思想，更新观念，深化改革，科学规划，精心组织，通力协作。要从实际出发，按客观规律办事，防止盲目建设和重复建设，切忌急于求成。要坚持以人为本，始终把群众最关心、最直接、最现实的利益放在突出位置，扎扎实实做好各项工作。各级领导干部和广大群众要牢固树立靠改革开放、靠市场机制、靠自力更生实现中部地区崛起的观念，积极探索符合当地实际的发展路子。

（三十六）在国务院领导下，国家发展和改革委员会设立专门机构负责促进中部地区崛起有关工作的协调和落实。国务院有关部门要根据文件精神抓紧研究本部门本行业促进中部地区崛起的相关规划和政策措施，抓好工作落实。

促进中部地区崛起是一项长期战略任务，是一项涉及诸多方面的系统工程。各地区各部门要按照全面建设小康社会和构建社会主义和谐社会的总体要求，认真落实科学发展观，牢固树立全国一盘棋的思想，统一认识，同心协力，努力开创中部地区崛起的新局面。

附录 3.2　国务院关于大力实施促进中部地区崛起战略的若干意见（国发〔2012〕43 号）

各省、自治区、直辖市人民政府，国务院各部委、各直属机构：

《中共中央国务院关于促进中部地区崛起的若干意见》（中发〔2006〕10 号）印发实施以来，中部地区经济社会发展取得了重大成就。当前和今后一个时期是中部地区巩固成果、发挥优势、加快崛起的关键时期，为大力实施促进中部地区崛起战略，推动中部地区经济社会又好又快发展，现提出以下意见：

一、促进中部地区崛起面临的新形势和新任务

（一）主要成就。促进中部地区崛起战略实施以来，在党中央、国务院正确领导下，中部地区抢抓机遇、开拓进取，经济实现较快增长，总体实力大幅提升，经济总量占全国的比重逐步提高；粮食生产基地、能源原材料基地、现代装备制造及高技术产业基地和综合交通运输枢纽（以下称"三基地、一枢纽"）建设加快，产业结构调整取得积极进展，资源节约型和环境友好型社会建设成效显著；重点领域和关键环节改革稳步推进，区域合作交流不断深入，全方位开放格局初步形成；城乡居民收入持续增加，社会事业全面发展，人民生活明显改善。经过不懈努力，中部地区已经步入了加快发展、全面崛起的新阶段。

（二）机遇与挑战。随着工业化、城镇化深入发展和扩大内需战略全面实施，中部地区广阔的市场潜力和承东启西的区位优势将进一步得到发挥；国际国内产业分工加快调整，为中部地区有序承接国内外产业转移、推动产业结构优化升级创造了良好机遇；我国改革开放深入推进，综合国力不断增强，为中部地区加快发展提供了强大动力和有力保障。但也应看到，中部地区经济结构不尽合理、城镇化水平偏低、资源环境约束强化、对外开放程度不高等矛盾和问题仍然突出，转变发展方式任务依然艰巨，促进中部地区崛起任重道远。

（三）重大意义。中部地区是全国"三农"问题最为突出的区域，是推进新一轮工业化和城镇化的重点区域，是内需增长极具潜力的区域，在新时期国家区域发展格局中占有举足轻重的战略地位。在新形势下大力促进中部地区崛起，是推动中部地区转变经济发展方式，提升整体实力和竞争力，缩小与东部地区发展差距的客观需要；是发挥中部地区区位优势，构筑承东启西、连南接北的战略枢纽，加快形成协调互动的区域发展新格局的现实选择；是激发中部地区内需潜能，拓展发展空间，支撑全国经济长期平稳较快发展的重大举措；是破解城乡二元结构，加快推进基本公共服务均等化，实现全

面建设小康社会目标的迫切要求。

（四）总体要求。大力实施促进中部地区崛起战略，必须深入贯彻落实科学发展观，坚持以科学发展为主题，以加快转变发展方式为主线，以扩大内需为战略基点，以深化改革开放为动力，更加注重转型发展，加快经济结构优化升级，提高发展质量和水平；更加注重创新发展，加强区域创新体系建设，更多依靠科技创新驱动经济社会发展；更加注重协调发展，在工业化、城镇化深入发展中同步推进农业现代化，加快形成城乡经济社会一体化发展新格局；更加注重可持续发展，加快建设资源节约型和环境友好型社会，促进经济发展与人口资源环境相协调；更加注重和谐发展，大力保障和改善民生，使广大人民群众进一步共享改革发展成果。

（五）发展目标。到2020年，中部地区经济发展方式转变取得明显成效，年均经济增长速度继续快于全国平均水平，整体实力和竞争力显著增强，经济总量占全国的比重进一步提高，区域主体功能定位更加清晰，"三基地、一枢纽"地位更加巩固，城乡区域更加协调，人与自然更加和谐，体制机制更加完善，城乡居民收入与经济同步增长，城镇化率力争达到全国平均水平，基本公共服务主要指标接近东部地区水平，努力实现全面崛起，在支撑全国发展中发挥更大作用。

二、稳步提升"三基地、一枢纽"地位，增强发展的整体实力和竞争力

（六）巩固粮食生产基地地位。毫不松懈抓好粮食生产，结合实施全国新增1000亿斤粮食生产能力规划，稳定粮食播种面积，充分挖掘增产潜力，到2020年中部地区粮食生产能力达到3600亿斤以上，占全国粮食总产量的比重进一步提高，提升在全国粮食生产中的重要地位。加大对中部地区农业基础设施建设和农业科技推广的支持力度。统筹实施粮食生产重大工程，加快农田水利建设，大规模改造中低产田，建设高标准基本农田。加大农作物优良品种选育和推广力度，提高农业生产科技含量。不断完善粮食直补和农资

综合补贴政策，继续实施良种补贴，加大农机具购置补贴力度，建立农业关键技术补贴制度。全面推进农业机械化。加快农业结构调整，推进农业产业化经营，积极发展现代农业。在黄淮海平原、江汉平原、鄱阳湖和洞庭湖地区、山西中南部等农产品优势产区规划建设一批现代农业示范区，着力发展高产、优质、高效、生态、安全农业，力争使中部地区走在全国农业现代化前列。

（七）提高能源原材料基地发展水平。继续推进晋北、晋东、晋中、淮南、淮北和河南大型煤炭基地建设，积极淘汰煤炭落后产能，加快实施煤炭资源整合和兼并重组，培育大型煤炭企业集团。支持在长江沿岸规划建设大型煤炭储备中心。加强煤层气资源开发利用，鼓励采气采煤一体化。加快大型火电基地建设，合理规划建设水电站，支持发展太阳能光伏发电和风力发电，因地制宜推广分布式新能源发电，稳步推进水电新农村电气化县、小水电代燃料和农村水电扩容增效等项目建设，提高可再生能源在能源结构中的比例。制定中部地区矿产资源勘查开发指导目录，加大重点成矿区带的地质调查和矿产资源勘查投入力度，建立重要矿产资源的矿产地储备，推进绿色矿山建设，保护矿山地质环境。推进钢铁、石化、有色、建材等优势产业结构调整，延伸产业链，提高产品附加值和竞争力，实现原材料工业由大变强，推动建设布局合理、优势突出、体系完整、安全环保的原材料精深加工基地。

（八）壮大现代装备制造及高技术产业基地实力。依托骨干企业，加强技术改造和关键技术研发，推动汽车、大型机械、特高压输变电设备、轨道交通设备、船舶等装备制造业升级和发展。以掌握核心技术为突破口，培育发展电子信息、生物医药、新能源、新材料等战略性新兴产业，大力实施重大产业发展创新工程和战略性新兴产业创新成果应用示范工程。充分发挥武汉、长株潭地区综合性国家高技术产业基地和武汉信息、郑州生物、南昌航空、合肥电子信息等专业性国家高技术产业基地的辐射带动作用，形成一批具有核心竞争力的新兴产业集群，逐步使战略性新兴产业成为推动中部地区经济发展的主导力量。充分发挥劳动力、资源等优势，有序承接国内外产业转移，重点发展家用电器、纺织服装、农产品加工、能源资源开发与加工等劳动密集型产业，以高新技术和先进适用技术改造提升传统制造业，促进产业结构优化升级，推进新型工业化进程。

（九）加快发展服务业。积极发展现代物流业，加强重点物流园区的规划与建设，支持有条件的地方建设内陆无水港。规范文化产业园区建设，发展壮大演艺娱乐、出版发行、影视制作、文化创意等产业，促进文化产业大发展大繁荣。加快发展金融、研发设计、电子商务、信息服务等生产性服务业，促进生产性服务业与制造业融合发展。大力发展商贸服务、休闲娱乐、旅游等生活性服务业，扶持发展社区服务、养老服务等新型服务业态。

（十）强化综合交通运输枢纽地位。统筹发展各种运输方式，加强与东部沿海和西部地区的交通通道建设，强化中部六省之间的互联互通，全面提升综合交通运输能力，进一步巩固中部地区在全国综合运输大通道中的战略地位。加快完善铁路网，尽快贯通"四纵四横"客运专线中部段，有序推进城际轨道交通建设，继续实施既有线路扩能改造，加强煤运通道建设，提高运输能力。加强普通国省干线公路建设，完成国家高速公路网中部路段建设，加快构建沿长江快速通道，推进高速公路拥挤路段扩容改造，打通省际"断头路"，基本实现所有县通高等级公路。加快长江、淮河干流及重要支流高等级航道建设，统筹岸线资源开发，加强武汉长江中游航运中心和重点内河港口建设。加强武汉、郑州、长沙等枢纽机场建设，支持与其他国内枢纽机场合作开通中转联程国际航线，新建和扩建一批支线机场，鼓励发展通用航空。建设郑州、武汉等全国性综合交通枢纽，实现各交通方式之间以及与城市交通的无缝衔接。

三、推动重点地区加快发展，不断拓展经济发展空间

（十一）支持重点经济区发展。按照全国主体功能区规划要求，依托长江黄金水道和重大交通干线，加快构建沿陇海、沿京广、沿京九和沿长江经济带，引导人口和产业集聚发展，促进经济合理布局。重点推进太原城市群、

皖江城市带、鄱阳湖生态经济区、中原经济区、武汉城市圈、环长株潭城市群等重点区域发展，形成带动中部地区崛起的核心地带和全国重要的经济增长极。推动晋中南、皖北、赣南、湘南地区开发开放，加快汉江流域综合开发，打造湘西、鄂西生态文化旅游圈和皖南国际文化旅游示范区，培育新的经济增长带。

（十二）发挥城市群辐射带动作用。实施中心城市带动战略，支持省会等中心城市完善功能、增强实力，培育壮大辐射带动作用强的城市群，促进城镇化健康发展。科学规划城市群内各城市功能定位和产业布局，推动大中小城市与周边小城镇进一步加强要素流动和功能联系，实现协调发展。全面加强城镇公用基础设施建设，提高综合服务功能，增强城镇承载能力。推进武汉城市圈、环长株潭城市群、中原城市群城际快速轨道交通网络建设。支持郑（州）汴（开封）新区发展，建设内陆开发开放高地，打造工业化、城镇化和农业现代化协调发展先导区。根据城市群发展需要，适时推进行政区划调整。

（十三）大力促进县域经济发展。因地制宜发展县域特色优势产业，形成一批特色产业集群，不断增强县域经济实力。把县城和中心镇作为承接城市辐射、服务农村发展的重要节点，全面加强基础设施和公共服务设施建设，逐步提高建设标准，培育形成一批中小城市，强化对周边农村的生产生活服务功能。深入推进省直管县财政管理方式改革，稳步推进省直管县改革试点。

（十四）扶持欠发达地区加快发展。增加扶贫资金投入，加大工作力度，推进秦巴山区、武陵山区、燕山—太行山区、吕梁山区、大别山区、罗霄山区等集中连片特困地区扶贫开发攻坚工程，到2020年稳定实现扶贫对象不愁吃、不愁穿，保障其义务教育、基本医疗和住房，扭转贫困地区与其他地区发展差距扩大趋势。推动在武陵山区率先开展区域发展与扶贫攻坚试点。支持赣南等原中央苏区振兴发展，促进大别山革命老区加快发展。积极开展丹江口库区及上游地区对口协作（帮扶）工作。加大对低洼易涝区、行蓄洪区、南水北调工程渠首区的支持力度。

（十五）支持老工业基地调整改造和资源型城市转型。加大对中部地区老工业基地调整改造项目和企业技术改造的支持力度。深入推进厂办大集体改革和国有企业改革重组。组织实施好资源型城市吸纳就业、资源综合利用和发展接续替代产业专项，扶持引导资源型城市尽快形成新的支柱产业，促进资源型城市可持续发展。大力支持老工业基地和资源型城市民生工程建设，继续做好城市和国有工矿棚户区改造工作。

四、大力发展社会事业，切实保障和改善民生

（十六）加快发展教育、卫生、文化事业。坚持教育优先发展，深化教育体制改革，优化教育布局和结构。推动义务教育均衡发展，巩固提高九年义务教育水平，基本普及学前教育和高中阶段教育，确保进城务工人员随迁子女在流入地平等接受义务教育。大力发展职业教育，加强职业教育基础能力建设，鼓励发展民办职业教育，落实好中等职业教育学生资助和免学费政策。实施中西部高等教育振兴计划，支持中部地区有特色高水平地方高校发展，推进高水平大学和重点学科建设，提升高等教育水平，推进产学研结合，服务区域经济发展。深化医药卫生体制改革，加快农村三级卫生服务网络和城市社区卫生服务体系建设，积极稳妥推进公立医院改革和基层医疗卫生机构综合改革。加强疾病预防体系建设，加大地方病、传染病防治力度。推进人口计生服务体系建设，稳定低生育水平，促进人口长期均衡发展。发挥中部地区历史文化资源优势，加强文化遗产保护与传承，促进文化与旅游融合发展。深入推进各项文化惠民工程，加强公共文化基础设施建设。

（十七）千方百计扩大就业。实施更加积极的就业政策，通过项目带动、产业发展、开发公益性岗位等多种途径，重点解决高校毕业生、农民工和就业困难人员的就业问题。大力发展劳动密集型产业和小型微型企业，加大对自主创业的扶持力度，培育一批创业孵化示范基地，促进以创业带动就业。扶持发展农产品加工业、休闲农业和乡村旅游，带动农民就地就近就业。继续实施"阳光工程""雨露计划"等就业推进工程，加大对农民工职业技能培训力度，培养新型农民和农村实用人才。对未能升学的应届初高中毕业生普

遍实行劳动预备制培训。健全最低工资和工资指导线制度。完善就业公共服务体系。支持中部地区开展对外劳务合作。

（十八）健全社会保障体系。加快实现新型农村和城镇居民社会养老保险制度全覆盖，做好城镇职工基本养老保险关系转移接续工作，支持社会养老服务体系建设，推进城乡养老保险制度有效衔接。完善城乡最低生活保障制度，实现应保尽保，合理提高低保标准。完善社会救助和保障标准与物价上涨挂钩联动机制。提高新农合人均筹资标准和保障水平，支持有条件的地方探索建立城乡统筹的居民基本医疗保险制度。加快建立预防、补偿、康复三位一体的工伤保险制度。完善福利机构基础设施，逐步拓展社会福利保障范围，推动社会福利服务社会化。加强以公共租赁住房为重点的保障性安居工程建设，开展利用住房公积金贷款支持保障性住房建设试点。

五、加强资源节约和环境保护，坚定不移走可持续发展道路

（十九）推进资源节约型和环境友好型社会建设试点。深入实施武汉城市圈、长株潭城市群资源节约型和环境友好型社会建设综合配套改革试验总体方案。大力支持山西资源型经济转型综合配套改革试验区建设。扎实推进湖北省国家低碳省试点和江西南昌国家低碳城市试点，适当扩大中部地区低碳省份和低碳城市试点范围。支持湖北省开展碳排放权交易试点，合理确定碳排放初始交易价格。推动绿色低碳小城镇建设。推动洞庭湖生态经济区建设。支持丹江口库区开展生态保护综合改革试验，建设渠首水源地高效生态经济示范区，探索经济与生态环境协调发展的新模式。

（二十）加大环境保护和生态建设力度。加大三峡库区、丹江口库区及上游和淮河、黄河、海河、巢湖等重点流域水污染防治力度，建立健全联防联控机制。加快推进城市和重点建制镇污水、垃圾处理，推进重金属污染防治、农村环境综合整治、土壤污染治理与修复试点示范，加强重点领域环境风险防控。推动湘江流域污染综合整治，深入开展重金属污染治理。实施大气污染物综合控制，改善重点城市空气环境质量。继续实施水土保持重点工

程和重大生态修复工程，加强鄱阳湖、洞庭湖、洪湖、梁子湖、巢湖等重点湖泊和湿地保护与修复，加快三峡库区及上游、丹江口库区及上游、鄱阳湖和洞庭湖湖区防护林建设，加强汉江中下游生态建设，推进武汉大东湖生态水网构建。加大京津风沙源治理力度，继续推进石漠化综合治理和崩岗治理试点。积极推进矿山地质环境治理和生态修复，加大矿区塌陷治理力度。强化重点生态功能区保护和管理。加大对外来入侵物种的防控力度，加强生物多样性保护。

（二十一）大力推进节能减排。加大工业、建筑、交通等领域节能工作力度，推进重点节能工程建设。坚决淘汰落后产能，限制高耗能、高排放行业低水平重复建设，严禁污染产业和落后生产能力转入。加大惩罚性电价、差别电价实施力度和范围。加快推行合同能源管理，大力发展节能环保产业。深入推进粉煤灰、煤矸石等大宗固体废物综合利用。落实最严格的水资源管理制度，全力推进节水型社会建设。加大对重点用水行业节水技术改造的支持力度。对城镇污水再生利用设施建设投资，中央给予补助。加快山西、河南循环经济试点省建设，大力推进清洁生产，支持建设一批循环经济重点工程和示范城市、园区、企业。加快"城市矿产"示范基地、矿产资源综合利用示范基地和再制造示范基地（集聚区）建设。落实国家适应气候变化总体战略，加强适应气候变化能力建设。

（二十二）加强水利和防灾减灾体系建设。进一步治理淮河，加强黄河下游治理和长江中下游河势控制，推进长江、黄河、淮河干流及主要支流防洪工程和水资源配置工程建设。加强洞庭湖、鄱阳湖、巢湖综合治理，推进长江、淮河流域蓄滞洪区建设和黄河滩区治理，加快南水北调中线及配套工程建设。完成病险水库除险加固任务，加强病险水闸除险加固，推进灌区续建配套与节水改造，加大大型灌排泵站更新改造力度。加快中小河流治理，协调推进山洪地质灾害防治，做好三峡库区等重大地质灾害隐患点的工程治理和避让搬迁。完善防灾应急体系，加强重点时段、重点地区灾害防治和综合治理。

六、大力推进改革创新，增强发展的活力和动力

（二十三）推进重点领域改革。深化行政管理体制改革，加快转变政府职能，减少和规范行政审批事项，提高服务质量和办事效率，建设服务型政府。整顿和规范市场秩序，打破行政垄断和地区封锁，加快建设统一开放的市场体系，培育发展土地、资本、产权、技术和劳动力等市场。推动国有经济战略性调整，支持国有企业完善法人治理结构，加快建立现代企业制度，妥善解决国有企业历史遗留问题。认真落实促进非公有制经济和中小企业发展的各项政策措施，营造公平竞争的市场环境，引导中小企业改善经营管理、增强发展活力。支持民间资本进入资源开发、基础设施、公用事业和金融服务等领域。健全财力与事权相匹配的公共财政体制，探索建立符合区域主体功能定位的财政政策导向机制。按照依法、自愿、有偿的原则，引导土地承包经营权规范有序流转。加快集体林权制度改革。鼓励和支持中部地区在城乡土地管理、农村人口向城镇有序转移、行政管理体制等方面先行先试，破解体制机制难题。

（二十四）促进城乡一体化发展。打破城乡分割的制度障碍，推动城乡之间公共资源均衡配置和生产要素自由流动，加大城市支持农村的力度，促进城乡协调发展。完善覆盖城乡的公共财政体系，创新城乡基础设施共建共享机制，推动城市基础设施和公共服务向农村延伸。加强城乡规划统筹协调，提高以城带乡发展水平。积极稳妥推进户籍管理制度改革，把有合法稳定职业和稳定住所的农村人口逐步转为城镇居民，逐步将符合条件的进城稳定就业人员纳入城镇保障性住房供应范围。健全城乡统一的人力资源市场，形成城乡劳动者平等就业制度。改革集体建设用地使用制度，完善征地补偿机制，及时足额安排被征地农民社会保障资金，确保农民在土地增值中的收益权。统筹村庄布局，在充分尊重农民意愿的前提下，合理引导农民住宅和居民点建设，稳步开展多种形式的城乡一体化试点。大力支持农村饮水安全、农村电网、农村公路、农村沼气、农村危房改造等工程建设。

（二十五）完善自主创新体制机制。深化科技体制改革，大力提升区域创新能力和科技服务能力。完善激励企业自主创新机制，引导企业加大研发投入，推动企业成为创新主体，推进建立产业技术创新联盟。加强政策引导，提高中小企业创新能力。加强科技基础条件平台建设，促进科技资源开放共享，增强科研院所和高等院校创新活力，发挥科技领军人才作用，加快科技成果转化。加大对重大科技专项的支持，加强国家重点实验室、工程（技术）研究中心和工程实验室建设。实施创新人才推进计划，支持源头创新，加强创新型人才示范基地和海外高层次人才创新创业基地建设。集聚创新要素，优化创新环境，落实自主创新优惠政策，加强知识产权保护。支持武汉东湖国家自主创新示范区、合芜蚌自主创新综合试验区加快发展，推进安徽国家技术创新工程试点省和合肥、郑州、武汉、长沙等国家创新型城市建设。

（二十六）加强和创新社会管理。坚持面向基层、面向群众完善政府服务，强化政府在社会管理中的主导地位，发挥各类社会组织和企事业单位的协同作用，推进社会管理规范化、专业化和社会化。强化乡镇政府的社会管理和公共服务职能，健全村民自治机制。加强城乡结合部、城中村等社区居民委员会建设，延伸基本公共服务职能，推进多种形式的社会组织建设。建立和完善政府向社会组织购买服务的制度。加强和创新流动人口动态服务管理制度，做好对外出农民工的服务和管理工作。建立和完善矛盾排查、信息预警、应急处置和责任追究制度，建立重大事项社会稳定风险评估机制。

七、全方位扩大开放，加快形成互利共赢开放新格局

（二十七）大力发展内陆开放型经济。实施开放带动战略，完善开放政策，优化开放环境，推动形成全方位、多层次、宽领域的对外开放新格局。重点支持省会等中心城市深化涉外经济体制改革，推动航空口岸建设，打造内陆开放高地。加快长江流域开发开放，探索建立沿长江大通关模式，实现长江水运通关便利化。推动重点口岸建设，加强与沿海港口口岸战略合作。支持符合条件的省级开发区升级为国家级开发区，支持具备条件的地方申请

设立海关特殊监管区域。大力发展服务外包，推动武汉、合肥、南昌等服务外包示范城市依托本地产业基础和要素优势，不断提高服务外包水平。大力发展对外贸易，推动加工贸易转型升级，支持有条件的城市建设沿海加工贸易梯度转移重点承接地。加快皖江城市带承接产业转移示范区建设，支持在湖南湘南、湖北荆州、晋陕豫黄河金三角、江西赣南等地区设立承接产业转移示范区。鼓励中部地区企业"走出去"。

（二十八）不断深化区域合作。健全合作机制，创新合作形式，在更大范围、更广领域、更高水平上实现资源要素优化配置。密切与长江三角洲、珠江三角洲、京津冀和海峡西岸经济区等东部沿海地区的合作，进一步提升合作层次和水平。鼓励与东部地区通过委托管理、投资合作等形式合作共建产业园区，探索建立合作发展、互利共赢新机制。加强与西部地区在资源开发利用、基础设施共建共享、生态环境保护、防灾减灾等方面的互动合作，以国内区域合作支撑西部地区全方位扩大向西开放和参与国际次区域合作。研究加快跨省交界地区合作发展问题，大力支持晋陕豫黄河金三角地区开展区域协调发展试验。支持办好中国中部投资贸易博览会，广泛开展各类经贸活动。

（二十九）加快区域一体化发展。建立中部六省行政首长定期协商机制，鼓励中部六省在基础设施、信息平台、旅游开发、生态保护等重点领域开展合作，加强在科技要素、人力资源、信用体系、市场准入、质量互认和政府服务等方面的对接，实现商品和生产要素自由流动。推动太（原）榆（次）、合（肥）淮（南）、郑（州）汴（开封）、（南）昌九（江）等重点区域一体化发展。鼓励和支持武汉城市圈、长株潭城市群和环鄱阳湖城市群开展战略合作，促进长江中游城市群一体化发展。

八、加强政策支持

（三十）扶持粮食主产区经济发展。加大中央财政转移支付力度，支持粮食主产区提高财政保障能力，逐步缩小地方标准财政收支缺口，加快改变"粮食大县、财政穷县"状况。国家扶持农业生产的各类补贴，重点向粮食主产区倾斜。进一步完善奖励政策，逐步增加中央财政对粮食主产区和产粮大县的奖励。加大对粮食主产区的投入和利益补偿，中央预算内投资对主产区基础设施和民生工程建设给予重点支持，优先安排农产品加工等农业发展项目，支持在主产区中心城市和县城布局对地方财力具有支撑作用的重大产业发展项目。引导粮食主销区参与主产区粮食生产基地、仓储设施等建设，鼓励采取多种形式建立稳固的产销协作关系。

（三十一）落实节约集约用地政策。实行最严格的耕地保护制度，严守耕地红线，严格基本农田保护，建立耕地保护补偿激励机制。加快推进节约集约用地制度建设，大力实施农村土地整治，严格规范城乡建设用地增减挂钩试点。加快旧城区、城中村和煤矿沉陷区改造，积极盘活闲置和空闲土地。提高土地利用效率，支持多层标准厂房建设，探索工业用地弹性出让和年租制度。建立健全节约集约用地考核评价机制。在节约集约用地前提下，新增建设用地年度计划指标和城乡建设用地增减挂钩试点规模适当向中部地区倾斜，保障工业化和城镇化用地需求。

（三十二）加大财税金融政策支持力度。加大中央财政对中部地区均衡性转移支付的力度，重点支持中部地区改善民生和促进基本公共服务均等化。积极推动将煤炭、部分金属矿产品等纳入资源税改革试点。支持武汉、郑州、长沙、合肥等地区加快金融改革和金融创新。鼓励符合条件的金融机构在中部地区设立分支机构，支持地方性金融机构发展。规范地方政府融资平台建设。支持符合条件的中小企业上市融资和发行债券，支持中小企业融资担保机构规范发展。深化农村金融机构改革，扶持村镇银行、贷款公司等新型农村金融机构发展。支持农村信用社进一步深化改革，落实涉农贷款税收优惠、农村金融机构定向费用补贴、县域金融机构涉农贷款增量奖励等优惠政策。支持郑州商品交易所增加期货品种。

（三十三）加强投资、产业政策支持与引导。加大中央预算内投资和专项建设资金投入，在重大项目规划布局、审批核准、资金安排等方面对中部地区给予适当倾斜。鼓励中部六省设立战略性新兴产业创业投资引导基金，规范发展私募股权投资。根据中部地区产业发展实际,研究制定差别化产业政策。按照国家产业政策,修订《中西部地区外商投资优势产业目录》,增加特色产业条目。对符合国家产业政策的产业转移项目,根据权限优先予以核准或备案。

(三十四)完善生态补偿相关政策。加大中央财政对三峡库区、丹江口库区、神农架林区等重点生态功能区的均衡性转移支付力度。支持在丹江口库区及上游地区、淮河源头、东江源头、鄱阳湖湿地等开展生态补偿试点。鼓励新安江、东江流域上下游生态保护与受益区之间开展横向生态环境补偿。逐步提高国家级公益林森林生态效益补偿标准。对资源型企业依照法律、行政法规有关规定提取用于环境保护、生态恢复等方面的专项资金,准予税前扣除。

(三十五)完善并落实好"两个比照"政策。进一步加大中部地区"两个比照"(中部六省中26个城市比照实施振兴东北地区等老工业基地有关政策,243个县市区比照实施西部大开发有关政策)政策实施力度,完善实施细则,确保各项政策落到实处。

(三十六)强化组织实施和监督检查。进一步发挥促进中部地区崛起工作部际联席会议制度的作用,明确部门职责,密切分工合作,加强在规划编制、政策制定、项目安排、改革试点等方面的沟通协商,充分调动企业和社会各方面力量广泛参与,推动形成促进中部地区崛起工作整体合力。中部六省要认真组织实施,明确工作责任,制定工作方案,全面落实各项任务。国务院有关部门要按照职能分工,加强工作指导,细化政策措施,发展改革委要加强综合协调、跟踪分析和督促检查,研究解决新情况、新问题,重大事项及时向国务院报告。

促进中部地区崛起是一项长期艰巨的历史任务。中部六省和国务院有关部门要进一步解放思想、提高认识、周密部署、通力协作,切实把促进中部地区崛起各项政策措施落到实处,不断开创促进中部地区崛起工作新局面。

国务院

二〇一二年八月二十七日

附录3.3　中共中央 国务院关于新时代推动中部地区高质量发展的意见

促进中部地区崛起战略实施以来，特别是党的十八大以来，在以习近平同志为核心的党中央坚强领导下，中部地区经济社会发展取得重大成就，粮食生产基地、能源原材料基地、现代装备制造及高技术产业基地和综合交通运输枢纽地位更加巩固，经济总量占全国的比重进一步提高，科教实力显著增强，基础设施明显改善，社会事业全面发展，在国家经济社会发展中发挥了重要支撑作用。同时，中部地区发展不平衡不充分问题依然突出，内陆开放水平有待提高，制造业创新能力有待增强，生态绿色发展格局有待巩固，公共服务保障特别是应对公共卫生等重大突发事件能力有待提升。受新冠肺炎疫情等影响，中部地区特别是湖北省经济高质量发展和民生改善需要作出更大努力。顺应新时代新要求，为推动中部地区高质量发展，现提出如下意见。

一、总体要求

（一）指导思想。以习近平新时代中国特色社会主义思想为指导，全面贯彻党的十九大和十九届二中、三中、四中、五中全会精神，坚持稳中求进工作总基调，立足新发展阶段，贯彻新发展理念，构建新发展格局，坚持统筹发展和安全，以推动高质量发展为主题，以深化供给侧结构性改革为主线，以改革创新为根本动力，以满足人民日益增长的美好生活需要为根本目的，充分发挥中部地区承东启西、连南接北的区位优势和资源要素丰富、市场潜力巨大、文化底蕴深厚等比较优势，着力构建以先进制造业为支撑的现代产业体系，着力增强城乡区域发展协调性，着力建设绿色发展的美丽中部，着力推动内陆高水平开放，着力提升基本公共服务保障水平，着力改革完善体制机制，推动中部地区加快崛起，在全面建设社会主义现代化国家新征程中作出更大贡献。

（二）主要目标。到 2025 年，中部地区质量变革、效率变革、动力变革取得突破性进展，投入产出效益大幅提高，综合实力、内生动力和竞争力进一步增强。创新能力建设取得明显成效，科创产业融合发展体系基本建立，全社会研发经费投入占地区生产总值比重达到全国平均水平。常住人口城镇化率年均提高 1 个百分点以上，分工合理、优势互补、各具特色的协调发展格局基本形成，城乡区域发展协调性进一步增强。绿色发展深入推进，单位地区生产总值能耗降幅达到全国平均水平，单位地区生产总值二氧化碳排放进一步降低，资源节约型、环境友好型发展方式普遍建立。开放水平再上新台阶，内陆开放型经济新体制基本形成。共享发展达到新水平，居民人均可支配收入与经济增长基本同步，统筹应对公共卫生等重大突发事件能力显著提高，人民群众获得感、幸福感、安全感明显增强。

到 2035 年，中部地区现代化经济体系基本建成，产业整体迈向中高端，城乡区域协调发展达到较高水平，绿色低碳生产生活方式基本形成，开放型经济体制机制更加完善，人民生活更加幸福安康，基本实现社会主义现代化，共同富裕取得更为明显的实质性进展。

二、坚持创新发展，构建以先进制造业为支撑的现代产业体系

（三）做大做强先进制造业。统筹规划引导中部地区产业集群（基地）发展，在长江沿线建设中国（武汉）光谷、中国（合肥）声谷，在京广沿线建设郑州电子信息、长株潭装备制造产业集群，在京九沿线建设南昌、吉安电子信息产业集群，在大湛沿线建设太原新材料、洛阳装备制造产业集群。建设智能制造、新材料、新能源汽车、电子信息等产业基地。打造集研究开发、检验检测、成果推广等功能于一体的产业集群（基地）服务平台。深入实施制造业重大技术改造升级工程，重点促进河南食品轻纺、山西煤炭、江西有色金属、湖南冶金、湖北化工建材、安徽钢铁有色等传统产业向智能化、绿色化、服务化发展。加快推进山西国家资源型经济转型综合配套改革试验区建设和能源革命综合改革试点。

（四）积极承接制造业转移。推进皖江城市带、晋陕豫黄河金三角、湖北荆州、赣南、湘南湘西承接产业转移示范区和皖北承接产业转移集聚区建设，积极承接新兴产业转移，重点承接产业链关键环节。创新园区建设运营方式，支持与其他地区共建产业转移合作园区。依托园区搭建产业转移服务平台，加强信息沟通及区域产业合作，推动产业转移精准对接。加大中央预算内投资对产业转移合作园区基础设施建设支持力度。在坚持节约集约用地前提下，适当增加中部地区承接制造业转移项目新增建设用地计划指标。创新跨区域制造业转移利益分享机制，建立跨区域经济统计分成制度。

（五）提高关键领域自主创新能力。主动融入新一轮科技和产业革命，提高关键领域自主创新能力，以科技创新引领产业发展，将长板进一步拉长，不断缩小与东部地区尖端技术差距，加快数字化、网络化、智能化技术在各领域的应用。加快合肥综合性国家科学中心建设，探索国家实验室建设运行模式，推动重大科技基础设施集群化发展，开展关键共性技术、前沿引领技术攻关。选择武汉等有条件城市布局一批重大科技基础设施。加快武汉信息光电子、株洲先进轨道交通装备、洛阳农机装备等国家制造业创新中心建设，新培育一批产业创新中心和制造业创新中心。支持建设一批众创空间、孵化器、加速器等创新创业孵化平台和双创示范基地，鼓励发展创业投资。联合区域创新资源，实施一批重要领域关键核心技术攻关。发挥企业在科技创新中的主体作用，支持领军企业组建创新联合体，带动中小企业创新活动。促进产学研融通创新，布局建设一批综合性中试基地，依托龙头企业建设一批专业中试基地。加强知识产权保护，更多鼓励原创技术创新，依托现有国家和省级技术转移中心、知识产权交易中心等，建设中部地区技术交易市场联盟，推动技术交易市场互联互通。完善科技成果转移转化机制，支持有条件地区创建国家科技成果转移转化示范区。

（六）推动先进制造业和现代服务业深度融合。依托产业集群（基地）建设一批工业设计中心和工业互联网平台，推动大数据、物联网、人工智能等新一代信息技术在制造业领域的应用创新，大力发展研发设计、金融服务、检验检测等现代服务业，积极发展服务型制造业，打造数字经济新优势。加强新型基础设施建设，发展新一代信息网络，拓展第五代移动通信应用。积极发展电商网购、在线服务等新业态，推动生活服务业线上线下融合，支持电商、快递进农村。加快郑州、长沙、太原、宜昌、赣州国家物流枢纽建设，支持建设一批生产服务型物流枢纽。增加郑州商品交易所上市产品，支持山西与现有期货交易所合作开展能源商品期现结合交易。推进江西省赣江新区绿色金融改革创新试验区建设。

三、坚持协调发展，增强城乡区域发展协同性

（七）主动融入区域重大战略。加强与京津冀协同发展、长江经济带发展、粤港澳大湾区建设、长三角一体化发展、黄河流域生态保护和高质量发展等区域重大战略互促共进，促进区域间融合互动、融通补充。支持安徽积极融入长三角一体化发展，打造具有重要影响力的科技创新策源地、新兴产业聚集地和绿色发展样板区。支持河南、山西深度参加黄河流域生态保护和高质量发展战略实施，共同抓好大保护，协同推进大治理。支持湖北、湖南、江西加强生态保护、推动绿色发展，在长江经济带建设中发挥更大作用。

（八）促进城乡融合发展。以基础设施互联互通、公共服务共建共享为重点，加强长江中游城市群、中原城市群内城市间合作。支持武汉、长株潭、郑州、合肥等都市圈及山西中部城市群建设，培育发展南昌都市圈。加快武汉、郑州国家中心城市建设，增强长沙、合肥、南昌、太原等区域中心城市辐射带动能力，促进洛阳、襄阳、阜阳、赣州、衡阳、大同等区域重点城市经济发展和人口集聚。推进以县城为重要载体的城镇化建设，以县域为单元统筹城乡发展。发展一批特色小镇，补齐县城和小城镇基础设施与公共服务短板。有条件地区推进城乡供水一体化、农村供水规模化建设和水利设施改造升级，加快推进引江济淮、长江和淮河干流治理、鄂北水资源配置、江西花桥水库、湖南椒花水库等重大水利工程建设。

（九）推进城市品质提升。实施城市更新行动，推进城市生态修复、功

能完善工程，合理确定城市规模、人口密度，优化城市布局，推动城市基础设施体系化网络化建设，推进基于数字化的新型基础设施建设。加快补齐市政基础设施和公共服务设施短板，系统化全域化推进海绵城市建设，增强城市防洪排涝功能。推动地级及以上城市加快建立生活垃圾分类投放、分类收集、分类运输、分类处理系统。建设完整居住社区，开展城市居住社区建设补短板行动。加强建筑设计管理，优化城市空间和建筑布局，塑造城市时代特色风貌。

（十）加快农业农村现代化。大力发展粮食生产，支持河南等主产区建设粮食生产核心区，确保粮食种植面积和产量保持稳定，巩固提升全国粮食生产基地地位。实施大中型灌区续建配套节水改造和现代化建设，大力推进高标准农田建设，推广先进适用的农机化技术和装备，加强种质资源保护和利用，支持发展高效旱作农业。高质量推进粮食生产功能区、重要农产品生产保护区和特色农产品优势区建设，大力发展油料、生猪、水产品等优势农产品生产，打造一批绿色农产品生产加工供应基地。支持农产品加工业发展，加快农村产业融合发展示范园建设，推动农村一二三产业融合发展。加快培育农民合作社、家庭农场等新兴农业经营主体，大力培育高素质农民，健全农业社会化服务体系。加快农村公共基础设施建设，因地制宜推进农村改厕、生活垃圾处理和污水治理，改善农村人居环境，建设生态宜居的美丽乡村。

（十一）推动省际协作和交界地区协同发展。围绕对话交流、重大事项协商、规划衔接，建立健全中部地区省际合作机制。加快落实支持赣南等原中央苏区、大别山等革命老区振兴发展的政策措施。推动中部六省省际交界地区以及与东部、西部其他省份交界地区合作，务实推进晋陕豫黄河金三角区域合作，深化大别山、武陵山等区域旅游与经济协作。加强流域上下游产业园区合作共建，充分发挥长江流域园区合作联盟作用，建立淮河、汉江流域园区合作联盟，促进产业协同创新、有序转移、优化升级。加快重要流域上下游、左右岸地区融合发展，推动长株潭跨湘江、南昌跨赣江、太原跨汾河、荆州和芜湖等跨长江发展。

四、坚持绿色发展，打造人与自然和谐共生的美丽中部

（十二）共同构筑生态安全屏障。牢固树立绿水青山就是金山银山理念，统筹推进山水林田湖草沙系统治理。将生态保护红线、环境质量底线、资源利用上线的硬约束落实到环境管控单元，建立全覆盖的生态环境分区管控体系。坚持以水而定、量水而行，把水资源作为最大刚性约束，严格取用水管理。继续深化做实河长制湖长制。强化长江岸线分区管理与用途管制，保护自然岸线和水域生态环境，加强鄱阳湖、洞庭湖等湖泊保护和治理，实施好长江十年禁渔，保护长江珍稀濒危水生生物。加强黄河流域水土保持和生态修复，实施河道和滩区综合提升治理工程。加快解决中小河流、病险水库、重要蓄滞洪区和山洪灾害等防汛薄弱环节，增强城乡防洪能力。以河道生态整治和河道外两岸造林绿化为重点，建设淮河、汉江、湘江、赣江、汾河等河流生态廊道。构建以国家公园为主体的自然保护地体系，科学推进长江中下游、华北平原国土绿化行动，积极开展国家森林城市建设，推行林长制，大力推进森林质量精准提升工程，加强生物多样性系统保护，加大地下水超采治理力度。

（十三）加强生态环境共保联治。深入打好污染防治攻坚战，强化全民共治、源头防治，落实生态保护补偿和生态环境损害赔偿制度，共同解决区域环境突出问题。以城市群、都市圈为重点，协同开展大气污染联防联控，推进重点行业大气污染深度治理。强化移动源污染防治，全面治理面源扬尘污染。以长江、黄河等流域为重点，推动建立横向生态保护补偿机制，逐步完善流域生态保护补偿等标准体系，建立跨界断面水质目标责任体系，推动恢复水域生态环境。加快推进城镇污水收集处理设施建设和改造，推广污水资源化利用。推进土壤污染综合防治先行区建设。实施粮食主产区永久基本农田面源污染专项治理工程，加强畜禽养殖污染综合治理和资源化利用。加快实施矿山修复重点工程、尾矿库污染治理工程，推动矿业绿色发展。严格防控港口船舶污染。加强白色污染治理。强化噪声源头防控和监督管理，提高

声环境功能区达标率。

（十四）加快形成绿色生产生活方式。加大园区循环化改造力度，推进资源循环利用基地建设，支持新建一批循环经济示范城市、示范园区。支持开展低碳城市试点，积极推进近零碳排放示范工程，开展节约型机关和绿色家庭、绿色学校、绿色社区、绿色建筑等创建行动，鼓励绿色消费和绿色出行，促进产业绿色转型发展，提升生态碳汇能力。因地制宜发展绿色小水电、分布式光伏发电，支持山西煤层气、鄂西页岩气开发转化，加快农村能源服务体系建设。进一步完善和落实资源有偿使用制度，依托规范的公共资源和产权交易平台开展排污权、用能权、用水权、碳排放权市场化交易。按照国家统一部署，扎实做好碳达峰、碳中和各项工作。健全有利于节约用水的价格机制，完善促进节能环保的电价机制。支持许昌、铜陵、瑞金等地深入推进"无废城市"建设试点。

五、坚持开放发展，形成内陆高水平开放新体制

（十五）加快内陆开放通道建设。全面开工呼南纵向高速铁路通道中部段，加快沿江、厦渝横向高速铁路通道中部段建设。实施汉江、湘江、赣江、淮河航道整治工程，研究推进水系沟通工程，形成水运大通道。加快推进长江干线过江通道建设，继续实施省际高速公路连通工程。加强武汉长江中游航运中心建设，发展沿江港口铁水联运功能，优化中转设施和集疏运网络。加快推进郑州国际物流中心、湖北鄂州货运枢纽机场和合肥国际航空货运集散中心建设，提升郑州、武汉区域航空枢纽功能，积极推动长沙、合肥、南昌、太原形成各具特色的区域枢纽，提高支线机场服务能力。完善国际航线网络，发展全货机航班，增强中部地区机场连接国际枢纽机场能力。发挥长江黄金水道和京广、京九、浩吉、沪昆、陇海—兰新交通干线作用，加强与长三角、粤港澳大湾区、海峡西岸等沿海地区及内蒙古、广西、云南、新疆等边境口岸合作，对接新亚欧大陆桥、中国—中南半岛、中国—中亚—西亚经济走廊、中蒙俄经济走廊及西部陆海新通道，全面融入共建"一

带一路"。

（十六）打造内陆高水平开放平台。高标准建设安徽、河南、湖北、湖南自由贸易试验区，支持先行先试，形成可复制可推广的制度创新成果，进一步发挥辐射带动作用。支持湖南湘江新区、江西赣江新区建成对外开放重要平台。充分发挥郑州航空港经济综合实验区、长沙临空经济示范区在对外开放中的重要作用，鼓励武汉、南昌、合肥、太原等地建设临空经济区。加快郑州—卢森堡"空中丝绸之路"建设，推动江西内陆开放型经济试验区建设。支持建设服务外包示范城市。加快跨境电子商务综合试验区建设，构建区域性电子商务枢纽。支持有条件地区设立综合保税区、创建国家级开放口岸，深化与长江经济带其他地区、京津冀、长三角、粤港澳大湾区等地区通关合作，提升与"一带一路"沿线国家主要口岸互联互通水平。支持有条件地区加快建设具有国际先进水平的国际贸易"单一窗口"。

（十七）持续优化市场化法治化国际化营商环境。深化简政放权、放管结合、优化服务改革，全面推行政务服务"一网通办"，推进"一次办好"改革，做到企业开办全程网上办理。推进与企业发展、群众生活密切相关的高频事项"跨省通办"，实现更多事项异地办理。对标国际一流水平，建设与国际通行规则接轨的市场体系，促进国际国内要素有序自由流动、资源高效配置。加强事前事中事后全链条监管，加大反垄断和反不正当竞争执法司法力度，为各类所有制企业发展创造公平竞争环境。改善中小微企业发展生态，放宽小微企业、个体工商户登记经营场所限制，便利各类创业者注册经营、及时享受扶持政策，支持大中小企业融通发展。

六、坚持共享发展，提升公共服务保障水平

（十八）提高基本公共服务保障能力。认真总结新冠肺炎疫情防控经验模式，加强公共卫生体系建设，完善公共卫生服务项目，建立公共卫生事业稳定投入机制，完善突发公共卫生事件监测预警处置机制，防范化解重大疫情和突发公共卫生风险，着力补齐公共卫生风险防控和应急管理短板，重点支

持早期监测预警能力、应急医疗救治体系、医疗物资储备设施及隔离设施等传染病防治项目建设，加快实施传染病医院、疾控中心标准化建设，提高城乡社区医疗服务能力。推动基本医疗保险信息互联共享，完善住院费用异地直接结算。建立统一的公共就业信息服务平台，加强对重点行业、重点群体就业支持，引导重点就业群体跨地区就业，促进多渠道灵活就业。支持农民工、高校毕业生和退役军人等人员返乡入乡就业创业。合理提高孤儿基本生活费、事实无人抚养儿童基本生活补贴标准，推动儿童福利机构优化提质和转型发展。完善农村留守老人关爱服务工作体系，健全农村养老服务设施。建立健全基本公共服务标准体系并适时进行动态调整。推动居住证制度覆盖全部未落户城镇常住人口，完善以居住证为载体的随迁子女就学、住房保障等公共服务政策。

（十九）增加高品质公共服务供给。加快推进世界一流大学和一流学科建设，支持国内一流科研机构在中部地区设立分支机构，鼓励国外著名高校在中部地区开展合作办学。大力开展职业技能培训，加快高水平高职学校和专业建设，打造一批示范性职业教育集团（联盟），支持中部省份共建共享一批产教融合实训基地。支持建设若干区域医疗中心，鼓励国内外大型综合性医疗机构依法依规在中部地区设立分支机构。支持县级医院与乡镇（社区）医疗机构建立医疗联合体，提升基层医疗机构服务水平。条件成熟时在中部地区设立药品、医疗器械审评分中心，加快创新药品、医疗器械审评审批进程。深入挖掘和利用地方特色文化资源，打响中原文化、楚文化、三晋文化品牌。传承和弘扬赣南等原中央苏区、井冈山、大别山等革命老区红色文化，打造爱国主义教育基地和红色旅游目的地。积极发展文化创意、广播影视、动漫游戏、数字出版等产业，推进国家文化与科技融合示范基地、国家级文化产业示范园区建设，加快建设景德镇国家陶瓷文化传承创新试验区。加大对足球场地等体育设施建设支持力度。

（二十）加强和创新社会治理。完善突发事件监测预警、应急响应平台和决策指挥系统，建设区域应急救援平台和区域保障中心，提高应急物资生产、储备和调配能力。依托社会管理信息化平台，推动政府部门业务数据互联共享，打造智慧城市、智慧社区。推进城市社区网格化管理，推动治理重心下移，实现社区服务规范化、全覆盖。完善村党组织领导乡村治理的体制机制，强化村级组织自治功能，全面实施村级事务阳光工程。全面推进"一区一警、一村一辅警"建设，打造平安社区、平安乡村。加强农村道路交通安全监督管理。加强农村普法教育和法律援助，依法解决农村社会矛盾。

（二十一）实现巩固拓展脱贫攻坚成果同乡村振兴有效衔接。聚焦赣南等原中央苏区、大别山区、太行山区、吕梁山区、罗霄山区、武陵山区等地区，健全防止返贫监测和帮扶机制，保持主要帮扶政策总体稳定，实施帮扶对象动态管理，防止已脱贫人口返贫。进一步改善基础设施和市场环境，因地制宜推动特色产业可持续发展。

七、完善促进中部地区高质量发展政策措施

（二十二）建立健全支持政策体系。确保支持湖北省经济社会发展的一揽子政策尽快落实到位，支持保就业、保民生、保运转，促进湖北经济社会秩序全面恢复。中部地区欠发达县（市、区）继续比照实施西部大开发有关政策，老工业基地城市继续比照实施振兴东北地区等老工业基地有关政策，并结合实际调整优化实施范围和有关政策内容。对重要改革开放平台建设用地实行计划指标倾斜，按照国家统筹、地方分担原则，优先保障先进制造业、跨区域基础设施等重大项目新增建设用地指标。鼓励人才自由流动，实行双向挂职、短期工作、项目合作等灵活多样的人才柔性流动政策，推进人力资源信息共享和服务政策有机衔接，吸引各类专业人才到中部地区就业创业。允许中央企事业单位专业技术人员和管理人才按有关规定在中部地区兼职并取得合法报酬，鼓励地方政府设立人才引进专项资金，实行专业技术人才落户"零门槛"。

（二十三）加大财税金融支持力度。中央财政继续加大对中部地区转移支付力度，支持中部地区提高基本公共服务保障水平，在风险可控前提下适当

增加省级政府地方政府债券分配额度。全面实施工业企业技术改造综合奖补政策，对在投资总额内进口的自用设备按现行规定免征关税。积极培育区域性股权交易市场，支持鼓励类产业企业上市融资，支持符合条件的企业通过债券市场直接融资，引导各类金融机构加强对中部地区的支持，加大对重点领域和薄弱环节信贷支持力度，提升金融服务质效，增强金融普惠性。

八、认真抓好组织实施

（二十四）加强组织领导。坚持和加强党的全面领导，把党的领导贯穿推动中部地区加快崛起的全过程。山西、安徽、江西、河南、湖北、湖南等中部六省要增强"四个意识"、坚定"四个自信"、做到"两个维护"，落实主体责任，完善推进机制，加强工作协同，深化相互合作，确保党中央、国务院决策部署落地见效。

（二十五）强化协调指导。中央有关部门要按照职责分工，密切与中部六省沟通衔接，在规划编制和重大政策制定、项目安排、改革创新等方面予以积极支持。国家促进中部地区崛起工作办公室要加强统筹指导，协调解决本意见实施中面临的突出问题，强化督促和实施效果评估。本意见实施涉及的重要规划、重点政策、重大项目要按规定程序报批。重大事项及时向党中央、国务院请示报告。

附录4 东部地区发展

附录4.1 中共中央、国务院关于建立更加有效的区域协调发展新机制的意见

实施区域协调发展战略是新时代国家重大战略之一，是贯彻新发展理念、建设现代化经济体系的重要组成部分。党的十八大以来，各地区各部门围绕促进区域协调发展与正确处理政府和市场关系，在建立健全区域合作机制、区域互助机制、区际利益补偿机制等方面进行积极探索并取得一定成效。同时要看到，我国区域发展差距依然较大，区域分化现象逐渐显现，无序开发与恶性竞争仍然存在，区域发展不平衡不充分问题依然比较突出，区域发展机制还不完善，难以适应新时代实施区域协调发展战略需要。为全面落实区域协调发展战略各项任务，促进区域协调发展向更高水平和更高质量迈进，现就建立更加有效的区域协调发展新机制提出如下意见。

一、总体要求

（一）指导思想

以习近平新时代中国特色社会主义思想为指导，全面贯彻党的十九大和十九届二中、三中全会精神，认真落实党中央、国务院决策部署，坚持新发展理念，紧扣我国社会主要矛盾变化，按照高质量发展要求，紧紧围绕统筹推进"五位一体"总体布局和协调推进"四个全面"战略布局，立足发挥各地区比较优势和缩小区域发展差距，围绕努力实现基本公共服务均等化、基础设施通达程度比较均衡、人民基本生活保障水平大体相当的目标，深化改革开放，坚决破除地区之间利益藩篱和政策壁垒，加快形成统筹有力、竞争

有序、绿色协调、共享共赢的区域协调发展新机制，促进区域协调发展。

（二）基本原则

——坚持市场主导与政府引导相结合。充分发挥市场在区域协调发展新机制建设中的主导作用，更好发挥政府在区域协调发展方面的引导作用，促进区域协调发展新机制有效有序运行。

——坚持中央统筹与地方负责相结合。加强中央对区域协调发展新机制的顶层设计，明确地方政府的实施主体责任，充分调动地方按照区域协调发展新机制推动本地区协调发展的主动性和积极性。

——坚持区别对待与公平竞争相结合。进一步细化区域政策尺度，针对不同地区实际制定差别化政策，同时更加注重区域一体化发展，维护全国统一市场的公平竞争，防止出现制造政策洼地、地方保护主义等问题。

——坚持继承完善与改革创新相结合。坚持和完善促进区域协调发展行之有效的机制，同时根据新情况新要求不断改革创新，建立更加科学、更加有效的区域协调发展新机制。

——坚持目标导向与问题导向相结合。瞄准实施区域协调发展战略的目标要求，破解区域协调发展机制中存在的突出问题，增强区域发展的协同性、联动性、整体性。

（三）总体目标

——到 2020 年，建立与全面建成小康社会相适应的区域协调发展新机制，在建立区域战略统筹机制、基本公共服务均等化机制、区域政策调控机制、区域发展保障机制等方面取得突破，在完善市场一体化发展机制、深化区域合作机制、优化区域互助机制、健全区际利益补偿机制等方面取得新进展，区域协调发展新机制在有效遏制区域分化、规范区域开发秩序、推动区域一体化发展中发挥积极作用。

——到 2035 年，建立与基本实现现代化相适应的区域协调发展新机制，实现区域政策与财政、货币等政策有效协调配合，区域协调发展新机制在显著缩小区域发展差距和实现基本公共服务均等化、基础设施通达程度比较均衡、人民基本生活保障水平大体相当中发挥重要作用，为建设现代化经济体系和满足人民日益增长的美好生活需要提供重要支撑。

——到本世纪中叶，建立与全面建成社会主义现代化强国相适应的区域协调发展新机制，区域协调发展新机制在完善区域治理体系、提升区域治理能力、实现全体人民共同富裕等方面更加有效，为把我国建成社会主义现代化强国提供有力保障。

二、建立区域战略统筹机制

（四）推动国家重大区域战略融合发展。以"一带一路"建设、京津冀协同发展、长江经济带发展、粤港澳大湾区建设等重大战略为引领，以西部、东北、中部、东部四大板块为基础，促进区域间相互融通补充。以"一带一路"建设助推沿海、内陆、沿边地区协同开放，以国际经济合作走廊为主骨架加强重大基础设施互联互通，构建统筹国内国际、协调国内东中西和南北方的区域发展新格局。以疏解北京非首都功能为"牛鼻子"推动京津冀协同发展，调整区域经济结构和空间结构，推动河北雄安新区和北京城市副中心建设，探索超大城市、特大城市等人口经济密集地区有序疏解功能、有效治理"大城市病"的优化开发模式。充分发挥长江经济带横跨东中西三大板块的区位优势，以共抓大保护、不搞大开发为导向，以生态优先、绿色发展为引领，依托长江黄金水道，推动长江上中下游地区协调发展和沿江地区高质量发展。建立以中心城市引领城市群发展、城市群带动区域发展新模式，推动区域板块之间融合互动发展。以北京、天津为中心引领京津冀城市群发展，带动环渤海地区协同发展。以上海为中心引领长三角城市群发展，带动长江经济带发展。以香港、澳门、广州、深圳为中心引领粤港澳大湾区建设，带动珠江—西江经济带创新绿色发展。以重庆、成都、武汉、郑州、西安等为中心，引领成渝、长江中游、中原、关中平原等城市群发展，带动相关板块融合发展。加强"一带一路"建设、京津冀协同发展、长江经济带发展、粤港澳大湾区建设等重大战略的协调对接，推动各区域合作联动。推进海南全面深化改革开放，着力推动自由贸易试验区建设，探索建设中国特色自由贸易港。

（五）统筹发达地区和欠发达地区发展。推动东部沿海等发达地区改革创新、新旧动能转换和区域一体化发展，支持中西部条件较好地区加快发展，鼓励国家级新区、自由贸易试验区、国家级开发区等各类平台大胆创新，在推动区域高质量发展方面发挥引领作用。坚持"输血"和"造血"相结合，推动欠发达地区加快发展。建立健全长效普惠性的扶持机制和精准有效的差别化支持机制，加快补齐基础设施、公共服务、生态环境、产业发展等短板，打赢精准脱贫攻坚战，确保革命老区、民族地区、边疆地区、贫困地区与全国同步实现全面建成小康社会。健全国土空间用途管制制度，引导资源枯竭地区、产业衰退地区、生态严重退化地区积极探索特色转型发展之路，推动形成绿色发展方式和生活方式。以承接产业转移示范区、跨省合作园区等为平台，支持发达地区与欠发达地区共建产业合作基地和资源深加工基地。建立发达地区与欠发达地区区域联动机制，先富带后富，促进发达地区和欠发达地区共同发展。

（六）推动陆海统筹发展。加强海洋经济发展顶层设计，完善规划体系和管理机制，研究制定陆海统筹政策措施，推动建设一批海洋经济示范区。以规划为引领，促进陆海在空间布局、产业发展、基础设施建设、资源开发、环境保护等方面全方位协同发展。编制实施海岸带保护与利用综合规划，严格围填海管控，促进海岸地区陆海一体化生态保护和整治修复。创新海域海岛资源市场化配置方式，完善资源评估、流转和收储制度。推动海岸带管理立法，完善海洋经济标准体系和指标体系，健全海洋经济统计、核算制度，提升海洋经济监测评估能力，强化部门间数据共享，建立海洋经济调查体系。推进海上务实合作，维护国家海洋权益，积极参与维护和完善国际和地区海洋秩序。

三、健全市场一体化发展机制

（七）促进城乡区域间要素自由流动。实施全国统一的市场准入负面清单制度，消除歧视性、隐蔽性的区域市场准入限制。深入实施公平竞争审查制度，消除区域市场壁垒，打破行政性垄断，清理和废除妨碍统一市场和公平竞争的各种规定和做法，进一步优化营商环境，激发市场活力。全面放宽城市落户条件，完善配套政策，打破阻碍劳动力在城乡、区域间流动的不合理壁垒，促进人力资源优化配置。加快深化农村土地制度改革，推动建立城乡统一的建设用地市场，进一步完善承包地所有权、承包权、经营权三权分置制度，探索宅基地所有权、资格权、使用权三权分置改革。引导科技资源按照市场需求优化空间配置，促进创新要素充分流动。

（八）推动区域市场一体化建设。按照建设统一、开放、竞争、有序的市场体系要求，推动京津冀、长江经济带、粤港澳等区域市场建设，加快探索建立规划制度统一、发展模式共推、治理方式一致、区域市场联动的区域市场一体化发展新机制，促进形成全国统一大市场。进一步完善长三角区域合作工作机制，深化三省一市在规划衔接、跨省际重大基础设施建设、环保联防联控、产业结构布局调整、改革创新等方面合作。

（九）完善区域交易平台和制度。建立健全用水权、排污权、碳排放权、用能权初始分配与交易制度，培育发展各类产权交易平台。进一步完善自然资源资产有偿使用制度，构建统一的自然资源资产交易平台。选择条件较好地区建设区域性排污权、碳排放权等交易市场，推进水权、电力市场化交易，进一步完善交易机制。建立健全用能预算管理制度。促进资本跨区域有序自由流动，完善区域性股权市场。

四、深化区域合作机制

（十）推动区域合作互动。深化京津冀地区、长江经济带、粤港澳大湾区等合作，提升合作层次和水平。积极发展各类社会中介组织，有序发展区域性行业协会商会，鼓励企业组建跨地区跨行业产业、技术、创新、人才等合作平台。加强城市群内部城市间的紧密合作，推动城市间产业分工、基础设施、公共服务、环境治理、对外开放、改革创新等协调联动，加快构建大中小城市和小城镇协调发展的城镇化格局。积极探索建立城市群协调治理模式，鼓励成立多种形式的城市联盟。

（十一）促进流域上下游合作发展。加快推进长江经济带、珠江—西江经济带、淮河生态经济带、汉江生态经济带等重点流域经济带上下游间合作发展。建立健全上下游毗邻省市规划对接机制，协调解决地区间合作发展重大问题。完善流域内相关省市政府协商合作机制，构建流域基础设施体系，严格流域环境准入标准，加强流域生态环境共建共治，推进流域产业有序转移和优化升级，推动上下游地区协调发展。

（十二）加强省际交界地区合作。支持晋陕豫黄河金三角、粤桂、湘赣、川渝等省际交界地区合作发展，探索建立统一规划、统一管理、合作共建、利益共享的合作新机制。加强省际交界地区城市间交流合作，建立健全跨省城市政府间联席会议制度，完善省际会商机制。

（十三）积极开展国际区域合作。以"一带一路"建设为重点，实行更加积极主动的开放战略，推动构建互利共赢的国际区域合作新机制。充分发挥"一带一路"国际合作高峰论坛、上海合作组织、中非合作论坛、中俄东北—远东合作、长江—伏尔加河合作、中国—东盟合作、东盟与中日韩合作、中日韩合作、澜沧江—湄公河合作、图们江地区开发合作等国际区域合作机制作用，加强区域、次区域合作。支持沿边地区利用国际合作平台，积极主动开展国际区域合作。推进重点开发开放试验区建设，支持边境经济合作区发展，稳步建设跨境经济合作区，更好发挥境外产能合作园区、经贸合作区的带动作用。

五、优化区域互助机制

（十四）深入实施东西部扶贫协作。加大东西部扶贫协作力度，推动形成专项扶贫、行业扶贫、社会扶贫等多方力量多种举措有机结合互为支撑的"三位一体"大扶贫格局。强化以企业合作为载体的扶贫协作，组织企业到贫困地区投资兴业、发展产业、带动就业。完善劳务输出精准对接机制，实现贫困人口跨省稳定就业。进一步加强扶贫协作双方党政干部和专业技术人员交流，推动人才、资金、技术向贫困地区和边境地区流动，深化实施携手奔小康行动。积极引导社会力量广泛参与深度贫困地区脱贫攻坚，帮助深度贫困群众解决生产生活困难。

（十五）深入开展对口支援。深化全方位、精准对口支援，推动新疆、西藏和青海、四川、云南、甘肃四省藏区经济社会持续健康发展，促进民族交往交流交融，筑牢社会稳定和长治久安基础。强化规划引领，切实维护规划的严肃性，进一步完善和规范对口支援规划的编制实施和评估调整机制。加强资金和项目管理，科学开展绩效综合考核评价，推动对口支援向更深层次、更高质量、更可持续方向发展。

（十六）创新开展对口协作（合作）。面向经济转型升级困难地区，组织开展对口协作（合作），构建政府、企业和相关研究机构等社会力量广泛参与的对口协作（合作）体系。深入开展南水北调中线工程水源区对口协作，推动水源区绿色发展。继续开展对口支援三峡库区，支持库区提升基本公共服务供给能力，加快库区移民安稳致富，促进库区社会和谐稳定。进一步深化东部发达省市与东北地区对口合作，开展干部挂职交流和系统培训，建设对口合作重点园区，实现互利共赢。

六、健全区际利益补偿机制

（十七）完善多元化横向生态补偿机制。贯彻绿水青山就是金山银山的重要理念和山水林田湖草是生命共同体的系统思想，按照区际公平、权责对等、试点先行、分步推进的原则，不断完善横向生态补偿机制。鼓励生态受益地区与生态保护地区、流域下游与流域上游通过资金补偿、对口协作、产业转移、人才培训、共建园区等方式建立横向补偿关系。支持在具备重要饮用水功能及生态服务价值、受益主体明确、上下游补偿意愿强烈的跨省流域开展省际横向生态补偿。在京津冀水源涵养区、安徽浙江新安江、广西广东九洲江、福建广东汀江—韩江、江西广东东江、广西广东西江流域等深入开展跨地区生态保护补偿试点，推广可复制的经验。

（十八）建立粮食主产区与主销区之间利益补偿机制。研究制定粮食主产区与主销区开展产销合作的具体办法，鼓励粮食主销区通过在主产区建设加工园区、建立优质商品粮基地和建立产销区储备合作机制以及提供资金、人才、技术服务支持等方式开展产销协作。加大对粮食主产区的支持力度，促进主产区提高粮食综合生产能力，充分调动主产区地方政府抓粮食生产和农民种粮的积极性，共同维护国家粮食安全。

（十九）健全资源输出地与输入地之间利益补偿机制。围绕煤炭、石油、天然气、水能、风能、太阳能以及其他矿产等重要资源，坚持市场导向和政府调控相结合，加快完善有利于资源集约节约利用和可持续发展的资源价格形成机制，确保资源价格能够涵盖开采成本以及生态修复和环境治理等成本。鼓励资源输入地通过共建园区、产业合作、飞地经济等形式支持输出地发展接续产业和替代产业，加快建立支持资源型地区经济转型长效机制。

七、完善基本公共服务均等化机制

（二十）提升基本公共服务保障能力。在基本公共服务领域，深入推进财政事权和支出责任划分改革，逐步建立起权责清晰、财力协调、标准合理、保障有力的基本公共服务制度体系和保障机制。规范中央与地方共同财政事权事项的支出责任分担方式，调整完善转移支付体系，基本公共服务投入向贫困地区、薄弱环节、重点人群倾斜，增强市县财政特别是县级财政基本公共服务保障能力。强化省级政府统筹职能，加大对省域范围内基本公共服务薄弱地区扶持力度，通过完善省以下财政事权和支出责任划分、规范转移支付等措施，逐步缩小县域间、市地间基本公共服务差距。

（二十一）提高基本公共服务统筹层次。完善企业职工基本养老保险基金中央调剂制度，尽快实现养老保险全国统筹。完善基本医疗保险制度，不断提高基本医疗保险统筹层级。巩固完善义务教育管理体制，增加中央财政对义务教育转移支付规模，强化省、市统筹作用，加大对"三区三州"等深度贫困地区和集中连片特困地区支持力度。

（二十二）推动城乡区域间基本公共服务衔接。加快建立医疗卫生、劳动就业等基本公共服务跨城乡跨区域流转衔接制度，研究制定跨省转移接续具体办法和配套措施，强化跨区域基本公共服务统筹合作。鼓励京津冀、长三角、珠三角地区积极探索基本公共服务跨区域流转衔接具体做法，加快形成可复制可推广的经验。

八、创新区域政策调控机制

（二十三）实行差别化的区域政策。充分考虑区域特点，发挥区域比较优势，提高财政、产业、土地、环保、人才等政策的精准性和有效性，因地制宜培育和激发区域发展动能。坚持用最严格制度最严密法治保护生态环境的前提下，进一步突出重点区域、行业和污染物，有效防范生态环境风险。加强产业转移承接过程中的环境监管，防止跨区域污染转移。对于生态功能重要、生态环境敏感脆弱区域，坚决贯彻保护生态环境就是保护生产力、改善生态环境就是发展生产力的政策导向，严禁不符合主体功能定位的各类开发活动。相关中央预算内投资和中央财政专项转移支付继续向中西部等欠发达地区和东北地区等老工业基地倾斜，研究制定深入推进西部大开发和促进中部地区崛起的政策措施。动态调整西部地区有关产业指导目录，对西部地区优势产业和适宜产业发展给予必要的政策倾斜。在用地政策方面，保障跨区域重大基础设施和民生工程用地需求，对边境和特殊困难地区实行建设用地计划指标倾斜。研究制定鼓励人才到中西部地区、东北地区特别是"三区三州"等深度贫困地区工作的优惠政策，支持地方政府根据发展需要制定吸引国内外人才的区域性政策。

（二十四）建立区域均衡的财政转移支付制度。根据地区间财力差异状况，调整完善中央对地方一般性转移支付办法，加大均衡性转移支付力度，在充分考虑地区间支出成本因素、切实增强中西部地区自我发展能力的基础上，将常住人口人均财政支出差异控制在合理区间。严守生态保护红线，完善主体功能区配套政策，中央财政加大对重点生态功能区转移支付力度，提供更多优质生态产品。省级政府通过调整收入划分、加大转移支付力度，增强省以下政府区域协调发展经费保障能力。

（二十五）建立健全区域政策与其他宏观调控政策联动机制。加强区域政策与财政、货币、投资等政策的协调配合，优化政策工具组合，推动宏观调控政策精准落地。财政、货币、投资政策要服务于国家重大区域战略，围绕区域规划及区域政策导向，采取完善财政政策、金融依法合规支持、协同制定引导性和约束性产业政策等措施，加大对跨区域交通、水利、生态环境保护、民生等重大工程项目的支持力度。对因客观原因造成的经济增速放缓地区给予更有针对性的关心、指导和支持，在风险可控的前提下加大政策支持力度，保持区域经济运行在合理区间。加强对杠杆率较高地区的动态监测预警，强化地方金融监管合作和风险联防联控，更加有效防范和化解系统性区域性金融风险。

九、健全区域发展保障机制

（二十六）规范区域规划编制管理。加强区域规划编制前期研究，完善区域规划编制、审批和实施工作程序，实行区域规划编制审批计划管理制度，进一步健全区域规划实施机制，加强中期评估和后评估，形成科学合理、管理严格、指导有力的区域规划体系。对实施到期的区域规划，在后评估基础上，确需延期实施的可通过修订规划延期实施，不需延期实施的要及时废止。根据国家重大战略和重大布局需要，适时编制实施新的区域规划。

（二十七）建立区域发展监测评估预警体系。围绕缩小区域发展差距、区域一体化、资源环境协调等重点领域，建立区域协调发展评价指标体系，科学客观评价区域发展的协调性，为区域政策制定和调整提供参考。引导社会智库研究发布区域协调发展指数。加快建立区域发展风险识别和预警预案制度，密切监控突出问题，预先防范和妥善应对区域发展风险。

（二十八）建立健全区域协调发展法律法规体系。研究论证促进区域协调发展的法规制度，明确区域协调发展的内涵、战略重点和方向，健全区域政策制定、实施、监督、评价机制，明确有关部门在区域协调发展中的职责，明确地方政府在推进区域协调发展中的责任和义务，发挥社会组织、研究机构、企业在促进区域协调发展中的作用。

十、切实加强组织实施

（二十九）加强组织领导。坚持和加强党对区域协调发展工作的领导，充分发挥中央与地方区域性协调机制作用，强化地方主体责任，广泛动员全社会力量，共同推动建立更加有效的区域协调发展新机制，为实施区域协调发展战略提供强有力的保障。中央和国家机关有关部门要按照职能分工，研究具体政策措施，协同推动区域协调发展。各省、自治区、直辖市要制定相应落实方案，完善相关配套政策，确保区域协调发展新机制顺畅运行。

（三十）强化协调指导。国家发展改革委要会同有关部门加强对区域协调发展新机制实施情况跟踪分析和协调指导，研究新情况、总结新经验、解决新问题，重大问题要及时向党中央、国务院报告。

参考文献

［1］王梦奎．加快改革开放步伐，振兴我国老工业基地［J］．经济研究参考，1992（Z5）．

［2］魏后凯．区域经济发展的新格局［M］．昆明：云南人民出版社，1995．

［3］郭腾云，陆大道，甘国辉．近20年来我国区域发展政策及其效果的对比研究［J］．地理研究，2002，21（4）．

［4］董志凯，吴江．新中国工业的奠基石：156项建设研究［M］．广州：广东经济出版社，2004．

［5］张可云．区域经济政策［M］．北京：商务印书馆，2005．

［6］王洛林，魏后凯．东北地区经济振兴战略与对策［M］．北京：社会科学文献出版社，2005．

［7］金凤君．东北地区振兴与可持续发展战略研究［M］．北京：商务印书馆，2006．

［8］宋晓梧．大力促进我国资源型城市可持续发展［J］．北方经济，2006（13）．

［9］魏后凯．改革开放30年中国区域经济的变迁［J］．经济学动态，2008（5）．

［10］张军扩，侯永志．中国区域政策与区域发展［M］．北京：中国发展出版社，2010．

［11］许欣，张文忠.中国四大区域板块：增长差异、比较优势和"十四五"发展路径［J］.经济地理，2021，41（7）.

［12］国家发展改革委地区经济司.促进区域协调发展文件、规划与方案汇编（2003—2009）［M］.2010.

［13］魏后凯.中国区域政策——评价与展望［M］.北京：经济管理出版社，2011.

［14］金凤君，等.《东北地区发展的重大问题研究》［M］.北京：商务印书馆，2012.

［15］国家发展改革委."十二五"国家级专项规划汇编［M］.北京：人民出版社，2012.

［16］马克，等.中国东北地区发展报告（2014）［M］.北京：社会科学文献出版社，2014.

［17］国家发展改革委振兴司.东北振兴主要统计指标［M］.2015.

［18］王一鸣.新一轮东北振兴的时代背景和总体思路［J］.中国经贸导刊，2016（5）.

［19］宋晓梧.保障和改善民生是新一轮东北振兴的突出亮点［J］.中国经贸导刊，2016（15）.

［20］范恒山.推进新一轮东北振兴要处理好若干重大关系［J］.中国经贸导刊，2016（7）.

［21］范恒山.坚定信心 迎难而上 奋力推进东北地区实现全面振兴［J］.宏观经济管理，2016（21）.

［22］杨荫凯，刘羽.东北地区全面振兴的新特点与推进策略［J］.区域经济评论，2016（9）.

［23］陈耀.新一轮东北振兴战略要思考的几个关键问题［J］.经济纵横，2017（1）.

［24］喻新安，杨兰桥，刘晓萍，等.中部崛起战略实施十年的成效、经验与未来取向［J］.中州学刊，2014（9）.

[25] 彭智敏，史佳可. 经济新常态下促进中部崛起的任务选择［J］. 湖北社会科学，2017（6）.

[26] 孙久文，张可云，安虎森，等."建立更加有效的区域协调发展新机制"笔谈［J］. 中国工业经济，2017（11）.

[27] 陈耀. 东部地区率先发展的科学内涵［N］. 文汇报，2006-06-16（008）.

[28] 覃成林，张震，贾善铭. 东部地区率先发展战略：变迁、成效与新构想［J］. 北京工业大学学报（社会科学版），2020，20（4）.

[29] 刘惟蓝. 东部地区开放型经济率先转型升级的思考：背景、原因与内涵［J］. 世界经济与政治论坛，2014（6）.

[30] 肖金成，黄征学. 促进东部地区率先转型发展的基本思路［J］. 全球化，2015（8）.

[31] HOOVER E M, FISHER J L. Research in regional economic growth［M］.［S.l.］: Problems in the Study of Eco-nomic Growth, NBER, 1949.

[32] 陈栋生. 区域经济学［M］. 郑州：河南人民出版社，1993.

[33] 覃成林，张伟丽，贾善铭，等. 基于区域接力增长模型的中国经济增长持续性分析［J］. 经济经纬，2017，34（4）.

[34] 覃成林，贾善铭，杨霞，等. 多极网络空间发展格局：引领中国区域经济 2020［M］. 北京：中国社会科学出版社，2016.

[35] JIA S M, QIN C L, YE X Y. The evolution of regional multi-pole growth［J］. Annals of Regional Science, 2018（61）.